T0185386

Straffälligkeit älterer Menschen

Franziska Kunz
Hermann-Josef Gertz
(Hrsg.)

Straffälligkeit
älterer Menschen

Interdisziplinäre Beiträge aus Forschung und Praxis

Mit 33 Abbildungen und 32 Tabellen

 Springer

Herausgeber
Dr. Franziska Kunz
Institut für Soziologie
Philosophische Fakultät
TU Dresden
Dresden

Prof. Dr. Hermann-Josef Gertz
Klinik und Poliklinik für Psychiatrie
und Psychotherapie
Universitätsklinikum Leipzig
Leipzig

ISBN 978-3-662-47046-6   ISBN 978-3-662-47047-3 (eBook)
DOI 10.1007/978-3-662-47047-3

Die Deutsche Nationalbibliothek verzeichnet diese Publikation in der Deutschen Nationalbibliografie;
detaillierte bibliografische Daten sind im Internet über ► http://dnb.d-nb.de abrufbar.

Umschlaggestaltung: deblik Berlin
Fotonachweis Umschlag: © Gina Sanders - Fotolia
Satz: Crest Premedia Solutions (P) Ltd., Pune, India

Gedruckt auf säurefreiem und chlorfrei gebleichtem Papier

Springer-Verlag ist Teil der Fachverlagsgruppe Springer Science+Business Media
(www.springer.com)

Geleitwort

Mit dem vorliegenden Sammelband wird zum ersten Mal eine sowohl systematische als auch umfassende und verschiedene wissenschaftliche Disziplinen einbeziehende Untersuchung der Alterskriminalität vorgelegt. Dies heißt nicht, dass die Kriminalität alter Menschen und die strafrechtliche Antwort auf Straftaten im Alter in der Vergangenheit keine Themen kriminologischer, sozialwissenschaftlicher, psychologisch/psychiatrischer oder strafrechtlicher Forschung gewesen wären. Die im Sammelband enthaltenen Texte legen dazu umfangreiches und erschöpfendes Zeugnis ab. Jedoch war das Thema bislang jedenfalls randständig. Alte Straftäter wurden lange Zeit als »vergessene Minderheit« eingeordnet[1]; alte Menschen tauchen in der Kriminologie zuallererst als Opfer und im Übrigen auch noch im Prozess der Strafverfolgung und der Strafvollstreckung als eher schutzbedürftige Gruppe auf. Als »Kriminalität der Schwäche« apostrophiert werden Straftaten alter Menschen als nurmehr kurzes Aufflackern antisozialer Regungen verstanden, das im fortgeschrittenen Alter zu kleinen Diebstählen, Betrug, Beleidigungen oder sexuellen Übergriffen gegen noch Schwächere anstelle von Raub, Körperverletzung oder Vergewaltigung führen soll. Es ist damit ein »naive(r) Blick auf das Altern« und »derjenige, der die Verluste beschreibt«[2], der die Behandlung der Alterskriminalität lange Zeit geleitet hat.

Eine größere Sichtbarkeit alter Menschen in der Strafverfolgung, Strafvollstreckung und im Strafvollzug ist zunächst in unterschiedlich bedingten Prozessen angelegt. Alte und sehr alte Menschen stehen zwar in Deutschland zuweilen als wegen schwerer Gewaltstraftaten Angeklagte vor Gericht. Doch war (und ist) dies in vielen (von im Übrigen wenigen) Fällen einer in der Bewältigung der nationalsozialistischen Verbrechen zuweilen eher trägen Strafjustiz geschuldet. Auch wenn insbesondere aus Nordamerika bereits seit längerer Zeit von einer dramatischen Zunahme des Anteils alter Gefangener an den Strafvollzugsinsassen berichtet wird, geht es auch dort primär nicht um Alterskriminalität. Vielmehr stehen im Vordergrund die Auswirkungen einer Sanktionspolitik und von Strafpraktiken, die vor allem in Form der lebenslangen Freiheitsstrafe ohne Entlassungsmöglichkeit dazu führen, dass hinter Gittern aus jungen, manchmal jugendlichen Gewalttätern alte und sehr alte Strafgefangene werden. Weniger deutliche, aber immer noch sichtbare Spuren hinterlässt in den Gefängnissen vieler europäischer Länder das neue Sicherheitsdenken, das für Sexualstraftäter und bei schwerer Gewalt die Inhaftierungszeiten erheblich verlängert und damit auch die Zahl alter Strafgefangener oder Verwahrter signifikant ansteigen lässt. Ferner trägt der Fortschritt der DNA-Analyseverfahren dazu bei, dass heute schwere Gewalt- und Sexualdelikte noch nach Jahrzehnten aufgeklärt werden. Zusammen mit der Ausdehnung von Verjährungszeiten oder gar der Aufhebung der Verjährung für schwere Gewalttaten hat dies zur Folge, dass die Durchführung von Strafverfahren dann in fortgeschrittenem Lebensalter erfolgt.

Die nunmehr zunehmende Aufmerksamkeit für Alterskriminalität (oder für Phänomene, die als Alterskriminalität verstanden werden könnten) entwickelt sich entlang mehre-

---

1   Albrecht H-J, Dünkel F (1981) Die vergessene Minderheit – Alte Menschen als Straftäter. Z Gerontol 14:259–273.
2   Kempermann G (2007) Nicht ausgeliefert an Zeit und Welt: Die Plastizität des alternden Gehirns. In: Gruss P (Hrsg) Die Zukunft des Alterns. Beck, München, S. 37.

rer Linien. Diese Linien beziehen sich auf die demografische Forschung, psychologische, psychiatrische und neurologische Untersuchungen des Alterns, Untersuchungen zur Wirtschaftskriminalität und zur Kriminalität der Mächtigen sowie schließlich, nicht zuletzt, die kriminologische Lebenslaufforschung.

Zunächst haben die nunmehr nicht mehr übersehbaren Folgen des demografischen Wandels und die Umkehrung der Alterspyramide in Medien, Öffentlichkeit und Politik ganz allgemein die Bereitschaft gefördert, im fortgeschrittenen Lebensalter soziale Probleme wahrzunehmen. Damit ist auch die Bereitschaft gewachsen, Straftaten alter Menschen als (über die Verlustdimension hinaus) erklärungsbedürftige Sachverhalte zu betrachten. Dabei bietet sich anscheinend eine Vermutung an, die die Kriminologie seit dem 19. Jahrhundert umgetrieben hat, nämlich die Vermutung, dass (Alters-)Armut die Kriminalität befördert. Der sich so andeutende Wandel in der Sichtweise von Alterskriminalität ist freilich weniger wegen der eher vereinfachenden Annahmen zur Bedeutung von kriminalitätsfördernden Faktoren bemerkenswert. Die Entwicklung der vor allem neurologischen Forschungen zu Alterungsprozessen haben den Blick weg vom Verlust hin zu Veränderungen gelenkt und damit den Blick geöffnet für Potenziale, die selbstverständlich in ganz unterschiedlicher Weise genutzt werden können.

Seit den 1980er Jahren rückt dann die Wirtschaftskriminalität verstärkt in den Blickwinkel der Kriminologie und des Strafrechts. Mit der Wirtschaftskriminalität werden aber nicht nur »crimes in the suites« und »Weiße-Kragen-Täter«, sondern auch alte Straftäter sichtbar gemacht. Schwere Wirtschaftsstraftaten werden eben nicht von Angehörigen solcher Altersgruppen begangen, die für Spitzenwerte der Inzidenz und Prävalenz von Straßen- und Gewaltkriminalität sorgen. Insolvenzdelikte, Anlagebetrug, Untreue, Korruption und Steuerhinterziehung führen bei einer kleinen Zahl von (polizeilich registrierten) Tätern allerdings zu Schadenssummen, die die durch straffällige junge Menschen verursachten Schäden nachhaltig in den Schatten stellen. Die großen Schneeballsysteme des Betrugs der jüngsten Vergangenheit werden aber nicht, wie der Fall Madoff stellvertretend zeigt, unter Alterskriminalität abgelegt, sondern dem Kernbereich der Wirtschaftskriminalität zugeordnet. Zwar war Madoff beim Zusammenbruch des über Jahrzehnte funktionierenden Ponzi-Systems bereits 70 Jahre alt. Doch war für den Zusammenbruch nicht das fortgeschrittene Alter Madoffs, sondern allein die Finanzkrise des Jahres 2008 ausschlaggebend.

Vergleichbares zeigt sich bei einem Blick auf die Kriminalität der Mächtigen. Das neue Interesse an einer gründlichen Beseitigung der Straflosigkeit von Verbrechen gegen die Menschlichkeit verweist ebenso wie das Interesse an der Wirtschaftskriminalität auf eine Gruppe von Tätern in höherem Lebensalter. Auch hier wird aber dem Alter der vor internationalen Gerichten Angeklagten wenig bis keine Aufmerksamkeit zuteil. Es gilt, so scheint es, als ausgemacht, dass die Schaltpositionen der Repressions- und Gewaltapparate der Vergangenheit und Gegenwart mit Personen in fortgeschrittenem Alter besetzt sind und dass es deshalb müßig ist, das Lebensalter in die Analysen einzubeziehen.

Schließlich hat die kriminologische Lebenslaufforschung Fragestellungen aufgeworfen, die sich auch kritisch mit dem fast zum Naturgesetz erhobenen Phänomen der Alterskriminalitätskurve befassen. Jedenfalls darf heute davon ausgegangen werden, dass es im Hinblick auf das Auftreten und das Andauern von Kriminalität unterschiedliche Lebensverläufe gibt. Deren Ausprägungen vor allem in Form der »Lifetime Persisters« sowie der »Späteinsteiger«

dürften zudem sehr stark von den jeweiligen (nationalen) Eigenheiten der Sanktionssysteme und Sanktionspraktiken abhängig sein.[3] Von besonderer Relevanz erscheint in diesem Zusammenhang allerdings der Hinweis, dass es bislang kaum Datensätze gibt, die das Auftreten von Kriminalität (weder auf der Grundlage von polizeilich registrierter Kriminalität noch auf der von Selbstberichtsdaten) über die gesamte Lebensspanne hinweg abbilden könnten. Mit Ausnahme des aus den Glueck-Untersuchungen hervorgegangenen Datensatzes[4] sowie ansatzweise der Daten der Tübinger Jungtäteruntersuchung[5] liegen bislang keine Verlaufsforschungen vor, die längere Lebensspannen, insbesondere aber bis in das höhere Alter reichende Zeiträume erfassen würden. Im Übrigen konzentrieren sich die genannten Untersuchungen auf die durchschnittliche Jugendkriminalität bzw. junge Straftäter der klassischen Eigentums- und Gewaltkriminalität.

Der vorliegende Sammelband dokumentiert den Stand der Forschungen zur Alterskriminalität, zeigt die Forschungslinien auf und wird so zur Grundlage und zum Ausgangspunkt für weiterführende Untersuchungen, mit denen verschiedene Disziplinen und verschiedene theoretische Ansätze in der Analyse von Alterskriminalität zusammengeführt werden können.

Prof. Dr. Dr. h.c. Hans-Jörg Albrecht
Max-Planck-Institut für ausländisches und internationales Strafrecht

---

3   Blokland AAJ, Nagin D, Nieuwbeerta P (2005) Life span offending trajectories of a Dutch conviction cohort. Criminology 43:919–954.
4   Laub JH, Robert J, Sampson RJ (2003) Shared beginnings, divergent lives: Delinquent boys to age 70. Harvard University Press, Cambridge GB.
5   Stelly W, Thomas J (2005) Kriminalität im Lebenslauf. Universität Tübingen.

Vorwort

Die Idee zum vorliegenden Sammelband entstand im Nachgang zur 28. Münchner Herbsttagung der Arbeitsgemeinschaft für Methodik und Dokumentation in der Forensischen Psychiatrie 2013, in deren Rahmen der Herausgeber ein Symposion mit dem Titel »Alte Straftäter« organisiert und hierfür u. a. die Herausgeberin eingeladen hatte.

Im Zuge dieser Veranstaltung wurde offensichtlich, dass mittlerweile zwar ein ausgeprägtes wissenschaftliches Interesse am Thema vorhanden ist, ein Austausch sowohl zwischen verschiedenen an Alterskriminalität interessierten Disziplinen – hier zwischen Psychiatrie/Psychologie, Soziologie/Kriminologie und Jura – als auch zwischen Praktikern und Wissenschaftlern bisher jedoch kaum stattfindet. Unser Eindruck war vielmehr der, dass Juristen, Sozialwissenschaftler und Psychiater bzw. Psychologen bislang zum selben Thema – wenngleich mit unterschiedlichen Schwerpunktsetzungen – quasi nebeneinanderher arbeiten, weitgehend ohne von den Erkenntnissen der jeweils Anderen zu erfahren und somit profitieren zu können. Der Herausgeber als Vertreter der psychiatrisch-psychologischen Forschung und Praxis und die Herausgeberin als empirisch tätige Soziologin beschlossen daher, den Versuch zu unternehmen, bisheriges Wissen und Sichtweisen zur Thematik der Straffälligkeit im höheren Lebensalter zu einem facettenreichen, interdisziplinären Überblick zusammenzutragen und so eine gegenseitige Wahrnehmung und Informiertheit zu unterstützen.

Die Organisation eines solchen Überblicks erschien uns auch deshalb sinnvoll und geboten, da das Thema nicht nur in der Wissenschaft diskutiert wird, sondern – vor dem Hintergrund des demografischen Wandels – zunehmend auch ins allgemeinere gesellschaftliche Interesse rückt, was u. a. an sich häufenden Medienberichten sowie Initiativen politischer Institutionen und Akteure erkennbar wird. Unserer Einschätzung nach basieren einschlägige öffentliche Debatten ebenso wie zum Teil auch Fachdiskurse allerdings nicht selten und in nicht unerheblichem Maß auf Vorurteilen und Mutmaßungen, teils sogar auf falschen Behauptungen. Differenzierte und empirisch begründete Aussagen hingegen sind rar. Diese Defizite haben verschiedene Ursachen: Zum einen wurden ältere Menschen im Zusammenhang mit Kriminalität seitens der Wissenschaft lange Zeit – wenn überhaupt – nur als Opfer oder Gefährdete krimineller Handlungen, kaum jedoch als Straftäter gesehen. Entsprechend überschaubar gestaltet sich sowohl im nationalen als auch im internationalen Rahmen das Repertoire einschlägiger Daten und Befunde. Zum anderen fehlt es oftmals noch an Kenntnis der mittlerweile durchaus vorhandenen seriösen Informationen und wissenschaftlichen Literatur zur Straffälligkeit von Senioren.

An diesem Punkt setzt das vorliegende Buch an: Als erstes seiner Art im deutschsprachigen Raum greift es systematisch die wichtigsten und häufigsten Fragen rund um die Thematik auf und stellt dazu aktuelle Informationen, Analysen und Perspektiven von Experten verschiedener Fachdisziplinen und Themenbereiche aus Forschung und Praxis vor. Bestehende Unklarheiten und unbegründete Vorstellungen sollen so abgebaut und ein vorurteilsfreier, wissensbasierter Umgang mit der Straffälligkeit älterer Menschen gefördert werden. Zugleich verbinden wir mit dem Buch die Hoffnung, Ideen für weitere Forschung im Themenfeld »ältere Menschen und Kriminalität« vermitteln und anregen zu können und so idealerweise entsprechende Aktivitäten – die auf diesem Gebiet noch reichlich vonnöten sind – zu stimulieren.

Das Buch richtet sich an ein breites Publikum. Mit einer allgemein verständlichen Sprache und zumeist knapp gehaltenen Kapiteln bietet es neben Wissenschaftlern, Lehrkräften und Studierenden verschiedener Disziplinen – vorrangig der Soziologie, Kriminologie, Polizeiwissenschaft, Jura, Psychologie und Psychiatrie – auch Fachleuten kriminaljustizieller Berufsfelder, Journalisten und allen am Thema Interessierten eine verständliche Wissensgrundlage. Durch die facettenreiche Abdeckung der Thematik und die übersichtliche Gliederung eignet sich diese umfassende Übersicht sowohl als ganzheitliche Einstiegslektüre wie auch als aussagekräftige Informationsquelle zu ausgewählten Teilaspekten.

Unser Dank gilt zunächst den Autorinnen und Autoren, die mit ihren Beiträgen maßgeblich zum Entstehen des Bandes beigetragen haben und aus deren Arbeit sich der Wert dieses Buches ergibt. Darüber hinaus möchten wir uns herzlich beim Springer Verlag bedanken, der dieses Buchprojekt von Beginn an tatkräftig unterstützt und überhaupt erst ermöglicht hat. Ein großes Dankeschön für die äußerst angenehme und sorgfältige Zusammenarbeit gebührt hier insbesondere Frau Renate Scheddin (Buchplanerin), Frau Renate Schulz (Projektmanagerin) sowie Frau Dr. Brigitte Dahmen-Roscher (Lektorin).

Wir wünschen allen Leserinnen und Lesern eine aufschlussreiche und anregende Lektüre.

Franziska Kunz und Hermann-Josef Gertz
Dresden und Leipzig im Frühjahr 2015

Über die Autoren

Prof. Dr. jur. Dr. h.c. Hans-Jörg Albrecht

Jurist und Soziologe, befasste sich bereits vor nunmehr fast 35 Jahren mit der »vergessenen Minderheit« alter Straftäter (gemeinsam mit Frieder Dünkel, 1981). Als Direktor am Max-Planck-Institut für ausländisches und internationales Strafrecht in Freiburg i. Br. ermöglichte er zudem die Realisierung des umfassenden empirischen Projekts »Ältere Menschen und Kriminalität« (2007–2013), dessen Leitung er gemeinsam mit Franziska Kunz innehatte. Seine Interessen- und Forschungsschwerpunkte liegen bei dem System strafrechtlicher Sanktionen, der Strafzumessung, dem Betäubungsmittelstrafrecht und der Betäubungsmittelkriminalität, bei kriminologischen Grundlagenfragen sowie bei kriminologischen Einzelthemen wie Jugendkriminalität, Umweltkriminalität, organisierte Kriminalität, Hasskriminalität und Strafrechtsreformen in Übergangsgesellschaften.

Dr. phil. Dirk Baier

Diplomsoziologe, betreute nach seinem Studium von 2003–2004 an der TU Chemnitz ein Forschungsprojekt zu Einstellungsveränderungen nach der EU-Osterweiterung. Im Jahr 2005 wechselte er ans Kriminologische Forschungsinstitut Niedersachsen, dessen stellvertretender Direktor er seit 2012 ist. In den vergangenen Jahren hat er verschiedene Forschungsprojekte zur Jugendkriminalität durchgeführt, u. a. eine deutschlandweite Befragung von fast 45.000 Schülern der 9. Jahrgangsstufe. Daneben beschäftigte er sich in verschiedenen Projekten mit der Erwachsenenkriminalität im Hell- und Dunkelfeld, so z. B. in einer Studie zu den Folgen des demografischen Wandels.

Roberta Ferrario

Juristin, stammt aus Italien, war 2010 am Max-Planck-Institut für demografische Forschung in Rostock im Rahmen der MaxNetAging Research School (MNARS) und ist derzeit in der kriminologischen Abteilung des Max-Planck-Instituts für ausländisches und internationales Strafrecht in Freiburg i. Br. als Doktorandin tätig. Sie promoviert mit einer rechtsvergleichenden Arbeit zur Bedeutung des höheren Lebensalters für die Strafzumessung in Deutschland, Italien sowie in England und Wales. Zu ihrem akademischen Werdegang zählen zahlreiche Forschungsaufenthalte, u. a. an der Universität Konstanz, an der University of Cambridge (UK) und an der Deutschen Universität für Verwaltungswissenschaften Speyer. Ihre Forschungs- und Interessenschwerpunkte umfassen neben dem Strafrecht und der Strafzumessung auch das Strafvollstreckungs- und Strafvollzugsrecht, das Verfassungsrecht, die Menschenrechte, das Europarecht sowie die Theorie und Methode der Rechtsvergleichung.

Patrick Fresow

Diplomjurist, ist wissenschaftlicher Mitarbeiter am Institut für Kriminalwissenschaften an der Georg-August-Universität Göttingen, Lehrstuhl Prof. Dr. Dr. h.c. Jehle. Im Rahmen seiner dortigen Tätigkeit ist es ihm möglich, jene Interessen und Kenntnisse zu vertiefen, die bereits im Rahmen seines Schwerpunktstudiums der Kriminalwissenschaften angelegt waren. Unter anderem konnte er bislang die Entstehung der Rückfalluntersuchung »Legalbewährung nach strafrechtlichen Sanktionen« begleiten und vertiefte Einblicke in den Bereich der Rückfallforschung erlangen. Er promoviert derzeit am Institut für Kriminalwissenschaften zum Thema »Alterskriminalität, strafjustizielle Behandlung und Rückfälligkeit älterer Menschen« (Arbeitstitel). Seine weiteren Forschungsinteressen umfassen u. a. kriminelle Karrieren und die Age-Crime-Debatte, Legalbewährung, Erklärungsansätze zur Kriminalität sowie Kriminalstatistiken.

Prof. Dr. med. Hermann-Josef Gertz

Arzt für Psychiatrie, Psychotherapie und Neurologie. Klinische Ausbildung, Promotion und Habilitation an der Freien Universität Berlin. Seit 1995 Professor für Gerontopsychiatrie an der Universität Leipzig. Stellvertretender Direktor der Klinik für Psychiatrie und Psychotherapie der Universität Leipzig. Wissenschaftliche Schwerpunkte sind Neuropathologie, Neuropsychologie und bildgebende Untersuchungsbefunde der Alzheimer-Krankheit und anderer Demenzerkrankungen. Studien zur Lebensqualität und zu Bewältigungsstrategien bei Demenzerkrankungen. Langjährige Tätigkeit als Gutachter in Strafverfahren und für Sozialgerichte. Vorsizender der Prüfungskommission für die Schwerpunktbezeichnung forensische Psychiatrie bei der Landesärztekammer Sachsen.

Dr. rer. pol. Michael Hanslmaier

Soziologe (M. A.), ist seit 2009 am Kriminologischen Forschungsinstitut Niedersachsen (KFN) in Hannover tätig, zunächst als Promotionsstipendiat, seit 2011 als wissenschaftlicher Mitarbeiter. Ein Schwerpunkt seiner Arbeit war die Durchführung eines Projekts zu den Auswirkungen des demografischen Wandels auf die Kriminalitätsentwicklung. Dabei stand die Frage im Fokus, wie sich die Alterung der deutschen Bevölkerung auf das Kriminalitätsaufkommen und somit auf die Arbeitsbelastung von Polizei und Justiz auswirkt. Weitere Forschungsschwerpunkte Michael Hanslmaiers sind Strafeinstellungen und Kriminalitätsfurcht, soziale Desorganisation sowie Methoden der empirischen Sozialforschung.

Dr. phil. Franziska Kunz

Diplomsoziologin, war von 2007 bis Ende 2014 als Doktorandin und wissenschaftliche Mitarbeiterin am Max-Planck-Institut für demografische Forschung in Rostock (bis 2008) und am Max-Planck-Institut für ausländisches und internationales Strafrecht in Freiburg i. Br. (Abteilung Kriminologie) tätig. Am Freiburger Institut leitete sie gemeinsam mit Prof. Dr. Dr. h.c. Hans-Jörg Albrecht das mehrjährige Projekt »Ältere Menschen und Kriminalität« (2007–2013), in dessen Rahmen sie mit einer Arbeit zur Alterskriminalität an der Albert-Ludwigs-Universität Freiburg promovierte. Seit Oktober 2014 arbeitet sie als wissenschaftliche Mitarbeiterin am Institut für Soziologie der Technischen Universität Dresden (Lehrstuhl für Mikrosoziologie). Zu ihren Forschungs- und Interessenschwerpunkten zählen neben der Kriminalität älterer Menschen auch kriminologische und soziologische Handlungstheorien, der Wandel sozialer Normen, soziale Probleme und Bewegungen in Ostdeutschland sowie die Methoden der empirischen Sozial- und kriminologischen Forschung.

Dr. jur. Christine Lachmund

Juristin, studierte von 2003–2007 an der Johann Wolfgang Goethe-Universität in Frankfurt am Main Rechtswissenschaften mit dem Schwerpunkt Kriminologie. Das Referendariat mit strafrechtlichem Schwerpunkt absolvierte sie von 2008–2010 am Landgericht Darmstadt. Hier erfolgte auch die statistische Erfassung und Auswertung aller im Jahre 2007 im Landgerichtsbezirk Darmstadt anhängigen Ermittlungsverfahren gegenüber Tatverdächtigen im Alter ab 60 Jahren. Basierend auf dieser Studie promovierte sie 2011 mit einer Arbeit zur Bedeutung des Alters für die Kriminalitätsentstehung und Strafverfolgung an der Johann Wolfgang Goethe-Universität in Frankfurt am Main. Seit dem Jahre 2011 ist sie als Regierungsrätin in der hessischen Finanzverwaltung im Bereich des Steuerstrafrechts tätig.

Prof. Dr. jur. utr. Klaus Laubenthal

Jurist, ist seit 1997 Inhaber des Lehrstuhls für Kriminologie und Strafrecht an der Juristischen Fakultät der Universität Würzburg sowie Richter am Oberlandesgericht Bamberg. Einer seiner Forschungsschwerpunkte liegt im Bereich des Vollzugs freiheitsentziehender Unrechtsreaktionen. In mehreren Publikationen hat er sich mit Fragen der Inhaftierung alter Menschen ebenso wie mit der Alterskriminalität befasst.

Priv.-Doz. Dr. rer. nat. habil. Kurt Seikowski

Diplompsychologe, arbeitet seit 1983 am Universitätsklinikum Leipzig, von 1983–2009 in der Hautklinik, Andrologische Abteilung, und seit 2009 in der Klinik für Psychosomatik und Psychotherapie. Neben psychosomatischen Forschungsprojekten in der Dermatologie und der Urologie lag im Rahmen der Andrologie von Anfang an ein Schwerpunkt bei der Betreuung von Sexualstraftätern. Bis heute verantwortet er im Klinikum eine ambulante psychotherapeutische Spezialsprechstunde für Männer, zu deren Klientel auch Sexualstraftäter aller Altersgruppen gehören.

Gerhard Spiess

Diplomsoziologe und Kriminologe, arbeitet als wissenschaftlicher Mitarbeiter am Fachbereich Rechtswissenschaft der Universität Konstanz an Sekundäranalysen der amtlichen Kriminalstatistiken, insbesondere zu Jugend- und Seniorenkriminalität, Wirtschaftskriminalität und zu Demografieeffekten auf die Kriminalitätsentwicklung. Weitere Forschungsschwerpunkte sind die Kriminalprävention, die Entwicklung der Sanktionspraxis, Sanktionswirkung und Rückfallforschung sowie die Dokumentation statistischer Befunde zur Entwicklung der registrierten Kriminalität und der Sanktionspraxis in Deutschland im Konstanzer Inventar (▶ http://www.ki.uni-konstanz.de).

Inhaltsverzeichnis

II   Juristische, justizielle und kriminalpolitische Aspekte

Serviceteil

Autorenverzeichnis

Prof. Dr. Dr. h.c. Hans-Jörg Albrecht
Max-Planck-Institut für ausländisches und
internationales Strafrecht
Günterstalstr. 73
79100 Freiburg i.Br.
E-mail: h.j.albrecht@mpicc.de

Dr. Dirk Baier
Kriminologisches Forschungsinstitut
Niedersachsen e. V.
Lützerodestr. 9
30161 Hannover
E-mail: dirk.baier@kfn.de

Roberta Ferrario
Allmendstr. 29
66399 Mandelbachtal
E-mail: r.ferrario@mpicc.de

Patrick Fresow
Georg-August Universität Göttingen
Institut für Kriminalwissenschaften, Abteilung für
Kriminologie, Jugendstrafrecht und Strafvollzug,
Platz der Göttinger Sieben 6
37073 Göttingen
E-mail: pfresow@uni-goettingen.de

Prof. Dr. Hermann-Josef Gertz
Universitätsklinikum Leipzig, Klinik und Poliklinik
für Psychiatrie und Psychotherapie,
Semmelweisstr. 10
04103 Leipzig
E-mail: hermann-josef.gertz@medizin.uni-leipzig.
de

Dr. Michael Hanslmaier
Kriminologisches Forschungsinstitut
Niedersachsen e. V.
Lützerodestr. 9
30161 Hannover
E-mail: michael.hanslmaier@kfn.de

Dr. Franziska Kunz
Technische Universität Dresden
Philosophische Fakultät, Institut für Soziologie,
Lehrstuhl für Mikrosoziologie
Helmholtzstr. 10
01069 Dresden
E-mail: franziska.kunz@tu-dresden.de

Dr. Christine Lachmund
E-mail: christine.lachmund@gmx.de

Prof. Dr. Klaus Laubenthal
Julius-Maximilians Universität Würzburg
Juristische Fakultät, Institut für Strafrecht und
Kriminologie, Lehrstuhl für Kriminologie und
Strafrecht
Domerschulstr. 16
97070 Würzburg
E-mail: l-kriminologie@jura.uni-wuerzburg.de

PD Dr. habil. Kurt Seikowski
Universität Leipzig
Department für Psychische Gesundheit, Klinik für
Psychosomatische Medizin und Psychotherapie,
Semmelweisstr. 10
04103 Leipzig
E-mail: kurt.seikowski@medizin.uni-leipzig.de

Gerhard Spiess
Werner-Sombart-Str. 10
78464 Konstanz
E-mail: gerhard.spiess@uni-konstanz.de

Einführung und Überblick

Franziska Kunz, Hermann-Josef Gertz

F. Kunz, H.-J. Gertz (Hrsg.), *Straffälligkeit älterer Menschen*,
DOI 10.1007/978-3-662-47047-3_1, © Springer-Verlag Berlin Heidelberg 2015

»… längst bahnt sich … eine beängstigende Entwicklung an: Senioren-Räuber, die wegen zu geringer Rente zur Pistole greifen und Banken wie Supermärkte überfallen« (Stumberger 2008). So kündet das Magazin *Stern* mit Verweis auf die sog. »Opa-Bande«, deren zahlreiche Raubüberfälle im Jahr 2005 einiges Aufsehen erregten.

Immer häufiger wird Seniorenkriminalität zum Gegenstand der medialen Berichterstattung und Diskussion in Printmedien sowie im Radio, Internet und Fernsehen – befördert u. a. durch die gängigen Vorstellungen von Kriminalität und die älteren Menschen zuwiderlaufende Thematik. »Senioren stehlen gern Schokolade« (Bertus 2011) oder »Alt, dynamisch, kriminell« (Schmidt 2004) lauten etwa einschlägige Schlagzeilen. Deutschlandweit bekannt wurde u. a. die zeitweilig wegen mehrfacher Leistungserschleichung inhaftierte »Oma Gertrud" aus Wuppertal, die während des laufenden Verfahrens im Alter von 87 Jahren verstarb (*Spiegel online* 2014a). Und gar weltweite Verbreitung fand beispielsweise der Fall des hochbetagten Leo S., der im US-Bundesstaat Michigan im Auftrag eines mexikanischen Kartells auf wiederholten Kurierfahrten mehr als eine Tonne Kokain nach Michigan eingeführt hatte und an seinem 90. Geburtstag hierfür zu 3 Jahren Haft verurteilt wurde (*Spiegel online* 2014b). Nicht selten werden im öffentlichen Diskurs entweder besonders skurrile, schwerwiegende oder anderweitig spektakuläre Einzelfälle in den Vordergrund gestellt und davon ausgehend belustigende oder – wie etwa im eingangs erwähnten Artikel – bedrohliche Szenarien kreiert.

Selbst im Unterhaltungsbereich wird das Thema Alterskriminalität aufgegriffen – und kommt auch dort nicht ohne Überzeichnung aus: In der Kriminalkomödie »Dinosaurier – gegen uns seht ihr alt aus!«[1] betrügt eine brave Pensionärin gemeinsam mit ihrer Altersheim-Gang die Bank, die sie um ihr Haus und ihre Ersparnisse gebracht hat. Im jüngst erschienenen französischen Kinofilm »Paulette«[2] steigt eine ebenfalls im Alter verarmte

Seniorin aufgrund ihrer Notlage im großen Stil als Dealerin ins Drogengeschäft ein.

Im Jahr 2013 war nun erstmals auch unter kriminalpolitischen Akteuren eine verstärkte Auseinandersetzung mit dem Phänomen Straffälligkeit im Alter zu beobachten. So forderte der Bundesvorsitzende des Bundes deutscher Kriminalbeamter (BdK) die Einführung eines Seniorenstrafrechts (Hirschbiegel 2013), kündigte der Präsident des Bundeskriminalamtes (BKA) eine stärkere Fokussierung auf Alterskriminalität an [3] und beriet sich die Gewerkschaft der Polizei (GdP) auf einer Fachtagung[4] zum zukünftigen Umgang mit betagten Gesetzesbrechern.

Doch erfordert die derzeitige Lage überhaupt solche Initiativen und Debatten? Oder sind sie – der Einschätzung des Greifswalder Kriminologen Frieder Dünkel (Ignatzi 2013) entsprechend – unnötig und übertrieben? Müssen wir angesichts der rapide gestiegenen Seniorenkriminalität in Japan (z. B. McCurry 2008; *The Japan Times* 2008), dem Land mit der weltweit ältesten und am schnellsten alternden Bevölkerung, bald mit vergleichbaren Verhältnissen in Deutschland rechnen? Die Zahl der ermittelten Straftäter ab einem Alter von 65 Jahren hat sich dort von 1988–2007 verfünffacht – und dies obwohl sich der entsprechende Bevölkerungsanteil im selben Zeitraum lediglich verdoppelt hat (Ministry of Justice Japan 2008).

Zwar lassen sich Zukunftstrends generell nur schwer abschätzen. Ernstzunehmende Hinweise darauf, dass Alterskriminalität in absehbarer Zeit auch hierzulande zum sozialen Problem avanciert, gibt es aktuell jedoch nicht. Gleichwohl erscheint eine unaufgeregte gesellschaftliche und wissenschaftliche Beobachtung der Straffälligkeit älterer Menschen vor dem Hintergrund des demografischen Wandels durchaus geboten.

Denn Tatsache ist, dass mit der absoluten und relativen Zunahme älterer Menschen in der

---

1   Deutschland 2009, Regie: Leander Haußmann. Der Film ist ein Remake des deutschen Spielfilms »Lina Braake oder Die Interessen der Bank können nicht die Interessen sein, die Lina Braake hat« (1975, Regie: Bernhard Sinkel).

2   Frankreich 2012, Regie: Jérôme Enrico.

3   Gewerkschaft der Polizei: Pressemeldung »Polizei will verstärkt die Alterskriminalität analysieren. BKA-Präsident: Differenzierte Aussagen zu Tatverdächtigen ab 60 Jahren notwendig.« 26.8.2013, vgl. auch Interview mit BKA-Präsident Jörg Ziercke (Schönwald 2013).

4   Die GdP-Tagung fand am 9.10.2013 unter dem Titel »Senioren als Opfer und Täter von Kriminalität« in Berlin statt.

Bevölkerung Art und Umfang der aufkommenden Kriminalität zunehmend – und in historisch beispielloser Weise – vom Verhalten älterer Bürger (mit-)geprägt werden. Zahlreiche Berufsgruppen, darunter Mediziner, Psychiater, Polizisten und Juristen sind bereits heute in ihrer praktischen Arbeit unmittelbar von dieser Entwicklung betroffen und werden dies voraussichtlich in Zukunft in noch stärkerem Maße sein.

Einen wichtigen und notwendigen Schritt zur Aufnahme und Förderung eines objektiven und aufgeklärten öffentlichen und wissenschaftlichen Diskurses geht das vorliegende Buch. Es greift zahlreiche Aspekte der Thematik »Straffälligkeit älterer Menschen« auf, präsentiert vorhandenes Wissen und spricht aktuelle inhaltliche wie methodische Fragen und Herausforderungen an. Idealerweise kann so auch ein vermehrter Informations- und Gedankenaustausch zwischen den verschiedenen, an der Erforschung von Seniorenkriminalität beteiligten Fachdisziplinen sowie zwischen Wissenschaft, Praxis und Öffentlichkeit angeregt werden.

Das Buch enthält insgesamt 9 Beiträge, die 3 Teilbereichen zugeordnet werden. Der **erste Teil** behandelt soziologisch-kriminologische Aspekte und adressiert einführende und grundlegende Fragen:

- Welche Straftaten werden von älteren Menschen vorrangig begangen, welche sind eher untypisch?
- Inwiefern hat sich Alterskriminalität in den letzten Jahrzehnten gewandelt?
- Worin unterscheidet sich die Delinquenz junger und alter Menschen?
- Was lässt sich über das Hell- und das Dunkelfeld von Alterskriminalität aussagen? Wo liegen Gemeinsamkeiten, wo Diskrepanzen? Und wie sind diese zu bewerten?
- Welche Faktoren begünstigen oder hemmen Straffälligkeit im höheren Lebensalter? Ist Altersarmut ein verbreitetes Kriminalitätsmotiv?
- Ist Alterskriminalität im Wesentlichen Erstkriminalität oder handelt es sich bei älteren Straftätern überwiegend um Menschen, die bereits in früheren Lebensabschnitten (ab und an) gegen bestehende Normen verstoßen haben?
- Welche Entwicklungen sind im Hinblick auf die Gesamtkriminalität und im Hinblick auf die Kriminalität älterer Menschen vor dem Hintergrund demografischer Veränderungen zukünftig zu erwarten?

Der **2. Teil** des Buches widmet sich juristischen, justiziellen und kriminalpolitischen Aspekten im Zusammenhang mit der Straffälligkeit älterer Menschen. Im Zentrum stehen hier folgende Fragen:

- Wie gestalten sich die juristischen Grundlagen für die Berücksichtigung des höheren Lebensalters von Straftätern bei der Rechtsprechung und Strafzumessung in Deutschland und in anderen Ländern?
- Geht mit dem fortgeschrittenen Alter der Tatverdächtigen eine juristische Nachsicht und Milde einher?
- Wie fällt die strafrechtliche Sanktionierung von Senioren aus und wie häufig werden ältere Straftäter rückfällig?
- Wie hoch ist die Anzahl inhaftierter Senioren in Deutschland und wie hat sich diese Zahl entwickelt?
- Welche zukünftigen Veränderungen sind abzusehen und welche Herausforderungen für den Strafvollzug sind damit verbunden?
- Welche Vor- und Nachteile haben spezielle Einrichtungen des Altenstrafvollzugs?
- Nach welchen Kriterien erfolgt die Zuweisung bzw. Unterbringung älterer Straftäter in speziellen Einrichtungen und wie sollte das (idealerweise) in Zukunft geregelt werden?

Im **3. Teil** des Buches werden forensisch-psychiatrische Aspekte kriminellen Handelns von Senioren sowie Besonderheiten bei deren Schuldfähigkeitsbeurteilung behandelt. Dabei wird auch die Rechtsprechung des Bundesgerichtshofes (BGH) berücksichtigt. Eingegangen wird u.a. auf folgende Fragen:

- Stehen die typischen psychiatrischen Alterserkrankungen in Zusammenhang mit der (Erst-)Kriminalität älterer Menschen?
- Welche Symptomkonstellationen sind bei Straffälligkeit allgemein sowie bei Sexualdelikten im Besonderen relevant?
- Welchen Einfluss haben psychiatrische Erkrankungen, insbesondere auch die Demenzerkrankungen, in ihren z. T. schwer diagnostizierbaren Frühstadien auf die psychiatrischen Voraussetzungen für die Schuldfähigkeit?

− Sind an psychiatrische Sachverständige im Zusammenhang mit gerontopsychiatrischen Fragestellungen (z. B. bei der Gutachtenerstellung) besondere Anforderungen zu stellen?

In den entwickelten Industrienationen ist die gesellschaftliche Vorstellung von »Alter« insbesondere mit dem Austritt aus dem Erwerbsleben bzw. mit dem Eintritt in den Ruhestand verbunden. Da der entsprechende Übergang (derzeit) bei den meisten Personen zwischen dem 60. und 65. Lebensjahr stattfindet, wird der Beginn des »Alters« in hochindustrialisierten Gesellschaften üblicherweise durch dieses Lebensalter markiert (z. B. Gorman 1999; Feest 1993). Mit dieser allgemein akzeptierten Altersgrenze korrespondiert (zumindest bislang) auch die Ausweisung von Straftaten und Tatverdächtigen in der Polizeilichen Kriminalstatistik (PKS). Dort werden Tatverdächtige ab dem 60. Lebensjahr ohne weitere Differenzierung des Alters in einer gemeinsamen Kategorie erfasst. Dem entspricht es, dass in der Kriminologie unter Alterskriminalität, auch in Anlehnung an Regelungen des Beamten-, Arbeits- und Sozialrechts, üblicherweise »die Gesamtheit der strafbaren Handlungen alter Menschen, die 60 Jahre und älter sind« (Schneider 1987) verstanden wird.

Auch das vorliegende Buch orientiert sich im Wesentlichen an den genannten Definitionen von Alter bzw. Alterskriminalität. Lediglich der empirische Beitrag von Kunz weicht etwas davon ab und untersucht die Kriminalität älterer Menschen anhand von Personen im Alter von 49–81 Jahren. Da es sich bei Menschen ab dem 60. Lebensjahr freilich nicht um eine homogene Gruppe handelt und sich insbesondere Hochbetagte unter psychologischen, biologischen und gesellschaftlichen Aspekten vielfach von den jüngeren Alten unterscheiden dürften, nehmen die meisten Beiträge – sofern dies möglich war – weitere Altersdifferenzierungen vor.

Die in dieser Publikation im Mittelpunkt des Interesses stehenden Personen ab einem Alter von 60 Jahren werden hier synonym auch als »ältere Menschen« oder »Senioren« bezeichnet (dasselbe gilt im Beitrag von Kunz für Personen ab einem Alter von 49 Jahren). Personenbezeichnungen wie z. B. »Senioren«, »Straftäter« oder »Tatverdächtige« werden im vorliegenden Band zur besseren Lesbarkeit generell im generischen Maskulinum verwendet. Soweit nicht ausdrücklich anders erwähnt, sind damit stets Männer und Frauen gleichermaßen gemeint.

Literatur

Bertus U (2011) Senioren stehlen gern Schokolade. 24.5.2011 ► http://news.de/gesellschaft/855177757/senioren-stehlen-gern-schokolade/1/. Zugegriffen: 19. März 2015

Feest J (1993) Alterskriminalität. In: Kaiser G, Kerner H-J, Sack F, Schellhoss H (Hrsg) Kleines kriminologisches Wörterbuch. Müller, Juristischer Verlag, Heidelberg, S 14

Gorman M (1999) Development and the rights of older people. In: Randel J, German T, Ewing D (Hrsg.) The ageing and development report: poverty, independence and the world's older people. Earthscan Publications Ltd., London, S 3–21

Hirschbiegel T (2013) Kriminalbeamte fordern Gnade für alte Gauner. Hamburger Morgenpost, 2.2.2013

Ignatzi C (2013) Diebische Rentner – Alterskriminalität in Deutschland. Deutsche Welle, 13.11.2013. ► http://www.dw.de/diebische-rentner-alterskriminalität-in-deutschland/a-17210367. Zugegriffen: 19. März 2015

McCurry J (2008) Pills and porridge: prisons in crisis as struggling pensioners turn to crime. The Guardian, 19.6.2008. ► http://guardian.co.uk/world/2008/jun/19/japan. Zugegriffen: 19. März 2015

Ministry of Justice Japan (Hrsg) (2008) White Paper on Crime 2008. Part 7, chapter 1, section 2. ► http://hakusyo1.moj.go.jp/en/57/nfm/mokuji.html. Zugegriffen: 19. März 2015

Schmidt C (2004) Alt, dynamisch, kriminell. Der Spiegel, 6.12.2004. ► http://spiegel.de/spiegel/print/d-38201276.html. Zugegriffen: 19. März 2015

Schneider H J (1987) Kriminologie. Berlin, S 699

Schönwald W (2013) Interview mit BKA-Präsident Jörg Ziercke. Deutsche Polizei. Zeitschrift der Gewerkschaft der Polizei 9/2013, S. 8–10.

Spiegel online (2014a) 14.7.2014. ► http://www.spiegel.de/panorama/justiz/wuppertal-notorische-schwarzfahrerin-oma-gertrud-ist-tot-a-981028.html. Zugegriffen: 19. März 2015

Spiegel online (2014b) 8.5.2014. ► http://www.spiegel.de/panorama/justiz/90-jaehriger-drogenkurier-drei-jahre-haft-fuer-kokain-opa-in-detroit-a-968203.html. Zugegriffen: 19. März 2015

Stumberger R (2008) Altersvorsorge mit der Waffe. Stern, 12.1.2008. ► http://stern.de/panorama/seniorentaeter-altersvorsorge-mit-der-waffe-607617.html. Zugegriffen: 19. März 2015

The Japan Times (2008) Disturbing rise in geriatric crime. 22.11.2008. ► http://www.japantimes.co.jp/opinion/2008/11/22/editorials/disturbing-rise-in-geriatric-crime/. Zugegriffen: 19. März 2015

Soziologische/ kriminologische Aspekte

Registrierte Seniorenkriminalität

Straftaten älterer Menschen im Spiegel der Kriminalstatistik

Michael Hanslmaier, Dirk Baier

F. Kunz, H.-J. Gertz (Hrsg.), *Straffälligkeit älterer Menschen*,
DOI 10.1007/978-3-662-47047-3_2, © Springer-Verlag Berlin Heidelberg 2015

2.1   Einleitung

Dieser Beitrag beschäftigt sich mit der registrierten Kriminalität von älteren Menschen, wie sie sich in der Polizeilichen Kriminalstatistik (PKS) darstellt. Im Jahr 2012 wurden bundesweit mehr Personen im Alter von 60 und mehr Jahren in der PKS als Tatverdächtige registriert als jemals zuvor. Allerdings muss dieser Anstieg relativiert werden, da gleichzeitig auch die Zahl der Personen in diesem Alter in Deutschland deutlich zugenommen hat. Ziel des Beitrags ist es daher, die Entwicklung der Kriminalität älterer Personen im Zeitverlauf seit 1995 anhand der PKS in einer differenzierten Form darzustellen.

Unter Alterskriminalität soll in diesem Beitrag die Kriminalität von Menschen verstanden werden, die 60 Jahre oder älter sind und im Folgenden auch als Senioren bezeichnet werden. Diese Festlegung deckt sich mit den meisten anderen in der Literatur zu findenden Definitionen, ist aber nicht unproblematisch, da biologische, psychologische und soziale Merkmale, die charakteristisch für Ältere sind, nicht starr von bestimmten Altersgrenzen abhängen, wie etwa Schwind (2010, S. 80–81) bemerkt (vgl. auch Laubenthal 2005; Schneider 1987, S. 699). Die bisherige Unterscheidung in der PKS lässt eine alternative Betrachtungsweise aber nicht zu.

Die Auswertungen in diesem Beitrag beruhen ausschließlich auf der PKS. Diese Statistik bildet die sog. Hellfeldkriminalität ab, d. h. jene Delikte, von denen die Polizei durch Anzeige oder eigene Ermittlungsarbeit Kenntnis erlangt. Dementsprechend kann die PKS keine Aussage über die gesamte Kriminalität in Deutschland machen. Darüber hinaus ist zu beachten, dass Aussagen zu den Tatverdächtigen (TV) und deren Merkmalen (wie Geschlecht und Alter) nur in Bezug auf die Straftaten möglich sind, die tatsächlich aufgeklärt wurden. Im Jahr 2012 wurden in 54,4 % aller Fälle ein Tatverdächtiger bzw. mehrere Tatverdächtige ermittelt, wobei die Bandbreite der Aufklärungsquote relativ groß ist: So wurden 95,9 % aller Fälle von Mord und Totschlag aufgeklärt, jedoch nur jeder zehnte Fall von Fahrraddiebstahl (9,7 %). Demensprechend sind Angaben zu Alter und Geschlecht der Tatverdächtigen für Delikte mit nur geringer Aufklärungsquote weniger valide, da unklar ist, ob

diese Merkmale bei den nicht aufgeklärten Fällen analog zu den aufgeklärten Fällen verteilt sind. Darüber hinaus können Änderungen in der Kriminalitätsbelastung auch durch eine Änderung des Anzeigeverhaltens und/oder polizeilicher Strategien verursacht sein. Bezogen auf die Zahl der Tatverdächtigen spielt zudem die Aufklärungsquote eine Rolle. Wenn die Polizei mehr Fälle aufklärt, dann steigt die Zahl der Tatverdächtigen (Lamnek 2001; Schwind 2010).

Diese Einschränkungen der Aussagekraft der PKS sind nachfolgend zu berücksichtigen. Gleichwohl liefert diese Statistik als einzige ein umfassendes Bild und eine kontinuierliche Bestandsaufnahme der Kriminalität in Deutschland. Bundesweit repräsentative, wiederholt durchgeführte Befragungen, die auch das Dunkelfeld der Kriminalität beleuchten, gibt es bislang nicht.

Bei den in diesem Beitrag vorgestellten Auswertungen zur Entwicklung der Seniorenkriminalität wird der Zeitraum von 1995–2012 betrachtet. Dies ist damit zu begründen, dass erst seit 1995 verlässliche PKS-Daten auch für die neuen Bundesländer vorliegen und somit bundesweite Aussagen nur für diesen Zeitraum möglich sind.

2.2   Umfang und Entwicklung der Seniorenkriminalität

Im Jahr 2012 wurden insgesamt 152.290 Tatverdächtige im Alter von 60 und mehr Jahren in der PKS[1]

---

1   Soweit nicht anders angegeben, beziehen sich alle Zahlen zu Tatverdächtigen auf die PKS für die gesamte Bundesrepublik sowie die Jahre 1995–2012. Die Bevölkerungszahlen stammen vom Statistischen Bundesamt und beziehen sich jeweils auf den 31.12. des Vorjahres (die Zahlen für 1995 sind also die Zahlen vom 31.12.1994). Dies entspricht der Praxis der PKS. Darüber hinaus ist zu beachten, dass ab dem Jahr 2009 eine »echte« Zählung der Tatverdächtigen auf der Bundesebene erfolgt. Während bis einschließlich 2008 eine Person, die in mehreren Bundesländern als Tatverdächtiger registriert wurde, auf der Bundesebene mehrfach gezählt wurde, kann dies durch die Nutzung von Einzeldatensätzen ab dem Jahr 2009 vermieden werden (Bundeskriminalamt 2010, S. IV). Dies führt dazu, dass ein Teil des Rückgangs der Zahl der Tatverdächtigen ab dem Jahr 2009 gegenüber den Vorjahren auf die Umstellung der Zählweise zurückzuführen ist. Generell werden somit bei einem

◘ Tab. 2.1 Entwicklung der TVBZ für alle Delikte insgesamt nach Altersgruppen. (Quelle: PKS Bund 1995–2012; eigene Berechnungen)

AG	1995	1996	1997	1998	1999	2000	2001	2002	2003	2004	2005	2006	2007	2008	2009	2010	2011	2012
14 < 21	7.652	8.083	8.253	8.492	8.395	8.408	8.380	8.288	8.175	8.246	7.950	7.821	7.915	7.801	7.599	7.384	7.067	6.831
21 < 60	3.093	3.189	3.256	3.309	3.222	3.274	3.270	3.397	3.471	3.539	3.462	3.415	3.419	3.375	3.295	3.301	3.294	3.322
60+	650	662	661	666	649	691	705	711	733	745	706	700	726	713	717	712	710	699

TVBZ Tatverdächtigenbelastungszahl; *PKS* Polizeiliche Kriminalstatistik; *AG* Altersgruppe

registriert. Senioren stellen damit 7,3 % aller registrierten Tatverdächtigen. Vergleicht man diesen Anteil mit dem Bevölkerungsanteil der Senioren, der im selben Jahr 26,6 % betrug, so wird deutlich, dass diese unterproportional häufig, bezogen auf ihren Anteil an der Gesamtbevölkerung, als Tatverdächtige in Erscheinung treten. Im Vergleich mit Jugendlichen bzw. Heranwachsenden (14 bis < 21 Jahre) und Erwachsenen (21 bis < 60 Jahre) ist die Kriminalitätsbelastung der Senioren eher gering. So stellen die 14- bis < 21-Jährigen 18,9 % aller Tatverdächtigen, die Erwachsenen 70,2 %. Allerdings muss bei diesem Vergleich berücksichtigt werden, dass die Bevölkerung in diesen Altersgruppen unterschiedlich groß ist. Um diesen Aspekt beim Vergleich der Kriminalitätsbelastung zwischen Altersgruppen zu berücksichtigen, kann auf die Tatverdächtigenbelastungszahl (TVBZ) zurückgegriffen werden. Die TVBZ gibt die Zahl der Tatverdächtigen in einer Altersgruppe pro 100.000 Einwohner der Wohnbevölkerung dieser Altersgruppe an. Stellt man die TVBZ der 3 Altersgruppen nebeneinander, so zeigt sich, dass im Jahr 2012 die Kriminalitätsbelastung der Senioren mit 699 Tatverdächtigen pro 100.000 Einwohner weit unter der TVBZ von Jugendlichen bzw. Heranwachsenden (6.831) und Erwachsenen (3.322) lag.

Wird die Entwicklung der Zahl der Tatverdächtigen seit 1995 betrachtet, so zeigt sich ein Anstieg der absoluten Zahl der ab 60-jährigen Tatverdächtigen um 38,9 %. Auch der Anteil der älteren

Tatverdächtigen an allen Tatverdächtigen hat zugenommen: Im Jahr 1995 hatten nur 5,2 % aller Tatverdächtigen ein Alter von mindestens 60 Jahren. Somit lässt sich festhalten, dass Senioren absolut betrachtet häufiger als Tatverdächtige in Erscheinung treten und gleichzeitig auch einen größeren Anteil aller Tatverdächtigen stellen. Es ist insofern tatsächlich eine Zunahme der von Senioren begangenen Kriminalität zu konstatieren.

Diese Entwicklung muss zugleich relativiert werden, da im gleichen Zeitraum die Zahl der in Deutschland lebenden Senioren stark angestiegen ist: Im Jahr 2012 lebten 4,9 Mio. mehr Personen im Alter ab 60 Jahren in Deutschland als im Jahr 1995 (+29,1 %). Dies bedeutet auch, dass der Anteil der Senioren von 20,7 % auf 26,6 % gestiegen ist. Folglich kann ein Teil der Zunahme an älteren Tatverdächtigen durch den Anstieg der absoluten Anzahl an Senioren erklärt werden.

Betrachtet man daher die Entwicklung der TVBZ für Senioren im Zeitverlauf (◘ Tab. 2.1), so zeigt sich ein Anstieg für den Zeitraum 1995–2012; d. h. die Wahrscheinlichkeit von älteren Personen, polizeilich registriert zu werden, ist gestiegen (von 650 Tatverdächtigen pro 100.000 Einwohner auf 699). Der Anstieg verlief aber keineswegs kontinuierlich. Die höchste Belastung der Senioren findet sich im Jahr 2004 mit 745 Tatverdächtigen pro 100.000 Einwohner. Seither ist ein Rückgang zu verzeichnen. Damit lässt sich zwar zum einen festhalten, dass die ältere Bevölkerung seit 1995 krimineller geworden ist; jedoch ist seit fast 10 Jahren ein Rückgang der relativen Belastung zu konstatieren.

Darüber hinaus ist der Anstieg der TVBZ der Senioren auch im Vergleich zu anderen Altersgruppen zu betrachten. ◘ Abb. 2.1 stellt die Entwicklung

---

Vergleich der Zahl der Tatverdächtigen vor 2009 mit Zahlen ab 2009 Rückgänge über- und Anstiege unterschätzt. Da jedoch die Zahl der mobilen, d. h. bundesländerübergreifend auffälligen, Mehrfachtäter bei den Senioren eher gering einzuschätzen ist, ist diese Verzerrung eher vernachlässigbar.

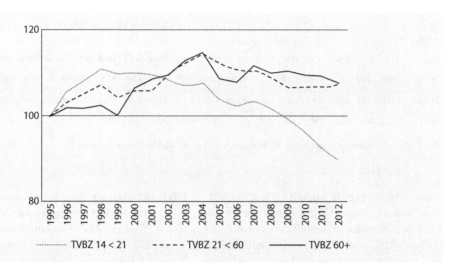

◘ Abb. 2.1   Entwicklung (indexikalisiert, 1995 = 100) der TVBZ für alle Delikte insgesamt nach Altersgruppen. *TVBZ* Tatverdächtigenbelastungszahl

der TVBZ für die Senioren, für die Jugendlichen bzw. Heranwachsenden und für die Erwachsenen dar. Zum besseren Vergleich der Entwicklung wurde die TVBZ indexikalisiert, d. h. es wird die relative Entwicklung der TVBZ bezogen auf den Wert des Jahres 1995 wiedergegeben. Dabei zeigt sich, dass sich die Belastung der Senioren weitgehend parallel zur allgemeinen erwachsenen Bevölkerung entwickelt: Bis zum Jahr 2004 stieg die Belastung, seitdem sind Rückgänge zu verzeichnen. Demgegenüber geht die TVBZ der Jugendlichen und Heranwachsenden bereits seit dem Jahr 1998 zurück und liegt – im Gegensatz zu den älteren Altersgruppen – mittlerweile unter dem Niveau von 1995. Der Anstieg der relativen Kriminalitätsbelastung der Älteren unterscheidet sich also nicht grundlegend von der Entwicklung der Belastung in der erwachsenen Bevölkerung.

2.2.1   Geschlechtsspezifische Unterschiede in Umfang und Entwicklung der Seniorenkriminalität

Von den im Jahr 2012 registrierten 152.290 Tatverdächtigen im Alter von 60 und mehr Jahren waren 70,2 % männlich und 29,8 % weiblich. Auch

im Vergleich der relativen Kriminalitätsbelastung zeigt sich ein deutlicher Geschlechterunterschied. So war die TVBZ der männlichen Senioren mit 1.108 etwa 3-mal so hoch wie die der Frauen (374). Dabei liegt der Anteil der Frauen an den Tatverdächtigen bei den Senioren höher als bei den Jugendlichen bzw. Heranwachsenden (26,6 %) und bei den Erwachsenen (24,4 %). Dies ist u. a. der Tatsache geschuldet, dass der Anteil der Frauen bei den Senioren höher liegt als in den anderen beiden Altersgruppen.

Wird die Entwicklung der Seniorenkriminalität getrennt nach dem Geschlecht betrachtet, so wird deutlich, dass die Zunahme der tatverdächtigen Senioren seit 1995 fast ausschließlich bei den männlichen Tatverdächtigen festzustellen ist (◘ Tab. 2.2). Wurden im Jahr 1995 67.743 Männer im Alter von 60 Jahren und darüber als Tatverdächtige registriert, so waren es im Jahr 2012 bereits 106.969. Dies entspricht einer Steigerung um 57,9 %. Die Zahl der als Tatverdächtige registrierten Frauen ist dagegen nur um 8,2 % gestiegen. Relativiert man den Anstieg der Zahl der Senioren an der Bevölkerung und betrachtet die TVBZ, so ist der Anstieg weniger deutlich: Die Kriminalitätsbelastung der männlichen Personen ab 60 Jahren ist um 7,2 % gestiegen; bei den Frauen in dieser Altersgruppe zeigt sich ein Rückgang der TVBZ um 7,9 %.

◘ Tab. 2.2 Entwicklung der absoluten Anzahl der tatverdächtigen Senioren nach Geschlecht und der TVBZ der Senioren nach Geschlecht und Staatsangehörigkeit für alle Delikte insgesamt. (Quelle: PKS Bund 1995–2012; eigene Berechnungen)

Jahr	Tatverdächtige 60+		TVBZ 60+		TVBZ 60+	
	Männlich	Weiblich	Männlich	Weiblich	Nichtdeutsch	Deutsch
1995	67.743	41.875	1.034	406	1.993	618
1996	71.611	42.240	1.059	404	1.948	629
1997	73.821	42.162	1.057	399	1.941	626
1998	76.863	42.445	1.065	396	1.878	631
1999	78.400	40.852	1.048	375	1.868	614
2000	87.359	43.165	1.123	389	1.983	651
2001	92.284	44.501	1.141	393	1.923	664
2002	95.942	45.355	1.148	394	1.585	681
2003	101.878	45.373	1.196	392	1.642	699
2004	104.696	46.836	1.206	402	1.593	712
2005	101.908	43.267	1.154	369	1.578	671
2006	100.810	42.922	1.139	367	1.595	661
2007	105.031	44.603	1.178	382	1.597	687
2008	104.400	43.742	1.156	373	1.526	674
2009	106.102	44.107	1.158	374	1.539	676
2010	106.385	44.533	1.142	375	1.535	669
2011	107.434	45.135	1.133	376	1.540	665
2012	106.969	45.321	1.108	374	1.536	653
% Anstieg 1995–2012	+57,9%	+8,2%	+7,2%	−7,9%	−22,9%	+5,7%

TVBZ Tatverdächtigenbelastungszahl; *PKS* Polizeiliche Kriminalstatistik

Diese Entwicklung hat zur Folge, dass sich das Ungleichgewicht von männlichen zu weiblichen Tatverdächtigen über den betrachteten Zeitraum verstärkt. Waren im Jahr 1995 noch 38,2% aller Tatverdächtigen im Alter von 60 und mehr Jahren weiblich, betrug der Anteil im Jahr 2012 nur noch 29,8%. Dieser Trend steht den Entwicklungen in den anderen Altersgruppen entgegen. So stieg der Anteil der weiblichen Tatverdächtigen bei den Jugendlichen bzw. Heranwachsenden von 1995–2012 von 20,5% auf 26,6% und bei den Erwachsenen von 21,1% auf 24,4%.

2.2.2 Umfang und Entwicklung der Seniorenkriminalität nach Staatsangehörigkeit

Vergleicht man den Anteil der nichtdeutschen Tatverdächtigen an allen Tatverdächtigen, so zeigen sich erhebliche Unterschiede zwischen den Altersgruppen. Während bei den Jugendlichen bzw. Heranwachsenden und bei den Erwachsenen 20,4% bzw. 26,7% aller Tatverdächtigen keine deutsche Staatsangehörigkeit aufweisen (Bezugsjahr 2012), ist der Anteil bei den Senioren mit 11,5% deutlich niedriger. Diese Unterschiede sind größtenteils durch die unterschiedlichen Anteile der Nichtdeutschen an der Gesamtbevölkerung in den jeweiligen Altersgruppen zu erklären. So ist in der ab 60-jährigen Bevölkerung nur etwa jeder Zwanzigste ohne deutsche Staatsangehörigkeit, während es in den jüngeren beiden Altersgruppen mehr als jeder Zehnte ist. Vergleicht man die relative Belastung zwischen deutschen und nichtdeutschen Personen in den Altersgruppen, so zeigt sich, dass die TVBZ der Nichtdeutschen in jeder der 3 Altersgruppen 2,3- bis 2,8-mal so hoch liegt wie bei den Deutschen.

Wird sich zusätzlich der Entwicklung der Kriminalität gewidmet, so zeigt sich, dass die Kriminalität von nichtdeutschen Senioren seit 1995 stark zugenommen hat (◘ Tab. 2.2). Waren im Jahr 1995 7,1 % aller ab 60-jährigen Tatverdächtigen Nichtdeutsche, so stellten diese im Jahr 2012 bereits 11,5 % aller Tatverdächtigen. Dieser Anstieg ist freilich am Anstieg der Bevölkerung zu relativieren. So hat sich der Anteil der nichtdeutschen Senioren an allen Senioren seit 1995 mehr als verdoppelt (von 2,3 % auf 5,2 %). Dies hat zur Folge, dass die relative Belastung der nichtdeutschen Senioren seit 1995 um mehr als ein Fünftel gesunken ist, wohingegen die TVBZ der deutschen Senioren um 5,7 % zugenommen hat.

2.2.3 Umfang und Entwicklung der Seniorenkriminalität nach Bundesländern

Betrachtet man die relative Kriminalitätsbelastung der Senioren getrennt für die 16 Bundesländer, so zeigen sich erhebliche Differenzen (◘ Tab. 2.3). Wurden im Jahr 2012 in Baden-Württemberg nur 600 Tatverdächtige im Alter von 60 und mehr Jahren pro 100.000 der Wohnbevölkerung in der Altersgruppe registriert, so lag die TVBZ in Berlin mit 1.036 um fast 73 % höher. Grundsätzlich zeigt der Vergleich der Bundesländer, dass die TVBZ in den Stadtstaaten höher liegt als in den Flächenländern.

Darüber hinaus wird deutlich, dass die TVBZ der Senioren mit der TVBZ der erwachsenen Bevölkerung zusammenhängt. In Ländern, in denen die Kriminalitätsbelastung der 21- bis < 60-Jährigen hoch ist, ist in der Regel auch die TVBZ der

älteren Personen hoch. Dieser Zusammenhang kann durch das Verhältnis der TVBZ der Senioren zur TVBZ der Erwachsenen ausgedrückt werden, das ebenfalls in ◘ Tab. 2.3 dargestellt ist. Ein Wert von beispielsweise 4,6 (Berlin) bedeutet, dass die Wahrscheinlichkeit, als Tatverdächtiger registriert zu werden, für eine Person im Alter von 21 bis < 60 Jahren 4,6-mal so groß ist wie für eine Person im Alter von 60 und mehr Jahren. Vergleicht man dieses Verhältnis zwischen den Ländern, so zeigen sich nur geringe Abweichungen. In Bayern und Baden-Württemberg werden Senioren, verglichen mit der erwachsenen Bevölkerung, etwas häufiger registriert als im Durchschnitt aller Länder (erkennbar an dem geringeren TVBZ-Verhältnis); in Bremen und Sachsen hingegen ist die Wahrscheinlichkeit für Senioren, als Tatverdächtige registriert zu werden, verglichen mit der erwachsenen Bevölkerung besonders gering (erkennbar an dem hohen TVBZ-Verhältnis).

Eine weitere Maßzahl ist der Anteil der älteren Tatverdächtigen an allen ermittelten Tatverdächtigen. Dieser Anteil gibt an, welchen Umfang die Seniorenkriminalität am Arbeitsaufkommen der Polizei hat. Bundesweit machen die ab 60-jährigen Tatverdächtigen 7,3 % aller Tatverdächtigen aus. Dieser Anteil schwankte im Jahr 2012 in den Ländern zwischen 5,6 % (Bremen) und 8,2 % (Brandenburg und Sachsen-Anhalt). Diese Differenzen sind z. T. auch durch unterschiedliche Anteile der Senioren an der Gesamtbevölkerung zu erklären. So waren in Bremen im Jahr 2012 nur 27,5 % der Bevölkerung 60 Jahre und älter, während es in Brandenburg und Sachsen-Anhalt 28,7 % bzw. 31,0 % waren.

Wird der Blick auf die Entwicklung der relativen Kriminalitätsbelastung der Senioren in den Bundesländern seit 1995 gerichtet, so findet sich eine große Bandbreite an Trends. Während in einigen Bundesländern Rückgänge festzustellen sind (u. a. Bremen und Schleswig-Holstein), hat sich die relative Kriminalitätsbelastung der Senioren in anderen Bundesländern stark erhöht (u. a. Niedersachsen und Nordrhein-Westfalen), so dass nicht von einer einheitlichen Entwicklung gesprochen werden kann.

Betrachtet man das Verhältnis der TVBZ von Erwachsenen zu Senioren im Zeitverlauf, so zeigt sich in den meisten Ländern ein Anstieg des Ver-

◘ **Tab. 2.3** Entwicklung der TVBZ nach Bundesländern für alle Delikte insgesamt. (Quelle: PKS der Länder [jeweils 1995 und 2012]; eigene Berechnungen)

	1995				2012				
	TVBZ 60+	TVBZ 21 < 60	TVBZ-Verhältnis	%TV 60+ an allen TV	TVBZ 60+	TVBZ 21 < 60	TVBZ-Verhältnis	%TV 60+ an allen TV	Entwicklung TVBZ 60+ 1995–2012
Baden-Württemberg	572	2.431	4,25	5,6%	600	2.648	4,41	7,1%	4,9%
Bayern	687	3.185	4,63	5,7%	681	2.882	4,23	7,7%	−0,9%
Berlin	884	5.379	6,08	3,5%	1.036	4.789	4,62	6,8%	17,2%
Brandenburg	802	4.894	6,10	3,6%	782	3.599	4,60	8,2%	−2,5%
Bremen	928	4.137	4,46	5,9%	856	5.559	6,49	5,6%	−7,7%
Hamburg	1.002	4.630	4,62	5,3%	968	4.745	4,90	6,2%	−3,4%
Hessen	665	3.076	4,63	5,7%	695	3.465	4,99	7,0%	4,5%
Mecklenburg-Vorp.	745	3.401	4,57	4,0%	785	3.749	4,78	7,7%	5,3%
Niedersachsen	608	2.770	4,55	5,5%	723	3.634	5,03	7,0%	18,8%
NRW	557	2.599	4,67	5,3%	657	3.515	5,35	6,4%	17,9%
Rheinland-Pfalz	689	2.995	4,35	6,3%	792	3.596	4,54	7,7%	15,0%
Saarland	698	2.928	4,19	6,7%	697	3.674	5,27	7,2%	−0,2%
Sachsen	515	2.885	5,61	4,6%	633	3.534	5,58	7,8%	23,1%
Sachsen-Anhalt	826	3.679	4,45	5,2%	820	4.140	5,05	8,2%	−0,7%
Schleswig-Holstein	752	3.348	4,45	5,6%	711	3.348	4,71	7,7%	−5,5%
Thüringen	594	2.790	4,70	4,8%	686	3.531	5,15	7,7%	15,5%

TVBZ Tatverdächtigenbelastungszahl; *PKS* Polizeiliche Kriminalstatistik

hältnisses; der Abstand der TVBZ der Erwachsenen und der Senioren vergrößert sich also mehrheitlich (besonders deutlich im Saarland und in Bremen). In Bayern, Berlin, Brandenburg und Sachsen ist das Verhältnis demgegenüber gesunken. Der Anteil der Senioren an allen Tatverdächtigen hat von 1995–2012 in allen Bundesländern mit der Ausnahme von Bremen zugenommen.

Insgesamt kann festgehalten werden, dass sich die relative Kriminalitätsbelastung der Senioren zwischen den Ländern im Jahr 2012 deutlich unterscheidet. Die Entwicklung der relativen Belastung der Senioren seit 1995 verlief ebenfalls unterschiedlich. Hinsichtlich der Kriminalitätsbelastung im Jahr 2012 fallen dennoch 2 Befunde auf: Erstens findet sich in Staatstaaten für Senioren die höchste Belastungszahl; hier sind die Senioren mithin deutlich häufiger kriminell als in den Flächenstaaten. Zweitens ergibt sich für die drei ostdeutschen Länder Sachsen-Anhalt, Brandenburg und Sachsen, dass Senioren einen größeren Anteil an allen Tatverdächtigen stellen als in den anderen Bundesländern (7,8–8,2 %); auch in Mecklenburg-Vorpommern und Thüringen fällt dieser Anteil mit 7,7 % überdurchschnittlich aus. In den ostdeutschen Bundesländern scheint Seniorenkriminalität demnach ein – in der relativen Betrachtung – relevanteres Problem darzustellen als in den westdeutschen Bundesländern.

2.2.4 Exkurs: Die Kriminalität Hochbetagter

Zwar konzentriert sich der vorliegende Beitrag auf die ab 60-jährigen Tatverdächtigen, diese Gruppe ist aber keineswegs homogen. So verweist Heinz (2014) auf die in der Gerontologie übliche Differenzierung zwischen jungen Alten (»drittes Alter«) und Hochbetagten (»viertes Alter«). Damit sollen Unterschiede der psychischen und physischen Eigenschaften von älteren Menschen sichtbar gemacht werden, wie sie innerhalb der Gruppe der Senioren bestehen. Während das »dritte Alter« durch eine gute Gesundheit gekennzeichnet ist, treten im »vierten Alter« Probleme wie Multimorbidität, Angewiesenheit auf Pflege oder Demenz auf.

Diese Differenzen in der physischen und psychischen Konstitution innerhalb der Gruppe der Senioren sollten nicht ohne Auswirkungen auf die Kriminalität sein. So werden die Möglichkeiten, Straftaten zu begehen, für Menschen, die etwa auf Grund von Pflegebedürftigkeit oder motorischen Defiziten in ihrer Bewegungsfähigkeit eingeschränkt sind, beschränkt sein. Folglich ist davon auszugehen, dass sich die Kriminalitätsbelastung (TVBZ) innerhalb der Altersgruppe der ab 60-Jährigen erheblich unterscheidet (Heinz 2014).

In den Standardtabellen der PKS wurde die Kriminalität der Gruppe der Senioren bisher nicht weiter untergliedert, so dass differenziertere Analysen nicht möglich waren. Erst ab der PKS des Jahres 2013 stellt das Bundeskriminalamt (BKA) auch eine Untergliederung der tatverdächtigen Senioren nach Altersgruppen (60 bis < 65 Jahre, 65 bis < 70 Jahre, 70 bis < 75 Jahre, 75 bis < 80 Jahre und 80 Jahre und älter) zur Verfügung. Heinz (2014) hat erstmals für die Bundesrepublik insgesamt detailliertere Analy-

sen im Bereich der Senioren auf Basis einer Sonderauswertung der PKS vornehmen können. Dabei zeigten sich große Unterschiede zwischen den Altersgruppen, wobei die Belastung mit zunehmendem Alter stark absinkt. Die Geschlechterunterschiede bleiben auch bis ins hohe Alter bestehen. Darüber hinaus nimmt mit zunehmendem Alter die Bedeutung weniger schwerer Delikte (Sachbeschädigung, Leistungserschleichung, einfacher Diebstahl) zu.

Im Folgenden soll dies noch einmal anhand von Zahlen der Polizeilichen Kriminalstatistik des Bundeslands Nordrhein-Westfalen aufgezeigt werden. Die Verwendung der Daten des bevölkerungsreichsten Bundeslands ermöglicht durch die ausreichend hohen Fallzahlen fundierte und valide Aussagen über die Verteilung der Kriminalität innerhalb der Gruppe der Senioren. Die Analysen (◘ Abb. 2.2) zeigen die altersgruppenspezifischen TVBZ im Jahr 2012 für alle Delikte. Die Ergebnisse bestätigen die Befunde von Heinz (2014). Mit zunehmendem Alter sinkt die Kriminalitätsbelastung. Im Gegensatz zu Heinz (2014) erlauben die vorliegenden Daten auch einen differenzierten Blick auf die Kriminalität der Personen mit 80 und mehr Jahren. Auch hier zeigt sich ein ähnliches Bild. Die Kriminalitätsbelastung geht noch weiter zurück und offenbart erhebliche Differenzen zwischen den Subgruppen. Sowohl bei Frauen als auch bei Männern ist die Wahrscheinlichkeit, als Tatverdächtiger registriert zu werden, für die Altersgruppe 80 bis < 85 Jahre mehr als doppelt so hoch wie für die Gruppe der ab 90-Jährigen. Die absoluten Zahlen sind freilich gering. Im Jahr 2012 wurden 2.163 Tatverdächtige mit 80 und mehr Jahren registriert, wovon nur 154 90 Jahre und älter waren. Die von den Tatverdächtigen mit 90 und mehr Jahren am häufigsten begangenen Delikte waren Diebstahlsdelikte (67 Tatverdächtige, darunter 59 Tatverdächtige für einfachen Ladendiebstahl), sonstige Straftatbestände (40 Tatverdächtige), Rohheitsdelikte (25 Tatverdächtige, darunter 19 Tatverdächtige für vorsätzliche, leichte Körperverletzung) und Vermögens- und Fälschungsdelikte (17 Tatverdächtige). Bei den 80- bis < 90-Jährigen setzen sich die am häufigsten begangenen Delikte identisch zusammen: hierzu gehören Diebstahl insgesamt (910 Tatverdächtige, davon 836 für einfachen La-

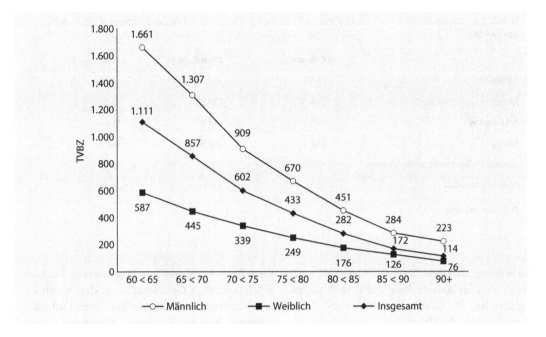

Abb. 2.2 TVBZ für ausgewählte Altersgruppen für alle Delikte insgesamt für Nordrhein-Westfalen 2012. *TVBZ* Tatverdächtigenbelastungszahl

dendiebstahl), sonstige Straftatbestände (479 Tatverdächtige), Rohheitsdelikte (371 Tatverdächtige, darunter 185 Tatverdächtige für vorsätzliche, leichte Körperverletzung) und Vermögens- und Fälschungsdelikte (205 Tatverdächtige). Betrachtet man im Vergleich hierzu die Deliktsstruktur der jüngeren Alten (60 bis < 80 Jahre), so stößt man auf dieselben Delikte: Die meisten der 28.451 Tatverdächtigen wurden für Diebstahlsdelikte registriert (8.411 Tatverdächtige), wobei auch hier der einfache Ladendiebstahl dominiert (6.865 Tatverdächtige). Weitere quantitativ bedeutende Delikte waren sonstige Straftatbestände (7.494), Rohheitsdelikte (7.018 Tatverdächtige, darunter 3.192 Tatverdächtige für vorsätzliche, leichte Körperverletzung) sowie Vermögens- und Fälschungsdelikte (5.633 Tatverdächtige).

Allerdings zeigen sich Unterschiede zwischen den 3 Altersgruppen, was die Bedeutung der eben genannten Deliktskategorien angeht. So wurden von den Tatverdächtigen im Alter von 60 bis < 80 Jahren nur 29,6 % wegen eines Diebstahls registriert, wohingegen bei den 80- bis < 90-Jährigen und den ab 90-Jährigen 45,3 % bzw. 43,5 % einen

Diebstahl begangen haben. Demgegenüber ist die Bedeutung der Rohheitsdelikte (24,9 %) und der Vermögens- und Fälschungsdelikte (19,8 %) bei den 60- bis < 80-Jährigen größer als bei den 80- bis < 90-Jährigen (18,5 % bzw. 10,2 %) bzw. den ab 90-Jährigen (16,2 % bzw. 11,0 %).

2.3 Deliktsspezifische Betrachtung der Seniorenkriminalität

Bisher wurde die Entwicklung der Seniorenkriminalität bezogen auf alle Delikte insgesamt analysiert. Im Folgenden soll die Kriminalität älterer Menschen deliktsspezifisch betrachtet werden.

2.3.1 Die Deliktsstruktur der Seniorenkriminalität

Bei der Betrachtung der Deliktsstruktur der von Senioren begangenen Delikte ist eine Besonderheit der PKS zu beachten. Der PKS liegt seit dem Jahr 1984 die sog. Echttäterzählweise zugrunde.

◻ **Tab. 2.4**   Anteile der tatverdächtigen Senioren für ausgewählte Delikte an allen tatverdächtigen Senioren nach Geschlecht

	Gesamt	Männliche TV	Weibliche TV
Diebstahl	30,1 %	25,6 %	40,8 %
Einfacher Ladendiebstahl	24,4 %	19,6 %	35,5 %
Beleidigung	13,4 %	13,2 %	13,9 %
Betrug	13,2 %	13,3 %	12,8 %
vorsätzliche leichte Körperverletzung	10,0 %	11,5 %	6,5 %
Gewaltkriminalität	3,6 %	4,1 %	2,4 %

TV Tatverdächtige

Das bedeutet, dass jeder Tatverdächtige nur einmal gezählt wird, auch wenn dieser mehrere Straftaten begangen hat. Die Zählung bezieht sich jeweils auf die betrachtete Deliktskategorie. So wird ein Täter bei der Gesamtkriminalität nur einmal aufgeführt, auch wenn dieser einen Diebstahl und eine Körperverletzung begangen hat. Erfolgt eine nach den Kategorien Diebstahl und Körperverletzung getrennte Auswertung, so wird der Täter in jeder dieser Kategorien gezählt. Dementsprechend ist die Summe der Tatverdächtigen über alle Deliktskategorien der PKS größer als die Zahl der Tatverdächtigen insgesamt.

Die nachfolgende Beschreibung der Deliktsstruktur orientiert sich zunächst an den quantitativ bedeutsamen Delikten. Von den 152.290 Tatverdächtigen im Jahr 2012 im Alter von 60 und mehr Jahren haben 45.894 einen Diebstahl begangen; dies entspricht einem Anteil von 30,1 % aller tatverdächtigen Senioren. Dabei handelt es sich beim überwiegenden Teil um einfachen Ladendiebstahl (37.097 Tatverdächtige). Relativ häufig wurden von den Tatverdächtigen zudem Beleidigungen (20.452 Tatverdächtige), Betrugsdelikte (20.048 Tatverdächtige) und vorsätzliche leichte Körperverletzungen (15.261 Tatverdächtige) begangen. Folglich werden Senioren eher für weniger schwere Delikte registriert; schwerere Gewaltdelikte spielen eher eine untergeordnete Rolle (5.528 Tatverdächtige). Gemeint sind hier Gewaltdelikte im Sinne des PKS-Schlüssels 8920 der PKS, der schwerere Gewaltdelikte (u. a. gefährliche und schwere Körperverlet-

zung, Raub, Mord und Totschlag) umfasst. Ein Vergleich nach dem Geschlecht zeigt, dass weibliche tatverdächtige Senioren häufiger einen Diebstahl begangen haben als Männer. Männliche tatverdächtige Senioren begehen demgegenüber häufiger Gewaltdelikte (◻ Tab. 2.4).

Neben zahlenmäßig bedeutsamen Delikten ist zudem interessant, bei welchen Delikten Senioren überproportional häufig als Tatverdächtige registriert werden. In ◻ Tab. 2.5 ist der Anteil der tatverdächtigen Senioren an allen Tatverdächtigen für das jeweilige Delikt dargestellt. Dabei wurden nur Delikte berücksichtigt, bei denen die Senioren relativ zu ihrem durchschnittlichen Anteil (7,3 %) überrepräsentiert sind und bei denen gleichzeitig mindestens 1.000 Tatverdächtige registriert wurden (jeweils bezogen auf das Jahr 2012). Somit kann ◻ Tab. 2.5 Aufschluss darüber geben, welche Delikte von älteren Tätern bevorzugt begangen werden (und gleichzeitig auch quantitativ bedeutsam sind). Zu den am stärksten überrepräsentierten Delikten gehören Straftaten gegen die Umwelt. Für dieses Delikt liegt der Anteil der älteren Tatverdächtigen im Alter von 60 und mehr Jahren bei 17,4 % und damit fast 2,5-mal so hoch wie im Durchschnitt. Weiterhin sind ältere Menschen im Bereich der fahrlässigen Körperverletzung (14,4 %), der Brandstiftung und Herbeiführen einer Brandgefahr (13,7 %) sowie im Bereich des einfachen Ladendiebstahls (14,0 %) ca. doppelt so häufig auffällig wie im Durchschnitt. Zudem ist eine Präferenz für die Delikte Beleidigung, Veruntreuung, Verstoß gegen

☐ **Tab. 2.5** Anteil der tatverdächtigen Senioren an allen Tatverdächtigen im Jahr 2012 nach Delikt (in Klammern: PKS-Schlüsselzahl). (Quelle: PKS Bund 2012; eigene Berechnungen)

	Anteil der TV 60+ an allen TV		
	Gesamt	Männlich	Weiblich
Straftaten gegen die Umwelt (6760)	17,4	17,0	21,1
Fahrlässige Körperverletzung (2250)	14,4	13,9	15,3
Brandstiftung/Herbeiführen einer Brandgefahr (6400)	13,7	11,3	22,5
Straftaten gegen das Waffengesetz (7262)	11,7	11,2	18,8
Veruntreuung (5200)	11,4	12,2	9,3
Beleidigung (6730)	11,0	10,9	11,3
Diebstahl ohne erschwerende Umstände (3***)	10,7	9,5	13,0
Darunter: Einf. Ladendiebstahl (326*)	14,0	13,2	15,2
Nötigung (2322)	10,3	10,5	8,9
Straftaten auf dem Wirtschaftssektor (7100)	9,8	10,3	7,7
Sexueller Missbrauch (1300)	8,4	8,6	3,8
Darunter: Sexueller Missbrauch von Kindern (1310)[a]	7,8	8,0	3,8
Hausfriedensbruch (6220)	8,0	7,3	10,5
Nachstellung (Stalking) (2324)	7,5	7,2	8,5
Straftaten insgesamt	7,3	6,8	8,5

TV Tatverdächtige
[a] Weniger als 1.000 Tatverdächtige im Jahr 2012

das Waffengesetz und Nötigung erkennbar. Ältere sind demnach v. a. bei Delikten überrepräsentiert, die weniger physische Fähigkeiten voraussetzen. Darüber hinaus wird deutlich, dass die Delikte Betrug und vorsätzliche leichte Körperverletzung von Senioren zwar relativ häufig verübt werden, ältere Tatverdächtige aber hier nicht überproportional häufig in Erscheinung treten.

Betrachtet man die Anteile der Tatverdächtigen im Alter von 60 und mehr Jahren an allen Tatverdächtigen getrennt nach dem Geschlecht (ebenfalls ☐ Tab. 2.5), so zeigen sich teilweise größere Unterschiede. Insgesamt machen die Senioren bei den Männern 6,8 % und bei den Frauen 8,5 % aller Tatverdächtigen aus. Männer sind überproportional häufig im Bereich der Umweltstraftaten, der fahrlässigen Körperverletzung und beim einfachen Ladendiebstahl vertreten, Frauen im Bereich der

Umweltstraftaten, der Straftaten gegen das Waffengesetz und bei den Brandstiftungen.

2.3.2 Deliktsspezifische Entwicklung der Seniorenkriminalität

In diesem Abschnitt werden alle bisher betrachteten Delikte, also jene Straftaten, die zahlenmäßig bedeutsam sind, sowie Straftaten, bei denen Senioren überproportional häufig als Tatverdächtige in Erscheinung treten, hinsichtlich ihrer Entwicklung seit 1995 betrachtet. Zusätzlich werden alle Überkategorien der Schlüsselbereiche der PKS und die Delikte Sachbeschädigung sowie schwere bzw. gefährliche Körperverletzung betrachtet.

☐ Tab. 2.6 stellt die Entwicklung der Seniorenkriminalität für diese Delikte dar. Dabei soll der

Tab. 2.6 Entwicklung der Zahl der Tatverdächtigen absolut und der TVBZ der Senioren nach Delikten 1995 und 2012. (Quelle: PKS Bund 1995–2012; eigene Berechnungen)

Delikt	PKS-Schlüssel	TV absolut (60+)		TVBZ (60+)					
		1995	2012	1995	2012	1995 zu 2012	Höchster Wert	Im Jahr	Differenz 2012 zu höchstem Wert
Straftaten insgesamt	- - -	109.618	152.290	649,6	699,3	7,6 %	745,1	2004	–6,2 %
Straftaten gegen das Leben	0000	220	310	1,3	1,4	9,2 %	1,7	2010	–14,0 %
Straftaten gegen die sexuelle Selbstbestimmung	1000	1.071	2.187	6,3	10,0	58,2 %	12,9	2008	–22,1 %
Sexueller Missbrauch[a]	1300	751	1.195	4,5	5,5	23,3 %	6,6	2002	–16,9 %
Darunter: Sexueller Missbrauch von Kindern	1310	558	703	3,3	3,2	–2,4 %	4,4	2003	–26,8 %
Rohheitsdelikte/Straftaten gegen die persönliche Freiheit	2000	14.454	34.342	85,7	157,7	84,1 %	157,7	2012	–
Darunter: Gefährliche/schwere Körperverletzung	2220	2.874	4.804	17,0	22,1	29,5 %	22,9	2007	–3,7 %
(Vorsätzliche leichte) Körperverletzung	2240	6.435	15.261	38,1	70,1	83,7 %	70,1	2012	–
Fahrlässige Körperverletzung	2250	1.128	2.890	6,7	13,3	98,5 %	14,1	2011	–5,7 %
Nötigung[b]	2322	1.743	5.713	9,5	26,2	176,4 %	26,7	2011	–1,8 %
Nachstellung (Stalking)[c]	2324	640	1.497	3,1	6,9	121,3 %	7,4	2009	–7,2 %
Diebstahl ohne erschwerende Umstände	3**0	62.780	44.256	372,1	203,2	–45,4 %	372,1	1995	–45,4 %
Darunter: Einfacher Ladendiebstahl	326*	58.620	37.097	347,4	170,3	–51,0 %	348,8	1996	–51,2 %
Diebstahl unter erschwerenden Umständen	4**0	1.211	1.954	7,2	9,0	25,0 %	9,0	2012	–
Vermögens- und Fälschungsdelikte	5000	10.072	27.650	59,7	127,0	112,7 %	127,0	2011	–0,04 %
Darunter: Betrug	5100	7.570	20.048	44,9	92,1	105,2 %	93,8	2009	–1,9 %
Veruntreuungen	5200	820	2.142	4,9	9,8	102,4 %	13,2	2004	–25,3 %
Sonstige Straftatbestände (StGB)	6000	19.390	42.755	114,9	196,3	70,8 %	196,3	2012	–

Tab. 2.6 Fortsetzung

Delikt	PKS-Schlüssel	TV absolut (60+)		TVBZ (60+)					
		1995	2012	1995	2012	1995 zu 2012	Höchster Wert	Im Jahr	Differenz 2012 zu höchstem Wert
Darunter: Hausfriedensbruch[d]	6220	2.248	4.820	11,6	22,1	91,1%	22,1	2012	–
Brandstiftung/Herbeiführen einer Brandgefahr[e]	6400	809	1.593	4,8	7,3	52,6%	8,0	2003	–8,8%
Alle sonstigen Straftaten gegen StGB (oV)	6700	15.400	32.941	91,3	151,3	65,7%	151,9	2011	–0,4%
Beleidigung	6730	7.582	20.452	44,9	93,9	109,0%	94,7	2011	–0,8%
Sachbeschädigung	6740	3.805	6.563	22,5	30,1	33,6%	30,7	2003	–1,8%
Straftaten gegen die Umwelt	6760	2.111	1.669	12,5	7,7	–38,7%	13,1	1997	–41,6%
Strafrechtliche Nebengesetze	7000	5.419	11.429	32,1	52,5	63%	56,9	2010	–7,8%
Straftaten gegen strafrechtliche Nebengesetze auf dem Wirtschaftssektor	7100	1.023	2.237	6,1	10,3	69,4%	12,8	2007	–19,6%
Straftaten gegen das Waffengesetz	7262	1.117	3.673	6,6	16,9	154,8%	24,9	2010	–32,2%

TV Tatverdächtige; *TVBZ* Tatverdächtigenbelastungszahl
[a] bis einschließlich 1998 sonstiger sexueller Missbrauch §§ 176, 179, 182, 183, 183a StGB, dann §§ 176, 176a, 176b, 179, 182, 183, 183a StGB
[b] erst seit 1999 in der PKS erfasst
[c] erst seit 2007 in der PKS erfasst
[d] erst seit 2001 in der PKS erfasst
[e] bis einschließlich 1998 Brandstiftung §§ 306–309 StGB, dann Brandstiftung und Herbeiführen einer Brandgefahr §§ 306–306d, 306f StGB

Blick auf die Differenz zwischen den Jahren 1995 und 2012 gelegt werden. Allerdings kann der Vergleich nur der beiden Jahre keinen Gesamteindruck der Entwicklung vermitteln. Deshalb wird zusätzlich jeweils das Jahr mit dem höchsten Wert der TVBZ angegeben. So ist ◘ Tab. 2.6 z. B. zu entnehmen, dass die Zahl der Tatverdächtigen für Straftaten gegen das Leben (Schlüsselnummer 0000) von 1995–2012 von 220 auf 310 gestiegen ist. Die TVBZ hat um 9,2 % von 1,3 auf 1,4 Tatverdächtige pro 100.000 Einwohner zugenommen. Die höchste Kriminalitätsbelastung verzeichneten die Senioren allerdings im Jahr 2010 (TVBZ von 1,7); seitdem ist die Belastung wieder um 14,0 % abgesunken.

An dieser Stelle konzentriert sich die Betrachtung auf die TVBZ, obwohl in der Tabelle auch absolute Zahlen zu den Tatverdächtigen aufgeführt sind, da in der TVBZ die Veränderung der Bevölkerungszahl berücksichtigt wird. Insgesamt betrachtet hat die Kriminalitätsbelastung der Senioren für die meisten der betrachteten Delikte seit 1995 zugenommen. Die stärksten Zunahmen finden sich bei der Nötigung (+176,4 %), bei Straftaten gegen das Waffengesetz (+154,8 %) und bei der Nachstellung (+121,3 %). Rückgänge sind nur in Bezug auf Umweltstraftaten, einfachen Diebstahl/Ladendiebstahl und sexuellen Missbrauch von Kindern zu verzeichnen.

Somit ist zu konstatieren, dass die Kriminalitätsbelastung von Senioren insgesamt und auch für die meisten Einzeldelikte seit 1995 zugenommen hat. Bei der Mehrzahl der untersuchten Delikte, die einen Anstieg der TVBZ aufweisen, ist aber ein Rückgang der Belastung zu verzeichnen. Werden all jene Delikte betrachtet, bei denen die höchste Belastungszahl im Jahr 2009 oder davor lag, erweisen sich folgende Bereiche als rückläufig[2]:

- Straftaten insgesamt,
- Straftaten gegen die sexuelle Selbstbestimmung, darunter sexueller Missbrauch und sexueller Missbrauch von Kindern,
- Gefährliche bzw. schwere Körperverletzung,
- Nachstellung,

---

2   Das Jahr 2009 wird hier als Grenze gesetzt, weil dies bedeutet, dass in den folgenden 3 Jahren niedrigere Belastungszahlen zu beobachten sind. Ab einem solchen Zeitraum von 3 Jahren kann von einem Trend gesprochen werden.

- Diebstahl ohne erschwerende Umstände, darunter einfacher Ladendiebstahl,
- Betrug und Veruntreuung,
- Brandstiftung,
- Sachbeschädigung,
- Straftaten gegen die Umwelt,
- Straftaten gegen Nebengesetze auf dem Wirtschaftssektor.

Dies bedeutet, dass bei 14 der 27 abgebildeten Delikte von einem rückläufigen Trend auszugehen ist. Besonders deutlich ist dieser bei den Delikten, die bereits seit den 1990er-Jahren zurückgehen (Diebstahl ohne erschwerende Umstände, Ladendiebstahl, Straftaten gegen die Umwelt). Bei weiteren 8 Delikten geht die Belastungszahl seit 2010 oder 2011 zurück; hier bleibt abzuwarten, wie die Entwicklung in den kommenden Jahren ausfällt. Nur bei 5 Delikten ist die Belastungszahl im Jahr 2012 am höchsten; d. h., bei diesen Delikten ist von ansteigenden Zahlen auszugehen. Dies sind vorsätzliche leichte Körperverletzung, Diebstahl unter erschwerenden Umständen und Hausfriedensbruch sowie die beiden Oberkategorien der Rohheitsdelikte und der sonstigen Straftatbestände.

2.3.3   Deliktsspezifische Unterschiede der Seniorenkriminalität zur Kriminalität von Jugendlichen bzw. Heranwachsenden

Abschließend soll die Kriminalität von Jugendlichen bzw. Heranwachsenden (14- bis < 21-Jährige), also der kriminalstatistisch auffälligsten Gruppe, und die Kriminalität der Senioren, der am wenigsten auffälligen Gruppe, vergleichend gegenüber gestellt werden, da sich bei einer solchen Betrachtung erwartbare Unterschiede, zugleich aber auch interessante Gemeinsamkeiten zeigen.

Werden zunächst die quantitativ bedeutsamsten Delikte betrachtet, so haben von den insgesamt 396.512 14- bis < 21-jährigen Tatverdächtigen des Jahres 2012 124.857 einen Diebstahl begangen (davon 62.224 einen einfachen Ladendiebstahl). Körperverletzungsdelikte (97.549 Tatverdächtige, davon 61.430 Tatverdächtige für vorsätzliche leichte Körperverletzung), Betrug (71.869 Tatverdächtige) und Rauschgiftdelikte (51.408) wurden ebenfalls sehr häufig begangen. Vergleicht man diese Zahlen mit den Zahlen der Senioren, so zeigen sich Gemeinsamkeiten im Hinblick auf die Bedeutung der Diebstahlsdelikte, der vorsätzlichen leichten Körperverletzung und des Betrugs. Rauschgiftdelikte spielen demgegenüber bei den Senioren eine zu vernachlässigende Rolle.

Weiterhin zeigt sich, dass Jugendliche bzw. Heranwachsende bei den Straftaten gegen die sexuelle Selbstbestimmung insgesamt, bei Vergewaltigung und sexueller Nötigung, im Bereich der Gewaltkriminalität (Raub sowie gefährliche und schwere Körperverletzung), bei vorsätzlicher leichter Körperverletzung, bei der Erschleichung von Leistungen (Schwarzfahren), bei der Sachbeschädigung, beim Widerstand gegen die Staatsgewalt und bei Straftaten gegen die öffentliche Ordnung sowie bei Straftaten gegen das Sprengstoffgesetz überrepräsentiert sind, bezogen auf den durchschnittlichen Anteil an allen Tatverdächtigen; von Senioren werden diese Delikte dagegen in unterdurchschnittlicher Häufigkeit begangen.

Wie angesprochen, sind sowohl Jugendliche bzw. Heranwachsende als auch Senioren überproportional im Bereich des Diebstahls auffällig. Bei näherer Betrachtung ergeben sich dennoch wichtige Unterschiede: Bei Jugendlichen bzw. Heranwachsenden umfasst die Diebstahlkriminalität nicht nur den einfachen Ladendiebstahl, sondern ebenso den Bereich des Diebstahls von Fahrzeugen und Fahrrädern sowie des schweren Diebstahls.

Werden die zahlenmäßig weniger bedeutsamen Delikte betrachtet, so zeigt sich für Senioren wie für Jugendliche bzw. Heranwachsende, dass sie im Bereich der Brandstiftung bzw. des Herbeiführens einer Brandgefahr überrepräsentiert sind. Während Senioren in diesem Bereich allgemein überrepräsentiert sind, gilt dies für die Jugendlichen bzw. Heranwachsenden für vorsätzliche Straftaten in diesem Deliktsbereich. Auch in Bezug auf den sexuellen Missbrauch insgesamt und den sexuellen Missbrauchs von Kindern sind beide Altersgruppen überproportional häufig vertreten. Das gleiche trifft im Übrigen auch für den Hausfriedensbruch sowie für Straftaten gegen das Waffengesetz zu.

Demgegenüber stehen Delikte, die v. a. für Senioren charakteristisch sind. Hierzu zählen die fahrlässigen Körperverletzungen, Nötigungen und Stalking sowie Beleidigung und Straftaten gegen die Umwelt bzw. Straftaten auf dem Wirtschaftssektor.

2.4 Zusammenfassung

Die Auswertungen der Polizeilichen Kriminalstatistik und damit der Hellfeldkriminalität haben mit Blick auf die Senioren zu folgenden zentralen Befunden geführt: Senioren sind selten kriminell. Gemessen an ihrem Anteil in der Bevölkerung (2012: 26,6 %) treten ab 60-jährige Personen unterdurchschnittlich häufig als Tatverdächtige von Straftaten in Erscheinung. Ihr Anteil an allen Tatverdächtigen machte 2012 nur 7,3 % aus. Von 100.000 ab 60-jährigen Personen wurden im Jahr 2012 gerade einmal 699 polizeilich wegen irgendeines Deliktes registriert; bei anderen Altersgruppen fällt diese Zahl um das Mehrfache höher aus.

> **Die Kriminalitätsrate von Senioren liegt unter derjenigen von Jugendlichen und Erwachsenen.**

Diese geringere Kriminalitätsbelastung lässt sich mit verschiedenen Faktoren begründen. So sind ältere Personen einer höheren sozialen Kontrolle aufgrund der Einbindung in verschiedene Bereiche wie Beruf oder Familie ausgesetzt; sie haben aufgrund ihrer physischen und psychischen Verfassung wie ihrer eher häuslich strukturierten Freizeitgestaltung weniger Möglichkeiten, Straftaten zu begehen; sie sind zugleich weniger motiviert, Straftaten auszuführen (u. a. aufgrund eines zunehmenden Konservatismus im Alter; vgl. Baier et al. 2011, S. 109 ff). Nicht zu vernachlässigen ist, dass sie zudem eine niedrigere Wahrscheinlichkeit haben dürften, dass die von ihnen begangenen Straftaten aufgedeckt werden. So dürfte z. B. das Anzeigeverhalten gegenüber älteren Personen im Vergleich zu jüngeren Tätern niedriger ausfallen.

Wird die gesamte Kriminalität betrachtet, so gilt, dass von 1995–2004 die Tatverdächtigenbelastungszahl von 649,6 auf 745,1 gestiegen ist; danach ist allerdings ein Rückgang bis 2012 auf 699,3 festzustellen.

Relativiert am steigenden Bevölkerungsanteil ist also mit Blick auf die zurückliegenden Jahre zu konstatieren, dass Seniorenkriminalität im Rückgang begriffen ist, zumindest was die gesamte Kriminalität anbelangt. Eine solche positive Entwicklung kann für die Mehrzahl der Delikte konstatiert werden, wobei zugleich bei einigen Delikten zu beachten ist, dass der Rückgang der Belastungszahl erst seit wenigen Jahren zu beobachten ist. Wie stabil die mehrheitlich positive Entwicklung ist, kann daher erst mit den zukünftigen PKS-Daten beurteilt werden. Für Diebstähle ohne erschwerende Umstände (insbesondere Ladendiebstähle) und Straftaten gegen die Umwelt ergeben sich Rückgänge bereits seit Mitte der 1990er Jahre, d. h. bei diesen Delikten sind die Rückgänge am stärksten ausgeprägt. Zu den wenigen Delikten, bei denen Anstiege der Belastungszahl zu verzeichnen sind, gehören vorsätzliche leichte Körperverletzungen, Diebstahl unter erschwerenden Umständen sowie Hausfriedensbruch. Die Aufzählung dieser Delikte gibt einen Hinweis darauf, warum die Kriminalität von Senioren zumindest zeitweise angestiegen ist: Im Wesentlichen dürfte dies auf einen Anstieg des Anzeigeverhaltens zurückzuführen sein. Für Jugendliche konnten entsprechende Entwicklungen mittels Dunkelfeldbefragungen nachgewiesen werden (vgl. u. a. Baier 2008). Es ist davon auszugehen, dass auch gegenüber älteren Tätern die Toleranzschwelle gesunken ist, deren Taten zur Anzeige zu bringen. Dies gilt insbesondere mit Blick auf männliche Täter, da sich weitestgehend nur für die männlichen Senioren ein Anstieg gezeigt hat. Für die meisten Delikte könnte sich die Anzeigequote nunmehr auf einem höheren Niveau als früher stabilisiert haben; nur für einzelne Delikte (wie z. B. leichte Körperverletzungen) steigt sie noch weiter. Wenn dies zutrifft, würden sich Entwicklungen im Dunkelfeld mehr oder weniger direkt im Hellfeld sichtbar machen. Die seit 2004 rückläufige Seniorenkriminalität müsste dementsprechend als echter Rückgang interpretiert werden. Rückgänge zeigen sich auch für andere Altersgruppen. Gründe hierfür sind u. a., dass technische Vorkehrungen kriminelles Verhalten z. B. im Bereich des Diebstahls erschweren und dass sich in Deutschland eine Kultur des Verzichts auf Kriminalität und Gewalt weiter durchsetzt (vgl. Baier et al. 2011, S. 22). Wie sich in Zukunft die Seniorenkriminalität entwickelt, bleibt abzuwarten. Denkbar ist, dass die Anzeigebereitschaft bspw. gegenüber älteren Täterinnen zunimmt oder dass ältere Menschen aufgrund verbesserter Möglichkeiten vermehrt spezifische Straftaten ausführen. Denkbar ist aber ebenso ein Rückgang der Kriminalität, insbesondere wenn berücksichtigt wird, dass die derzeitige Jugend- und Heranwachsendengeneration deutlich weniger kriminell ist als die Generationen vorher und diese Generation die zukünftigen Senioren bilden werden.

Die Seniorenkriminalität in Deutschland variiert regional. In einigen Bundesländern sind die Belastungszahlen deutlich höher als in anderen Bundesländern. Dies gilt in erster Linie für die Stadtstaaten. Dass sich hier höhere Belastungszahlen zeigen, ist deshalb nicht überraschend, weil sich dies ebenso für andere Altersgruppen zeigt, bspw. für Jugendliche (vgl. Baier et al. 2009, S. 24). Zurückführen lässt sich dies zumindest zum (Groß-)Teil auf höhere Anzeigequoten. Aufgrund der erhöhten Anonymität in Großstädten wird kriminelles Verhalten weniger oft informell zwischen den Betroffenen geregelt, sondern auf dem Weg der Anzeige. Der Vergleich der Bundesländer lässt zugleich den Schluss zu, dass die Anzeigequote nicht die gesamte Erklärung der regionalen Unterschiede darstellt. In den ostdeutschen Bundesländern bilden die älteren Tatverdächtigen bspw. einen größeren Anteil unter allen Tatverdächtigen. Dies könnte auch damit zusammen hängen, dass in Bundesländern, in denen die demografische Alterung stärker voranschreitet als in anderen Bundesländern, die Polizei einen Schwerpunkt im Bereich der Seniorenkriminalität setzt und dadurch selbst mehr Tatverdächtige registriert.

> **Die Seniorenkriminalität variiert zwischen den einzelnen Bundesländern und ist in Großstädten vergleichsweise höher (u. a. wegen unterschiedlicher Anzeigequoten und polizeilicher Registrierung).**

Seniorenkriminalität ist eher leichte Kriminalität. Die 3 am häufigsten von Senioren begangenen Delikte sind
- Ladendiebstahl,
- Beleidigung und
- Betrug.

Schwere Gewaltstraftaten sind dagegen die Ausnahme. Diese Deliktverteilung dürfte im Wesentlichen darauf zurückzuführen sein, dass ältere Menschen beschränkte Möglichkeiten der Straftatenbegehung haben; z. B. ist die Ausübung physischer Gewalt aufgrund der physischen Konstitution Älterer begrenzt.

> Bei der Seniorenkriminalität handelt es sich eher um »leichte« Vergehen, schwere Straftaten sind die Ausnahme.

Dass ältere Menschen dennoch in überproportionaler Weise fahrlässige Körperverletzungen begehen, dürfte mit durch sie verursachten Straßenverkehrsunfällen zu erklären sein. Die PKS differenziert in diesem Deliktsbereich die konkreten Vorfälle nicht weiter aus. Verkehrsbezogene Straftaten bzw. Straftaten in ärztlichen Zusammenhängen bilden aber den größten Anteil in diesem Deliktsbereich. Interessant ist zudem, dass ältere Menschen bei den Umweltdelikten sowie bei der Brandstiftung häufiger als es ihrem durchschnittlichen Tatverdächtigenanteil entspricht als Tatverdächtige in Erscheinung treten. Dies könnte damit erklärt werden, dass ältere Menschen häufiger eigene Häuser und Gärten besitzen und hier bspw. Laub oder Ähnliches verbrennen und damit einerseits die Luft verschmutzen, andererseits eine Brandgefahr herbeiführen.

Inwieweit die hier unterbreiteten Interpretationsangebote für die erzielten Befunde tatsächlich Gültigkeit beanspruchen, kann nur durch systematische Forschung geklärt werden. Bislang ist sowohl die Untersuchung der Hellfeld- als auch der Dunkelfeldkriminalität von Senioren ein wenig beachteter Bereich in der kriminologischen Forschung. Weitere empirische Studien sind daher wünschenswert.

Literatur

Baier D (2008) Entwicklung der Jugenddelinquenz und ausgewählter Bedingungsfaktoren seit 1998 in den Städten Hannover, München, Stuttgart und Schwäbisch Gmünd. KFN-Forschungsbericht Nr. 104. Kriminologisches Forschungsinstitut Niedersachsen, Hannover

Baier D, Pfeiffer C, Simonson J, Rabold S (2009) Jugendliche in Deutschland als Opfer und Täter von Gewalt. KFN-Forschungsbericht Nr. 107. Kriminologisches Forschungsinstitut Niedersachsen, Hannover

Baier D, Kemme S, Hanslmaier M et al (2011) Kriminalitätsfurcht, Strafbedürfnisse und wahrgenommene Kriminalitätsentwicklung: Ergebnisse von bevölkerungsrepräsentativen Befragungen aus den Jahren 2004, 2006 und 2010. KFN-Forschungsbericht Nr. 117. Kriminologisches Forschungsinstitut Niedersachsen, Hannover

Bundeskriminalamt (2010) Polizeiliche Kriminalstatistik 2009. BKA, Wiesbaden

Heinz W (2014) Alte Menschen als Tatverdächtige und Opfer. In: Baier D, Mößle T (Hrsg) Kriminologie ist Gesellschaftswissenschaft. Festschrift für Christian Pfeiffer zum 70. Geburtstag. Nomos, Baden-Baden, S 239–259

Lamnek S (2001) Kriminalität. In: Schäfers B, Zapf W (Hrsg) Handwörterbuch zur Gesellschaft Deutschlands. VS Verlag für Sozialwissenschaften, Wiesbaden, S 392–402

Laubenthal K (2005) Phänomenologie der Alterskriminalität. Forum Kriminalprävention 3:5–7

Schneider H-J (1987) Kriminologie. De Gruyter, Berlin

Schwind H-D (2010) Kriminologie. Eine praxisorientierte Einführung mit Beispielen. 20. neubearb Aufl. Kriminalistik Verlag, Heidelberg

Selbstberichtete Kriminalität älterer Menschen

Franziska Kunz

Einige Textstellen, Abbildungen und Tabellen wurden Kunz 2014 entnommen und mit freundlicher Genehmigung des Max-Planck-Instituts für ausländisches und internationales Strafrecht Freiburg i. Br. wiederabgedruckt

F. Kunz, H.-J. Gertz (Hrsg.), *Straffälligkeit älterer Menschen*,
DOI 10.1007/978-3-662-47047-3_3, © Springer-Verlag Berlin Heidelberg 2015

3.1   Aspekte der Datenerfassung

3.1.1   Nutzung von Kriminalstatistiken

Bei empirischen Aussagen über Kriminalität – gleich welcher Altersgruppe oder anders gearteter Population – ist es von entscheidender Bedeutung und daher stets zu beachten, auf welchen Informationen diese basieren. Häufig bilden Kriminalstatistiken, zu allermeist Daten der Polizeilichen Kriminalstatistik (PKS), die Grundlage für Kriminalitätsanalysen. Diese Praxis weist verschiedene, auch forschungsökonomische, Vorteile auf: Kriminalbehördliche Daten enthalten zahlreiche Informationen, sind gut dokumentiert, werden seit Jahren geführt und ermöglichen – mit bestimmten Einschränkungen – somit auch Trendanalysen. Zudem sind diese i. d. R. kostenfrei für jeden online zugänglich und nutzbar. Allerdings gibt es auch einige gravierende Nachteile.[1] Daten zur registrierten Kriminalität sind u. a. hochgradig selektiv, geben lediglich Aufschluss über das Hellfeld und beinhalten zudem nur wenige Kontextinformationen etwa zu den Tätern und Tathintergründen.

Neben der behördlichen Verfolgungs- und Sanktionierungspraxis spiegeln Kriminalstatistiken hauptsächlich das Anzeigeverhalten der Bevölkerung wider (Heinz 2004, S. 7 f., Frehsee 1991, S. 26). Lediglich ein kleiner Teil aller registrierten Delikte wird durch polizeiliche Kontrollmaßnahmen entdeckt. Laut Bannenberg u. Rösner (2005, S. 35) umfasst dieser Anteil etwa 10 %, laut Clages u. Zimmermann (2006, S. 106) lediglich 2–5 %.

3.1.2   Selbstberichtsdaten

Da solche Daten nur sehr eingeschränkt aussagefähig sind, verwenden Wissenschaftler zur Erforschung kriminellen Handels seit Jahrzehnten bevorzugt sog. Selbstberichtsdaten, also via Befragung von Teilen der Bevölkerung erhobene Angaben zu selbst begangenen Straftaten sowie zu weiteren Fragen, die Aufschluss über Entstehungshintergründe und Bedingungsfaktoren kriminellen Handelns geben sollen. Diese Daten beinhalten auch Informationen zum Kriminalitätsdunkelfeld, unterliegen in geringerem Maße Definitions- und Selektionsprozessen und ermöglichen differenzierte deskriptive und ätiologische Analysen Einen informativen Überblick zu Zielen und Methoden der Dunkelfeldforschung, u. a. auch zu Selbstberichtsstudien, gibt Prätor (2015).

Der hauptsächliche Vorbehalt gegenüber Selbstberichtsdaten betrifft deren **Validität**. Es wird eingewendet, dass aufgrund sozialer Erwünschtheitsneigungen sowie aufgrund von Erinnerungsproblemen seitens der Befragten unzutreffende, d. h. unaufrichtige und ungenaue, Angaben gemacht werden, die letztlich zu einer Fehleinschätzung der tatsächlichen Delinquenzbelastung und relevanter Zusammenhänge führen (z. B. Schwind 2007, S. 42; Kreuzer et al. 1992; Lüdemann u. Ohlemacher 2002, S. 15 f.). Kritisiert wird ferner, dass die Validität der Angaben von bestimmten Merkmalen der Befragten abhängt (differenzielle Validität) – im ungünstigsten Fall von Merkmalen, die mit kriminellem Handeln assoziiert sind – und dies zu zusätzlichen Fehlinterpretationen von Ergebnissen führt.

Tatsächlich zeigen empirische Untersuchungen, dass nicht alle Befragten wahrheitsgemäß antworten. Die in Validierungsstudien ermittelten Anteile korrekt antwortender Befragter schwanken erwartungsgemäß stark. Laut Junger (1989, S. 273) werden die eigenen Straftaten von etwa 10–20 % der Befragten verschwiegen, Villmow u. Stephan (1983) ermitteln etwa 6 % unaufrichtige Probanden, auch Köllisch u. Oberwittler 2004 sowie Skarbek-Kozietulska et al. 2012 stellen übereinstimmend fest, dass jeweils eine Minderheit der Befragten unwahrheitsgemäße Angaben zu eigenem delinquentem Verhalten und zu eigenen Polizeikontakten macht. Letztere Untersuchung ergibt, dass ein Drittel der Befragten unkorrekte Angaben zu bisherigen Verurteilungen macht. Einen Überblick zu weiteren einschlägigen empirischen Studien geben Huizinga u. Elliott (1986, S. 313) sowie Thornberry u. Krohn (2003).

---

1   Für einen knappen Überblick zu den Vorzügen und Defiziten von Hellfelddaten siehe z. B. Lüdemann u. Ohlemacher 2002, S. 14 f.; Heinz 2003, 2004, S. 4–9; Schwind 2007, S. 20 ff. 55 ff. sowie ► Kap. 2. Eine umfassende Abhandlung der Thematik findet sich bei Kersting u. Erdmann 2015. Eine populärwissenschaftliche Diskussion zur (eingeschränkten) Aussagekraft der Polizeilichen Kriminalstatistik enthält der TAZ-Artikel »Nutzlose und irreführende Zahlen« von Diederichs 2012.

> **Bei der Erhebung von Selbstberichtsdaten ist zu einem geringen Teil von einem unsicheren Wahrheitsgehalt der Angaben auszugehen.**

Die Gültigkeit der Auskünfte wird zudem von verschiedenen Merkmalen – z. B. der ethnischen Zugehörigkeit, des sozialen Status und Bildungsniveaus, des Geschlechts und des Alters – moderiert. So berichten etwa Jugendliche fremdethnischer Herkunft weniger aufrichtig als deutsche (Köllisch u. Oberwittler 2004, S. 721), Jugendliche mit niedrigerem sozialen Status und geringerer Bildung weniger ehrlich als jene mit höherem Sozial- und Bildungsstatus (Hardt u. Peterson-Hardt 1977, S. 255; Köllisch u. Oberwittler 2004, S. 721 f.), weibliche Befragte unzuverlässiger als männliche (Maxfield et al. 2000; Skarbek-Kozietulska et al. 2012) und ältere ehrlicher als jüngere Jugendliche (Farrington et al. 1996).

Daneben wirken sich auch Eigenschaften der abgefragten Delikte, die Art der erfragten Informationen (Prävalenz, Inzidenz etc.), die Operationalisierung der Delinquenzabfragen und der Modus der Datenerhebung auf die Validität von Selbstberichten aus. Wenngleich einige Einwände nicht völlig zu entkräften sind, lässt die bisherige Methodenforschung alles in allem auf eine grundsätzlich zufriedenstellende Validität von Selbstberichtsdaten schließen[2].

Grundsätzlich gilt, dass Kriminalität nie objektiv oder vollständig erfasst werden kann (Schwind 2007, S. 55 ff., Kunz 2008, S. 11 ff.). Sowohl kriminalbehördliche Registrierungen als auch Selbstberichte unterliegen bestimmten Verzerrungsfaktoren und Fehlerquellen und erzeugen damit je unterschiedliche, nicht aber für sich genommen valide Abbilder der »Kriminalitätsrealität« (vgl. Kunz 2008, S. 11 ff., 54 ff.). Einige Taten und Täter werden stets im Verborgenen und damit im »doppelten Dunkelfeld« verbleiben.

> **Kriminalität kann aufgrund zahlreicher Faktoren niemals objektiv und vollständig erfasst werden.**

Vor dem Hintergrund dieser generellen Messproblematik stellen Befragungsdaten zu delinquentem Handeln trotz der benannten Schwächen eine wichtige, offizielle Kriminalitätsstatistiken ergänzende und diesen in einigen Aspekten überlegene Forschungsgrundlage dar (vgl. Junger 1989; Marquis et al. 1986; Huizinga u. Elliott 1986, S. 324; ähnlich Junger-Tas et al. 1994; Junger-Tas u. Marshall 1999; McVie 2005, S. 2; Prätor 2015, S. 57).

Während etwa die Kriminalität junger Menschen, insbesondere Jugendlicher und Heranwachsender, regelmäßig und umfassend sowohl anhand offizieller Daten als auch anhand von Befragungen observiert wird und eine schier unübersichtliche Fülle einschlägiger Publikationen existiert, sind Informationen zur Kriminalität älterer Menschen bislang sehr begrenzt. Zum einen liegen überhaupt nur vergleichsweise wenige empirische Studien vor. Zum anderen beziehen sich diese wenigen Beiträge – seien es Spezialuntersuchungen etwa zur Straßenverkehrs-, Sexual- oder Erstdelinquenz von Senioren oder allgemeinere datenbasierte Analysen – ausschließlich auf registrierte Kriminalität bzw. Täter und zeichnen somit ein einseitiges, auf das Hellfeld beschränktes Bild der Straffälligkeit im Alter. Lediglich die (mittlerweile stark veraltete und insgesamt eher kleine) Untersuchung von Akers u. La Greca (1988) bezieht auch das Dunkelfeld von Seniorenstraftaten mit ein. Im Rahmen eines größeren Survey zum Alkoholkonsum älterer Menschen in 4 Gemeinden des US-Bundesstaates Florida wurde ein Sub-Sample von 303 der insgesamt 1410 Respondenten ab einem Alter von 60 Jahren mit vollstandardisierten Interviews zu Kontakten mit dem Justizsystem sowie dazu befragt, ob sie 5 in den USA unter Strafe stehende Verhaltensweisen seit ihrem 60. Geburtstag jemals begangen haben (erfasst wurden Körperverletzung, Ladendiebstahl, öffentliche Trunkenheit, Trunkenheit am Steuer sowie illegales Glücksspiel).

Aufgrund fehlender Kontextinformationen verbleibt die Literatur zudem weitestgehend auf der deskriptiven Ebene. Welche sozialen und individuellen Faktoren kriminelles Handeln im höheren

---

2 Für eine ausführlichere, empirisch fundierte Diskussion zur Validität kriminologischer Selbstberichte siehe Kunz 2014, Kapitel 5, Punkt 1. Zum selben Aspekt sowie zu weiteren methodischen Herausforderungen bei der Erfassung selbstberichteter Kriminalität siehe Prätor 2015, S. 48–57.

Alter begünstigen oder hemmen, wird, wenn überhaupt, oft nur theoretisch erörtert. Belastbare datenbasierte Erkenntnisse zu den Entstehungshintergründen von Straffälligkeit im Alter und damit zu kriminogenen bzw. präventiven Faktoren, liegen bislang nicht vor.

Die Nichtverfügbarkeit von Dunkelfelddaten wird in der wissenschaftlichen Literatur immer wieder als gravierendes Defizit thematisiert[3] (z. B. Feest 1993, S. 16; Keßler 2005, S. 129 f.; Kreuzer u. Hürlimann 1992, S. 30; Schützel 2011, S. 440). Da man bei Senioren aus verschiedenen Gründen von einem im Vergleich zu jüngeren Menschen erhöhten Kriminalitätsdunkelfeld ausgeht (Kürzinger 1996, S. 214 f.; Jäckle 1987, S. 53; Keßler 2005, S. 13, 124; 129; Feest 1993, S. 15; Lachmund 2011, S. 55 f.) und sich die erwähnten Nachteile offizieller Daten daher vermutlich noch einmal stärker verzerrend auswirken, ist die (ergänzende) Analyse von Selbstberichts- bzw. Dunkelfelddaten für die Erforschung von Alterskriminalität von besonderer Bedeutung.

Die Annahme eines erhöhten Dunkelfeldes beruht auf verschiedenen Überlegungen. Erstens ist bekannt, dass die typische Alterskriminalität generell weniger sichtbar ist, seltener zur Anzeige gebracht wird und ergo eher im Dunkelfeld verbleibt als etwa die Straftaten jüngerer Menschen. Zweitens wird vermutet, dass die Bevölkerung gegenüber älteren Straftätern nachsichtiger reagiert als gegenüber jüngeren Delinquenten und deren Straftaten seltener zur Anzeige bringt (so z. B. Kürzinger 1996, S. 214; Keßler 2005, S. 126; Schwind 2007, S. 76; Kreuzer u. Hürlimann 1992, S. 31). Speziell im Hinblick auf Sexualstraftaten älterer Männer an Minderjährigen ermittelte Körner 1977 mithilfe einer Bevölkerungsumfrage eine mittlere hypothetische Anzeigebereitschaft in Höhe von 33 %, wobei er davon ausgeht, dass diese einer realen Anzeigebereitschaft von 15 % entspricht (S. 229, 234). Diese Werte sind Körner (1977, S. 229 ff.) zufolge als sehr gering zu bewerten und fallen zudem – sowohl insgesamt als auch für Männer und Frauen separat betrachtet – geringer aus als die in anderen Studien ermittelte (hypothetische und

real) Anzeigebereitschaft bei Sexualdelikten **jüngerer** Täter (Körner 1977, S. 220). Und letztlich gibt es Hinweise darauf, dass ältere im Vergleich zu jüngeren Tätern auch von behördlicher Seite weniger intensiv verfolgt werden und z. B. trotz einheitlicher Strafzumessungsgrundsätze in der Erledigungspraxis eine mildere Sanktionierung erfahren (so z. B. Feest 1993, S. 15–17 sowie Keßler 2005, S. 13, 129; für empiriebasierte Aussagen siehe Blankenburg 1969; Gillig 1976; Hucker u. Ben-Aron 1985; Turner u. Champion 1989; Feinberg u. McGriff 1989; Steffensmeier u. Motivans 2000 a,b; Wilbanks 1988; Wilbanks u. Kim 1984; Champion 1988; Cutsall u. Adams 1983; Alston 1986; Lachmund 2011, S. 120 ff.).

Die Gründe für die Vernachlässigung gerontokriminologischer empirischer Forschung, insbesondere der gezielten Erhebung von Dunkelfelddaten zur Kriminalität von Senioren, sind vielfältig. Zum einen gelten innerhalb der Kriminologie traditionell andere Phänomene – z. B. Jugenddelinquenz – quantitativ, qualitativ und kriminalpolitisch als bedeutsamer (vgl. auch Laue 2009, S. 179). Zum anderen sind in der Gesellschaft und teils auch unter Wissenschaftlern nach wie vor (empirisch unzutreffende) alters- und kriminalitätsbezogene Vorstellungen wirksam, die eine vertiefte Erforschung von Seniorenkriminalität wenig interessant oder relevant erscheinen lassen. Es wird etwa davon ausgegangen, dass Alte anständig, weise und vulnerabel sind und daher eher (potenzielle) Opfer als selbst Täter krimineller Handlungen werden (vgl. hierzu Keßler 2005, S. 1; Legat 2009, S. 5; Lachmund 2011, S. 11 ff.; Fattah u. Sacco 1989, S. 149 ff.; Kercher 1987, S. 257; Brogden u. Nijhar 2000, S. 37 ff.; Phillips 2006, S. 53). Letztlich spielen auch forschungsökonomische Überlegungen und methodologische Vorbehalte eine nicht unbedeutende Rolle. Analysen des Dunkelfelds – sofern diese mit einer Primärerhebung entsprechender Daten verbunden sind – erfordern umfangreiche Ressourcen und sind mit Risiken behaftet. Hartnäckig hält sich etwa die Auffassung einer generell eingeschränkten Befragbarkeit älterer Menschen sowie Skepsis bezüglich der Auskunftsbereitschaft und des Erinnerungsvermögens von Senioren speziell im Hinblick auf delinquentes Verhalten. So heißt es bei Keßler (2005, S. 129 f., ähnlich Kreuzer u. Hürlimann 1992, S. 30):

» Die Erforschung des Dunkelfeldes ist bei älteren Menschen besonders problematisch.

---

3   Zwar wurden wenige Selbstauskünfte zu begangenen Straftaten in Deutschland im Rahmen einiger allgemeiner Bevölkerungsbefragungen auch von Senioren mit erhoben (so z. B. im ALLBUS 1990 und 2000 (GESIS – Leibniz-Institut für Sozialwissenschaften 2002, 2012), im European Social Survey (2004) sowie in regionalen Befragungen, z. B. der von Hermann 2003 in Freiburg und Heidelberg und der von Mehlkop 2011). Für umfassende, differenzierte und belastbare Analysen sind die vorhandenen Daten jedoch aus verschiedenen Gründen jeweils ungeeignet.

Diese stehen, ebenso wie ihre Umgebung, der Thematik Kriminalität meist ablehnend gegenüber… Es ist daher ein schwieriges Unterfangen, zu alten Menschen … mit den herkömmlichen Methoden der Dunkelfeldforschung durchzudringen.

Aufgrund des demografisch mitbedingt gestiegenen Bedarfs an Daten und Informationen zur Kriminalität älterer Menschen, führte das Max-Planck-Institut für ausländisches und internationales Strafrecht in Freiburg i. Br. (in Kooperation mit dem Institut für Soziologie der Universität Freiburg) eine für die Region Südbaden repräsentative empirische Untersuchung durch, die in bislang einzigartiger Weise auch nichtregistrierte Straftaten älterer Menschen und damit das Dunkelfeld berücksichtigt. Die Methodik und zentrale Ergebnisse dieser Alterskriminalitätsstudie (AKS) werden im Folgenden vorgestellt.

3.2 Die Südbadische Alterskriminalitätsstudie

Die Alterskriminalitätsstudie verfolgte 2 Ziele: Zum einen sollte die Kriminalität älterer Menschen unter Einbeziehung des Dunkelfeldes umfassend und differenziert beschrieben werden; zum anderen sollten soziale und individuelle Faktoren, die Straffälligkeit im Alter hervorrufen, begünstigen oder hemmen, theoriegeleitet identifiziert werden.

Die für die Umsetzung der Untersuchungsziele benötigten Daten wurden im Jahr 2009 mithilfe einer Selbstberichtsstudie, die als regionale postalische Befragung unter älteren Menschen durchgeführt wurde, erhoben. Die Befragung trug den Titel »Alltag & Gesetze. Erfahrungen und Einstellungen in der zweiten Lebenshälfte«.

3.2.1 Zur Methodik der Untersuchung[4]

Befragt wurden deutsche Staatsbürger im Alter von 49–81 Jahren, die zum Untersuchungszeitpunkt in Privathaushalten des Regierungsbezirks Freiburg, d. h. in der Region Südbaden, wohnhaft gemeldet waren. Institutionalisierte Senioren (etwa in Alters- oder Pflegeheimen) sowie Personen ohne deutsche Staatsbürgerschaft sind damit von der Untersuchung ausgeschlossen. Die Bruttostichprobe der Untersuchung basiert auf einer geschichteten, geklumpten, 2-stufigen Zufallsauswahl und umfasst 3555 Personen.

Die Forschungsfeldphase erstreckte sich über 9 Wochen. Innerhalb dieser Zeitspanne wurden die ausgewählten Personen mit einem Abstand von je ca. 3 Wochen bis zu 3-mal um ihre Teilnahme gebeten. Aufgrund der sensiblen Forschungsthematik wurde die Befragung vollständig anonym, d. h. unter Verzicht auf eine Paginiernummer, durchgeführt. Um trotz fehlender Paginierung effizient nachfassen zu können, wurden adressierte und frankierte Antwortpostkarten beigelegt, die nach erfolgter Beantwortung des Fragebogens seitens der Respondenten mit Namen versehen separat zurückgeschickt werden sollten (sog. Separate-Postkarten-Technik). Zur Steigerung der Teilnahmebereitschaft wurde allen angeschriebenen Personen beim Erstkontakt eine Fünf-Euro-Banknote als »kleine Aufwandsentschädigung und Dankeschön für Ihre Mitwirkung« bedingungslos und im Voraus beigelegt. Von den 3555 angeschriebenen Senioren retournierten 1997 einen verwertbaren Fragenbogen, 132 Personen fielen stichprobenneutral aus. Die bereinigte Ausschöpfungsquote der Befragung beläuft sich auf 58,4 %, was einen sehr guten Wert darstellt.

Zum Einsatz kam ein 24-seitiger Fragebogen, gedruckt als DIN A4-Broschüre auf farbigem Papier, der 85 vollstandardisierte Fragen bzw. 240 einzelne Items beinhaltete. Der verwendete Fragebogen wurde im Vorfeld einem »Zwei-Phasen-Pretesting« (Prüfer u. Rexroth 2000) unterzogen und entsprechend der resultierenden Ergebnisse mehrfach weiterentwickelt und optimiert. Der Schwerpunkt der Befragung lag auf der Erfassung von Delinquenz und anderen kriminalitätsbezogenen Themen, wie z. B. polizeiliche Registrierung, Delinquenzbereitschaft, Einstellungen gegenüber sozialen Normen und Gesetzen, Kriminalitätsfurcht und Viktimisierung. Daneben wurden reichhaltige weitere Informationen, u. a. zu persönlichen

---

4 Für ausführliche Informationen zu allen hier angesprochenen Aspekten siehe Kunz 2014, ▶ Kap. 5.

Wertorientierungen, bedeutenden biografischen Ereignissen, dem Gesundheitsverhalten sowie die üblichen soziodemografischen Charakteristika erhoben.

Die Delinquenz der Befragten wurde anhand von 14 strafbaren und unmoralischen Verhaltensweisen erfasst, wobei es sich nach § 12 Abs. 2 StGB ausschließlich um sog. **Vergehen** handelt, da sämtliche Tatbestände im Mindestmaß nur mit einer geringen Freiheitsstrafe oder einer Geldstrafe bedroht sind. Im Gegensatz dazu handelt es sich nach § 12 Abs. 1 StGB um ein **Verbrechen**, wenn die rechtswidrige Tat im Mindestmaß mit einer Freiheitstrafe von mindestens einem Jahr bedroht ist. Zwar steht eine der 14 abgefragten Verhaltensweisen (Item 14, »Wechselgeldirrtum«) i. d. R. nicht unter Strafe. Zur sprachlichen Vereinfachung werden hier jedoch **alle** abgefragten Verhaltensweisen als »kriminelles bzw. gesetzwidriges Handeln«, »Straftaten«, »Delikte« u. ä. bezeichnet.

Für jedes der 14 Delikte wurde erfragt, ob dieses a) im bisherigen Lebensverlauf, b) seit dem 50. Geburtstag und c) innerhalb der letzten 12 Monate begangen wurde. Zur präziseren Erfassung von Alterskriminalität wurde für die beiden letztgenannten Referenzzeiträume (seit 50. Geburtstag, Ein-Jahres-Zeitraum) zudem nach der Anzahl der jeweiligen Gesetzesübertretungen gefragt. ◘ Abb. 3.1 gibt einen Überblick über die verwendeten Items, die hier verwendete Bezeichnung der Delikte sowie deren gesetzliche Regelung.

Die Mehrzahl der erhobenen Delikte (Delikte 1, 2, 9–14) kann nach dem Begriffsverständnis von Heiland (1987, S. 278) oder Lüdemann (2002, S. 130) der »Bagatell- oder Massenkriminalität« zugeordnet werden. Als mittelschwere Straftaten wurden Sachbeschädigung, Diebstahlsdelikte und der Konsum illegaler Drogen erhoben (Delikte 3–5, 8). Zu den vergleichsweise schwereren Straftaten zählen hier Körperverletzung sowie Bedrohung/Erpressung (Delikte 6, 7). Auf die Abfrage schwerer und schwerster Gewaltkriminalität wie z. B. Totschlag und Mord sowie auf die Abfrage von Sexualdelinquenz (z. B. sexueller Missbrauch, Vergewaltigung) wurde aus verschiedenen Gründen verzichtet. Grundsätzlich sind Selbstberichtsstudien wenig zur Erfassung schwerer und schwerster Kriminalität geeignet, da die Auskunftsbereitschaft

der Respondenten bei stark sozial tabuisierten Straftaten äußerst gering sein dürfte (Kunz 2011, S. 257). Zudem bestünde bei einer Abfrage das Risiko, einen erheblichen Teil der Angeschriebenen zu verstören oder zu verärgern und so eine geringere Teilnahmebereitschaft zu provozieren (vgl. Lüdemann 2002, S. 130). Letztlich ist eine Surveyerfassung von Schwer- und Schwerstverbrechen auch aufgrund der äußerst geringen Prävalenzraten, die diese i. d. R. aufweisen, bei normalen Stichprobengrößen extrem unwahrscheinlich und damit unsinnig.

Die realisierte Stichprobe und die erhobenen Befragungsdaten der durchgeführten Studie sind insgesamt von sehr guter Qualität.

Eine Nettovalidierung zentraler Merkmale zeigt, dass das Alter, das Geschlecht, der Wohnort sowie die Haushaltsgröße der Befragten die entsprechenden Verteilungen in der Grundgesamtheit recht gut abbilden. Wie bei postalischen Befragungen üblich, treten Abweichungen bei Einkommen und Bildung der Respondenten auf: Personen mit geringem und höherem bzw. hohem Einkommen sind in der realisierten Stichprobe im Vergleich zur Grundgesamtheit überrepräsentiert, während Personen mit einem mittleren Einkommen deutlich unterrepräsentiert sind. Des Weiteren sind Personen ohne und mit geringem Bildungsabschluss in der Befragungsstichprobe unterrepräsentiert, Personen mit Realschulabschluss sowie mit höheren Bildungsabschlüssen (Fachhochschulreife bzw. Abitur) sind hingegen überproportional häufig vertreten. Ausführlicher zur Daten- und Stichprobenqualität siehe Kunz 2014, ► Kap. 5, Punkt 7.

Zwar ist davon auszugehen, dass die Selbstberichte kriminellen Verhaltens die meisten der oben benannten üblichen Einschränkungen aufweisen; während jedoch das bei Jugendlichen beobachtete absichtliche »Übertreiben« der eigenen Delinquenz (Köllisch u. Oberwittler 2004, S. 722 f.) bei den Befragten aufgrund ihres Alters (und der damit geringeren prestigesteigernden Wirkung von Kriminalität) kaum aufgetreten sein dürfte, lässt sich nicht ausschließen, dass die vorliegenden Delinquenzauskünfte – insbesondere im Hinblick auf die gesamte Lebensspanne – im Vergleich zu entsprechenden Angaben jüngerer Menschen stärker durch Erinnerungsprobleme (zum einen umfasst die erfragte Lebenszeitprävalenz für ältere Menschen im Vergleich zu jüngeren einen erheblich längeren Zeitraum, zum anderen lässt das Erinnerungsvermögen mit zunehmendem Alter nach),

Fragestellung/Antwortoptionen
Die meisten Menschen tun gelegentlich Dinge, die nicht erlaubt sind. Im Folgenden finden Sie eine Reihe solcher Dinge beschrieben. Bitte geben Sie zuerst an, ob Sie diese Dinge in der Vergangenheit – also auch in Ihrer JUGENDZEIT – irgendwann **schon mal** getan haben. **Wenn ja,** tragen Sie danach bitte ein, wie oft Sie sich **seit Ihrem 50. Geburtstag** und **in den letzten 12 Monaten** so verhalten haben. ➔ *Bitte denken Sie daran, dass Ihre Antworten vollkommen anonym sind!* *»Haben Sie das...schon mal/...wie oft seit Ihrem 50. Geburtstag/...wie oft in den letzten 12 Monaten gemacht?«* Antwortoptionen: *ja/nein* bzw. *keinmal/...mal*

Items	(Straf-)Tatbestand	Bezeichnung
1. ... öffentliche Verkehrsmittel (Bahn, Bus) ohne gültigen Fahrschein benutzt	§ 265a StGB (Erschleichen von Leistungen)	Schwarzfahren öPNV
2. ... falsche Angaben bei einer Versicherung gemacht	§ 263 StGB (Betrug)	Versicherungsbetrug
3. ... fremde Sachen absichtlich beschädigt oder zerstört	§ 303 StGB (Sachbeschädigung)	Sachbeschädigung
4. ...in einem Geschäft Dinge mitgenommen, ohne zu bezahlen	§ 242 StGB (Diebstahl)	Ladendiebstahl
5. ...jemandem eine Sache oder Geld gestohlen	§ 242 StGB (Diebstahl)	Anderer Diebstahl
6. ...jemanden so angegriffen, dass er verletzt war oder geblutet hat	§§ 223 ff. StGB (Körperverletzung)	Körperverletzung
7. ...jemanden bedroht oder erpresst, um ihm Angst zu machen oder um Geld oder eine bestimmte Sache zu bekommen	§ 240 StGB (Nötigung) bzw. § 253 StGB (Erpressung)	Bedrohung/ Erpressung
8. ... Haschisch, Kokain oder andere illegale Drogen genommen	§§ 29 ff. BtMG	Drogenkonsum
9. ... ein Auto gefahren, obwohl ich zu viel getrunken hatte	§ 316 StGB (Trunkenheit im Straßenverkehr)	Trunkenheit am Steuer
10. ... soziale Vergünstigungen oder Leistungen vom Staat in Anspruch genommen, ohne Anrecht darauf	§ 263 StGB (Betrug)	Sozialbetrug
11. ... Waren oder Dienstleistungen bar und ohne Beleg bezahlt, um Steuern zu sparen	§ 370 AO (Steuerhinterziehung)	Steuerbetrug
12. ... „schwarz" gearbeitet, ohne mein Einkommen zu versteuern	§ 370 AO (Steuerhinterziehung)	Schwarzarbeit
13. ... von meiner Arbeitsstelle Werkzeug, Schreibmaterial oder andere Dinge mitgenommen und behalten	§ 242 StGB (Diebstahl), § 246 StGB (Unterschlagung)	Diebstahl am AP
14. ... zu viel Wechselgeld erhalten und es wissentlich behalten	i. d. R. nicht strafbar*	»Wechselgeldirrtum«

AO: Abgabenordnung; AP: Arbeitsplatz; BtMG: Betäubungsmittelgesetz; StGB: Strafgesetzbuch; öPNV: öffentlicher Personennahverkehr

*Zwar ist dieses Verhalten i. d. R. nicht strafbar (Betrug entfällt wegen der Passivität des Verhaltens, Unterschlagung entfällt wegen der fehlenden Garantenstellung des Kunden gegenüber dem Verkäufer). Rechtmäßig ist das Einbehalten zu viel gezahlten Wechselgeldes dennoch nicht. Prinzipiell hat der Verkäufer einen Anspruch auf Wiederherausgabe, der ggf. auch zivilrechtlich durchgesetzt werden kann.

◼ **Abb. 3.1** Die Messung delinquenten Verhaltens. (Kunz 2014, S. 79, Abb. 6; © 2014 Max-Planck-Gesellschaft zur Förderung der Wissenschaften e. V.)

ein verändertes Selbstbild[5] sowie eine geringere Aufrichtigkeit (Skarbek-Kozietulska et al. 2012) beeinträchtigt sind. Umfassende Validierungsbemühungen belegen aber auch hier, dass die erhobenen Daten insgesamt in hohem Maß verlässlich sind (ausführlicher hierzu siehe Kunz 2014, ▶ Kap. 5, Punkt 8.)

Abgesehen von den üblichen Schwierigkeiten und Reaktionen, die bei Umfragen generell auftreten, offenbart die Alterskriminalitätsstudie keine besonderen (altersspezifischen) Probleme oder Auffälligkeiten. Die Untersuchung belegt vielmehr, dass das Gros älterer Menschen durchaus willens und in der Lage ist, auch zahlreiche Fragen zu verstehen und verlässliche Antworten zu geben. Der postalische Modus eignet sich für Senioren dabei sehr gut (und vermutlich besser als andere Modi); so können sich die Angeschriebenen z. B. bei der Fragenbeantwortung Zeit lassen und diese ggf. unterbrechen und zu einem späteren Zeitpunkt fortsetzen. Dies verringert nicht nur die Belastung für die Befragten, sondern sichert auch eine gute Qualität der Antworten.

3.2.2 Verbreitung, Deliktsstruktur, Häufigkeit und Deliktsvielfalt

Verbreitung

Zunächst kann festgestellt werden, dass mit 66,8 % der befragten Senioren die überwiegende Mehrheit mindestens einmal im Leben gegen mindestens eine der abgefragten Normen verstoßen hat. Dieses Resultat unterstreicht die Forderung Frehsees:

» … [d]as Konzept krimineller Abweichung … [muss] dahin neu definiert werden, dass es nicht mehr als Eigenart einer Minderheit marginalisierter Menschengruppen verstanden

---

5   »In answering retrospective questions, respondents often use their current behavior or opinion as a benchmark and invoke an implicit theory of self to assess whether their past behavior or opinion was similar to, or different from, their present behavior or opinion« (Schwarz et al. 2005, S. 16). Anders ausgedrückt: »It is all too common for caterpillars to become butterflies and then to maintain that in their youth they were little butterflies« (Vaillant 2002, S. 30; zit. n. Sampson u. Laub 2009, S. 226 f.).

wird, sondern als eine Minderheit von Ereignissen im Lebensalltag *jedes* Menschen. (Frehsee 1991, S. 41; kursiv im Original)

Knapp die Hälfte der Respondenten (47,3 %) beging seit dem 51. Lebensjahr und etwa ein Viertel (26 %) innerhalb eines Jahres mindestens einmal eines oder mehrere der 14 Delikte (siehe die 3 Säulen am linken Rand in ◖ Abb. 3.5).

◖ Auch unter älteren Menschen sind Verstöße gegen soziale Normen und Gesetze keine Ausnahmeerscheinung.

Deliktsstruktur

Aufschluss über die Deliktsstruktur von Seniorenkriminalität geben z. B. die deliktsbezogenen Prävalenzraten »seit dem 50. Geburtstag« und im Ein-Jahres-Zeitraum (◖ Abb. 3.2).

Der Grafik lässt sich zunächst entnehmen, dass die Rangfolge der Prävalenzraten von Trunkenheit am Steuer bis einschl. Schwarzarbeit in beiden Bezugszeiträumen gleich (absteigend) verläuft. Geringfügige Verschiebungen der Deliktsstruktur ergeben sich erst auf den hinteren Rängen (für Versicherungsbetrug bis Bedrohung/Erpressung), wobei die jeweiligen Prävalenzraten für diese Delikte im Ein-Jahres-Zeitraum allesamt unter 1 % betragen.

Ferner wird aus ◖ Abb. 3.2 ersichtlich, dass Trunkenheit am Steuer von den 14 erfragten Normverletzungen dasjenige Verhalten darstellt, dass von den jeweils meisten Personen begangen wird. Knapp ein Viertel der befragten Senioren gibt an, mindestens einmal seit Beginn des 51. Lebensjahres ein KFZ gefahren zu haben, obwohl zu viel Alkohol getrunken wurde; für den Ein-Jahres-Zeitraum liegt dieser Anteil bei knapp 12 %. Daneben sind unter älteren Menschen v. a. das »Tricksen« bei Steuerabgaben (21,7 % bzw. 10,3 %), Schwarzfahren im öPNV (12,5 % bzw. 4,8 %) sowie Diebstahl am Arbeitsplatz (11,1 % bzw. 4,5 %) verbreitet. In der Deliktrangfolge »seit dem 50. Geburtstag« nimmt Versicherungsbetrug mit einer Prävalenz von immerhin 5 % den 7. Platz und Ladendiebstahl mit 2,9 % den 8. Platz ein. Im Ein-Jahres-Zeitraum liegt Versicherungsbetrug lediglich auf dem 9. Rang (0,6 %), Ladendiebstahl dafür bereits auf dem 7. Rang (0,9 %). Schwerere bzw. gewalttätige

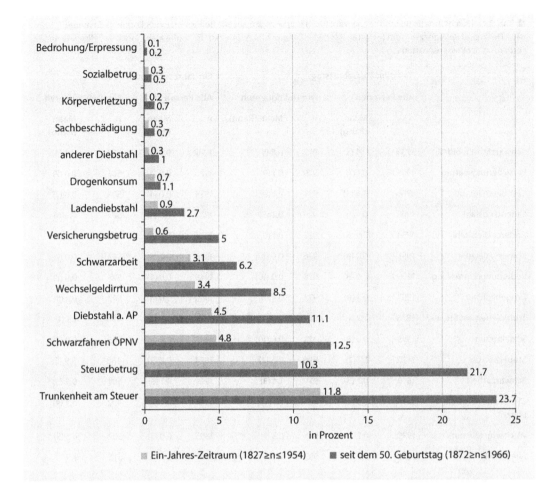

● **Abb. 3.2** Deliktbezogene Prävalenzraten selbstberichteter Seniorendelinquenz »seit dem 50. Geburtstag« und für den Ein-Jahres-Zeitraum (*a. AP* am Arbeitsplatz; *n* Anzahl gültiger Fälle; *öPNV* öffentlicher Personennahverkehr). (Kunz 2014, S. 140, Abb. 23; © 2014 Max-Planck-Gesellschaft zur Förderung der Wissenschaften e. V.)

Delikte wie etwa Sachbeschädigung, Körperverletzung und Bedrohung/Erpressung werden jeweils nur von verschwindend kleinen Personengruppen begangen (Raten stets unter 1 %) und sind damit – ebenso wie der Konsum illegaler Drogen und die unberechtigte Inanspruchnahme wohlfahrtsstaatlicher Leistungen – äußerst untypische kriminelle Handlungen im höheren Lebensalter.

Insgesamt zeigen die Ergebnisse, dass Seniorenkriminalität – abgesehen vom Fahren unter Alkoholeinfluss – von Betrugs- und Eigentumsdelikten dominiert wird. Im Vordergrund stehen körperlich wenig anstrengende, eher unauffällige »Schummeleien« und unlautere Vorteilsnahmen im Kontext

alltäglicher Aktivitäten, z. B. am Arbeitsplatz, beim Austausch von Waren und Dienstleistungen und bei der Mobilität im öffentlichen Raum.

> ❯ **Die Kriminalität älterer Menschen zeichnet sich durch ein geringes Maß an Risikobereitschaft, offener Aggression und Gewaltanwendung aus.**

Häufigkeit

Die Häufigkeit, mit der ältere Menschen bestimmte Straftaten begehen, lässt sich ● Tab. 3.1 entnehmen. Wie die Zahlen zeigen, entfallen auf jeden Befragten im Durchschnitt etwa 5,3 Straftaten seit dem

◻ Tab. 3.1   Durchschnittliche Straftatenanzahl (Inzidenz) bezogen auf alle Befragten und delinquente Senioren nach Delikt und Referenzzeitraum (gefettet: Ränge 1–3). (Kunz 2014, S. 146, Tab. 13; © 2014 Max-Planck-Gesellschaft zur Förderung der Wissenschaften e. V.)

	Seit dem 50. Geburtstag.				Ein-Jahres-Zeitraum			
	Alle Personen		Nur Delinquenten		Alle Personen		Nur Delinquenten	
	n	Mean (Rang)	n	Mean (Rang)	n	Mean (Rang)	n	Mean (Rang)
Schwarzfahren öPNV	1930	0,4 (5)	915	0,8 (5)	1882	**0,1 (3)**	497	0,4 (4)
Versicherungsbetrug	1955	0,1 (7)	929	0,1 (9)	1926	0,0 (4)	501	0,0 (7)
Sachbeschädigung	1966	0,0 (8)	931	0,1 (9)	1954	0,0 (4)	508	0,0 (7)
Ladendiebstahl	1962	0,1 (7)	929	0,2 (8)	1942	0,0 (4)	507	0,1 (6)
Anderer Diebstahl	1954	0,0 (8)	925	0,1 (9)	1937	0,0 (4)	503	0,0 (7)
Körperverletzung	1951	0,0 (8)	926	0,0 (10)	1936	0,0 (4)	503	0,0 (7)
Bedrohung/Erpressung	1959	0,0 (8)	928	0,0 (10)	1949	0,0 (4)	510	0,0 (7)
Drogenkonsum	1957	0,2 (6)	927	0,4 (6)	1945	0,0 (4)	507	0,2 (5)
Trunkenheit am Steuer	**1875**	**2,2 (1)**	**891**	**4,6 (1)**	**1827**	**0,4 (1)**	**490**	**1,5 (1)**
Sozialbetrug	1955	0,0 (8)	925	0,0 (10)	1948	0,0 (4)	505	0,0 (7)
Steuerbetrug	**1872**	**1,2 (2)**	**898**	**2,6 (2)**	**1824**	**0,2 (2)**	**488**	**0,9 (2)**
Schwarzarbeit	**1919**	**0,7 (3)**	**911**	**1,4 (3)**	**1901**	**0,1 (3)**	**501**	**0,5 (3)**
Diebstahl am Arbeits-platz	1912	0,5 (4)	904	1,2 (4)	1870	0,1 (3)	492	0,4 (4)
Wechselgeldirrtum	1938	0,1 (7)	921	0,3 (7)	1895	0,0 (4)	502	0,2 (5)
Alle Delikte	1971	5,3	932	11,3	1969	1,0	512	3,9

AP Arbeitsplatz; *n* Anzahl gültiger Fälle; *öPNV* öffentlicher Personennahverkehr

50. Geburtstag bzw. eine Straftat innerhalb eines Jahres. Inhaltlich aussagekräftigere Ergebnisse ergeben sich, wenn man die Häufigkeitsangaben jeweils nur auf die Gruppe der Delinquenten bezieht, d. h. auf Personen, die innerhalb des jeweiligen Referenzzeitraums tatsächlich mindestens eine kriminelle Handlung mindestens einmal begangen haben. Mit dieser Vorgehensweise erhöhen sich freilich die durchschnittlichen Inzidenzwerte deutlich. So begingen **delinquente** Senioren seit ihrem 50. Geburtstag im Schnitt etwas mehr als 11 und innerhalb eines Jahres knapp 4 strafbare Handlungen (◻ Tab. 3.1, letzte Zeile). Anhand der dargestellten Mittelwerte wird offensichtlich, dass die Häufigkeit kriminellen Handelns über alle Delikte hinweg unter Senioren im Durchschnitt sehr gering ist.

Zu den Delikten, die in beiden Referenzzeiträumen am häufigsten begangen werden, zählen Trunkenheit am Steuer, Steuerbetrug und Schwarzarbeit. Innerhalb eines Jahres fahren delinquente Senioren im Schnitt 1,5-mal alkoholisiert ein KFZ, vermeiden 0,9-mal Steuerabgaben und arbeiten 0,5-mal schwarz. Im Hinblick auf alle Senioren und den Ein-Jahres-Zeitraum tritt neben der Schwarzarbeit auch das Schwarzfahren im öPNV am dritthäufigsten auf, allerdings eben auch nur durchschnittlich 0,1-mal pro Person und Jahr.

Vergleicht man die Normverstöße, die von den meisten Personen begangen werden (höchste Prävalenz) mit denen, die am zahlreichsten begangen werden (höchste Inzidenz), ergibt sich im Wesentlichen ein übereinstimmendes Bild: Trunkenheit

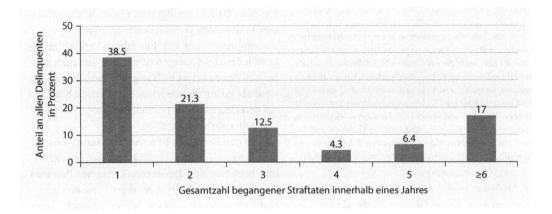

Abb. 3.3 Kategorisierte Gesamtinzidenz selbstberichteter Seniorenkriminalität für den Ein-Jahres-Zeitraum (nur Delinquenten, n = 512). (Kunz 2014, S. 148, Abb. 26; © 2014 Max-Planck-Gesellschaft zur Förderung der Wissenschaften e. V.)

am Steuer, Steuerbetrug und – zumindest bezogen auf alle Personen und den Ein-Jahres-Zeitraum – Schwarzfahren im öPNV sind sowohl die verbreitetsten als auch die am häufigsten begangenen Straftaten. Auffällig ist, dass Schwarzarbeit in den jeweiligen Rangordnungen der Delikte eine unterschiedliche Bedeutung zukommt: während die Prävalenzrate im Vergleich zu anderen Delikten eher gering ist (Rang 6, Abb. 3.2), nimmt Schwarzarbeit im Hinblick auf die Begehungshäufigkeit einen der vordersten Plätze, nämlich bereits Rang 3 ein.

Die von den Respondenten berichtete Straftatenanzahl schwankt stark über die einzelnen Delikte und weist in beiden Bezugszeiträumen insgesamt eine enorme Spannweite auf. Einen genaueren Eindruck von der Verteilung der Straftaten auf die Gruppe der Delinquenten – hier für den normierten Ein-Jahres-Zeitraum – vermittelt Abb. 3.3. Daraus geht auf den ersten Blick hervor, dass die Gesamtinzidenz der allermeisten Alterstäter (72,3 %) jeweils unterhalb der durchschnittlichen Anzahl begangener Straftaten in Höhe von knapp 4 Straftaten (Tab. 3.1) liegt.

Dies bedeutet: Die übergroße Mehrzahl der delinquenten Senioren weist eine vergleichsweise geringe Kriminalitätsfrequenz auf, lediglich Minderheiten – wenngleich mit 23,4 % bzw. 17 %keine unbedeutenden – fallen mit mindestens 5 bzw. 6 begangenen Straftaten durch eine erhöhte oder hohe Gesamtinzidenz auf (diese Gruppe umfasst

87 Personen und entspricht damit 4,4 % aller Befragten). Ein ähnliches Muster ergibt sich auch für die Verteilung der Gesamtinzidenz im Zeitraum »seit dem 50. Geburtstag« (hier nicht dargestellt).

> **Die Häufigkeit krimineller Handlungen ist unter delinquenten Senioren eher gering.**

Das Phänomen, dass die Mehrzahl krimineller Handlungen von einer Täterminderheit begangen wird, ist seit Langem in der Kriminologie bekannt (z. B. Wolfgang et al. 1972) und gilt nicht nur für Senioren, sondern lässt sich immer wieder – etwa auch bei Jugendlichen (z. B. Oberwittler et al. 2001, S. 21) – empirisch beobachten. Verglichen mit Senioren fällt die Konzentration von Kriminalität auf wenige Personen unter jungen Menschen allerdings stärker aus.

Laut Blokland et al. 2005 gibt es Personen – »high-rate persisters« – die über den gesamten Lebenslauf hinweg immer wieder mit vergleichsweise hoher Frequenz delinquent werden und bestimmte Merkmale aufweisen, wie z. B. schwächere familiäre Bindungen, erhöhte Diebstahls- und Eigentumsdelinquenz sowie vermehrte Drogenabhängigkeit). Anhand der vorliegenden Befragungsdaten durchgeführte Analysen deuten darauf hin, dass es sich bei den 17 % derjenigen Delinquenten, die 6 oder mehr Straftaten im Jahr begehen, zumindest teilweise um solche »high-rate persisters« handelt.

Die hier untersuchte Gruppe (17 % mit mindestens 6 Straftaten pro Jahr) wurde quasi willkürlich festgelegt. Um die Robustheit der Befunde zu prüfen, wurden deshalb dieselben Analysen zusätzlich für eine ungefähr halb so große Gruppe von 49 Personen, die mindestens 10 Straftaten innerhalb eines Jahres begangen haben, durchgeführt. Diese Analysen erbringen vergleichbare Resultate und stützen damit die Annahme der unter Entwicklungskriminologen bislang umstrittenen Existenz von »high-rate persisters«. Gleichzeitig demonstrieren die Befunde, dass sich die Gruppen von Senioren, die mindestens 6 oder mindestens 10 Straftaten pro Jahr verüben, in den untersuchten Merkmalen stark ähneln.

Die Analysen zeigen damit, dass es unter älteren Menschen eine kleine Gruppe häufig aktiver Gesetzesbrecher gibt, die im Vergleich zu weniger kriminellen Senioren u. a. verstärkt Ladendiebstahl begehen und Drogen konsumieren. Unter der Annahme, dass es sich bei der untersuchten Gruppe tatsächlich um »high-rate persisters« handelt, ist davon auszugehen, dass diese Personen im bisherigen Lebensverlauf bereits wiederholt straffällig wurden und dass sich dieses Verhalten in ähnlicher Weise auch zukünftig fortsetzen wird.

Deliktsvielfalt

Ein weiterer Parameter, anhand dessen Kriminalität beschrieben werden kann, ist die **Versatilität**, d. h. die Anzahl **unterschiedlicher** begangener Delikte. Von den 14 abgefragten Delikten begingen die Delinquenten unter den befragten Senioren im Verlauf ihres bisherigen Lebens im Durchschnitt 3,1 Delikte. Die Spannweite der **individuellen** Versatilität ist jedoch mit bis zu 14 Delikten auch hier wieder groß.

Mit kleiner werdenden Bezugszeiträumen verringert sich die gemittelte Deliktsvielfalt. So umfasst das Straftatenrepertoire älterer Täter seit dem 51. Lebensjahr nurmehr durchschnittlich 2 und innerhalb eines Jahres lediglich 1,5 verschiedene Delikte, wobei die Spannweite nur noch 7 bzw. 6 der 14 vorgegebenen Straftaten umfasst.

Wie bereits bei der Inzidenz ist auch für die Versatilität zu beobachten, dass die übergroße Mehrheit aller Delinquenten nur sehr wenige Deliktsarten begeht, während lediglich eine kleine Personengruppe eine relativ hohe Deliktsbreite aufweist. Für den Ein-Jahres-Zeitraum gilt: Zwei Drittel (66,4 %) der Alterstäter verübten lediglich ein Delikt, 22,4 % genau 2 verschiedene Delikte und nur jeder zehnte

Straftäter (11,5 %) verfügt über ein Deliktsrepertoire von 3 oder mehr verschiedenen Straftaten.

Verglichen mit der Ein-Jahres-Versatilität jugendlicher Delinquenten ist die Deliktsvielfalt älterer Täter nur in etwa halb so groß und damit insgesamt als gering zu bewerten. Der Vergleich basiert auf den Daten der MPI-Schulbefragung 1999 (siehe z. B. Oberwittler et al. 2001).

Bei den Befragten ist ferner ein starker Zusammenhang zwischen Versatilität und Inzidenz zu beobachten (für den Ein-Jahres-Zeitraum: Pearsons $R = 0,553$, $p = 0,000$): Je häufiger Personen gegen Normen verstoßen, desto größer ist auch deren Deliktsvielfalt. Auch dieser Zusammenhang zählt zu den kriminologischen Standardbefunden (siehe z. B. Hindelang et al. 1981; Huizinga u. Elliott 1986; Hirschi u. Gottfredson 1996; Oberwittler et al. 2001, S. 21; Bendixen et al. 2003; Sweeten 2011). Erneut fällt allerdings der für Senioren festgestellte Zusammenhang im Vergleich zur Korrelation von Deliktshäufigkeit und -vielfalt bei Jugenddelinquenz schwächer aus. Der Vergleich basiert wieder auf den MPI-Schulbefragungsdaten von 1999. Für die Ein-Jahres-Jugenddelinquenz ergibt sich dort laut Oberwittler et al. 2001 (S. 21) ein entsprechender Zusammenhang von Pearsons $R = 0,69$, $p < 0,001$.

3.2.3 Selbstberichtete Legalbiografie älterer Menschen

Um Hinweise auf die Entwicklung delinquenten Verhaltens der Befragten zu gewinnen, wurden u. a. legalbiografische Auskünfte erhoben. Gefragt wurde, ob begangene Gesetzesverstöße bisher schon einmal oder mehrfach von der Polizei entdeckt bzw. registriert wurden und in welchen Lebensabschnitten – vor dem 25. Geburtstag, zwischen dem 25. und 50. Geburtstag, nach dem 50. Geburtstag – dies zum ersten und ggf. zum letzten Mal stattgefunden hat.

Knapp ein Viertel aller Befragten (24,1 %) gibt an, dass die Polizei schon mindestens einmal etwas von irgendwelchen strafbaren Handlungen erfahren hat. Von diesen mindestens einmal Registrierten wiederum wurden 77,6 % genau einmal im Verlauf ihres Lebens offiziell auffällig, die übrigen

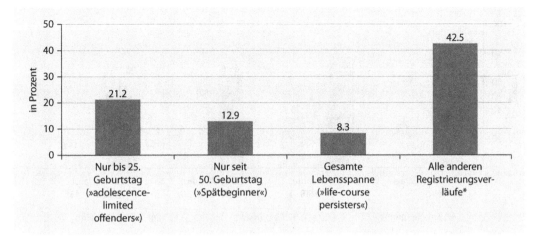

◘ **Abb. 3.4** Selbstberichtete polizeiliche Registrierung im Lebensverlauf (Einmal- und Mehrfach-Registrierte, n = 482 Personen). * Registrierung in den ersten beiden abgefragten Lebensabschnitten, nur im zweiten Lebensabschnitt oder in den letzten beiden Lebensabschnitten (Kunz 2014, S. 164, Abb. 32; © 2014 Max-Planck-Gesellschaft zur Förderung der Wissenschaften e. V.)

22,4 % (entspricht 5,4 % aller Befragten) wurden laut eigenen Angaben mehrfach registriert.

Die Zeitpunkte bzw. Verläufe der selbstberichteten polizeilichen Registrierung(en) der mindestens einmal im Leben polizeilich aufgefallenen Befragten sind in ◘ Abb. 3.4 (zusammengefasst) veranschaulicht.

Es ist zu erkennen, dass die (ein- oder mehrmaligen) polizeilichen Registrierungen bei 21,2 % ausschließlich in der Zeit bis zum 25. Geburtstag stattfanden (nach Moffitt 1993 sog. »adolescence limited offenders«), 12,9 % wurden erstmals nach dem 50. Geburtstag auffällig (»Altersersttäter« bzw. »Spätbeginner«), und bei 8,3 % erstrecken sich die behördlichen Vermerke über die gesamte Lebensspanne, d. h. hier über alle 3 erfassten Lebensabschnitte (diese Gruppe umfasst freilich ausschließlich mehrfachregistrierte Befragte), nach Moffitt 1993 sog. »life-course persisters«. Für 42,5 % aller mindestens einmal Registrierten fanden die Auffälligkeiten entweder in den ersten beiden abgefragten Lebensabschnitten, nur im 2. Lebensabschnitt oder in den letzten beiden Lebensabschnitten statt. Für die übrigen 14,6 % der mindestens einmal Registrierten liegen keine ausreichenden Angaben zur erst- bzw. letztmaligen Registrierung vor.

Insgesamt weisen die selbstberichteten Kriminalitätsregistrierungsverläufe eine erstaunliche Vielfalt auf. Zu einem ähnlichen Befund gelangt auch Grundies (2013), allerdings auf der Basis »echter« polizeilicher Registrierungsdaten der Freiburger Kohortenstudie. Die Moffitt'sche Behauptung, wonach Kriminelle hauptsächlich 2 distinkten Typen angehören – den »life-course persisters« und den »adolescence-limited offenders« – kann anhand der vorliegenden Daten jedenfalls nicht nachvollzogen werden. Insgesamt lassen sich nur 29,5 % der Registrierten dieser dualen Tätertaxonomie zuordnen, die Mehrheit der Befragten berichtet abweichende Entwicklungsverläufe. Die Feststellung Moffitts (1993), dass die Gruppe der auf die Jugendzeit begrenzten Delinquenten derjenigen der Lebenslaufkarrieristen im Umfang überlegen ist, bestätigt sich hier mit einem Verhältnis von 21,2 % zu 8,3 % hingegen klar.

Eine erstmalige polizeiliche Registrierung nach dem 50. Geburtstag ist insgesamt recht selten: von allen Befragten sind lediglich 62 Personen (entspricht 3,1 %) davon betroffen. Diese »Altersersttäter« oder »Spätbeginner« stellen an allen Personen, die nach eigenen Angaben nach dem 50. Geburtstag polizeilich registriert wurden, einen Anteil von 36 %.

❯ **Der Beginn eines delinquenten Verhaltens im Seniorenalter ist selten.**

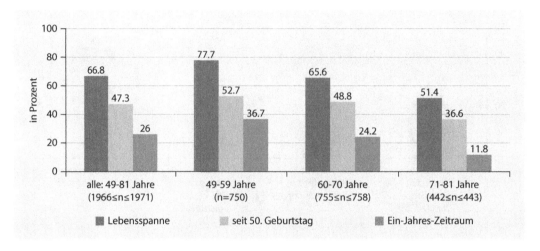

◨ **Abb. 3.5**   Gesamtprävalenzraten nach Referenzzeitraum und Alter (kategorisiert) (*n* Anzahl gültiger Fälle). (Adapt. nach Kunz 2014, S. 143, Abb. 24, ergänzt um weitere Daten)

3.2.4 Alters-, kohorten- und geschlechtsbezogene Unterschiede

Alters- und Kohortenunterschiede

Dass sich kriminelles Handeln nach dem Erreichen eines Höchststandes in der Jugend i. d. R. etwa ab etwa dem 20.–25. Lebensjahr mit zunehmendem Alter abschwächt, zählt zu den gesicherten kriminologischen Befunden (z. B. Göppinger 1973, S. 331,; Hirschi u. Gottfredson 1983, S. 552; Farrington 1986, S. 189; Brame u. Piquero 2003; Heinz 2004, S. 28; Schwind 2007, S. 61). Auch bei den hier untersuchten Senioren lässt sich ein altersbezogener Kriminalitätsrückgang anhand verschiedener Indikatoren nachvollziehen.

Aufschluss gibt etwa ein Vergleich der Kriminalitätsbelastung verschiedener Altersgruppen im Ein-Jahres-Zeitraum (◨ Abb. 3.5). Daraus geht klar hervor, dass die Gesamtprävalenzrate von der jüngsten (mit 36,7 %) zur ältesten Altersgruppe (mit nur 11,8 %) stetig abnimmt (Phi = 0,217; p = 0,000; n = 1949).

Mit einem Anstieg des Lebensalters geht zudem eine signifikante Verringerung der **Deliktsvielfalt** einher (F = 2,58; df = 2; p = 0,08). Zumindest tendenziell ist überdies eine Reduktion der Kriminalitätshäufigkeit festzustellen: Im Ein-Jahres-Zeit-

raum begehen jüngere Delinquenten im Vergleich zu den Delinquenten der jeweils älteren Altersgruppen durchschnittlich je eine Straftat mehr (Unterschiede nicht signifikant).

Auch die **Deliktsstruktur** variiert in Abhängigkeit des Lebensalters, wenngleich die Unterschiede nicht gravierend sind. Analysen der altersgruppenbezogenen, deliktsspezifischen Ein-Jahres-Prävalenzraten lassen etwa erkennen, dass Trunkenheit am Steuer mit zunehmendem Alter an Bedeutung verliert (unter den ältesten Befragten nimmt dieses Verhalten nur noch den 3. Rang ein), während Steuerbetrug und Schwarzfahren im öPNV von der jüngsten zur ältesten Kohorte an relativer Bedeutung gewinnt. Diebstahl am Arbeitsplatz, ein Verhalten, dass in der jüngsten Kohorte mit 8,8 % die dritthöchste Prävalenzrate aufweist, spielt bereits in der mittleren Kohorte nur noch eine untergeordnete Rolle (2,9 %) und wird von Angehörigen der ältesten Generation überhaupt nicht mehr verübt. Vor allem der absolute und relative Bedeutungsverlust dieses Diebstahlsdelikts, aber auch der relative Bedeutungsgewinn von »Schwarzfahren« im öPNV, ist vor dem Hintergrund der jeweils altersbedingten Lebenssituation der Befragten nachvollziehbar. So sind die Ältesten zumeist nicht mehr berufstätig und begehen in Ermangelung entsprechender Gelegenheiten auch keinen Diebstahl am AP, stattdessen verfügen sie über mehr Freizeit, innerhalb derer sie sich öfter mithilfe öffentlicher Verkehrsmittel (mit oder ohne gültigen Fahrausweis) in der Umgebung fortbewegen.

Die am häufigsten begangenen Delikte unterscheiden sich ebenfalls in Abhängigkeit vom Lebensalter, allerdings wiederum nur vergleichsweise unwesentlich. In allen untersuchten Altersgruppen zählen Trunkenheit am Steuer sowie Steuerbetrug zu den 3 am häufigsten begangenen Normverstößen. Signifikante Unterschiede in der Häufigkeit der Begehung einzelner Delikte sind lediglich für das »Schwarzfahren« im öPNV, Steuerbetrug, Diebstahl am Arbeitsplatz und das bewusste Einbehalten zu viel gezahlten Wechselgeldes zu verzeichnen. Ein einheitlicher Trend lässt sich hier allerdings nicht ausmachen – jede Altersgruppe weist mindestens einmal die höchste Inzidenz auf:

- Die älteste Altersgruppe fährt am häufigsten schwarz,
- die mittlere Altersgruppe betrügt am häufigsten mit der Steuer beim Einkauf von Waren oder Dienstleistungen,
- die jüngste Gruppe stiehlt am häufigsten Dinge vom Arbeitsplatz.

Kohortenunterschiede im Delinquenzverhalten zeigen sich z. B. anhand eines Vergleichs der altersgruppenspezifischen Gesamtprävalenzraten für die Zeiträume »Lebensspanne« und »seit dem 50. Geburtstag« (siehe erneut ◘ Abb. 3.5). Obwohl beide Referenzzeiträume für jüngere Befragte jeweils kürzer sind als für ältere, weisen die jüngeren Kohorten signifikant höhere Prävalenzraten auf als die älteren (in Bezug auf die Lebensspanne: Phi = 0,213; p = 0,000; n = 1947; in Bezug auf die Zeit »seit dem 50. Geburtstag«: Phi = 0,124; p = 0,000; n = 1951). Ähnliche Muster zeigen sich auch für die **Versatilität**, die hypothetisch erfragte Bereitschaft, Ladendiebstahl und Versicherungsbetrug zu begehen sowie für (selbstberichtete) polizeiliche Registrierungen. In den jüngeren Altersgruppen fallen sowohl die Anteile von Mindestens-Einmal-Registrierten (Phi = 0,104; p = 0,000) als auch von Mehrfach-Registrierten (Phi = 0,06; p = 0,028) signifikant höher aus als in den jeweils älteren Altersgruppen.

Diese Resultate legen den interessanten Schluss nahe, dass Angehörige jüngerer Kohorten in verschiedener Hinsicht »krimineller« sind als Angehörige älterer Altersgruppen. Wie eine empirische Studie von Nunner-Winkler (2000, 2005) bereits vermuten lässt und eine Untersuchung von Kunz (»Moral und (Un-)Rechtsempfinden im gesellschaftlichen Wandel«; in Vorbereitung) zeigt, lassen sich diese Unterschiede u. a. auf einen gesellschaftlichen Wandel moralischer Vorstellungen und Prinzipien zurückführen, der v. a. dadurch gekennzeichnet ist, dass moralisch-normative Überzeugungen zunehmend individualisierter begründet und kontextsensitiver ausgelegt bzw. angewendet werden. Als Hintergrund der beschriebenen Veränderungen vermutet Nunner-Winkler (2000) fortschreitende Säkularisierungs- und Individualisierungstendenzen in der Gesellschaft, die ihren Ursprung wiederum u. a. in der Aufklärung bzw. in veränderten ökonomischen Verhältnissen haben. Zwar hat dieser (Werte-)Wandel auch positive Konsequenzen und Potenziale. Zumindest in Teilen negativ, d. h. sozial riskant, wirkt sich jedoch aus, dass jüngere Kohorten (im Vergleich zu älteren) im Zuge dieser Entwicklung Normüberschreitungen häufiger und aus vielfältigeren »Gründen« als gerechtfertigt ansehen und ergo häufiger selbst gegen bestehende Normen verstoßen.

Geschlechtsunterschiede

Die geschlechtsspezifische Kriminalität der untersuchten Senioren reproduziert systematisch eine weitere klassische Beobachtung der Kriminologie, nämlich jene, dass Männer i. d. R. stärker kriminell belastet sind als Frauen (z. B. Schwind 2007, S. 61). So beträgt etwa die Gesamtprävalenz »seit dem 50. Geburtstag« unter Männern 56,6 % und unter Frauen lediglich 38,9 %. Die entsprechende Ein-Jahres-Prävalenz liegt für Männer bei 32 % und für Frauen bei 20,5 %. Das Mann-Frau-Verhältnis aller Personen, die seit dem 50. Geburtstag bzw. innerhalb eines Jahres mindestens einmal eines der abgefragten Delikte begangen haben, beträgt je ca. 60 : 40.

> ❯❯ Bei Männern ist eine höhere Kriminalitätsrate zu verzeichnen als bei Frauen

Betrachtet man die deliktsbezogenen Ein-Jahres-Prävalenzraten, stellen lediglich 4 Delikte – Sachbeschädigung, Ladendiebstahl, anderer Diebstahl sowie Sozialbetrug – Abweichungen von der erhöhten Kriminalitätsbelastung der Männer dar, indem die Belastungsquoten beider Geschlechter hier gleich oder für Frauen sogar geringfügig höher sind. Am deutlichsten differieren die Beteiligungsraten für Trunkenheit am Steuer. Bei diesem Verhalten handelt es sich (noch) um ein überaus von Männern dominiertes Phänomen: Etwa viermal mehr Männer als Frauen steuern innerhalb eines Jahres mindestens einmal ein Fahrzeug in alkoholisiertem Zustand. Zu berücksichtigen ist hier, dass nur eine Minderheit der befragten (älteren) Frauen überhaupt im Besitz einer Fahrerlaubnis ist. Da im Zuge der Emanzipationsbewegung über die letzten Jahrzehnte immer mehr Frauen den Führerschein erworben haben, ist damit zu rechnen, dass sich die geschlechtsbezogenen Belastungsquoten für Trunkenheit am Steuer unter zukünftigen Alten weiter angleichen werden. Abgesehen von der vertauschten Rangfolge der beiden verbreitetsten Delikte Steuerbetrug und Trunkenheit am Steuer (Ränge 1 bzw. 2) unterscheiden sich die Geschlechter insgesamt nicht wesentlich in ihrer Deliktsstruktur.

Delinquente Frauen begehen im Vergleich zu Männern mit durchschnittlich 3,1 : 4,5 signifikant weniger Straftaten innerhalb eines Jahres. Die Deliktspräferenzen nach Inzidenz ähneln sich unter den Geschlechtern. Zwar sind erneut die jeweils ersten beiden Ränge vertauscht, Steuerbetrug (unter Frauen 1. Rang) und Trunkenheit am Steuer (unter Männern 1. Rang) zählen jedoch sowohl unter Männern als auch unter Frauen zu den häufigsten strafbaren Handlungen. Während das dritthäufigste Delikt bei den Männern die »Schwarzarbeit« ist, fahren Frauen am dritthäufigsten »schwarz« mit Bus und Bahn. Von den untersuchten Delikten erscheinen lediglich die geschlechtsspezifischen Unterschiede bei Trunkenheit am Steuer und beim Konsum illegaler Drogen beachtenswert. Wie zu erwarten, sind es jeweils die Männer, die diese Handlungen häufiger begehen. Dass Frauen in der Regel öfter einkaufen als Männer, lässt sich indirekt aus dem Geschlechterunterschied beim Einbehalten von zu viel gezahltem Wechselgeld ablesen. Der »Wechselgeldirrtum« ist mithin das einzige Verhalten, das Frauen häufiger begehen als Männer.

Die Spannweite der verschiedenen begangenen Delikte umfasst im Ein-Jahres-Zeitraum

unter männlichen Tätern 6 Delikte, unter Frauen lediglich 4. Die durchschnittliche Versatilität der Männer beträgt 1,6 Delikte im Jahr, die der Frauen hingegen nur 1,3 Delikte. Männer weisen damit im Vergleich zu Frauen eine signifikant höhere Deliktsbreite auf (T = 3,8; df = 508; p = 0,000).

Auch bei der selbstberichteten Legalbiografie zeigt sich das bekannte Muster: Im Vergleich zu Frauen haben knapp dreimal mehr Männer mindestens eine polizeiliche Registrierung (Phi = -0,268; p = 0,000). Im Hinblick auf die Mehrfach-Registrierten spitzen sich die Unterschiede weiter zu: Unter Männern beträgt der entsprechende Anteil 9,6 %, unter Frauen gerade einmal 1,6 % (Phi = -0,177; p = 0,000).

3.2.5 Hintergründe und Bedingungsfaktoren selbstberichteter Kriminalität älterer Menschen

Um etwas über die (in)direkten und (un)bewusst wirkenden Faktoren zu erfahren, die kriminelles Handeln im höheren Alter begünstigen bzw. hemmen, wurden anhand der erhobenen Daten zahlreiche Thesen geprüft. Diese wurden aus diversen klassischen sowie neueren soziologischen und psychologischen Kriminalitätstheorien abgeleitet.

Insgesamt zeigen die Analysen, dass kriminelles Handeln im höheren Alter grundsätzlich von Faktoren abhängt, die auch bei jüngeren Menschen relevant sind. Dies bedeutet jedoch nicht zugleich auch umgekehrt, dass sich sämtliche Umstände, die etwa bei Jugenddelinquenz eine Rolle spielen, auch bei Senioren kriminogen auswirken. Auf eine besondere Bedeutung altersspezifischer Ursachen, d. h. psychosozialer und physiologischer Veränderungen, die gehäuft mit dem Alterungsprozess einhergehen, weisen die vorliegenden Daten in Bezug auf die Gesamtkriminalität älterer Menschen nicht hin.

Es können 6 kriminogene Faktoren identifiziert werden, die sich über alle statistischen Analysen als besonders robust und allgemein erklärungskräftig erweisen. **Robustheit** der Resultate bedeutet hier, dass diese Faktoren über sämtliche Analysen, d. h. im Hinblick auf variierende abhängige Variable und in komplexen multivariaten Modellen – je unter Kontrolle alternativer Erklärungsfaktoren – stets dasselbe Vorzeichen aufweisen und statistisch signifikant sind. Unter **allgemeiner** Erklärungskraft wird hier eine delikts- und altersgruppenübergreifende statistische Relevanz verstanden.

> **Bedingungen für Seniorenkriminalität**
> Kriminelles Handeln älterer Menschen hängt u. a. davon ab, … (die Reihenfolge der Nennung entspricht der durchschnittlichen empirischen Erklärungskraft, absteigend)
> - … ob delinquentes Handeln persönlich bekannter Personen entdeckt bzw. sanktioniert wurde: Ungeahndete Normbrüche von Bekannten, Freunden oder Familienangehörigen erhöhen die Wahrscheinlichkeit strafbaren Verhaltens.
> - … wie hoch die Nützlichkeit einer kriminellen Handlungsalternative subjektiv eingeschätzt wird: Je höher die Nützlichkeit strafbaren Verhaltens eingeschätzt wird, desto höher ist auch die Wahrscheinlichkeit strafbaren Verhaltens.
> - … wie das persönliche soziale Umfeld gegenüber Normbrüchen eingestellt ist bzw. welche informelle Sanktionierung bei Normbrüchen erwartet wird: Je weniger negative Reaktionen auf Normbrüche von Bekannten, Freunden oder Familienangehörigen erwartet werden, desto wahrscheinlicher ist strafbares Verhalten.
> - … welchem Geschlecht eine Person angehört: Die Wahrscheinlichkeit, Straftaten zu begehen bzw. soziale Normen zu übertreten, ist für Männer höher als für Frauen.
> - … wie rigoros soziale Konformitätsnormen verinnerlicht sind bzw. in welchem Ausmaß und unter welchen Umständen Normübertretungen akzeptiert werden: Je weniger streng soziale Normen verinnerlicht sind, d. h. je mehr und häufiger Ausnahmen von den Normen akzeptiert werden, desto höher ist die Wahrscheinlichkeit strafbaren Verhaltens.
> - … wie hoch die individuelle Selbstkontrolle ist: Je geringer die Selbstkontrolle ist, desto höher ist die Wahrscheinlichkeit strafbaren Verhaltens.

Im Hinblick auf einzelne Kriminalitätsaspekte und Delikte tragen überdies noch weitere Merkmale und Mechanismen zur Erklärung kriminellen Handelns von Senioren bei. So wirken etwa (rigoros) internalisierte Normen wie Filter gegenüber subjektiven Kosten-Nutzen-Abwägungen und blockieren damit subjektiv-rationale Entscheidungen für strafbares Verhalten. Daneben sind auch belastende Lebensumstände und -erfahrungen, verstärkte gesellschaftliche Teilhabe und informelle Sozialkontrolle, eine hedonistische Wertorientierung, die Bekanntschaft mit delinquenten Personen sowie ein geringeres Lebensalter mit einer erhöhten Wahrscheinlichkeit delinquenten Handelns verbunden.

Die sowohl landläufige als auch kriminalitätstheoretisch (vgl. die Anomietheorie von Merton 1938) begründbare Vorstellung, kriminelles Handeln älterer Menschen sei durch (relative) Armut motiviert, erfährt in der Untersuchung im Hinblick auf die zusammengefasste Kriminalität von Senioren empirisch keine Unterstützung. Zu beobachten ist vielmehr das Gegenteil: **Die Mehrzahl älterer Menschen, die gegen soziale Normen verstoßen, ordnet sich einem mittleren bis höheren sozialen Status zu und ist finanziell abgesichert.** Lediglich für Ladendiebstahl ist ein entsprechender Zusammenhang zwischen relativer sozioökonomischer Deprivation und kriminellem Handeln nachweisbar. Zwar entspricht der ermittelte Logit-Koeffizient inhaltlich der Armutsthese, mit $p = 0{,}077$ ist dieser allerdings lediglich auf dem 10-Prozent-Niveau signifikant. Entgegen diesem, auf Selbstberichtsdaten beruhenden, Resultat findet Lachmund (2011, S. 74 ff, 100) auf der Basis einer auf das Hellfeld beschränkten empirischen Untersuchung älterer Straftäter keine Hinweise auf finanzielle Not als Kriminalitätsmotiv bei Ladendiebstahl. Die in den Medien hin und wieder geäußerte Befürchtung einer dramatisch ansteigenden Alterskriminalität im Zuge der zu erwartenden Zunahme von Altersarmut erscheint angesichts der Ergebnisse somit derzeit unbegründet.

Denkbar ist jedoch, dass eine (relativ) schlechte ökonomische Situation insbesondere bei älteren Ersttätern einen handlungsrelevanten Faktor darstellt. Um diese Möglichkeit zu prüfen, wurden anhand der vorliegenden Daten in einem ersten Schritt für die 62 Personen, bei denen eine erste polizeiliche Registrierung wegen eines Gesetzesverstoßes nach dem 50. Geburtstag stattfand, auf bivariater Ebene die Zusammenhänge zwischen (relativer) Armut und Delinquenz untersucht. Dabei wurde **Armut** mit einem objektiven und 2 subjektiven Indikatoren gemessen.

Als objektiver Armutsindikator dient das durchschnittliche monatliche Personennettoeinkommen. Dieses wurde nicht direkt erhoben, sondern über das erfragte Haushaltsnettoeinkommen und die Anzahl der im Haushalt lebenden Personen berechnet. Als subjektive Indikatoren fungieren der subjektive Sozialstatus (»In unserer Gesellschaft gibt es Bevölkerungsgruppen, die eher oben stehen, und solche, die eher unten stehen. Sie sehen hier eine Skala, die von 1 bis 10 reicht, wobei 1 das untere Ende und 10 das obere Ende darstellt. Wenn Sie an sich selbst denken, wo auf dieser Skala würden Sie sich einordnen?«: 1 [ganz unten] bis 10 [ganz oben]) und der subjektive aktuelle Lebensstandard (»Wie bewerten Sie Ihren derzeitigen Lebensstandard?«: 1 = Sehr gut, 2 = eher gut, 3 = eher schlecht, 4 = sehr schlecht).

Die **Delinquenz** wurde über die Gesamtprävalenz »seit dem 50. Geburtstag« und im Ein-Jahres-Zeitraum operationalisiert. Seit dem 50. Geburtstag begingen 37 Ersttäter (60,7 %) mindestens eines der abgefragten Delikte mindestens einmal (mv = 1; n = 61), innerhalb eines Jahres 21 Personen (34,4 %, mv = 1; n = 61).

Wie die Analysen zeigen, stehen sämtliche Armutsvariablen **nicht** in signifikantem Zusammenhang mit delinquentem Handeln älterer Ersttäter. Um zu prüfen, ob entsprechende Zusammenhänge womöglich von anderen Faktoren abhängen, d. h. erst unter Aufnahme weiterer Variablen sichtbar werden, wurden in einem nächsten Schritt für beide Delinquenzmaße multivariate binär-logistische Regressionen berechnet. Zur Anwendung kam die schrittweise automatische Modellsuche (Rückwärts-Prozedur; Likelihood-Ratio-Quotient als Auswahlkriterium). Berücksichtigt wurden jeweils die 3 Armutsindikatoren, das Alter und das Geschlecht der Ersttäter sowie weitere theoriegeleitete Variablen, die in signifikantem Zusammenhang zu den beiden Delinquenzmaßen stehen. Bei der Analyse der Gesamtprävalenz »seit dem 50. Geburtstag« wurde entsprechend berücksichtigt, ob die Befragten innerhalb der letzten 5 Jahre im Gefängnis waren; im Hinblick auf den Ein-Jahres-Zeitraum fanden mehrere Variablen Eingang in die Analysen:

= wiederum Gefängnisaufenthalt,
= Erleiden einer schweren Erkrankung oder Verletzung innerhalb der letzten 5 Jahre,
= allgemeine Norminternalisierung
= ein Index zur Erfassung biografischer Belastungsfaktoren (► Abschn. 3.2.6).

Die Internalisierung von Normen wurde folgendermaßen erfragt: »An Gesetze muss man sich immer halten, auch wenn die eigenen Interessen dabei zu kurz kommen.« Skala 1 (Stimme überhaupt nicht zu) bis 10 (Stimme voll und ganz zu).

Für die Ersttäterdelinquenz seit dem 51. Lebensjahr beinhaltet das über die beschriebene Rückwärtsprozedur generierte beste Erklärungsmodell[6] lediglich einen Prädiktor, nämlich das Alter der Probanden (B = -0,666; p = 0,041; Exp(B) = 0,514). Dieses erweist sich über alle Auswahlschritte als signifikant bei konstantem Vorzeichen, während die anderen 5 Variablen stets insignifikant bleiben. Auch diese Analyse erbringt damit keine Hinweise auf kriminogene Auswirkungen relativer Armut unter Ersttätern.

Das beste Modell zur Erklärung der Ersttäterdelinquenz innerhalb eines Jahres funktioniert insgesamt besser[7] und umfasst 3 Prädiktoren:

= den subjektiven Lebensstandard (B = 0,815; p = 0,073; Exp(B) = 2,260),
= den Index biografischer Belastungsfaktoren (B = -1,578; p = 0,002, Exp(B) = 0,206),
= das Alter der Probanden (B = -0,857; p = 0,034; Exp(B) = 0,424).

Zwar weist der Lebensstandard hier das korrekte Vorzeichen auf (d. h. mit geringerem Lebensstan-

---

6   Pseudo-R^2 Nagelkerke = 0,105; -2LL = 73,2; Chi-Sq = 4,705; df = 1; p = 0,03; n = 58.
7   Pseudo-R^2 Nagelkerke = 0,401; -2LL = 53,158; Chi-Sq = 19,405; df = 3; p = 0,000; n = 57.

dard steigt die Straftatenwahrscheinlichkeit im Ein-Jahres-Zeitraum), ein konventionelles Signifikanzniveau erreicht die Variable aber erneut nicht.

> Alles in allem lassen sich anhand der angestellten Analysen auch für Ersttäter keine eindeutigen und belastbaren Hinweise auf einen Zusammenhang zwischen (relativer) Armut und Delinquenz finden.

Über sämtliche Auswahlschritte und auch im letzten Modell bei konstantem Vorzeichen signifikant sind hingegen das **Alter** und die **biografischen Belastungen**. Wie die Koeffizienten zeigen, erhöht sich unter den Ersttätern die Wahrscheinlichkeit der Ein-Jahres-Delinquenz mit geringerem Alter und geringeren Belastungen. Das letztgenannte Ergebnis ist insofern interessant, als einige Analysen zur Delinquenz unter **allen** Senioren genau den gegenteiligen, mithin theoriekonsistenten Effekt ausweisen. Dort gehen gehäufte Belastungen mit steigender Delinquenz einher (▶ oben). Diese Gegensätzlichkeit der Resultate wirft u. a. die Frage auf, ob es noch weitere Unterschiede zwischen Ersttätern und anderen Subgruppen – etwa Personen, die bereits früher polizeilich aufgefallen sind oder Menschen ohne bisherige offizielle Registrierung - gibt. Aufschluss darüber geben die nachfolgenden Auswertungen.

3.2.6 Unterschiede zwischen (selbstberichteten) Erstregistrierten 50+ und Früher- bzw. Noch-Nie-Registrierten

Vergleicht man die Erstregistrierten 50+ (n = 62) mit a) den Früher-Registrierten (n = 386) und mit b) den Noch-Nie-Registrierten (n = 769) hinsichtlich verschiedener Merkmale - darunter erklärungstheoretische, psychosoziale und Delinquenzvariablen - auf bivariater Ebene, zeigt sich eine ganze Reihe signifikanter Gruppenunterschiede. Die Analyse der Gruppenunterschiede erfolgte je nach Messniveau der interessierenden Variablen mithilfe von T-Tests für unabhängige Stichproben

und durch die Berechnung (nicht-)parametrischer Zusammenhangsmaße.

Zwar sind zunächst im Hinblick auf die deliktsspezifischen Beteiligungsraten seit dem 50. Geburtstag von Erstregistrierten 50+ und Personen, die bereits vor dem 50. Geburtstag offiziell registriert wurden, kaum bedeutsame Unterschiede feststellbar. Es ist lediglich zu beobachten, dass von den Spätbeginnern signifikant (p = 0,078!, Achtung: 10 %-Niveau) weniger Personen Diebstahl am Arbeitsplatz begangen haben (8,5 % vs. 17,6 %). Auffällige Differenzen zwischen beiden Gruppen zeigen sich aber in Bezug auf die gesamte Lebensspanne. Bei fast allen Delikten sind die Unterschiede zwischen den Lebenszeit-Prävalenzraten von Spät- und Früher-Registrierten signifikant, wobei die Spätregistrierten fast durchgängig niedrigere Raten aufweisen. Die Beteiligungsraten von Versicherungsbetrug, Sachbeschädigung, Sozialbetrug und Schwarzarbeit unterscheiden sich auf dem 10 %-Niveau signifikant. Für Bedrohung/Erpressung lassen sich keine signifikanten Unterschiede zwischen Früher- und Spätregistrierten feststellen. Die Prävalenzraten der übrigen 9 Delikte unterscheiden sich auf dem 5 %-Niveau signifikant voneinander. Insbesondere das »Schwarzfahren« im öPNV, Drogenkonsum, Trunkenheit am Steuer sowie Diebstahlsdelikte sind unter Früher-Registrierten deutlich verbreiteter. Die Befunde legen nahe, dass Spätregistrierte im Vergleich zu Früher-Registrierten in der ersten Lebenshälfte – also vor ihrem 50. Geburtstag – insgesamt deutlich weniger kriminell waren.

Was die Häufigkeit der Begehung von Straftaten betrifft, lässt sich zunächst festhalten, dass Erstregistrierte 50+ gegenüber Früher-Registrierten durch eine deutlich geringere Gesamtinzidenz seit dem 50. Geburtstag auffallen; der entsprechende Durchschnittswert beträgt unter Spätregistrierten 6,2 und unter Früher-Registrierten 12,7 Straftaten (p = 0,064!). Auch im Hinblick auf die einzelnen Delikte sind zahlreiche signifikante Gruppenunterschiede zu beobachten, wobei die Inzidenz unter Erstregistrierten 50+ im Vergleich zu Früher-Registrierten jeweils geringer ausfällt. Für den Zeitraum seit dem 50. Geburtstag unterscheiden sich 8 der 14 Delikte signifikant zwischen den Gruppen, im

Ein-Jahres-Zeitraum sind es 7 Delikte. Die meisten signifikanten Unterschiede sind allerdings marginal. Zu den bedeutsamsten Differenzen zählen für die Zeitspanne seit dem 50. Geburtstag die Häufigkeit des Konsums illegaler Drogen[8], Steuerbetrug[9] und Diebstahl am AP[10] sowie für den Ein-Jahres-Zeitraum die Häufigkeit von Trunkenheit am Steuer[11] und erneut Steuerbetrug[12] und Diebstahl am AP[13].

Der Vergleich von Spät- und Noch-Nie-Registrierten ergibt für die deliktsspezifischen Beteiligungsraten nur wenige signifikante Unterschiede. In Bezug auf den Zeitraum seit dem 50. Geburtstag sind lediglich bei Ladendiebstahl und Schwarzarbeit Differenzen feststellbar; die Prävalenzraten unter Erstregistrierten 50+ liegen hier höher als unter Noch-Nie-Registrierten. Für Ladendiebstahl seit dem 50. Geburtstag beträgt die Beteiligungsrate unter Erstregistrierten 50+ 6,8 %, unter Noch-Nie-Registrierten 2,6 % (p = 0,067). Für Schwarzarbeit im gleichen Referenzzeitraum betragen die entsprechenden Werte 13,3 % und 6,6 % (p = 0,051). Insbesondere die erhöhte Prävalenz von Ladendiebstahl hängt dabei vermutlich mit der späten Erstregistrierung selbst zusammen, da dieses Delikt im Vergleich zu den anderen relevanten Delikten beider Gruppen grundsätzlich durch eine erhöhte Entdeckungs- und Anzeigewahrscheinlichkeit gekennzeichnet ist. Die erhöhte Verbreitung von Schwarzarbeit hingegen lässt sich vermutlich (auch) auf das gegenüber Noch-Nie-Registrierten deutlich höhere Alter der Erstregistrierten 50+ zurückführen. Es erscheint plausibel, dass sich Erstregistrierte 50+ häufiger bereits im Ruhestand befinden und »schwarz« etwas zur Rente oder Pension dazu verdienen. Im Hinblick auf die Lebensspanne unterscheiden sich nur bei 2 der 14 untersuchten Delikte die Prävalenzraten zwischen den

Gruppen signifikant: Sowohl bei Steuerbetrug als auch bei Diebstahl am AP weisen Erstregistrierte 50+ jeweils geringere Raten auf als Noch-Nie-Registrierte. Bei Steuerbetrug beträgt die Lebenszeitprävalenz für Erstregistrierte 50+ 28,3 %, für Noch-Nie-Registrierte 41,4 % (p = 0,048). Bei Diebstahl am Arbeitsplatz betragen diese Werte 13,3 % und 27,0 % (p = 0,020).

Ebenfalls nur wenige Unterschiede lassen sich bei den Inzidenzraten ausmachen. Sowohl für die Zeitspanne seit dem 50. Geburtstag als auch im Ein-Jahres-Zeitraum sind für je nur einen Delikt signifikant verschiedene und zwar geringere Durchschnittswerte für Erstregistrierte 50+ festzustellen. So beträgt etwa die Inzidenz seit dem 50. Geburtstag für Diebstahl am AP unter Erstregistrierten 50+ im Schnitt 0,22, für Noch-Nie-Registrierte im Schnitt 0,61 (p = 0,006) und die Inzidenz für Steuerbetrug innerhalb eines Jahres für Erstregistrierte 50+ 0,11 und für Noch-Nie-Registrierte 0,26 (p = 0,014). Quantitativ gesehen sind diese Unterschiede allerdings erneut eher geringfügig.

Insgesamt lässt sich den Analysen entnehmen, dass Erstregistrierte 50+ sowohl was die Verbreitung als auch was die Häufigkeit kriminellen Handelns betrifft, Noch-Nie-Registrierten deutlich ähnlicher sind als Früher-Registrierten. Ob sich diese Ähnlichkeit auch für andere Merkmale beobachten lässt bzw. unter Kontrolle weiterer Faktoren erhalten bleibt, werden die nachfolgenden sowie die abschließenden multivariaten Analysen zeigen.

Was nun die nicht delinquenzbezogenen Merkmale betrifft, ist aufgrund der großen Effektstärken zunächst zentral, dass sich Erstregistrierte 50+ durch ein signifikant höheres Alter und einen signifikant erhöhten Frauenanteil von Früher-Registrierten und ebenfalls durch ein deutlich höheres Durchschnittsalter auch von Noch-Nie-Registrierten unterscheiden. Erstregistrierte 50+ sind im Schnitt 66,9 Jahre alt und zu 41,0 % weiblich, während das Durchschnittsalter unter Noch-Nie-Registrierten im Schnitt bei 62,4 Jahren und unter Früher-Registrierten bei 61,1 Jahren liegt. Der signifikant geringere Frauenanteil bei Früher-Registrierten beträgt 24,2 %. Das Geschlecht der Probanden ist hier allerdings nicht relevant: Noch-Nie-Registrierte und Erstregistrierte 50+ weisen ein vergleichbares Geschlechterverhältnis auf.

---

8   Das arithmetische Mittel beträgt für Erstregistrierte 50+ 0,00 und für Früher-Registrierte 0,90 (p = 0,027).

9   Das arithmetische Mittel beträgt für Erstregistrierte 50+ 0,81 und für Früher-Registrierte 2,73 (p = 0,066).

10   Das arithmetische Mittel beträgt für Erstregistrierte 50+ 0,22 und für Früher-Registrierte 1,08 (p = 0,011).

11   Das arithmetische Mittel beträgt für Erstregistrierte 50+ 0,24 und für Früher-Registrierte 1,06 (p = 0,022).

12   Das arithmetische Mittel beträgt für Erstregistrierte | 50+ 0,11 und für Früher-Registrierte 0,45 (p = 0,005).

13   Das arithmetische Mittel beträgt für Erstregistrierte 50+ 0,05 und für Früher-Registrierte 0,17 (p = 0,038).

Messung der Variablen/Fragenwortlaut

Psychosozialer Unterstützungsbedarf: »Jeder braucht im Leben manchmal Unterstützung oder Aufmunterung. Bräuchten Sie mehr Ratschläge in schwierigen Situationen?« 0: Ja; 1: Nein.

Subjektive Nützlichkeit von **Ladendiebstahl und Versicherungsbetrug:** Die subjektive Nützlichkeit einer Straftat (SEU-[S]) = Differenz des Produkts von subjektiv erwarteter Erfolgswahrscheinlichkeit (q) und subjektiv erwartetem Nutzen (B) sowie dem Produkt von subjektiv erwarteter Entdeckungswahrscheinlichkeit (p) und Strafhöhe (C) = SEU[S] = qB–pC (vgl. Mehlkop 2011, S. 82). Die 4 Komponenten des SEU-Werts (q, B, p, C) wurden für LD und VB im Rahmen des faktoriellen Survey im Anschluss an 6 Vignetten erhoben. Die SEU-Werte jedes Befragten wurden durch Mittelwertbildung zu individuellen Durchschnittswerten zusammengefasst. Der theoretische Wertebereich dieser aggregierten Variablen liegt zwischen -5 (geringste subj. Nützlichkeit; d. h. über alle Vignettenurteile kein erwarteter Nutzen bei je maximalen Kostenerwartungen) und +5 (höchste subjektive Nützlichkeit; d. h. über alle Vignettenurteile je größter erwarteter Nutzen bei je keinen Kostenerwartungen).

Potenziell belastende Lebensereignisse: »Bitte geben Sie für jedes der genannten Ereignisse an, ob Ihnen das in den letzten 5 Jahren, also seit Beginn des Jahres 2004, passiert ist oder nicht! Mein Partner ist verstorben – Meine Ehe wurde geschieden – Mein Partner und ich haben uns getrennt – Ich war im Gefängnis – Ein naher Angehöriger oder Freund von mir ist verstorben – Ich hatte eine schwere Krankheit oder Verletzung – Ich habe meinen Arbeitsplatz durch Kündigung verloren – Ich bin in den Ruhestand gegangen – Mein Partner hat seine Berufstätigkeit beendet oder seinen Arbeitsplatz verloren – Ich hatte belastende Auseinandersetzungen mit meinem Partner – Ich hatte belastende Auseinandersetzungen mit anderen nahestehenden Personen – Ich war in einer finanziellen Notsituation – Ich wurde durch eine andere Person gewaltsam verletzt – Ich wurde bestohlen, beraubt oder anderweitig um mein Eigentum betrogen.« Die 14 Angaben wurden zu einem additiven Index zusammengefasst Die Indexwerte (theoretischer Wertebereich von 0–14) geben aufsteigend die Anzahl der von den Befragten in den letzten 5 Jahren erlebten potenziellen Belastungen an.

Differenzielle negative Verstärkung Ladendiebstahl/Versicherungsbetrug: »Wenn es in Ihrem Bekanntenkreis oder Ihrer Familie Personen gibt, die bereits einmal aus Geschäften Dinge mitgenommen haben, ohne zu bezahlen/die bereits einmal bei einer Versicherung falsche Angaben gemacht haben, ist dies bei zumindest einer dieser Personen schon einmal herausgekommen?« (je Ja/Nein); beide Variablen wurden zu einer Var. zusammengefasst: 0: Entdeckung sowohl bei mind. einem bekannten Ladendieb und mind. einem bekannten Versicherungsbetrüger; 1: Entdeckung bei mind. einem bekannten Ladendieb oder mind. einem bekannten Versicherungsbetrüger; 2: keine Entdeckung bei bekannten Ladendieben oder Versicherungsbetrügern.

Risikobereitschaft: »Älterwerden bedeutet für mich, dass ich weniger Risiken eingehe.« 1: Trifft genau zu …, 4: Trifft gar nicht zu.

Körperliche Aktivität »Wenn Sie einmal an die letzten 12 Monate denken, wie oft gehen Sie da in der Regel den folgenden Tätigkeiten nach? Wie oft betätigen Sie sich körperlich, z. B. durch Wandern, Jogging, Radfahren etc.?« 1: Mehrmals in der Woche, 2: Einmal in der Woche, 3: 1–3mal im Monat, 4: Seltener, 5: Nie.

Erstregistrierte 50+ unterscheiden sich des Weiteren von Früher-Registrierten durch eine subjektiv geringer eingeschätzte Nützlichkeit von Ladendiebstahl und Versicherungsbetrug, einen geringeren psychosozialen Unterstützungsbedarf und eine höhere allgemeine Norminternalisierung. Zudem waren Erstregistrierte 50+ in den letzten 5 Jahren signifikant häufiger als Früher-Registrierte vom Tod des Partners, von schwerer Krankheit oder Verletzung sowie vom Eintritt in den Ruhestand betroffen.

Im Gegensatz zu Noch-Nie-Registrierten sind Erstregistrierte 50+ signifikant seltener der Auffassung, dass das persönliche Älterwerden mit abnehmender Risikobereitschaft verbunden ist, sind signifikant häufiger körperlich aktiv und haben signifikant ausgeprägtere Erfahrungen mit der Entdeckung kriminellen Verhaltens von Freunden und Bekannten. So beträgt etwa der Anteil derer, die Ladendiebe und Versicherungsbetrüger kennen, deren Taten bislang unentdeckt blieben, unter Noch-Nie-Registrierten 12,7 % und unter Erstregistrierten 50+ lediglich 3,8 %. Der Anteil derer hingegen, die sowohl mindestens einen »entdeckten« Ladendieb als auch mindestens einen »entdeckten« Versicherungsbetrüger zu ihrem näheren sozialen Umfeld zählen, beträgt unter Noch-Nie-Registrierten 14,7 % und unter Erstregistrierten 50+ bereits 23,1 %. Erneut unterscheiden sich Erstregistrierte 50+ von Noch-Nie-Registrierten zudem durch vermehrte biografische Belastungen in den letzten 5 Jahren sowie durch ein geringeres Bedürfnis nach psychosozialer Unterstützung. Erstregistrierte 50+ weisen im Vergleich zu Noch-Nie-Registrierten zum einen eine signifikant höhere Gesamtzahl biografischer Belastungen im zurückliegenden Fünf-Jahres-Zeitraum auf. Zum anderen waren diese signifikant häufiger von einzelnen, potenziell belastenden Ereignissen betroffen. Dazu zählen:

- Partner verstorben,
- schwere Krankheit oder Verletzung,
- Eintritt in den Ruhestand,
- Gefängnisaufenthalt.

Zur These der Altersarmut als kriminogener Faktor liefern die bivariaten Analysen erneut keine erhärtenden Anhaltspunkte; sowohl der aktuelle Lebensstandard, das durchschnittliche Personennettoeinkommen als auch der subjektive Sozialstatus unterscheiden sich nicht signifikant zwischen den betrachteten Gruppen. Auch die Anteile Derer, die innerhalb der letzten 5 Jahre »in einer finanziellen Notsituation« waren oder aktuell von einer gefährdeten finanziellen Altersvorsorge betroffen sind, unterscheiden sich nicht signifikant zwischen Erstregistrierten 50+ und Früher- bzw. Noch-Nie-Registrierten.

Ob sich die bis hierher geschilderten (bivariaten) Unterschiede und Zusammenhänge auch bei simultaner Aufnahme weiterer bedeutsamer Faktoren und unter Kontrolle des Alters und des Geschlechts der Probanden bewähren, wird nun abschließend mit multivariaten Analysen geprüft. Einen Überblick gibt ◘ Tab. 3.2.

Berechnet wurden für 2 abhängige Variable je 2 schrittweise binär-logistische Regressionen (automatische Rückwärtsprozedur, außer bei Modell 1 (◘ Tab. 3.2); dort wegen hoher Variablenanzahl Vorwärtsprozedur (Auswahlkriterium: jeweils Likelihood-Ratio-Quotient). Die erste (binär kodierte) abhängige Variable bezieht sich auf die Erstregistrierung vor vs. nach dem 50. Geburtstag; Erstregistrierung vor 50 (0) = 386 Personen (86,2 %); Erstregistrierung nach 50 (1) = 62 Personen (13,8 %); n = 448; die zweite auf keine bisherige Registrierung vs. Erstregistrierung nach dem 50. Geburtstag; keine Registrierung (0) = 769 Personen (92,5 %); Erstregistrierung nach 50 (1) = 62 Personen (7,5 %); n = 831. Je ein Modell bezieht sich auf Delinquenzeigenschaften (Modelle 1 und 3 in ◘ Tab. 3.2), je ein weiteres auf alle anderen Respondentenmerkmale (Modelle 2 und 4 in ◘ Tab. 3.2). Bei der Modellfindung wurden stets das Alter und das Geschlecht sowie sämtliche Variablen berücksichtigt, die in den jeweiligen bivariaten Analysen signifikant waren. In die Prozedur zur Findung von Modell 1 wurden so insgesamt 27 Variablen einbezogen, für Modell 2 bildeten 13 Variablen die Ausgangsbasis, Modell 3 basiert ursprünglich auf 8 Variablen und Modell 4 auf 14 Variablen. ◘ Tab. 3.2 enthält die 4 resultierenden Modelle[14].

---

14 In sämtlichen Modellen tritt keine problematische Multikollinearität auf. Der stärkste Zusammenhang der in den Modellen berücksichtigten Variablen ergibt sich in Modell 1 mit Spearmans Rho = -0,157 (p = 0,000) für Diebstahl am AP Lebenszeitprävalenz und das Alter, in Modell 2 mit Pearsons R = 0,091 (p = 0,000) für die subjektive Nützlichkeit LD/VB und das Alter, in Modell 3 mit Phi = 0,222 (p = 0,000) für Diebstahl a. AP Lebenszeitprävalenz und Steuerbetrug Lebenszeitprävalenz und in Modell 4 mit Spearmans Rho = -0,249 (p = 0,000)

Was zunächst den Vergleich von **Erstregistrierten 50+** und **Früher-Registrierten** betrifft, lässt sich ◘ Tab. 3.2 Folgendes entnehmen: Signifikant (p < 0,05) unterscheiden sich Erstregistrierte 50+ von Früher-Registrierten in Bezug auf delinquentes Verhalten lediglich hinsichtlich einer Variablen – Diebstahl a. AP-Lebenszeitprävalenz (Modell 1) - und hinsichtlich anderer Merkmale nur in Bezug auf das psychosoziale Unterstützungsbedürfnis (Modell 2). Spätregistrierte zeichnen sich im Vergleich zu Früher-Registrierten durch einen geringeren Anteil an Personen, die mindestens einmal im gesamten Leben etwas vom Arbeitsplatz gestohlen haben und durch einen geringeren alltäglichen Bedarf an Ratschlägen in schwierigen Situationen aus.

Von den Früher-Registrierten geben 32,6 % an, bereits mindestens einmal im Lebensverlauf Werkzeug, Schreibmaterial oder andere Dinge mitgenommen und behalten zu haben, unter Erstregistrierten 50+ beträgt dieser Anteil gerade einmal 13,1 %. Der Anteil derer, die sich wünschten, häufiger Ratschläge in schwierigen Situationen zu erhalten, liegt unter Früher-Registrierten bei 46 %, unter Spätregistrierten nur bei 30,5 %.

Zur Unterscheidung beider untersuchten Gruppen tragen daneben v. a. das Alter und das Geschlecht der Probanden bei; diese Variablen weisen in beiden Modellen eine große Effektstärke auf und sind stets hoch signifikant. Wie bereits die bivariaten Analysen zeigen, sind polizeilich Erstregistrierte 50+ im Schnitt deutlich älter und viel häufiger weiblich als Früher-Registrierte.

Die subjektive Nützlichkeit von Ladendiebstahl und Versicherungsbetrug ist zwar auch relevant, verpasst aber knapp das konventionelle Signifikanzniveau (Modell 2). Wie das Vorzeichen des Logit-Koeffizienten anzeigt, schätzen Erstregistrierte 50+ im Gegensatz zu Früher-Registrierten die Nützlichkeit der in den Fragebogen-Vignetten beschriebenen Ladendiebstahls- und Versicherungsbetrugsdelikte im Durchschnitt geringer ein.

Beim Vergleich von **Erstregistrierten 50+** und **Noch-Nie-Registrierten** (Modelle 3 und 4 in ◘ Tab. 3.2) fällt auf, dass die Unterscheidungsmerkmale hier zahlreicher sind. Je nachdem, ob bei den

---

für die Risikobereitschaft im Alter und das Alter.

▢ **Tab. 3.2** Binär-Logistische Regression von Delinquenz- und Respondentenmerkmalen auf die selbstberichtete polizeiliche Erstregistrierung. (Gefettet: Prädiktoren sign.p < 0,05; !: sign.p < 0,1; Prädiktoren z-standardisiert; erste Angabe: Logit-Koeffizient (Standardfehler); zweite Angabe: Odds Ratio (exaktes Signifikanzniveau p))

	Erstregistrierung vor 50 (0) vs. Erstregistrierung nach 50 (1)		Keine Registrierung (0) vs. Erstregistrierung nach 50 (1)	
	Modell 1: Delinquenz	Modell 2: Respondentenmerkmale	Modell 3: Delinquenz	Modell 4: Respondentenmerkmale
Steuerbetrug-LP (mind. 1 × begangen = 1)			-0,268 (0,167) 0,700 (0,109)	
Diebstahl a. AP- LP (mind. 1 × begangen = 1)	-0,505 (0,227) **0,603 (0,026)**		-0,534 (0,227) **0,586 (0,019)**	
LD Prävalenz 50+ (mind. 1 × begangen = 1)			0,243 (0,102) **1,276 (0,017)**	
Schwarzarbeit, Prävalenz 50+ (mind. 1 × begangen = 1)			0,239 (0,111) **1,270 (0,032)**	
Psychosozialer Unterstützungsbedarf (nein = 1)		0,475 (0,188) **1,608 (0,011)**		0,617 (0,254) **1,853 (0,015)**
Subj. Nützlichkeit LD/VB		-0,329 (0,175) 0,720! (0,060)		
Potenziell belastende Lebensereignisse				0,358 (0,207) 1,431! (0,084)
Differenzielle negative Verstärkung LD/VB				-0,471 (0,233) **0,624 (0,043)**
Risikobereitschaft[e]				-0,434 (0,247) 0,648! (0,079)
Körperliche Aktivität				-0,404 (0,257) 0,668 (0,116)
Alter	0,791 (0,184) **2,206 (0,000)**	0,876 (0,183) **2,400 (0,000)**	0,555 (0,150) **1,743 (0,000)**	0,588 (0,238) **1,801 (0,013)**
Geschlecht (Frauen = 1)	0,392 (0,177) **1,480 (0,027)**	0,465 (0,176) **1,591 (0,008)**		
Konstante	-1,783 (0,193) 0,168 (0,000)	-1,790 (0,189) 0,167 (0,000)	-2,794 (0,182) 0,061 (0,000)	-3,045 (0,294) 0,048 (0,000)
n	332	369	720	381
Chi-Quadrat (df; p)	36,689 (3; 0,000)	42,556 (4; 0,000)	36,651 (5; 0,000)	23,823 (6; 0,001)
Pseudo-R² Nagelkerke	0,191	0,202	0,121	0,158

a. *AP* am Arbeitsplatz; *LD* Ladendiebstahl; *LP* Lebenszeitprävalenz; *VB* Versicherungsbetrug

Gruppenvergleichen Variablen mit einem p-Wert von < 5 % oder < 10 % in die Betrachtung einbezogen werden, unterscheiden sich Erstregistrierte 50+ von Früher-Registrierten lediglich im Hinblick auf 4 bzw. 5 Merkmale, während die Gegenüberstellung von Erstregistrierten 50+ und Noch-Nie-Registrierten 6 bzw. 8 relevante Merkmale ausweist. Dieses Ergebnis korrigiert den anhand der bivariaten Analysen entstandenen Eindruck, wonach sich Erstregistrierte 50+ und Noch-Nie-Registrierte stärker ähneln.

Erneut ist das **Alter** der Befragten in beiden Modellen ein starker und signifikanter Prädiktor. Wiederum sind Erstregistrierte 50+ im Mittel älter als Noch-Nie-Registrierte. Das Geschlecht trägt hingegen hier nicht signifikant zu einer Unterscheidung beider Gruppen bei und wurde bereits bei der Modellfindung »aussortiert«. Neben dem Alter sind im Delinquenzmodell (Modell 3) noch 3 weitere Variablen signifikant. Dazu zählen die Lebenszeitprävalenz von Diebstahl am Arbeitsplatz sowie jeweils die Prävalenz von Ladendiebstahl und Schwarzarbeit seit dem 50. Geburtstag. Wie die Ergebnisse zeigen, befinden sich unter Erstregistrierten 50+ im Vergleich zu Noch-Nie-Registrierten **weniger** Personen, die mindestens einmal im Leben Dinge etc. vom Arbeitsplatz gestohlen haben, zugleich aber **mehr** Personen, die mindestens einmal seit dem 50. Geburtstag Ladendiebstahl begangen und »schwarz« gearbeitet haben.

Was die nicht delinquenzbezogenen Merkmale betrifft, geht aus ◘ Tab. 3.2 (Modell 4) hervor, dass sich die beiden Gruppen – abgesehen vom Alter – erneut hinsichtlich des psychosozialen Unterstützungsbedarfs voneinander unterscheiden. Und erneut zeichnen sich Erstregistrierte 50+ gegenüber Noch-Nie-Registrierten durch einen deutlich geringeren entsprechenden Bedarf aus. Unter Noch-Nie-Registrierten äußern 44 % den Wunsch nach mehr Ratschlägen in schwierigen Situationen, unter Erstregistrierten 50+ tun dies lediglich 30,5 %. Ein weiteres inferenzstatistisch bedeutsames Unterscheidungsmerkmal ist die differenzielle negative Verstärkung hinsichtlich Ladendiebstahl und Versicherungsbetrug. Wie die bivariaten Analysen zeigen, sind Erfahrungen mit der Entdeckung der Kriminalität von Freunden und Bekannten unter Erstregistrierten 50+ stärker ausgeprägt als unter Noch-Nie-Registrierten. Vermutlich sind diese u. a. gerade deshalb eher bzw. überhaupt schon einmal wegen eigener Gesetzesverstöße entdeckt wurden. Anders ausgedrückt: Die Ergebnisse legen den Schluss nahe, dass Erstregistrierte 50+ »schlechtere« Lernvorbilder hatten als Noch-Nie-Registrierte, indem sie zwar ebenso wie Noch-Nie-

Registrierte mit Delinquenz im sozialen Umfeld konfrontiert wurden, jedoch seltener zugleich eine »erfolgreiche«, d. h. unentdeckte, Begehung von Straftaten »lernen« konnten.

Zu den Variablen, die ebenfalls tendenziell bedeutsam sind, deren p-Wert aber zwischen 0,05 und 0,1 liegt, zählen ferner die biografischen Belastungsfaktoren im zurückliegenden Fünf-Jahres-Zeitraum sowie die Entwicklung der Risikobereitschaft beim Altern. Die Ergebnisse zeigen erneut, dass sich die Gruppe der Erstregistrierten 50+ im Vergleich zu den Noch-Nie-Registrierten stärker aus Personen zusammensetzt, die biografisch belastet sind und seltener die Ansicht vertreten, das persönliche Älterwerden gehe mit einer abnehmenden Risikobereitschaft einher (vgl. auch die bivariaten Analysen).

Betrachtet man abschließend alle 4 Modelle der beiden angestellten Gruppenvergleiche, fällt auf, dass das Alter als signifikanter Prädiktor die einzige Gemeinsamkeit darstellt. Dass das Alter (u. a. als Proxy für die vergangene Zeit) generell einen signifikanten Einfluss auf den Zeitpunkt bzw. die Wahrscheinlichkeit einer ersten polizeilichen Registrierung hat und dass Erstregistrierte 50+ durchschnittlich deutlich älter als die beiden Kontrastgruppen sind, erscheint dabei plausibel. Schließlich steigt mit zunehmendem Alter – also mit zunehmender vergangener Zeit! – quasi »automatisch« zumindest minimal auch die Wahrscheinlichkeit einer ersten polizeilichen Registrierung – sofern bis dahin nicht ohnehin mindestens eine vorlag.

3.3   Registrierte und selbstberichtete Kriminalität älterer Menschen: eine Gegenüberstellung

Vergleicht man die Befunde der Hellfeldforschung zur Alterskriminalität mit den Ergebnissen der vorliegenden (Dunkelfeld-)Studie, ergeben sich einige Übereinstimmungen und zahlreiche, teils erhebliche Diskrepanzen.

Übereinstimmend zeigt sich etwa, dass die Kriminalität älterer Menschen sehr stark von Eigentums- und Betrugsdelikten dominiert wird. Zudem lässt sich anhand beider Datentypen beobachten, dass das Verhältnis delinquenter Männer und Frauen im höheren Lebensalter ausgewogener ist als bei jüngeren Menschen und dass sich auch die präferierten Delikte beider Geschlechter zunehmend angleichen.

> ❯ **Seniorenkriminalität zeichnet sich überwiegend durch Eigentums- und Betrugsdelikte aus.**

Differenzen zwischen den Diagnosen, die auf Kriminalstatistiken bzw. Selbstberichten beruhen, betreffen zunächst die Deliktsstruktur von Alterskriminalität und die deliktsspezifischen Prävalenzraten. Während die dominierenden Seniorendelikte im Hellfeld in absteigender Reihenfolge einfache Diebstähle, Betrug, Beleidigung und leichte Körperverletzung umfassen (▶ Kap. 2 sowie ähnlich, nur mit vertauschter Reihenfolge von Betrug und Beleidigung z. B. Keßler 2005, S. 23; Pohlmann 2009), zeichnen die Befragungsdaten ein abweichendes Bild. Zunächst fällt auf, dass der einfache Diebstahl, der die Deliktsstruktur im Hellfeld ganz maßgeblich bestimmt (vgl. z. B. Albrecht u. Dünkel 1981, S. 261 sowie ▶ Kap. 2) eine wesentlich geringere Bedeutung und Verbreitung aufweist. Seniorenkriminalität wird stattdessen von Trunkenheit am Steuer sowie Betrugsdelikten dominiert. Letztere sind sowohl unter Männern als auch unter Frauen durch Prävalenzraten gekennzeichnet, die im Vergleich zum Hellfeld gravierend höher ausfallen.

Deutliche Diskrepanzen zeigen sich auch in Bezug auf Körperverletzung: während diese im Hellfeld sowohl bei Männern als auch bei Frauen auf den vorderen Plätzen rangiert, nimmt Körperverletzung laut den Selbstauskünften der Befragten unter männlichen Tätern mit einer Rate von 1,3 % nur den vorletzten Rang unter den erfassten Deliktsarten ein (zur besseren Vergleichbarkeit von PKS- und Befragungsdaten wurden hier zur Erfassung von Betrug 4 und zur Erfassung des einfachen Diebstahls 3 Delinquenzitems der Befragung zusammengefasst); von den Täterinnen hat keine einzige innerhalb eines Jahres Körperverletzung in der abgefragten Form begangen.

Laut Keßler (2005, S. 23, Tab. 6, basierend auf Daten der PKS 2001) liegt Körperverletzung mit Prävalenzraten von 9,6 % (für tatverdächtige Män-

ner) und 4 % (für tatverdächtige Frauen) bereits an 4. Stelle der verbreitetsten Delikte älterer Menschen. Auch bei Hanslmaier u. Baier (▶ Kap. 2) bestimmt die vorsätzliche leichte Körperverletzung die Deliktsstruktur von Senioren maßgeblich mit; die geschlechtsspezifischen Beteiligungsraten liegen hier (basierend auf Daten der PKS 2012) für Männer 60+ bei 11,5 % und für Frauen 60+ bei 6,5 %.

Ein weiterer robuster Befund offizieller Kriminalitätsstatistiken, der häufig auch durch die Medien verbreitet wird, lautet, dass Ladendiebstahl das für ältere Menschen typischste Delikt darstellt – etwa 90 % aller einfachen Diebstahlsdelikte sind laut Legat (2009, S. 18) Ladendiebstähle. Prononciert gilt diese Diagnose für die registrierte Kriminalität älterer Frauen: Ladendiebstahl stellt unter weiblichen Delinquenten dasjenige Delikt dar, neben dem andere Deliktsarten kaum von Bedeutung sind (Legat 2009, S. 20) oder zumindest deutlich weniger ins Gewicht fallen (▶ Kap. 2). Anhand der Befragungsdaten gelangt man auch hier zu einer gänzlich anderen Einschätzung. Unter männlichen wie weiblichen Delinquenten ordnet sich Ladendiebstahl mit Ein-Jahres-Prävalenzen von 3,4 % (n = 512) bzw. 4,4 % (n = 206) innerhalb der 14 Delikte jeweils nur auf dem 7. Rang ein. Selbst unter Ausschluss all jener abgefragten Handlungen, die nicht im Sinne des StGB unter Strafe stehen (ausgeschlossen wurden Drogenkonsum (BtMG), Schwarzarbeit (AO) und Wechselgeldirrtum), liegt die Ein-Jahres-Prävalenz für Ladendiebstahl immer noch lediglich auf dem 5. Rang. Unter Rekurs auf die Selbstberichtsdaten stellt Ladendiebstahl damit insgesamt ein eher **untypisches** Handeln älterer Straftäter dar.

Auch was das Geschlechterverhältnis der Tatverdächtigen bzw. Täter betrifft, treten Diskrepanzen zwischen offiziellen und selbst berichteten Kriminalitätsangaben zutage. Mit einem Mann-Frau-Verhältnis von etwa 60 : 40 (vgl. ▶ Abschn. 3.2.4, »Geschlechtsunterschiede«) ist die auf Selbstberichtsdaten basierende geschlechtsbezogene Täterratio etwas ausgeglichener als das Geschlechterverhältnis der registrierten Seniorenkriminalität – und im Übrigen auch ausgeglichener als bei der registrierten und selbstberichteten Delinquenz Jugendlicher und Heranwachsender.

Zum Vergleich: Im Jahr 2010 belief sich der Männeranteil an allen Tatverdächtigen, die 50 Jahre oder älter waren (= 353615 Personen), auf 71,8 %, der Frauenanteil betrug entsprechend 28,2 % (Daten: PKS 2010, S. 28, Tab. 32). Für Jugendliche und Heranwachsende (14 bis < 21 Jahre) zeigen sich mit 72 % männlichen und ergo 28 % weiblichen Tatverdächtigen nahezu identische Proportionen wie bei den registrierten tatverdächtigen Senioren (Daten: PKS 2010, S. 28, Tab. 32). Auf der Basis von Selbstberichtsdaten des Jahres 1999 setzen sich Jugenddelinquenten (im Ein-Jahres-Zeitraum) zu etwa 66 % aus Jungen und zu 34 % aus Mädchen zusammen (Oberwittler et al. 2001, S. 20; ◨ Tab. 3.1, eigene Berechnungen).

Wendet man sich vom Personenkreis der Seniorentäter ab und nimmt stattdessen die Verbreitung kriminellen Handelns in der **gesamten** älteren Bevölkerung in den Blick, gelangt man anhand offizieller und selbstberichteter Kriminalitätsdaten ebenfalls zu recht unterschiedlichen Eindrücken. Datenabgleiche zeigen, dass sowohl die Gesamtkriminalität als auch die Diebstahlsdelikte von Senioren anhand offizieller Daten gravierend unterschätzt werden. So kommen auf einen ermittelten Tatverdächtigen in etwa 22 Personen, die mindestens eine Straftat unerkannt verübt haben. Ferner stehen einem registrierten Dieb knapp 16 Diebe im Dunkelfeld gegenüber. Auch der Anteil von Ladendieben ist laut offizieller Daten geringer als es die Selbstauskünfte nahelegen – die Unterschiede zwischen der registrierten und verborgenen Kriminalität sind hier mit einer Ratio von 1 : 2,6 allerdings deutlich schwächer ausgeprägt. Lediglich Körperverletzungsdelikte werden aufgrund ihrer hohen Sichtbarkeit mithilfe offizieller Daten recht gut erfasst: auf 10 ermittelte Tatverdächtige entfällt hier gerade einmal ein unerkannt gebliebener Täter (ausführlicher bei Kunz 2014, ▶ Kapitel 6, Abschnitt 2, Punkt 5, Tab. 24).

Schließlich treten auch im Hinblick auf die Legalbiografie von Senioren bedeutsame Unterschiede zwischen Register- und Selbstberichtsdaten auf. In der einschlägigen Literatur findet sich zumeist die Aussage, Alterskriminalität sei zu einem sehr hohen Prozentsatz Spätkriminalität (z. B. Keßler 2005, S. 9 ff.). Diese Behauptung stützt sich auf offizielle Kriminalitätsstatistiken, anhand derer u. a.

geschätzt wird, dass zwischen 84 % (Krajick 1979, S. 34) und 95 % (Ritzel 1972, S. 349, 354; Feest 1993, S. 16) aller Straftäter, die nach dem 50. Lebensjahr vor Gericht stehen, zum ersten Mal strafrechtlich in Erscheinung treten. Für Straftäter, die nach dem 60. Lebensjahr vor Gericht stehen, schwanken die auf behördlichen Daten basierenden Schätzungen der davon erstmalig Auffälligen zwischen 50 % und 80 % (exakter: Ritzel 1972, S. 345, 349: 77,4 %; Krajick 1979, S. 34: 52 %; Albrecht u. Dünkel 1981, S. 265: »zwei von drei Verurteilten«, d. h. etwa 67 %; Feest 1993, S. 16: 80 % sowie Schramke 1996, S. 85: 50 %).

Laut der legalbiografischen Befragtenauskünfte sind hingegen insgesamt 172 Personen nach ihrem 50. Geburtstag polizeilich auffällig geworden, von diesen wiederum berichten 62 Personen – also gerade einmal 36 % – dass diese Registrierung die erste ihres Lebens war[15] (▶ Abschn. 3.2.3).

❯❯ **Die Befragtenauskünfte legen nahe, dass es sich bei dem Großteil älterer Straftäter um Menschen handelt, die auch in früheren Lebensabschnitten (ab und zu) von geltenden Normen abgewichen sind.**

Zwar sind die hier skizzierten Vergleiche von offiziellen und selbst berichteten Informationen zur Kriminalität älterer Menschen nicht frei von Defiziten. Die zutage getretenen Diskrepanzen belegen dennoch klar: Eine wissenschaftliche Beobachtung des Dunkelfeldes von Alterskriminalität – als Ergänzung und Korrektiv zu offiziellen Kriminalstatistiken – ist nicht nur sinnvoll, sondern notwendig, um einseitige und damit fehlerhafte Schlüsse zu vermeiden.

❯❯ **Die Einbeziehung von Dunkelfelddaten ist für die Beurteilung der Seniorenkriminalität unerlässlich.**

---

15   Die bedeutsame Differenz der Abschätzung des Ersttäter-Anteils (84 % bzw. 95 % vs. 36 %) resultiert vermutlich hauptsächlich aus der Löschung amtlicher Registereintragungen nach Ablauf bestimmter Fristen (z. B. nach §§ 45 ff. BZRG) und der damit verbundenen Überschätzung des Anteils älterer Erststraftäter auf der Basis offizieller Daten.

3.4 Grenzen der Alterskriminalitätsstudie und Perspektiven zukünftiger Forschung

Die hier beschriebene empirische Studie zur Kriminalität älterer Menschen bezieht erstmals umfassend auch das Dunkelfeld ein und erbringt so eine Reihe neuartiger Erkenntnisse. Damit geht sie einen bedeutenden Schritt in Richtung auf eine ganzheitliche gerontokriminologische Forschung. Dennoch bleiben freilich zahlreiche Fragen vorerst ungeklärt. Einige Grenzen der Studie und daraus resultierende Perspektiven für die weitere Forschung werden im Folgenden skizziert.

Zunächst bezieht sich die Alterskriminalitätsstudie lediglich auf Südbaden. Da womöglich einige Befunde in Zusammenhang mit spezifischen Merkmalen des Untersuchungsgebiets (z. B. Weinanbau, hohes Wohlstandsniveau etc.) stehen, lassen sich die Ergebnisse der Studie nicht ohne weiteres über diesen Raum hinaus, etwa auf die Verhältnisse im gesamten Bundesgebiet, verallgemeinern. Um den Geltungsbereich der Untersuchungsergebnisse zu eruieren, sollten daher vergleichbare Studien in weiteren Gegenden Deutschlands (z. B. in den neuen Bundesländern) sowie in anderen Ländern durchgeführt werden. In internationaler Hinsicht erscheint Vergleichsforschung in ähnlich stark alternden Gesellschaften wie Japan, China und Italien oder in postsozialistischen Staaten wie der Ukraine und Russland interessant. Japan wäre aufgrund der dort seit einigen Jahren stark gestiegenen Seniorenkriminalität in besonderer Weise für kulturvergleichende Analysen prädestiniert. Dass Befragungen älterer Menschen – auch umfangreiche und zu sensiblen Themen – durchaus funktionieren und valide Daten erbringen, wird durch die vorliegende Studie hinlänglich demonstriert. Die postalische Befragung hat sich bewährt und ist aus verschiedenen Gründen ein besonders geeigneter Forschungsmodus. Mittelfristig stellen vermutlich auch Websurveys eine gute und zugleich kostengünstigere Alternative dar.

Um weitere Informationen zur Kriminalität älterer Menschen zu gewinnen, sollten zudem Untersuchungen konzipiert werden, die sich von der vorliegenden neben der Aufnahme weiterer Delikte (z. B. aus dem Bereich Internetkriminalität) und

der Berücksichtigung anderer potenzieller Bedingungsfaktoren (z. B. sozialökologische, neurobiologische und psychiatrische Aspekte) auch durch das methodische Design und die (statistischen) Auswertungsmethoden unterscheiden.

Letztlich handelt es sich bei der Alterskriminalitätsstudie um eine Querschnitterhebung. Dies hat u. a. zur Konsequenz, dass Effekte des Alters, der Kohortenzugehörigkeit und der historischen Zeit auf kriminelles Handeln nicht oder nur vage empirisch separiert werden können. Wünschenswert wären deshalb die wiederholte Durchführung von Querschnittstudien und/oder der Beginn längsschnittlicher Beobachtungen. Nur solche Designs ermöglichen gesicherte Aussagen zu den Zusammenhängen zwischen Lebensalter, Kohortenzugehörigkeit, soziohistorischen Entwicklungen und Kriminalität.

Literatur

Akers R, La Greca A J (1988) Alcohol, contact with the legal system, and illegal behavior among the elderly. In: McCarthy B, Langworthy R (Hrsg) Older offenders: perspectives in criminology and criminal justice. Praeger, New York, S 51–61

Albrecht H-J, Dünkel F (1981) Die vergessene Minderheit – alte Menschen als Straftäter. Z Gerontol Geriatr 14:259–273

Alston LT (1986) Crime and older Americans. Charles C. Thomas, Springfield Ill

Bannenberg R, Rösner D (2005) Kriminalität in Deutschland. Beck, München

Bendixen M, Endresen I, Olweus D (2003) Variety and frequency scales of antisocial involvement: which one is better? Legal Criminol Psycho 8:135–150

Blankenburg E (1969) Die Selektivität rechtlicher Sanktionen. Eine empirische Untersuchung von Ladendiebstählen. Kolner Z Soz Sozpsychol 21:805–829

Blokland AAJ, Nagin D, Nieuwbeerta P (2005) Life span offending trajectories of a Dutch conviction cohort. Criminology 43(4):919–954

Brame R, Piquero AR (2003) Selective attrition and the age-crime relationship. J Quant Criminol 19(2):107–127

Brogden M, Nijhar P (2000) Crime, abuse and the elderly. Willan, Cullompton GB

Champion D J (1988) The severity of sentencening: Do federal judges really go easier on elderly felons in plea-bargaining negotiations compared with their younger counterparts? In; McCarthy B, Langworthy R (Hrsg) Older offenders. Perspectives in criminology and criminal justice. Praeger, New York, 143–156

Clages H, Zimmermann E (2006) Kriminologie – Für Studium und Praxis. Verlag deutsche Polizeiliteratur GmbH, Hilden

Cutsall L, Adams K (1983) Responding to the older offender: Age selectivity in the processing of shoplifters. Crim Just Rev 6:7–32

Diederichs O (2012) Nutzlose und irreführende Zahlen. Die Tageszeitung (TAZ), 1.6.2012. ► http://www.taz.de/!94382/ Zugegriffen: 19. März 2015

European Social Survey Round 2 Data (2004) Data file edition 3.4. Norwegian Social Science Data Services, Norway – Data Archive and distributor of ESS data.

Farrington DP (1986) Age and crime. In: Toury M, Morris N (Hrsg) Crime and justice: An annual review of research, Vol 7. The University of Chicago Press, Chicago IL, S 189–250

Farrington DP, Loeber R, Stouthamer-Loeber M et al (1996) Self-reported delinquency and a combined delinquency seriousness scale based on boys, mothers, and teachers: concurrent and predictive validity for african-americans and caucasians. Criminology 34(4):493–517

Fattah EA, Sacco VF (1989) Crime and victimization of the elderly. Springer, New York

Feest J (1993) Alterskriminalität. In: Kaiser G, Kerner H-J, Sack F, Schellhoss H (Hrsg) Kleines kriminologisches Wörterbuch. Müller, Jurist. Verlag, Heidelberg, S 14–17

Feinberg G, McGriff DM (1989) Defendant´s advanced age as a prepotent status in criminal case disposition and sanction. In: Chaneles S, Burnett C (Hrsg) Older offenders: Current trends. The Haworth Press, New York, S 87–124

Frehsee D (1991) Zur Abweichung der Angepassten. KrimJ 23(1):25–45

GESIS – Leibniz-Institut für Sozialwissenschaften (2002) Allgemeine Bevölkerungsumfrage der Sozialwissenschaften ALLBUS 1990. Gesis Datenarchiv, Köln, ZA 1800

GESIS – Leibniz-Institut für Sozialwissenschaften (2012) Allgemeine Bevölkerungsumfrage der Sozialwissenschaften ALLBUS 2000 (Integrierte Version). Gesis Datenarchiv, Köln, ZA 3450

Gillig VK (1976) Soziologische Dimensionen der staatsanwaltschaftlichen Ermittlungstätigkeit und Sanktionierungskriterien bei geringwertigen Ladendiebstahlsverfahren. Dissertation, Universität Frankfurt.

Göppinger H (1973) Kriminologie. Eine Einführung. Beck, München

Grundies V (2013) Gibt es typische kriminelle Karrieren? In: Dölling D, Jehle J-M (Hrsg)Täter – Taten – Opfer. Grundlagenfragen und aktuelle Probleme der Kriminalität und ihrer Kontrolle. Forum Verlag Godesberg, Mönchengladbach, S 36–52

Hardt RH, Peterson-Hardt S (1977) On determining the quality of the delinquency self-report method. J Res Crime Delinq 14:247–261

Heiland H-G (1987) Gelegenheitsstrukturen und Massenkriminalität. MschrKrim 70:277–287

Heinz W (2003) Kriminalstatistik. In: Dittmann V, Jehle J-M (Hrsg) Kriminologie zwischen Grundlagenwissenschaften und Praxis. Forum-Verlag Godesberg, Mönchengladbach, S 149–185

Heinz W (2004) Kriminalität von Deutschen nach Alter und Geschlecht im Spiegel von Polizeilicher Kriminalstatistik und Strafverfolgungsstatistik. Konstanz. ► http://www.uni-konstanz.de/rtf/kik/krimdeu2002.pdf. Zugegriffen: 19. März 2015

Hermann D (2003) Werte und Kriminalität. Konzeption einer allgemeinen Kriminalitätstheorie. Westdeutscher Verlag, Wiesbaden

Hindelang MJ, Hirschi T, Weis JG (1981) Measuring delinquency. Sage Publications, Beverly Hills CA

Hirschi G, Gottfredson M (1983) Age and the explanation of crime. Am J Sociology 89(3):552–584

Hirschi T, Gottfredson MR (1996) Control theory and the life-course perspective. Studies on Crime & Crime Prevention 4(4):131–142

Hucker SJ, Ben-Aron MH (1985) Elderly sex offenders. In: Langevin R (Hrsg) Erotic preference, gender identity and aggression in men. Erlbaum, Hillsdale NJ, S 211–224

Huizinga D, Elliott DS (1986) Reassessing the reliability and validity of self-report delinquency measures. J Quant Criminol 2(4):293–327

Jäckle L (1987) Aspekte der Alterskriminalität in kriminologischer Sicht. Dissertation, Universität Freiburg i. Br.

Junger M (1989) Discrepancies between police and self-report data for Dutch racial minorities. Br J Criminol 29(3):273–284

Junger-Tas J, Haen Marshall I (1999) The self-report methodology in crime research. Crime Justice 25:291–367

Junger-Tas J, Terlouw JG, Klein M (1994) Delinquent behaviour among young people in the western world: first results of the International Self-Report Delinquency Study. Kugler, Amsterdam

Kercher K (1987) The causes and correlates of crime committed by the elderly. Res Aging 9(2):256–280

Kersting S, Erdmann J (2015) Analyse von Hellfelddaten – Darstellung von Problemen, Besonderheiten und Fallstricken anhand ausgewählter Praxisbeispiele. In: Eifler S, Pollich D (Hrsg) Empirische Forschung über Kriminalität. Springer VS, Wiesbaden, S 9–29

Keßler I (2005) Straffälligkeit im Alter: Erscheinungsformen und Ausmaße. Kölner Schriften zur Kriminologie und Kriminalpolitik, 8. Hochschulschrift. LIT, Münster

Köllisch T, Oberwittler D (2004) Wie ehrlich berichten männliche Jugendliche über ihr delinquentes Verhalten? KZfSS 56(4):708–735

Körner HH (1977) Sexualkriminalität im Alter. Enke, Stuttgart

Krajick K (1979) Growing old in prison. Corrections magazin 5(1):33–35

Kreuzer A, Hürlimann M (1992):Alte Menschen als Täter und Opfer. Alterskriminologie und humane Kriminalpolitik gegenüber alten Menschen. Lambertus, Freiburg i. Br.

Kreuzer A, Görgen T, Römer-Klees R, Schneider H (1992) Auswirkungen unterschiedlicher Vorgehensweisen auf die Ergebnisse der selbstberichteten Delinquenz. MSchKrim: 91 MSchKrim104

Kunz F (2014) Kriminalität älterer Menschen. Beschreibung und Erklärung auf der Basis von Selbstberichtsdaten. Duncker & Humblot, Berlin

Kunz F (in Vorbereitung) Moral und (Un-)Rechtsempfinden im gesellschaftlichen Wandel. Theoretische und empirische Grundlagen sowie eine Befragung von Generationen 50+. Duncker & Humblot, Berlin

Kunz K-L (2008) Die wissenschaftliche Zugänglichkeit von Kriminalität. Ein Beitrag zur Erkenntnistheorie der Sozialwissenschaften. VS Verlag, Wiesbaden

Kunz K-L (2011) Kriminologie. Bern, Stuttgart, Wien, Haupt

Kürzinger J (1996) Kriminologie. Boorberg, Stuttgart

Lachmund C (2011) Der alte Straftäter. Die Bedeutung des Alters für Kriminalitätsentstehung und Strafverfolgung. LIT Verlag, Berlin

Laue C (2009) Strukturen der Alterskriminalität. Forensische Psychiatrie, Psychologie, Kriminologie 3(3):179–188

Legat M-R (2009) Ältere Menschen und Sterbenskranke im Strafvollzug. Lang, Frankfurt/Main

Lüdemann C (2002) Massendelikte, Moral und Sanktionswahrscheinlichkeit. Eine Analyse mit Daten des ALLBUS 2000. Soziale Probleme 13:128–155

Lüdemann C, Ohlemacher T (2002) Soziologie der Kriminalität. Theoretische und empirische Perspektiven. Juventa, Weinheim

Marquis KH, Marquis MS, Polich JM (1986) Response bias and reliability in sensitive topic surveys. J Am Stat Assoc 81:381–389

Maxfield MG, Weiler BL, Widom CS (2000) Comparing self-reports and official records of arrests. J Quant Criminol 16(1):87–110

McVie S (2005) Patterns of deviance underlying the age-crime curve: the long term evidence. British Society of Criminology e-Journal 7

Mehlkop G (2011) Kriminalität als rationale Wahlhandlung. Eine Erweiterung des Modells der subjektiven Werterwartung und seine empirische Überprüfung. VS Verlag, Wiesbaden

Merton RK (1938) Social structure and anomie. Am Sociol Rev 3(5):672–682

Moffitt TE (1993) Adolescence-limited and life-course-persistent antisocial behavior: a developmental taxonomy. Psychol Rev 100(4):674–701

Nunner-Winkler G (2000) Wandel in den Moralvorstellungen. Ein Generationenvergleich. In: Edelstein W, Nunner-Winkler G (Hrsg) Moral im sozialen Kontext. Suhrkamp, Frankfurt/Main, S 299–336

Nunner-Winkler G (2005) Changes in moral understanding – an intergenerational comparison. In: Edelstein W, Nunner-Winkler G (Hrsg) Morality in context. Elsevier, Oxford, S 273–292

Oberwittler D, Blank T, Köllisch T, Naplava T (2001) Soziale Lebenslagen und Delinquenz von Jugendlichen. Ergebnisse der MPI-Schulbefragung 1999 in Freiburg und Köln. Ed. Iuscrim, Freiburg i. Br.

Phillips J (2006) Crime and older people: the research agenda. In: Wahidin A, Cain M (Hrsg) Ageing, crime and society. Willan, Cullompton GB, S 53–70

Pohlmann S (2009) Alterskriminalität. In: Deutsches Zentrum für Altersfragen (Hrsg) Informationsdienst Altersfragen 36 (6):7–11

Prätor S (2015) Ziele und Methoden der Dunkelfeldforschung. Ein Überblick mit Schwerpunkt auf Dunkelfeldbefragungen im Bereich der Jugenddelinquenz. In: Eifler S, Pollich D (Hrsg) Empirische Forschung über Kriminalität. Springer VS, Wiesbaden, S 31–65

Prüfer P, Rexroth M (2000) Zwei-Phasen-Pretesting. ZUMA-Arbeitsbericht 2000/08. ZUMA, Mannheim

Ritzel G (1972) Untersuchungen zur Altersdelinquenz. MSchKrim 55(8):345–356

Sampson RJ, Laub JH (2009) A life-course theory and long-term project on trajectories of crime. MSchKrim 92(2–3):226–239

Schramke H-J (1996) Alte Menschen im Strafvollzug: Empirische Untersuchung und kriminalpolitische Überlegung. Forum Verlag Godesberg, Bonn

Schützel A (2011) Spätkriminalität und Alterskriminalität. Ursachen, Auswirkungen und Handlungsbedarf. Kriminalistik 65(7):435–441

Schwarz N, Knäuper B, Rosen NO (2005) Cognition, aging, and self-reports. In: Park D, Schwarz N (Hrsg) Cognitive aging – a primer. Psychology Press, Philadelphia PA, S 1–28

Schwind H-D (2007) Kriminologie. Eine praxisorientierte Einführung mit Beispielen. Kriminalistik, Heidelberg

Skarbek-Kozietulska A, Preisendörfer P, Wolter F (2012) Leugnen oder gestehen? Bestimmungsfaktoren wahrer Antworten in Befragungen. Z f Soziol 41(1):5–23

Steffensmeier D, Motivans M (2000a) Older men and older women in the arms of criminal law: offending patterns and sentencing outcomes. J Gerontol B Psychol Sci Soc Sci 55(3):141–151

Steffensmeier D, Motivans M (2000b) Sentencing the older offender: Is there an »age bias«? In: Rothmann MB, Dunlop BD, Entzel P (Hrsg) Elders, crime and the criminal justice system. Myth, perceptions, and reality in the 21st century. Springer, New York, S 185–206

Sweeten G (2011) Scaling criminal offending. J Quant Criminol. ▶ http://www.springerlink.com/content/vv66480p60522707/fulltext.pdf. Zugegriffen: 19. März 2015

Thornberry TP, Krohn MD (2003) Comparison of self-report and official data for measuring crime. In: Pepper JV, Petrie CV (Hrsg) Measurement problems in criminal justice research: workshop summary. National Academic Press, Washington DC, S 43–94

Turner GS, Champion DJ (1989) The elderly offender and sentencing leniency. In: Chaneles S, Burnett C (Hrsg) Older offenders. Current trends. New Haworth Press, New York, S 125–140

Vaillant GE (2002) Aging well: surprising guideposts to a happier life from the Landmark Harvard Study of adult development. Little, Brown & Company, Boston

Villmow B, Stephan E (unter Mitarbeit von Arnold H) (1983) Jugendkriminalität in einer Gemeinde. Eine Analyse erfragter Delinquenz und Viktimisierung sowie amtlicher Registrierung. Max-Planck-Institut, Freiburg i. Br.

Wilbanks W (1988) Are elderly felons treated more leniently by the criminal justice system? Int J Aging Hum Dev 26:275–288

Wilbanks W, Kim PKH (Hrsg) (1984). Elderly criminals. University Press of America, Langham GB

Wolfgang M, Figlio R, Sellin T (1972) Delinquency in a birth cohort. University of Chicago Press, Chicago IL

Demografische Entwicklung und Seniorenkriminalität: Kriminalstatistische Projektionen

Gerhard Spiess

F. Kunz, H.-J. Gertz (Hrsg.), *Straffälligkeit älterer Menschen*,
DOI 10.1007/978-3-662-47047-3_4, © Springer-Verlag Berlin Heidelberg 2015

4.1   Womit haben wir zu rechnen?

» »… Stabilisierungsfaktor ist die Überalterung unserer Gesellschaft. Ältere Menschen sind harmloser«, ist Pfeiffer überzeugt. »Die Vergreisung der Republik fördert die innere Sicherheit enorm.« (Pointner [dpa] 2013)

» Offenkundig ist die Kriminalität bereits ein regelrechter Modesport unter den deutschen Senioren: Mehr als sechs Prozent aller Straftäter sind über 60 Jahre alt (*Deutsche Wirtschafts Nachrichten online*, 2.2.2013)

Alter und Geschlecht sind die bedeutsamsten Parameter für die Ausprägung der Kriminalitätsbelastung im Hellfeld. Bei Tatverdächtigen und Verurteilten (wie auch bei den Opfern von Straftaten)[1] unterscheiden sich Häufigkeit, Art und Schwere der Deliktsbelastung v. a. nach dem Alter. Veränderungen in der Altersstruktur der Bevölkerung haben bereits zu entsprechenden Verschiebungen im polizeilich registrierten Tatverdächtigenaufkommen geführt, u. a. zu einer Zunahme von Zahl und Anteil der Tatverdächtigen im Seniorenalter. Absehbar ist, dass von der demografischen Entwicklung weitere Auswirkungen auf den Umfang und die Struktur des künftigen Deliktaufkommens zu erwarten sind und damit auch Konsequenzen für den Ressourceneinsatz und die Schwerpunktsetzung der Träger der formellen Sozialkontrolle, insbesondere Polizei und Justiz bis hin zum Strafvollzug. Strittig ist, ob diese Auswirkungen nur trivial sind (im Sinne eines Kriminalitätsrückgangs infolge vom Schrumpfung und Alterung der Bevölkerung) oder ob mit einem qualitativ und quantitativ neuen Phänomen der Alterskriminalität zu rechnen ist, gar einem »Trend zum Ü-60-Kriminellen«: »Bisher wurden ältere Menschen von Polizei und Justiz meist als Opfer betrachtet. Das dürfte sich in den kommenden Jahren ändern« (*Die Welt* 2.6.2014). »Kriminalität von älteren Menschen wird kontinuierlich zunehmen und deutliche Auswirkungen auf die Gesellschaft haben. Auf diese Ent-

wicklung müssen wir reagieren«, wird der Bundesvorsitzende des Bundes Deutscher Kriminalbeamter zitiert: Schon jetzt seien 6 % der Tatverdächtigen älter als 60 Jahre – Tendenz steigend. »70 Prozent davon sind Ersttäter. Das ist bemerkenswert und ein Indikator für steigende Altersarmut« (*Hamburger Morgenpost*, 2.2.2013).

Womit haben wir zu rechnen? Im vorliegenden Beitrag soll den spekulativen Behauptungen über die zu erwartende Kriminalitätsentwicklung eine Berechnung der kurz- und mittelfristig absehbaren (und der längerfristig möglichen) Auswirkungen der demografischen Entwicklung in Deutschland gegenübergestellt werden. Zu rechnen – im wörtlichen Sinne – ist dabei mit demografischen Daten zur absehbaren Veränderung der Jahrgangsstärken sowie mit kriminalstatistischen Daten zur Belastung der verschiedenen Altersgruppen im Hellfeld. In den polizeilichen und justiziellen Statistiken wird nur das erfasst, was (ganz überwiegend) durch Anzeigen oder (seltener) durch staatliche Ermittlungstätigkeit bekannt wurde; nur bei einem Teil der polizeilich registrierten Fälle und als tatverdächtig registrierten Personen wird nach Prüfung durch die Staatsanwaltschaft die Strafbarkeit bejaht, Anklage erhoben und ein Strafurteil gefällt; nur gegen eine Minderheit der Verurteilten verhängen die Gerichte freiheitsentziehende Sanktionen. Auch in diesem mehrstufigen Selektionsprozess spielt das Alter eine gewichtige Rolle: Kinder unter 14 Jahren gelten als strafunmündig; für strafmündige junge Menschen bis unter 18 Jahren – fakultativ bis unter 21 Jahren – sieht das deutsche Strafrecht mit dem Jugendgerichtsgesetz besondere Rechtsfolgen vor (die im Übrigen keineswegs zu einer durchweg milderen Sanktionierung im Vergleich zum Erwachsenenstrafrecht führen, sondern sogar häufiger zu freiheitsentziehenden Strafen).

Dass neuerdings von Vertretern polizeilicher Fachverbände als Pendant zum Jugendstrafrecht erneut[2] ein besonderes Seniorenstrafrecht in die Diskussion gebracht wurde, dürfte auch mit dem

---

1   Zur Opfergefährdung im Seniorenalter Görgen 2010; Spiess 2013; Heinz 2014.

2   So durch den Vorsitzenden des Bundes Deutscher Kriminalbeamter (*dapd* 2.2.2013); zu früheren Bestrebungen s. die Nachweise bei Albrecht u. Dünkel 1981.

quantitativen Rückgang der Jugendkriminalität zusammenhängen, nachdem die lange Zeit stetige Zunahme der Jugendkriminalität traditionell den Schwerpunkt polizeilicher Kriminalitätsberichterstattung und des kriminalpolitischen Diskurses bildete. Seitdem gewinnt in den Medien wie in der kriminologischen und Polizeiliteratur die künftige Entwicklung der Seniorenkriminalität an Beachtung.

4.2 Methodische Voraussetzungen

Prognosen – als wissenschaftlich begründete Aussagen – haben dieselbe Struktur wie wissenschaftliche Erklärungen: Aus allgemeinen, für gültig oder zumindest hinreichend bewährt gehaltenen Theorien oder Hypothesen (»Wenn-dann-« oder »Je-desto-Aussagen«) und den durch diese ausgezeichneten besonderen Anfangsbedingungen kann ein bestimmter (vorliegender oder auch künftiger) Sachverhalt logisch abgeleitet und damit erklärt bzw. sein künftiges Auftreten im Voraus erklärt, also vorhergesagt werden. Nach diesem Schema gilt die Prognose als Sonderfall der wissenschaftlichen Erklärung und als der zugleich stringenteste Test der zugrundeliegenden theoretischen Annahmen, da jede Erklärung die Behauptung beinhaltet, der zu erklärende Sachverhalt hätte mithilfe der Theorie vorhergesagt werden können (Popper 1935; Hempel u. Oppenheim 1948).

Für eine empirisch begründete Einschätzung des künftigen altersabhängigen Aufkommens der registrierten Kriminalität müssen 2 Einflussgrößen zusammengeführt werden: die unterschiedliche Kriminalitätsbelastung der verschiedenen Altersgruppen im Hellfeld (▶ Abschn. 4.4) und die nach der derzeit aktuellsten Bevölkerungsvorausberechnung der Statistischen Ämter des Bundes und der Länder absehbare Bevölkerungsentwicklung (▶ Abschn. 4.3).

Veränderungen der demografischen Entwicklung hängen im Wesentlichen von 3 Faktoren ab: der Geburtenrate, der Lebenserwartung, sowie Zu- und Abwanderungsbewegungen. So ist die gegenwärtige Entwicklung eine Folge der »Alterung von unten« aufgrund des Absinkens der Geburten-

häufigkeit unter die Reproduktionsrate von 2,1 Kindern je Frau, der »Alterung von oben« infolge der gestiegenen Lebenserwartung, nur zum Teil kompensiert durch »Verjüngung von außen« aufgrund der Zuwanderung von Migranten im erwerbsaktiven Alter.

Während Veränderungen der sog. natürlichen Bevölkerungsentwicklung durch Geburten und Sterbefälle (jedenfalls in Friedenszeiten) relativ beständig und deshalb gut abschätzbar sind (Bretz 2001), können Sondereffekte wie die Nachwirkungen der Weltkriege, die wirtschaftliche Nachkriegsentwicklung (»Babyboom«, Anwerbung ausländischer Arbeitskräfte), die Entwicklung effektiver Verfahren der Empfängnisverhütung (»Pillenknick«), die veränderte gesellschaftliche Stellung der Frau, die Zunahme der Lebenserwartung um mehr als 10 Jahre seit 1950 sowie die Grenzöffnung 1989 zwar **retrospektiv** die Bevölkerungsentwicklung in Deutschland plausibel erklären; tatsächlich aber verfügen die Humanwissenschaften über keine hinreichend vollständige Theorie, die derartige Sondereinflüsse etwa aus Sicht des Jahres 1900 oder 1950 hätte **prognostizieren** können. Aus diesem Grund ist eine Vorausschätzung der weiteren Bevölkerungsentwicklung nicht als Prognose, sondern allenfalls als **Modellrechnung** möglich, die die gegenwärtige Altersstruktur sowie nach derzeitigem Wissensstand **begründete Annahmen** über die weitere Entwicklung der Lebenserwartung, der Geburtenrate und die Größenordnung von Wanderungseffekten heranzieht, um zu zeigen, wie sich diese Einflussgrößen auf die künftige Entwicklung von Bevölkerungsstruktur und -umfang absehbar auswirken werden. Da es sich bei diesen (und weiteren, nicht berücksichtigten) Einflussgrößen nicht um Konstanten handelt, werden – im Gegensatz zur Prophetie, die mit obskuren, nicht überprüfbaren Begründungen **unbedingtes** Wissen über die Zukunft behauptet – in einer seriösen Modellrechnung stets nur **bedingte**, möglicherweise auch alternative, Aussagen über das künftige Geschehen getroffen. Nichts anderes gilt für die Kriminalitätsbelastung und deren Einflussgrößen, von denen die Altersstruktur keineswegs die einzige, aber (neben dem Geschlecht) zeit- und regionenübergreifend die beständigste Einflussgröße ist. Daran haben auch Sonderentwicklungen wie Änderungen der Gelegenheitsstruktur durch Umstellung des Einzelhandels auf Selbstbedienungssystem und Internetvertrieb, neue Überwachungstechniken, Änderungen des Anzeigeverhaltens oder wechselnde polizeiliche Schwerpunktsetzungen nichts geändert, auch wenn von diesen zeitweilig erhebliche Effekte auf das Niveau der Hellfeldkriminalität ausgingen und sicher auch künftig ausgehen werden.

4.3 Die demografischen Modellannahmen der Bevölkerungsvorausberechnung

Die 12. koordinierte Bevölkerungsvorausberechnung der statistischen Ämter des Bundes und der Länder (Statistisches Bundesamt 2009) geht – in mehreren Berechnungsvarianten – von verschiedenen, teils alternativen, Modellannahmen aus, von denen die Variante 1-W2 mit den zuletzt beobachteten Bedingungen am besten übereinstimmt.

Zu Beginn des Jahres 2015 wird eine aktualisierte Bevölkerungsvorausberechnung des Statistischen Bundesamtes die Ergebnisse des Zensus und aktualisierte – auch alternative – Annahmen zu Wanderungseffekten berücksichtigen. Variante 1-W2 der 12. Bevölkerungsvorausberechnung aus dem Jahr 2009 liegt näher bei der derzeit beobachteten Bevölkerungsentwicklung als die in früheren Modellrechnungen (Spiess 2009; Heinz 2013) zugrunde gelegte Variante 1-W1, nach der ein noch stärkerer Rückgang der heranwachsenden und jungerwachsenen Altersgruppen (und entsprechend des diesen zugeordneten Kriminalitätsaufkommens) angenommen wird.

Angenommen werden in Variante 1-W2 eine Geburtenrate von 1,4 Kindern je Frau (wie seit Ende der 1990er Jahre relativ konstant beobachtet), eine weitere Zunahme der Lebenserwartung neugeborener Jungen und Mädchen von 77,3 bzw. 82,5 Jahren (2010) auf 85,0 bzw. 89,2 Jahre (2060) (bei einer dann weiteren Lebenserwartung der 65-Jährigen von zusätzlichen 22,3 bzw. 25,5 Jahren im Jahr 2060); ferner ein mittlerer jährlicher Wanderungssaldo von zunächst +100.000 und ab 2020 +200.000. Während für die Parameter der

natürlichen Bevölkerungsbewegung (Geburten, Sterbefälle, Lebenserwartung) relativ stetige Entwicklungen angenommen werden können, sind Annahmen über die Wanderungssalden (Differenz zwischen Zuzügen und Fortzügen) mit größeren Unsicherheiten behaftet: Im Mittel der Jahre 1991–2000 lagen die jährlichen Wanderungssalden bei 305.000 (mit einem Maximum von 782.000 im Jahr 1992), danach im Mittel der Jahre 2001–2013 bei 154.000, dabei 2013 erstmals seit 1993 wieder über 400.000 (Statistisches Bundesamt 2013a; Pressemitteilung des Statistischen Bundesamtes Nr. 7 vom 8.1.2014).

Da in den vergangenen Jahren die Zahl der potenziellen Mütter aus den geburtenschwachen Jahrgängen stark zurückging, sank die Zahl der Geburten entsprechend und wird absehbar insbesondere nach 2020 noch weiter zurückgehen. Gleichzeitig treten die »Babyboomer« aus der Zeit hoher Geburtenraten (Mitte der 1950er bis Mitte der 1960er Jahre) zunehmend in das Rentenalter ein, sodass die Bevölkerungsanteile sich bis Ende der 2020er Jahre stark in Richtung der Senioren verschieben werden. Selbst bei relativ günstigen Zuwanderungsraten sind eine Kompensation der sinkenden Jahrgangsstärken der erwerbsaktiven Bevölkerung und eine Stabilisierung des Bevölkerungsumfangs nicht zu erwarten: Sicher absehbar ist dagegen eine starke Zunahme der Zahl der Senioren (◘ Abb. 4.1), während der Anteil der Bevölkerung unter 25 Jahren – Anfang der 1990er Jahre noch ca. 30 %, heute schon unter 25 % – bis 2050 auf ca. 20 % weiter abnehmen dürfte. Auf jeden Bürger im Alter von 25–60 Jahren dürften im Jahr 2050 doppelt so viele Senioren ab 60 kommen wie derzeit – und schon im Jahr 2040 wird nicht mehr, wie noch 2010, jeder 7., sondern bereits jeder 4. Bürger der Bundesrepublik älter als 70 Jahre sein. (Zur aufgrund der dort höheren Zuwanderung wesentlich günstigeren demografischen Situation der Schweiz siehe Spiess 2013).

Während die Zunahme von Zahl und Anteil der Senioren ab 60 bis zu Beginn der 2030er Jahre absehbar weitgehend zum Abschluss kommen wird, wird sich innerhalb der Gruppe der Senioren die Altersstruktur allerdings weiterhin in Richtung der Gruppe der dann Hochbetagten ab 80 Jahren ver-

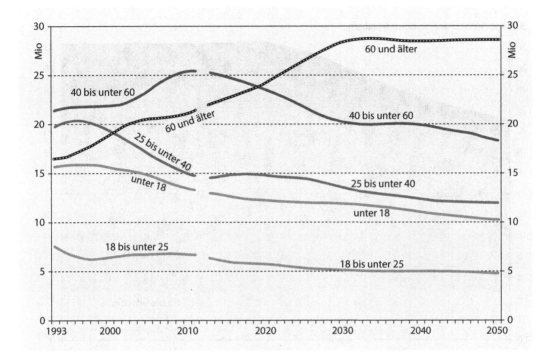

◻ Abb. 4.1 Entwicklung des Umfangs (absolute Zahlen) der Altersgruppen seit 1993 und bis 2050 nach Daten der 12. ko-ordinierten Bevölkerungsvorausberechnung, Variante 1-W2. (Statistisches Bundesamt 2009)

schieben: von ca. 3 Mio. im Jahr 2000 und 4,6 Mio. im Jahr 2015 auf eine Größenordnung von 10 Mio. zu Beginn der 2050er Jahre (◻ Abb. 4.2).

4.4 Die altersspezifische Belastungsstruktur als Ausgangspunkt für eine Projektion des Kriminalitätsaufkommens

Für das Kriminalitätsaufkommen ist die demo-grafische Entwicklung deshalb folgenreich, weil die Altersgruppen sich in ihrer Delinquenzbelas-tung – der relativen Häufigkeit ebenso wie der De-liktsstruktur – erheblich unterscheiden (▶ Kap. 2). Abgesehen von den unter 10-Jährigen weisen die Senioren ab 60 Jahren die geringste Belastung auf.

> Senioren haben eine relativ geringe Krimina-
> litätsbelastung.

Auch innerhalb der Gruppe der Senioren nimmt die relative Belastung mit dem Alter weiter deutlich ab: Von ca. 1.800 Tatverdächtigen (TV) je 100.000 der 60- bis unter 65-jährigen Männer sinkt die Be-lastung nach dem 70. Geburtstag auf unter 1.000 männliche TV pro 100.000. Dies heißt im Übrigen auch, dass in einem einzigen Jahr immerhin noch jeder 100. Siebzigjährige als Tatverdächtiger regist-riert wird – notabene ohne Straftaten im Straßen-verkehr. In den 20 Jahren zwischen dem 60. und dem 80. Geburtstag tritt noch etwa jeder 6. Mann und jede 14. Frau als tatverdächtig in Erscheinung.[3]

Unter den im Jahr 2013 insgesamt polizeilich Registrierten sind die 60- bis unter 70-Jährigen mit einem Anteil von 4,6 %, die ab 70-Jährigen mit

---

3 Diese Schätzung ergibt sich aus der Kumulation der jeweiligen Ein-Jahres-Prävalenzen der 60- bis unter 80-Jährigen und dem in Polizeikreisen (▶ Abschn. 4.1) genannten Anteil von 70 % »erstmals« (d. h. ohne Vor-eintragung im überschaubaren Zeitraum) Registrierten.

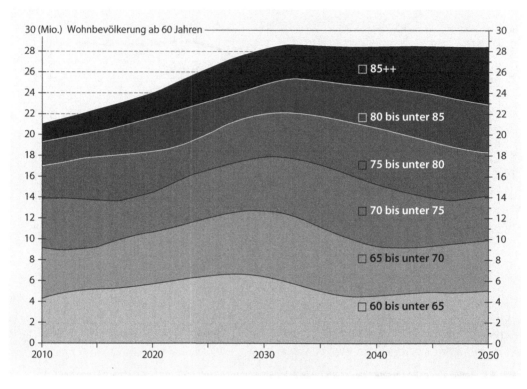

◘ Abb. 4.2   Erwartete Entwicklung der Bevölkerung ab 60 Jahren (absolute Zahlen) nach Daten der 12. koordinierten Bevölkerungsvorausberechnung, Variante 1-W2. (Statistisches Bundesamt 2009)

einem Anteil von 2,8 % und die ab 60-Jährigen zusammengenommen mit 7,4 % der Tatverdächtigen (4,6 % + 2,8 %) im Vergleich zu ihrem jeweiligen Bevölkerungsanteil (11 % + 16 % = 27 %) deutlich **unterrepräsentiert**. Noch deutlicher zeigt sich dies bei einzelnen Delikten, etwa beim einfachen Diebstahl (3 % + 2 %, ohne Ladendiebstahl) und bei den Gewaltdelikten (2 % + 1 %). **Höher** als der Anteil am Tatverdächtigenaufkommen insgesamt fällt der Anteil der Senioren beispielsweise beim Ladendiebstahl (7 % + 7 %), der Wirtschaftskriminalität (10 % + 3 %), der Umweltkriminalität (8 % + 5 %), bei Straftaten gegen das Waffengesetz (6 % + 7 %) oder der fahrlässigen Brandstiftung (10 % + 11 %) aus.

Umweltdelikte treten häufig auf in Form von Boden- und Gewässerverunreinigung und, wie auch die Tierschutzverstöße, oft in Verbindung mit landwirtschaftlicher Betätigung.
Die **Strafvorschriften des Waffengesetzes** (§§ 51, 52, 52a WaffG) betreffen nicht die verbreiteten unqualifizierten Verstöße gegen Aufbewahrungs- und Nachweispflichten (§ 36 ff

WaffG), die als Ordnungswidrigkeiten nicht in der PKS erfasst sind, sondern den verbotswidrigen Umgang (Erwerb, Besitz, Mitführen, Handel, Überlassung) mit insb. voll- und halbautomatischen und anderen verbotenen Waffen.

Nicht in der Polizeilichen Kriminalstatistik (PKS) erfasst sind die Verkehrsdelikte; allenfalls die Nötigung im Straßenverkehr (StGB § 240 Abs. 1) kann hier als Marker dienen. Auch bei diesem Delikt sind Senioren von 60 bis unter 70 und ab 70 Jahren mit Anteilen von 9 % und 4 % (ab 60 insgesamt 13 %) relativ zu ihren Anteilen am Delinquenzaufkommen (4,6 % + 2,8 %, ab 60 insgesamt 7,4 %) überrepräsentiert.

Dass – abgesehen von diesem Straftatbestand – die **Straßenverkehrsdelikte** in der PKS nicht erfasst werden, ist deshalb problematisch, weil der weitaus größte Teil der den älteren Menschen angelasteten Rechtsgutverletzungen mit schwerwiegenden Folgen für Leib und Leben im Straßenverkehr erfolgt. Dies ist nur der Strafverfolgungsstatistik (Statistisches Bundesamt 2014b) zu entnehmen, die die gerichtlichen Strafurteile ausweist. Auch hier findet sich die von der PKS bekannte altersabhängige Verteilung: Auf 100.000 strafmündige Männer bis unter 60 Jahren kamen im Jahr 2012 2.400 gerichtlich Verurteilte (Frauen: 570/100.000), auf 100.000 ab 60-jährige Männer dagegen nur 330 (Frauen: 80). Unter den – im Alter insgesamt seltenen – Verurteilungen nimmt indessen der Anteil der Verurteilungen wegen eines gravierenden Verkehrsdelikts (Verbrechen oder Vergehen im Straßenverkehr, nicht etwa Ordnungswidrigkeiten wie Rotlichtverstoß oder Geschwindigkeitsüberschreitung) mit dem Alter zu – von 20 % bei den unter 60-jährigen Männern (Frauen: 16 %) auf 36 % (32 %) bei den 60- bis unter 70-jährigen Männern (Frauen) bis zu Anteilen von 92 % (Frauen: 82 %) bei den ältesten Verurteilten ab 90 Jahren. Im Jahr 2012 wurden mehr als 17.000 Senioren wegen eines Verkehrsdelikts verurteilt – darunter etwa 6.500 wegen eines in Trunkenheit begangenen Verkehrsdelikts (das sind 41 % der Senioren und 26 % der Seniorinnen, die wegen eines Verkehrsdelikts verurteilt wurden).

Unter den wegen Straftaten im Straßenverkehr Verurteilten insgesamt sind die 60- bis unter 70- sowie die ab 70-Jährigen derzeit (noch) mit Anteilen von 6 % und 4,5 % vertreten, bei den Verkehrsstraftaten in Trunkenheit mit 6 % und 2 %, bei Verurteilungen wegen fahrlässiger Tötung im Straßenverkehr mit 6 % und 9 %, wegen Unfallflucht mit 9 % und 14 %.

4.5 Projektion der Hellfelddeliktsbelastung der Altersgruppen auf die demografische Entwicklung

Welche Entwicklungen des Tatverdächtigenaufkommens und des Verurteiltenaufkommens alleine aufgrund der demografischen Entwicklung zu erwarten sind, folgt aus einer Projektion der zuletzt (2012/2013) beobachteten altersspezifischen Häufigkeitszahlen der registrierten Tatverdächtigen in Relation zum Umfang der jeweiligen Altersgruppe in der Wohnbevölkerung auf die künftig erwarteten Jahrgangsstärken der Altersgruppen nach Modell 1-W2 der 12. koordinierten Bevölkerungsvorausberechnung (Statistisches Bundesamt 2009).

Dieses Verfahren wird hier als **Projektion** bezeichnet, weil die Belastungszahlen der Jahre 2012/2013 mit den vorausberechneten Bevölkerungszahlen hochgerechnet werden (kritisch dazu: Baier u. Hanslmaier 2013); als Trendextrapolation wird dagegen ein Verfahren bezeichnet, bei dem nicht konstante Häufigkeitszahlen, sondern aus in der Vergangenheit beobachteten Zeitreihen retrospektiv abgeleitete Funktionen – also induktiv gewonnene, meist nicht theoretisch begründete Trendannahmen – mit den Bevölkerungszahlen verrechnet werden (so bei Gluba u. Wolter 2009 und jüngst bei Hanslmaier et al. 2014).

Die auf je 100.000 der Wohnbevölkerung bezogenen **Häufigkeitszahlen** der registrierten Tatverdächtigen (Tatverdächtigenbelastungszahlen, TVBZ) sind insofern überschätzt, als im Zähler auch solche Tatverdächtige berücksichtigt sind, die im Nenner, also bei der Wohnbevölkerung, nicht erfasst sind: Touristen, Durchreisende, Angehörige der Stationierungsstreitkräfte, Nichtdeutsche (auch Flüchtlinge, Asylsuchende) ohne Aufenthaltstitel. Deshalb weist das Bundeskriminalamt Tatverdächtigenbelastungszahlen nur für die deutschen Tatverdächtigen aus, bezogen auf die deutsche Wohnbevölkerung, da eine methodisch vertretbare Berechnung für die nichtdeutschen Tatverdächtigen u. a. mangels verlässlicher Erfassung des Aufenthaltsstatus nicht möglich ist (Bundeskriminalamt 2014, S. 103). Der Anteil Nichtdeutscher unterscheidet sich nach Regionen (West/Ost; städtische Ballungsräume vs. ländlicher Raum) und nach Altersgruppen; er liegt bei den 2013 registrierten Tatverdächtigen insgesamt bei knapp 26 %, bei den Tatverdächtigen ab 60 Jahren unter 12 %. Zur fehlenden Bedeutung des Ausländeranteils für eine Erklärung und Prognose des Kriminalitätsaufkommens s. zuletzt Hanslmaier et al. (2014, S 231 f.)

Für die Berechnung der **bevölkerungsbezogenen Häufigkeitszahlen** werden hier die nach dem Zensus 2011 korrigierten Bevölkerungszahlen verwendet (Statist. Bundesamt 2014), nach denen Deutschland zum Jahreswechsel 2011/2012 1,9 % weniger Einwohner (und entsprechend höhere bevölkerungsbezogene Häufigkeitszahlen) hatte als nach den Daten der bisherigen Bevölkerungsfortschreibung. Diese war noch Ausgangspunkt der (bislang letzten) 12. Bevölkerungsvorausberechnung des Statistischen Bundesamtes aus dem Jahr 2009, weshalb dort noch entsprechend höhere Bevölkerungszahlen fortgerechnet werden. Für 2013 (Stichtag jeweils 31.12. des Vorjahres) werden nunmehr 80,5 Mio. Einwohner und für 2014 knapp 80,8 Mio. gezählt. Die Variante 1-W2 der Bevölkerungsvorausberechnung (Stat. Bundesamt 2009) für 2013 und 2014 kommt der seitherigen Entwicklung am nächsten und weicht mit 81,2 bzw. 81,1 Mio. von diesen Zahlen um weniger als 1 % (in einzelnen Altersgruppen um bis zu 2 %) ab.

Wie die Bevölkerungsvorausberechnung stellt auch eine solche Projektion der altersspezifischen Kriminalitätsbelastung keine Prognose der künftigen Kriminalitätsentwicklung dar, da dies die Berücksichtigung aller wesentlichen Einflussgrößen auf das Kriminalitätsgeschehen voraussetzen würde –

also neben dem Verhalten potenzieller Täter auch mögliche Veränderungen der Entdeckungswahrscheinlichkeit, des Anzeigeverhaltens und der Kontroll- und Sanktionsstrategien der Kontrollinstanzen. Zwar verfügen die Sozialwissenschaften über ein Inventar theoretisch begründeter Annahmen und Erklärungen, so bezüglich der in der Nachkriegszeit beobachteten langfristigen Zunahme der registrierten Kriminalität als »Modernisierungsrisiko« (Blinkert 1988) und dem Bedeutungsgewinn hedonistisch-utilitaristischer gegenüber traditionalen Orientierungsmustern, zum Rückgang der Jugendgewalt als Folge veränderter Erziehungspraktiken, zur Ausbreitung neuer Betrugsformen als Folge veränderter Gelegenheitsstrukturen im Zuge der technischen Entwicklung. Allerdings sind diese – überwiegend retrospektiv entwickelten – Erklärungsmuster weit davon entfernt, quantifizierbare Vorhersagen der künftigen Entwicklung zu ermöglichen. Viele der aktuell in den Medien verbreiteten Deutungen der gestiegenen Zahlen und Anteile registrierter Senioren (wie die Zunahme auf 7 % der Tatverdächtigen als angeblicher Beleg für Kriminalität als neuen »Modesport unter den deutschen Senioren«[4] – bei einem Bevölkerungsanteil von 27 %) oder des Rückgangs der Zahl junger Tatverdächtiger (als Beleg für Erfolge polizeilicher oder kommunaler Präventionsmaßnahmen) beruhen nicht auf theoretisch begründeten oder empirisch gesicherten Annahmen, sondern v. a. auf einer verbreiteten Ignoranz der Effekte der bereits eingetretenen demografischen Entwicklung.

Ziel einer demografiebasierten Projektion der altersabhängigen Kriminalitätsstruktur ist deshalb die Darstellung derjenigen Veränderungen im künftigen Kriminalitätsaufkommen, die aufgrund der demografischen Entwicklung zu erwarten und damit durch diese erklärbar sind. Damit ist nicht die Behauptung verbunden, dass andere als demografische Faktoren ohne Einfluss auf das künftige Kriminalitätsgeschehen wären. Vielmehr erlaubt erst die Berechnung der alleine auf die demografische Entwicklung zurückzuführenden Verände-

rungen eine Abgrenzung von solchen Entwicklungen, die – insoweit (und nur insoweit) sie von den Ergebnissen der Modellrechnung abweichen – auf tatsächlichen, substanziell interpretierbaren (und erklärungsbedürftigen) Veränderungen beruhen.

Dabei sind insbesondere die für die älteren Bevölkerungsgruppen erwartete demografische Entwicklung und deren Auswirkung auf das Tatverdächtigenaufkommen relativ gut abschätzbar. Dagegen können bei den jüngeren Gruppen wanderungsbedingte Effekte mit ihrer deutlich größeren Varianz ebenso wie die größere Volatilität der Tatverdächtigenbelastungszahlen bei den jungen und mittleren Altersgruppen zu stärkeren Abweichungen führen, wie in ◘ Abb. 4.3 an den dort stärkeren Ausschlägen bei den bis zum Jahr 2013 registrierten Tatverdächtigen zu erkennen ist. Abweichungen um den längerfristigen Trend der Bevölkerungs- wie der Kriminalitätsentwicklung sind bei den jüngeren Altersgruppen auch künftig keineswegs unwahrscheinlich (und sprechen schon deshalb gegen Interpretationen kurzfristiger Änderungen), während für die Senioren von einer eher stetigen Entwicklung ausgegangen werden kann.

4.5.1 Erwartete Entwicklung des Mengengerüsts der Tatverdächtigen

Als Ergebnis der demografiebasierten Projektion der Belastungszahlen der Jahre 2012/2013 zeigt ◘ Abb. 4.3 für das Mengengerüst der polizeilich registrierten Tatverdächtigen, dass mit einem kurzfristigen Rückgang der Zahl der Tatverdächtigen unter 25 Jahren, mit einem langfristigen Rückgang der Zahl der Tatverdächtigen von 25 bis unter 60 Jahren, aber nur bis etwa 2030 mit einer weiteren demografiebedingten Zunahme der Zahl registrierter Senioren zu rechnen ist.

Demnach steht bis zum Jahr 2030 – aufgrund der hier angenommenen demografischen Entwicklung – der erwarteten Abnahme der Zahl der Tatverdächtigen unter 25 Jahren um 110.000 bis 120.000 und der 25- bis 60-Jährigen um 150.000 bis 160.000 eine Zunahme der Zahl der Tatverdächtigen ab

---

4　*Deutsche Wirtschafts Nachrichten online*, 2.2.2013, unter Berufung auf den Bund Deutscher Kriminalbeamter (BDK).

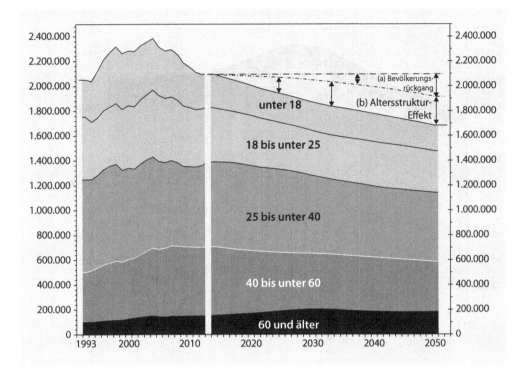

Abb. 4.3 Projektion der Tatverdächtigenbelastungszahlen 2012/2013 auf die Ergebnisse der 12. Bevölkerungsvoraus-berechnung des Statistischen Bundesamtes, Variante 1-W2. (Eigene Berechnung nach Daten des Statistisches Bundesamtes [2009] und der Polizeilichen Kriminalstatistik 2012 und 2013 [Bundeskriminalamt 2014])

60 Jahren um 50.000 bis 55.000 gegenüber. Dies führt zu einer erwarteten Abnahme der Gesamt-zahl der Tatverdächtigen von 2,1 Mio. (2013) bis zum Jahr 2030 um etwa 220.000 auf dann 1,9 Mio. Der Anteil der ab 60-Jährigen dürfte demnach von 7 % auf 9 % zu Anfang der 2020er Jahre und weiter bis zu einen Maximalwert von 11 % ansteigen (und auch in den Jahren nach 2030 bei 10–11 % verblei-ben, sofern die Modellannahmen auch längerfristig noch zutreffen).

Allerdings ist innerhalb der Gruppe der Senio-ren eine Zunahme der Zahl der (auch ausweislich der Kriminalstatistik) noch relativ aktiveren Jahr-gänge bis zu 70 Jahren zu erwarten.

Dies zeigt ◘ Abb. 4.4 für die Tatverdächtigen ab 60 Jahren: Die geburtenstarken (»Babyboomer«-) Jahrgänge aus den Jahren um 1955 bis zum Einset-zen des »Pillenknicks« ab 1965 (◘ Abb. 4.2) lassen absolute Zahlen und Anteile der 60- bis 70-jährigen Tatverdächtigen bis um das Jahr 2030 zunehmen;

in den Jahren nach 2030 verlagert sich die Zunah-me zu den dann über 70-Jährigen, allerdings abge-schwächt wegen der geringeren Belastungszahlen der Hochbetagten.

Die nach der demografischen Entwicklung bis 2020 und 2030 erwartbare (und darüber hinaus bis etwa 2050 wahrscheinliche) Entwicklung des Mengengerüsts und der Anteile der älteren Tatver-dächtigen zeigen ◘ Tab. 4.1; mit größeren Unsicher-heiten behaftet ist dabei grundsätzlich die mittel- und langfristige demografische Entwicklung der jüngeren Altersgruppen, deren Belastungszahlen zudem in der Vergangenheit eine deutlich größe-re Volatilität aufwiesen als die der älteren Bevöl-kerungsgruppen (Spiess 2012). Da die Tatverdäch-tigenbelastungszahl (TVBZ) je 100.000 der unter 60-Jährigen (und damit ihr relativer Beitrag zum Tatverdächtigenaufkommen) das 4½-fache der Se-nioren ab 60 beträgt, wirkt sich neben der Abnahme des Bevölkerungsumfangs (Größe a in ◘ Abb. 4.3)

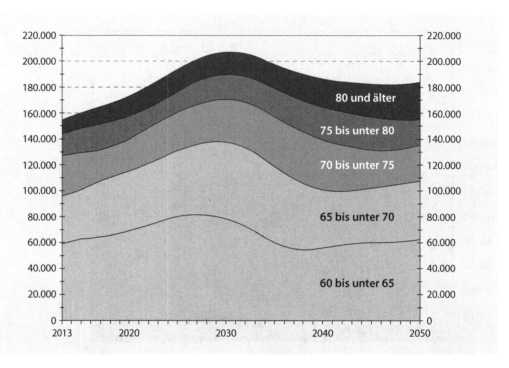

■ **Abb. 4.4**   Erwartete Veränderungen des Mengengerüsts der Tatverdächtigen ab 60 Jahren

■ **Tab. 4.1**   Erwartete Veränderungen der Tatverdächtigenzahlen und -anteile der Altersgruppen

Absolute Zahlen (gerundet) und Anteile an der Gesamtzahl der Tatverdächtigen (%/TVi)

	Unter 60	%/TVi	60 bis <70	%/TVi	70 bis <80	%/TVi	80++	%/TVi	60++	%/TVi	Gesamt	%/TVi
2013	**1.939.474**	**93 %**	**95.961**	**4,6 %**	**47.875**	**2,3 %**	**10.850**	**0,5 %**	**154.686**	**7,4 %**	**2.094.160**	**100 %**
2020	**1.835.000**	**91 %**	**115.000**	**5,8 %**	**42.500**	**2,1 %**	**15.000**	**0,8 %**	**173.000**	**8,6 %**	**2.010.000**	**100 %**
2030	**1.665.000**	**89 %**	**138.000**	**7,4 %**	**52.500**	**2,8 %**	**17.000**	**0,9 %**	**207.000**	**11,1 %**	**1.875.000**	**100 %**
2040	1.590.000	90 %	101.000	5,7 %	63.500	3,6 %	21.500	1,2 %	186.000	10,5 %	1.780.000	100 %
2050	1.500.000	89 %	108.000	6,4 %	47.500	2,8 %	28.500	1,7 %	184.000	10,9 %	1.680.000	100 %

Absolute und prozentuale Veränderung gegenüber 2013

	Unter 60	%/2013	60 bis <70	%/2013	70 bis <80	%/2013	80++	%/2013	60++	%/2013	Gesamt	%/2013
2020	**–105.000**	**–5 %**	**+20.000**	**+20 %**	**–5.500**	**–11 %**	**+4.500**	**+40 %**	**+18.000**	**+12 %**	**–85.000**	**–4 %**
2030	**–275.000**	**–14 %**	**+42.000**	**+44 %**	**+4.500**	**+9 %**	**+6.000**	**+56 %**	**+52.000**	**+34 %**	**–220.000**	**–11 %**
2040	–350.000	–18 %	+5.000	+5 %	**+16.000**	**+33 %**	+10.500	+98 %	+31.000	+20 %	–315.000	–15 %
2050	–440.000	–23 %	+12.000	+12 %	–500	–1 %	**+17.500**	**+161 %**	+29.000	+19 %	–410.000	–20 %

Erwartungswerte gerundet; gerechnet wurde mit ungerundeten Werten.

⊡ Tab. 4.2 Erwartete Veränderungen der Zahl der wg. Straftaten im Straßenverkehr Verurteilten und der Anteile der Altersgruppen

Abs. Zahlen (gerundet) und Anteile an den wg. Straftaten im Straßenverkehr Verurteilten (%/VU)											
	Unter 60	%/VU	60 bis <70	%/VU	70 bis <80	%/VU	80++	%/VU	60++	%/VU	Gesamt	%/VU
2012	149.435	90%	9.678	5,8%	5.659	3,4%	1.916	1,1%	17.253	10%	166.688	100%
2020	142.000	88%	12.000	7,3%	5.300	3,2%	2.800	1,7%	20.000	12%	162.000	100%
2030	128.000	84%	14.500	9,4%	6.400	4,2%	3.000	2,0%	23.500	16%	152.000	100%
2040	122.000	85%	10.500	7,3%	7.900	5,5%	3.900	2,7%	22.500	15%	144.000	100%
2050	115.000	84%	11.000	8,1%	5.900	4,3%	5.100	3,7%	22.000	16%	138.000	100%

Absolute und prozentuale Veränderung (%/2012)											
	Unter 60	%/2012	60 bis <70	%/2012	70 bis <80	%/2012	80++	%/2012	60++	%/2012	Gesamt	%/2012
2020	–7.000	–5%	+2.000	+22%	–400	–7%	+900	+46%	+2.500	+15%	–4.500	–3%
2030	–21.500	–14%	+4.500	+48%	+700	+13%	+1.100	+56%	+6.500	+37%	–15.000	–9%
2040	–27.500	–18%	+1.000	+8%	+2.200	+39%	+2.000	+103%	+5.000	+29%	–22.000	–13%
2050	–34.000	–23%	+1.500	+15%	+200	+4%	+3.200	+166%	+5.000	+28%	–29.000	–17%

bis Mitte der 2030er Jahre die Verschiebung der Bevölkerungsstruktur in Richtung der Senioren (b) stärker auf den im vorgestellten Modell berechneten Rückgang der TV-Zahlen aus (⊡ Tab. 4.1). Die Abgrenzung der geschätzten Effekte (a) des Bevölkerungsrückgangs und (b) der Veränderungen der Altersstruktur (⊡ Abb. 4.3) ergibt sich aus der Abweichung der demografiebasierten Projektion der nicht altersdifferenzierten TVBZ für die Tatverdächtigen 2012/2013 insgesamt zur Kumulation der für die einzelnen Altersgruppen differenziert hochgerechneten TV-Zahlen.

Im Ergebnis wird für die Gesamtzahl der polizeilich registrierten Tatverdächtigen ein demografiebedingter Rückgang um 4% bis 2020 und von 11% bis 2030 erwartet. In absoluten Zahlen entspricht dies gegenüber dem Jahr 2013 einem Minus in der Größenordnung von 80.000 bis 90.000 Registrierten bis 2020 und von mehr als 200.000 bis 2030. Sofern die Modellannahmen auch über 2030 hinaus noch im Wesentlichen zutreffen, wäre für die beiden folgenden Jahrzehnte ein weiterer Rückgang in der Größenordnung von jeweils 90.000 bis 100.000 (oder 9.000 bis 10.000 pro Jahr) zu erwarten.

4.5.2 Erwartete Entwicklung des Mengengerüsts der wegen Verkehrsdelikten Verurteilten

Wie für die Zahlen der polizeilich registrierten Tatverdächtigen lässt die demografische Entwicklung auch für die Verurteiltenzahlen insgesamt einen Rückgang in ähnlicher Größenordnung erwarten: bis 2020 um 4%, bis 2030 um 12%. Wegen des bei den älteren Verurteilten deutlich höheren Gewichts der Verkehrsdelinquenz ist hier jedoch mit einer Sonderentwicklung zu rechnen (⊡ Tab. 4.2): Einer erwarteten Abnahme der Zahl der im Jahr 2030 wegen Verkehrsdelikten Verurteilten unter 60 Jahren um mehr als 20.000 steht eine erwartete Zunahme der Zahl der verurteilten Senioren um mehr als 6.000 gegenüber. Absehbar ist eine Zunahme zunächst bis 2030 bei den 60- bis unter 70-Jährigen; später dann aber bei der Gruppe der Hochbetagten ab 80 Jahren: Bei diesen würde, sofern sich an der Verkehrs- und Unfallbeteiligung dieser Altersgruppe nichts Wesentliches ändert, die jährliche Zahl der wegen eines Verkehrsdelikts Verurteilten von einer Größenordnung von derzeit noch ca. 2.000

bis zum Jahr 2030 auf 3.000, bis 2040 auf fast 4.000 und bis 2050 auf über 5.000 anwachsen. Im Ergebnis dürfte der Gruppe der Senioren ab 60 Jahren schon ab 2030 bereits jeder 6. wegen eines Verkehrsdelikts Verurteilte (16 %) angehören (2012 noch 10 %).

Dies sind die Größenordnungen, die aufgrund einer Fortschreibung der derzeitigen Verkehrs- und Unfallbeteiligung und ihres Niederschlags in den Verurteiltenzahlen zu erwarten sind. Allerdings erscheint gerade bei den Senioren und hier insbesondere auch bei den zukünftigen älteren Frauen eine weitere Zunahme der Verfügbarkeit von Fahrerlaubnis und Kraftfahrzeug nicht unwahrscheinlich. Eine stärkere Beteiligung insbesondere von Hochbetagten am motorisierten Straßenverkehr und am Verkehrsunfallgeschehen könnte dann durchaus zu einer eher noch ungünstigeren Entwicklung beitragen, als dies alleine aufgrund der demografischen Entwicklung absehbar ist.

Für einen solchen – über den hier berechneten ausschließlich demografiebasierten Effekt hinausgehenden – Trend sprechen die Befunde der amtlichen Verkehrsunfallstatistik; sie erfassen auch bei den (mangels Verschuldens oder wegen Todes des Unfallverursachers) nicht zu einer Verurteilung führenden Unfällen die polizeilichen Feststellungen zur Verursachung und die Schwere der Unfallfolgen. Auch nach dieser Statistik sind Senioren zwar wegen ihrer geringeren Verkehrsteilnahme bevölkerungsbezogen insgesamt unterproportional an Verkehrsunfällen beteiligt. Überproportional beteiligt sind die ältesten Bevölkerungsgruppen jedoch bezogen auf ihre wesentlich geringere Fahrleistung (Unfälle pro gefahrene Kilometer) und bezüglich ihrer Anteile als Hauptverursacher eines Verkehrsunfalls (nach vorläufigen polizeilichen Feststellungen, Statistisches Bundesamt [2013b, Tab. 1.7, 2.7]). Die Zunahme des bevölkerungsbezogenen Risikos der Senioren, mit einen PkW (von 1982–2012 um 23 % auf 122/100.000) oder Fahrrad (um 50 % auf 75/100.000) zu verunglücken, ist Folge der häufigeren Kraftfahrzeugnutzung bei den Senioren sowie der höheren Gefährdung der als Radfahrer (zunehmend auch als E-Bike-Fahrer) am Verkehr teilnehmenden Senioren. Dabei ist das Risiko der Senioren, einen Verkehrsunfall nicht zu überleben, fast 3-mal so hoch wie bei den jüngeren Verunglückten. Grund ist, neben der häufigeren ungeschützten Verkehrsteilnahme zu Fuß oder Fahrrad, auch die im Alter nachlassende Reaktionsfähigkeit und physische Widerstandskraft.

> **Aufgrund der Daten der Verkehrsunfall- und der Verurteiltenstatistik ist mit einer demografiebedingt weiter zunehmenden Selbst- wie Fremdgefährdung älterer, immer mehr auch hochbetagter Verkehrsteilnehmer zu rechnen.**

4.5.3 Unterschiedliche Beiträge der Altersgruppen zur Entwicklung in ausgewählten Deliktsgruppen

Straftaten im Straßenverkehr sind nicht die einzige Deliktsgruppe, für die eine von der in ◘ Tab. 4.1 dargestellten Gesamtentwicklung abweichende, altersspezifisch ausgeprägte Entwicklung zu erwarten ist. ◘ Abb. 4.5 zeigt, dass aus einer demografiebasierten Projektion der Belastungszahlen der Basisjahre (2012/2013 für polizeiliche Registrierte, 2012 für Verurteilte) für verschiedene Deliktsgruppen durchaus unterschiedliche Entwicklungen der Gesamtzahlen zu erwarten sind und in welchen Deliktsgruppen die Änderungen der Altersstruktur der Bevölkerung sich in stärkerem Maße auswirken als der erwartete Bevölkerungsrückgang, etwa bei den Drogen-, Raub- und sexuellen Gewaltdelikten, für die überdurchschnittliche Rückgänge erwartet werden.

Dagegen fallen in ◘ Abb. 4.5 einzelne Deliktsgruppen auf, für die bis 2020 und 2030 nur eine unterdurchschnittliche Abnahme der Registriertenzahlen erwartet wird, weil hier die überdurchschnittlich hohe Beteiligung der Senioren den insgesamt erwarteten Rückgang mindert. Eine – gemessen am Erwartungswert von -4 % bis 2020 und -11 % bis 2030 – weniger günstige Entwicklung dürfte, neben den Verkehrsdelikten, voraussichtlich auch bei der fahrlässigen Brandstiftung, bei den Umweltdelikten, beim Ladendieb-

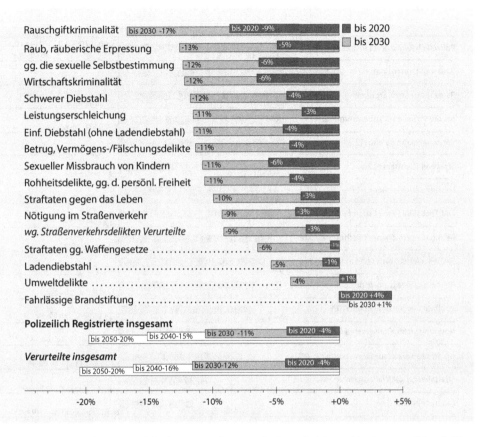

■ **Abb. 4.5** Erwartungswerte für demografiebedingte Veränderungen der Tatverdächtigenzahlen in ausgewählten Deliktsgruppen

stahl und den Verstößen gegen die Waffengesetze eintreten.

In welchem Umfang (gemessen an den Ausgangszahlen des Jahres 2013) die Altersgruppen unter 60, bis unter 70 und ab 70 Jahren nach dieser Berechnung zum erwarteten Rückgang der Tatverdächtigenzahlen bis 2030 beitragen, zeigt ■ Abb. 4.6.

Der bis 2030 erwartete Rückgang von 10,6 % der Gesamtzahl der 2013 registrierten Tatverdächtigen insgesamt geht auf den Effekt der Abnahme bei den unter 60-Jährigen mit -13 Prozentpunkten zurück, gemindert um die Zunahme bei den 60- bis unter 70-Jährigen um 2 Prozentpunkte und den ab 70-Jährigen um einen halben Prozentpunkt. Einer erwarteten Abnahme von mehr als 270.000 Tatverdächtigen unter 60 steht eine Zunahme von jeweils etwas

mehr als 40.000 bzw. 10.000 Registrierten von 60 bis unter 70 bzw. ab 70-Jährigen gegenüber, sodass im Ergebnis eine Abnahme der Gesamtzahl um etwa 220.000 erwartet wird (vgl. ■ Tab. 4.1 und ■ Tab. 4.3).

Anders als bei der Rauschgift- und Drogendelinquenz, an der Senioren kaum beteiligt sind, dürfte der demografiebasiert erwartete Rückgang bei der Wirtschaftskriminalität (um 16 % aufgrund der Abnahme der Zahl der unter 60-Jährigen) durch die Zunahme der Tatverdächtigen ab 60 um ein Viertel reduziert werden (16 % minus 4 % der Gesamtzahl der 20313 Registrierten; resultierende Abnahme: 12 %). Ähnlich dürfte die überdurchschnittliche Zunahme der Zahl der Senioren bei den Verkehrsdelikten dazu führen, dass der Erwartungswert für diese Deliktsgruppe bis 2030 statt um 13 % nur um 9 % abnimmt.

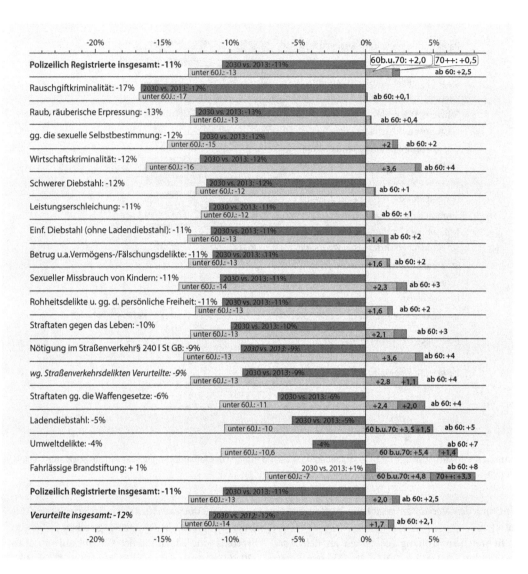

☐ **Abb. 4.6**   Altersspezifische Effekte auf die demografiebedingten Veränderungen der Tatverdächtigenzahlen in ausgewählten Deliktsgruppen.

Demografiebedingt wird bis 2030 gegenüber 2013 ein Rückgang der Zahl der polizeilich Registrierten um 10,6 % (gerundet:
11 %) erwartet. Zu diesem Rückgang tragen die unter 60-Jährigen mit -13 Punkten bei (13 % der 2013 Registrierten aller Altersgruppen), gemindert um die Zunahme bei den ab 60-Jährigen in der Größenordnung von 2,5 Punkten. Die Prozentpunkte
(–13 +2,5) sind jeweils auf die Gesamtzahlen 2013 (über alle Altersgruppen) bezogen; sie bezeichnen den Beitrag der Altersgruppen zur resultierenden Veränderung des Registriertenaufkommens in den einzelnen Deliktsgruppen gegenüber dem
Basisjahr (2013 bei den Tatverdächtigen, 2012 bei den Verurteilten). (Eigene Berechnung nach Daten der 12. Bevölkerungsvorausberechnung des Statistischen Bundesamtes, Variante 1-W2 [Statistisches Bundesamt 2009], der Strafverfolgungsstatistik
2012 [Statistisches Bundesamt 2014b] und der Polizeilichen Kriminalstatistik PKS 2012 und 2013 [Bundeskriminalamt 2014])

◻ Tab. 4.3 Größenordnungen der erwarteten Veränderungen der Tatverdächtigenzahlen in ausgewählten Deliktsgruppen

PKS-Schlüssel	Deliktsgruppe	N	Erwartete Veränderung vs. 2013 (%)		Größenordnung 2030 vs. 2013			
		PKS 2013	Bis 2020	Bis 2030	Gesamt	Unter 60 J.	60 bis < 70	70++
------	Straftaten insgesamt, darunter:	2.094.160	−4 %	−11 %	−220.000	−275.000	+42.000	+11.000
000000ª	Straftaten gegen das Leben	3.642	−3 %	−10 %	−350	−450	+75	+35
100000	Straftaten gegen die sexuelle Selbstbestimmung	33.057	−6 %	−12 %	−4.050	−4.850	+650	+150
131000	Darunter: Sexueller Missbrauch von Kindern §§ 176, 176a, 176b StGB	9.232	−6 %	−11 %	−1.000	−1.250	+200	+50
200000ᵇ	Rohheitsdelikte und Straftaten gegen die persönliche Freiheit	601.331	−4 %	−11 %	−64.000	−75.000	+10.000	+2.000
210000	Darunter: Raub, räuberische Erpressung und räuberischer Angriff auf Kraftfahrer §§ 249–252, 255, 316a StGB	30.650	−5 %	−13 %	−3.800	−3.950	+100	+10
232201	Nötigung im Straßenverkehr gemäß § 240 Abs. 1 StGB	24.511	−3 %	−9 %	−2.500	−3.500	+900	+150
3***00 ohne 326*00	(Einfacher) Diebstahl ohne erschwerende Umstände §§ 242, 247, 248a–c StGB (SZ 3***00); ohne Ladendiebstahl SZ 32600	146.894	−4 %	−11 %	−17.000	−19.000	+2.100	+400
326 *00	Einfacher Ladendiebstahl	253.650	−1 %	−5 %	−13.500	−26.500	+9.000	+4.000
4***00	Diebstahl unter erschwerenden Umständen §§ 243–244a StGB	100.905	−4 %	−12 %	−11.800	−12.600	+600	+100
500000	Vermögens- und Fälschungsdelikte	552.869	−4 %	−11 %	−62.000	−72.000	+9.000	+1.000
515000	Darunter: Erschleichen von Leistungen § 265a StGB	150.055	−3 %	−11 %	−17.000	−18.000	+800	+120
640010	Fahrlässige Brandstiftung	5.989	+4 %	+1 %	+50	−450	+300	+200
676000	Straftaten gegen die Umwelt §§ 324, 324a, 325–330a StGB	9.224	+1 %	−4 %	−350	−1.000	+500	+130
726000	Straftaten gegen das Sprengstoff-, das Waffen- und das Kriegswaffenkontrollgesetz	34.157	−1 %	−6 %	−2.000	−3.500	+800	+700
891000	Rauschgiftkriminalität	211.458	−9 %	−17 %	−35.000	−35.500	+230	+15
893000	Wirtschaftskriminalität	34.828	−6 %	−12 %	−4.000	−5.500	+1.300	+150
899000ᶜ	Straßenkriminalität	198.808	−2 %	−10 %	−19.000	−21.000	+2.000	+350

Erwartungswerte gerundet; gerechnet wurde mit ungerundeten Werten.

Zur Zusammensetzung der Straftatengruppen s. PKS 2013 (Bundeskriminalamt 2014). S. 61 ff.

ª Zur Schlüsselzahl 000000 »Straftaten gegen das Leben« zählen (nach vorläufiger polizeilicher Zuordnung zum jeweils schwersten in Betracht kommenden Straftatbestand) hauptsächlich sowohl vollendete als auch – zu einem hohen Anteil – versuchte Fälle von Mord, Totschlag, Tötung auf Verlangen, fahrlässige Tötung § 222 StGB (nicht in Verbindung mit Verkehrsunfall).

ᵇ Zur Schlüsselzahl 200000 »Rohheitsdelikte und Straftaten gegen die persönliche Freiheit« zählen neben den Raubdelikten u. a. auch die gefährliche und schwere Körperverletzung (§§ 224, 226, 231 StGB), vorsätzliche leichte (§ 223 StGB) sowie fahrlässige Körperverletzung (§ 229 StGB) sowie Nachstellung (Stalking), Freiheitsberaubung, Nötigung, Bedrohung (§§ 238 bis 241 StGB).

ᶜDer Summenschlüssel 899000 »Straßenkriminalität« umfasst auf öffentlichen Straßen, Wegen oder Plätzen begangene Sexualdelikte, Raubdelikte, gefährliche und schwere Körperverletzungen, Diebstahl an, aus und von Kraftfahrzeugen, Taschendiebstahl, Fahrraddiebstahl, Sachbeschädigungen (auch an Kfz)

Noch deutlicher wird der altersspezifische Effekt bei den Verstößen gegen das Waffengesetz, beim Ladendiebstahl und bei Umweltdelikten (häufig im Zusammenhang mit landwirtschaftlicher Betätigung): Die atypisch geringen Rückgänge gehen auf die überdurchschnittlich starke Konzentration dieser Delikte bei den Senioren zurück, sodass – trotz Rückgangs der Gesamtbevölkerung – bei Umweltdelikten bis 2020 (◘ Abb. 4.5) und fahrlässiger Brandstiftung im Zeitraum bis 2030 insgesamt stagnierende oder sogar steigende Zahlen à conto der bis dahin wachsenden Zahl von Senioren zu erwarten sind.

4.6   Zusammenfassung und Ausblick

4.6.1   Womit man rechnen kann

Die weitgehend beständigen Effekte der niedrigen Geburtenraten und der steigenden Lebenserwartung erlauben eine recht sichere kurz- und mittelfristige Abschätzung der Verschiebung der Bevölkerungsstruktur in Deutschland. Bei Zunahme von Zahl und Anteil der Bürger im Seniorenalter wird die Gesamtbevölkerung abnehmen, insbesondere auch der Anteil der ausweislich der Kriminalstatistik überdurchschnittlich häufig registrierten jüngeren Bevölkerungsgruppen. Hierauf gründet sich die Erwartung sinkender Kriminalitätszahlen; nach der hier vorgenommenen Hochrechnung wird, auf der Basis gleichbleibender altersspezifischer Belastungszahlen, eine demografiebedingte Abnahme um knapp 90.000 Tatverdächtige bis 2020 (auf ca. 2 Mio.) und um etwa 220.000 Tatverdächtige (auf dann knapp 1,9 Mio.) bis 2030 erwartet.

> ⟩ Bis 2030 kann ein demografiebedingtes Sinken der Kriminalitätszahlen erwartet werden.

Mit einer erwarteten Größenordnung von -4 % bis 2020 und -11 % bis 2030 hält sich der demografiebedingt erwartbare Rückgang allerdings in Grenzen, zumal wenn man bedenkt, dass alleine in den 10 Jahren von 1990–2000 die bevölkerungsbezogene (und damit um Demografieeffekte bereinigte) Belastungszahl (registrierte Tatverdächtige je 100.000 der Wohnbevölkerung) um mehr als 20 % zugenommen hatte. Tatsächlich spielten und spie-

len andere als nur demografische Faktoren eine erhebliche Rolle für die Kriminalitätsentwicklung im Hellfeld. Hinter der Erwartung, die demografische Alterung der Gesellschaft werde wegen des absehbaren Rückgangs der jugendlichen und heranwachsenden Täter zur Verflüchtigung eines erheblichen Teils der Kriminalität führen, steht die durch Medien und Kriminalpolitik verbreitete Fehlvorstellung, Kriminalität sei in erster Linie Jugendkriminalität. Tatsächlich ist Jugendkriminalität ganz überwiegend Bagatelldelinquenz unprofessionell und ungeplant agierender Täter, die deswegen häufiger entdeckt und überführt werden als Erwachsene, die im sozialen Nahraum gegen Partner oder Kinder gewalttätig werden, am Arbeitsplatz stehlen, im Wirtschaftsleben betrügen oder Steuern hinterziehen. Und selbst im Hellfeld werden mehr als 2/3 (2013: 79 %) der registrierten Kriminalität insgesamt (und ein noch höherer Anteil der Nicht-Bagatell-Kriminalität) den Erwachsenen ab 21 Jahren zugeordnet.

> ⟩ Der Anteil der Jugendkriminalität wird häufig überschätzt.

Dementsprechend geht nicht nur der größte Teil des Kriminalitätsaufkommens, sondern auch des erwarteten Rückgangs der Zahl der Tatverdächtigen (bis 2030 um etwa -220.000) nicht etwa auf die Altersgruppen unter 25 zurück, sondern auf die Vollerwachsenen im Alter von 25 bis 60 Jahren (erwarteter Rückgang: -155.000 Tatverdächtige).

So überwiegt im Zeitraum bis 2030 bei fast allen Deliktsgruppen der Effekt des Rückgangs der Altersgruppen von 25 bis unter 60 Jahren, besonders stark bei Rauschgift-, Raub- und sexuellen Gewaltdelikten. Allerdings wird in einzelnen Deliktsgruppen mit atypisch höherer Beteiligung der Senioren am Tatverdächtigenaufkommen der Effekt des Rückgangs der jüngeren Tatverdächtigen durch die starke Zunahme der Zahl der Senioren gemindert.

4.6.2   Womit man rechnen muss …

… ist, dass Zahl und Bevölkerungsanteil der Senioren infolge der demografischen Entwicklung weiter zunehmen werden, nach der hier zugrunde gelegten Vorausberechnung des Statistischen Bundesamts bis 2030 in einer Größenordnung von 27 % (2013) auf 30 % bis 2020, 36 % bis 2030 und 39 % bis 2050. Verglichen mit ihrem Bevölkerungsanteil von 27 % sind Senioren am Kriminalitätsaufkommen in geringem Maße beteiligt (7 % aller 2013 registrierten Tatverdächtigen, 5 % aller 2012 Verurteilten, 10 % der wegen Straßenverkehrsdelikten Verurteilten). Der Anteil der Senioren unter den Tatverdächtigen dürfte bis zum Jahr 2030 auf 11 % ansteigen, ihr Anteil unter den wegen Verkehrsdelikten Verurteilten allerdings auf 16 %, was einem Zuwachs um 6.000 bis 7.000 jährlich verurteilte Senioren entspricht.

> **Senioren sind im Gesamtkriminalitätsaufkommen vergleichsweise unterrepräsentiert, in den nächsten Jahren dürfte ihr Anteil jedoch v. a. bei den Verkehrsdelikten steigen.**

Die erwartete Sonderentwicklung bei den Verkehrsdelikten zeigt, dass die demografische Entwicklung nicht nur triviale Effekte eines Kriminalitätsrückgangs aufgrund von Schrumpfung und Alterung der Bevölkerung erwarten lässt, sondern bei einzelnen Deliktsgruppen aufgrund der Besonderheiten der Seniorenkriminalität auch atypische Entwicklungen, die Anlass zu präventionsbezogenen Überlegungen werden sollten. Insbesondere im Straßenverkehr realisieren sich altersspezifische Risiken mit erhöhter Fremd- wie Selbstgefährdung v. a. im fortgeschrittenen Seniorenalter. Quantitativ seltener, aber ebenso altersspezifisch besonders auffallend ist das mit privater Verfügung über Schusswaffen verbundene Gefährdungspotenzial (zum Risikopotenzial von im Haushalt verfügbaren Waffen s. Killias u. Haas 2002; Killias 2013).

Auch bei weiteren Deliktsgruppen wirkt sich die überdurchschnittliche Beteiligung der Senioren ungünstig auf die Entwicklung des erwarteten Tatverdächtigen- und Deliktsaufkommens aus, so im Bereich der Wirtschaftskriminalität, des Ladendiebstahls, der Umweltdelikte und der fahrlässigen Brandstiftung. In der letztgenannten, zwar seltenen, aber besonders alterstypischen Deliktsgruppe wird sogar anstelle eines erwarteten Rückgangs mit stagnierenden oder gar zunehmenden Zahlen zu rechnen sein.

4.6.3 Womit man (auch) rechnen sollte

Die hier berechneten Größenordnungen geben die demografiebasierten Erwartungswerte wieder, die nicht auf Trendannahmen oder -fortschreibungen beruhen, sondern ausschließlich auf einer Abschätzung der demografiebedingten Effekte auf das Kriminalitätsaufkommen.

Da auch andere als die demografischen Einflussgrößen das Kriminalitätsgeschehen beeinflussen, kann sicherlich nicht erwartet werden, dass die registrierte Kriminalität sich genau so entwickeln wird, wie dies aus einer solchen Projektion der altersabhängigen Kriminalitätsbelastung auf die absehbare demografische Entwicklung folgt. Wohl aber können die in künftigen Jahren tatsächlich beobachteten Veränderungen der Kriminalitätsbelastung anhand der hier skizzierten Projektion daraufhin beurteilt werden, inwieweit die eintretenden Veränderungen »trivial«, das heißt alleine durch die demografischen Veränderungen bedingt (und deshalb nicht als substanziell zu deuten) sind, und inwieweit sie »nichttrivial«, das heißt durch andere Einflussgrößen bedingt und somit erklärungsbedürftig sind.

Kandidaten für erklärungsbedürftige (und erklärbare) Trends, die sich in Änderungen der hier für Zwecke der Projektion konstant gesetzten altersspezifischen Belastungszahlen äußern, wird man u. a. in einigen Merkmalen sehen, durch die sich die nunmehr in das Seniorenalter hineinwachsenden Generationen der »Babyboomer« der geburtenstarken Jahrgänge von den Senioren früherer Generationen unterscheiden.

Gegenläufig zur Abnahme der Tatverdächtigenzahlen insgesamt[5] hat im Zeitraum von 2003–2013 die bevölkerungsbezogene (somit um Demografieeffekte bereinigte) Belastung der Senioren in einigen Deliktsgruppen auffallend zugenommen (nur Deliktsgruppen mit mehr als n = 500 im Jahr 2013 registrierten tatverdächtigen Senioren und mit

---

5   Im Zeitraum von 2003–2013 hat die (zuvor seit Beginn der 1990er Jahre stark gestiegene) TVBZ der Deutschen von 8 bis unter 21 Jahren um 26 % abgenommen, die (zuvor weniger stark angestiegene) Belastung der Erwachsenen ab 21 ebenso wie die der Senioren ab 60 um 6 %.

einer höheren Zunahme als bei den Tatverdächtigen insgesamt):

- um mehr als 100 % bei Geldwäsche, Verschleierung unrechtmäßig erlangter Vermögenswerte § 261 StGB (um mehr als das 10-fache); diverse Betrugsformen (um mehr als 200 %), darin insb. Abrechnungsbetrug, Waren- und Warenkreditbetrug; Computerkriminalität (um mehr als 150 %); Rauschgiftdelikte (um mehr als 100 %);
- um mehr als 50 % bei Sachbeschädigung auf Straßen, Wegen oder Plätzen (nicht an KfZ); Straftaten gegen das Waffengesetz (N =3.418 TV ab 60); Hausfriedensbruch § 123 StGB; Nötigung § 240 StGB; Untreue § 266 StGB;
- um mehr als 1/3 bei Widerstand gegen die Staatsgewalt und Straftaten gegen die öffentliche Ordnung; Beleidigung §§ 185–187, 189 StGB; ferner um ca. 10 % beim Betrug mittels rechtswidrig erlangter unbarer Zahlungsmittel (Kredit/Debitkarten).

Was dagegen die in der Literatur als seniorentypisch (»Kriminalität der Schwäche«[6], »Altersarmut«) genannten Delikte Ladendiebstahl und Leistungserschleichung betrifft, so hat sich die Belastung wegen Leistungserschleichung bei den Tatverdächtigen insgesamt (dort auf inzwischen 137 je 100.000) ebenso verdoppelt wie bei den Senioren (auf inzwischen 9,3 je 100.000 – und damit weniger als die Belastungszahl für Straftaten gegen das Waffen- und Kriegswaffenkontrollgesetz mit einer TVBZ von 10,1 bei den deutschen Senioren).

Dagegen hat (ähnlich wie bei den Tatverdächtigen insgesamt) die Belastung der Senioren bei einfachem Ladendiebstahl (SZ 326 * 00) um 48 %, bei einfachem Diebstahl (§ 242 StGB) um 42 % abgenommen. Auch beim sexuellen Missbrauch von Kindern (§§ 176, 176a, 176b StGB) sank die registrierte Belastung bei den Tatverdachten insgesamt um 8 %, bei den Senioren um 31 %.

Diese in den vergangenen Jahren im Hellfeld beobachteten Entwicklungstrends stehen mit traditionellen Konzepten einer »Kriminalität der Schwäche« ebenso wenig in Einklang wie mit der verbreiteten Behauptung zunehmender Armutskriminalität. Erkennbar sind dagegen einige – mit Verzögerung gegenüber der Hellfeldkriminalität bei den jüngeren Altersgruppen eingetretene – Entwicklungen, die sich im Sinne eines nunmehr auch das Seniorenalter erreichenden Modernisierungsphänomens deuten lassen: Wahrnehmung neuer Gelegenheitsstrukturen infolge der technischen Entwicklung, die zunehmend auch das Nutzungs- (und Missbrauchs-)Verhalten der älteren Generation beeinflusst; Bedeutungsgewinn utilitaristisch-gewinnorientierter zu Lasten traditionell-normativer Orientierungs- und Lebensstilmuster.

Zu den altersspezifischen Veränderungen der Gelegenheitsstruktur gehört, dass eine heute weit höhere Zahl der ins Seniorenalter Wachsenden über Fahrerlaubnis und Kraftfahrzeug verfügt. Mobilität gewinnt im Alter an Bedeutung für die Lebensqualität; mehr Menschen werden ihr Fahrzeug auch noch im hohen Alter und damit auch noch bei nachlassenden körperlichen und kognitiven Fähigkeiten nutzen – solange es geht; manche auch noch, wenn es nicht mehr (gut) geht – mit dann oft fatalen Folgen. Verstärkt wird das altersspezifische Unfallrisiko auch dadurch, dass riskante Alkoholkonsummuster bei zugleich reduzierter Alkoholverträglichkeit im Alter keineswegs selten sind[7] und dass ein mit dem Alter zunehmender Anteil der Senioren zur Behebung von Schlafstörungen oder von depressiven Befindlichkeitsstörungen gelegentlich oder regelmäßig Psychopharmaka einnimmt, welche die Koordinations- und Reaktionsfähigkeit beeinträchtigen (s. Glaeske 2011 m.w.N.). Alkoholkonsum und Psychopharmaka, mehr noch deren Zusammenwirken,[8] verursachen im Straßenverkehr ein hohes Maß an Selbst- wie Fremdgefähr-

---

6   Dazu und zur kriminologischen Kritik an diesem Konzept s. den Übersichtsartikel von Albrecht u. Dünkel (1981).

7   In einer Bevölkerungsbefragung 2009/2010 (N = 22.050) ermittelte das Robert Koch-Institut als Risikokonsum bewertete Trinkmuster bei 18,5 % der Frauen und 27 % der Männer ab 65 Jahren (Robert Koch-Institut 2012, S. 141).

8   Bei einer Nachuntersuchung nach Verkehrsstraftaten asservierter Blutproben wurden in 14 % der Proben von Senioren psychotrope Substanzen ohne Alkoholnachweis, in weiteren 16 % zusätzlich zu einer strafrechtlich relevanten Alkoholisierung gefunden (Heinemann et al. 2004, S. 119).

dung; bei verordnenden Ärzten wie bei Patienten ist das Problembewusstsein ersichtlich unzureichend. Geringes Problembewusstsein und eine verbreitete Nonchalance bezüglich der Verkehrsteilnahme unter Alkoholeinfluss ist nicht nur im Hellfeld notorisch, sondern neuerdings auch durch Befunde der Dunkelfeldforschung belegt (▶ Kap. 3).

Kriminalität als (inzwischen die Seniorengenerationen erreichendes) Modernisierungsrisiko (Blinkert 1988) zeigt sich auch in der zunehmenden Bedeutung von nicht durch Armut, sondern durch Bereicherungsmotive geprägten Deliktsfeldern, so der Wirtschaftskriminalität und der Nutzung des Internets für Geschäftsvorgänge, wo Senioren sowohl als Täter als auch als Opfer »moderner« Betrugsformen (in Zusammenhang mit Transaktionen über das Internet oder mit der Nutzung unbarer Zahlungsmittel) gehäuft in Erscheinung treten.

❯ Hinweise auf eine altersspezifisch zunehmende Selbst- wie auch Fremdgefährdung, insbesondere im Straßenverkehr, bei der privaten Verfügung über Schusswaffen, bei modernen Formen der Betrugs- und Bereicherungsdelinquenz dürften angesichts der demografischen Entwicklung nicht nur von akademischem Interesse sein.

Literatur

Albrecht H-J, Dünkel F (1981) Die vergessene Minderheit – Alte Menschen als Straftäter. Z Geront 14:259–273

Baier D, Hanslmaier M (2013) Demografische Entwicklung und Prognose der Kriminalität – Extrapolationen reichen nicht aus. Kriminalistik 67:587–594

Blinkert B (1988) Kriminalität als Modernisierungsrisiko. Das »Hermes-Syndrom« der entwickelten Industriegesellschaften. Soziale Welt 39:397–412

Bretz M (2001) Zur Treffsicherheit von Bevölkerungsvorausberechnungen. Wirtschaft und Statistik 11:906–-921

Bundeskriminalamt (2014) Polizeiliche Kriminalstatistik. Jahrbuch 2013. Bundeskriminalamt Wiesbaden

Deutsche Wirtschafts Nachrichten online (2013) ▶ http://deutsche-wirtschafts-nachrichten.de/2013/02/02/neuer-trend-deutsche-rentner-werden-kriminell/. Zugegriffen: 25. Febr. 2015

Glaeske G (2011) Psychotrope und andere Arzneimittel mit Missbrauchs- und Abhängigkeitspotential. In: Deutsche Hauptstelle für Suchtfragen: Jahrbuch Sucht, Geesthacht, S 73–96

Gluba A, Wolter D (2009) Nachwuchssorgen bei der Kriminalität? Demografische Einflüsse auf die Kriminalitätsentwicklung. Ergebnisse einer Trendextrapolation zur Tatverdächtigenzahl in Niedersachsen bis 2027. Kriminalistik 63:284–291

Görgen T (Hrsg) (2010) Sicherer Hafen oder gefahrvolle Zone? Kriminalitäts- und Gewalterfahrungen im Leben alter Menschen. Verlag für Polizeiwissenschaft, Frankfurt/Main

Hanslmaier M, Kemme S, Stoll K, Baier D (2014) Kriminalität im Jahr 2020. Erklärung und Prognose registrierter Kriminalität in Zeiten demografischen Wandels. Springer VS, Wiesbaden

Heinemann A, Grellner W, Preuß J et al (2004) Zur Straßenverkehrsdelinquenz durch psychotrope Substanzen bei Senioren in drei Regionen Deutschlands, Teil II: Medikamente und Betäubungsmittel. Blutalkohol 41:117–127

Heinz W (2013) »Wir werden weniger und die Wenigen werden immer älter.« Zu den möglichen Auswirkungen des demografischen Wandels auf Kriminalität und Kriminalitätskontrolle. In: Rechtspsychologie, Kriminologie und Praxis. Festschrift für Rudolf Egg zum 65. Geburtstag. Kriminologische Zentralstelle, Wiesbaden, S 261–310

Heinz W (2014) Alte Menschen als Tatverdächtige und als Opfer – Ergebnisse einer Sonderauswertung der neuen Polizeilichen Kriminalstatistik, in: Baier D, Mößle Th (Hrsg) Kriminologie ist Gesellschaftswissenschaft. Festschrift für Christian Pfeiffer zum 70. Geburtstag. Nomos, Baden-Baden, S 239–259

Hempel CG, Oppenheim P (1948) Studies in the logic of explanation. Philos Sci 15:135–175

Killias M (2013) Auf die Tatkonstellationen kommt es an: Zur raum-zeitlichen Variabilität von Mord und Suizid. In: Dölling D, Jehle J-M (Hrsg) Täter, Taten, Opfer. Grundlagenfragen und aktuelle Probleme der Kriminalität und ihrer Kontrolle. Forum Verlag Godesberg, Mönchengladbach, S 140–150

Killias M, Haas H (2002) The role of weapons in violent acts. J Interpers Violence 17:14–32

Popper K (1935) Logik der Forschung. Julius Springer, Wien

Pointner N (2013) dpa, 13.8.2013. ▶ http://www.pfaelzischer-merkur.de/region/themendestages/Themen-des-Tages-Altes-Land-leere-Gefaengnisse;art27542,4897378. Zugegriffen: 25. Febr. 2015

Robert Koch-Institut (Hrsg) (2012) Daten und Fakten. Beiträge zur Gesundheitsberichterstattung des Bundes. RKI, Berlin

Spiess G (2009) Demografischer Wandel und altersspezifische Kriminalität. Projektion der Entwicklung bis 2050. In: Naderi R (Hrsg) Auswirkungen demographischer Entwicklungen auf Sicherheitsfragen. Bundesinstitut für Bevölkerungsforschung, Wiesbaden, Materialien zur Bevölkerungswissenschaft, Heft 128, S 35–56

Spiess G (2012) Jugendkriminalität in Deutschland – zwischen Fakten und Dramatisierung. Kriminalstatistische und kriminologische Befunde. Konstanzer Inventar Kriminalitätsentwicklung. Online-Publikation im

Konstanzer Inventar Kriminalitätsentwicklung ▶ http://
www.ki.uni-konstanz.de/kik/. Zugegriffen: 26. März 2015
Spiess G (2013) Ältere Menschen als Opfer und als Straftäter.
Entwicklungsszenarien in der alternden Gesellschaft. In:
Schwarzenegger Ch, Nägeli R (Hrsg) 6. Zürcher Präventi-
onsforum – Ältere Menschen und ihre Erfahrungen mit
der Kriminalität. Schulthess, Zürich, S 162–207
Statistisches Bundesamt (2009) Bevölkerung Deutschlands
bis 2060. 12. koordinierte Bevölkerungsvorausberech-
nung. Wiesbaden
Statistisches Bundesamt (2013a) Vorläufige Wanderungser-
gebnisse 2012. Wiesbaden
Statistisches Bundesamt (2013b) Unfälle von Senioren im
Straßenverkehr 2012. Wiesbaden
Statistisches Bundesamt (2014a) Vorläufige Ergebnisse der
Bevölkerungsfortschreibung 2011 auf Grundlage des
Zensus 2011. Stand: 10. April 2014. Wiesbaden
Statistisches Bundesamt (2014b): Fachserie 10, Reihe 3,
Rechtspflege: Strafverfolgung. Jährlich veröffentlicht,
zuletzt für das Jahr 2012 am 12.2.2014. Wiesbaden

Juristische, justizielle und kriminalpolitische Aspekte

Die Strafzumessung gegenüber älteren Straftätern im internationalen Vergleich: Deutschland, England & Wales und Italien

Roberta Ferrario

Die Autorin dankt Frau Dr. Daniela Cernko für wertvolle Hinweise bei der Manuskripterstellung sowie für sprachliche Korrekturen.

F. Kunz, H.-J. Gertz (Hrsg.), *Straffälligkeit älterer Menschen*,
DOI 10.1007/978-3-662-47047-3_5, © Springer-Verlag Berlin Heidelberg 2015

5.1   Einleitung

Gegenstand der hier vorgestellten rechtsvergleichenden Betrachtung ist die Frage, welche Rolle das fortgeschrittene Lebensalter eines Angeklagten bei der Strafzumessung spielt und welche Besonderheiten die betrachteten Rechtssysteme in Deutschland, England & Wales und Italien dabei kennen. Dabei geht es nicht nur um das kalendarische Alter des Angeklagten, sondern auch um psychische und körperliche Begleiterscheinungen des Alters und die ggf. daraus resultierende reduzierte Lebenserwartung. Nach einer knappen Beschreibung der jeweiligen Strafzumessungssysteme wird anhand der gesetzlichen Grundlagen und der höchstrichterlichen Rechtsprechung dargestellt, ob und in welcher Weise das hohe Alter des Angeklagten in den in Betracht genommenen nationalen Strafzumessungssystemen berücksichtigt wird und welche Besonderheiten diese Systeme dabei kennen.

In der strafprozessualen Praxis sind auch Angeklagte anzutreffen, die bereits ein vorgerücktes Alter erreicht haben. Eröffnet ein Strafgericht einen Prozess gegen einen älteren Angeklagten, so wird es unter Umständen auch in prozessualer Hinsicht mit Problemen durch alterungsbedingte Einschränkungen konfrontiert.

Beispielhaft für diese Problematik ist etwa der Prozess gegen den 91-jährigen John Demjanjuk, der am 12.5.2011 wegen Beihilfe zum Mord an mindestens 28.060 Menschen zu einer Gesamtfreiheitsstrafe von 5 Jahren verurteilt wurde. Aus gesundheitlichen Gründen wurde es ihm gestattet, den Prozess liegend in einem speziell für dieses Verfahren bereitgestellten Krankenbett beizuwohnen. Lediglich für die Verlesung des Urteils wurde er »in einem Rollstuhl sitzend vor den Richtertisch geschoben.« (siehe ▶ http://www.nebenklage-sobibor.de/).

Die Problematik der Strafzumessung lässt sich am Beispiel des sog. »Opa-Bande«-Falls erläutern. Am 10. Juni 2005 verurteilte das LG Hagen drei »erheblich und einschlägig vorbestrafte Angeklagte«, die zum Zeitpunkt des LG-Urteils 74, 73 und 64 Jahre alt waren, wegen mehrerer bewaffneter Bankraubüberfälle zu Gesamtfreiheitsstrafen von 12, 10 und

9 Jahren.[1] Mit Revisionen fochten die Angeklagten die Strafzumessungserwägungen des Landgerichts und die Höhe der verhängten Freiheitsstrafen an. Die Revision vor dem Bundesgerichtshof (BGH) beschränkte sich hauptsächlich auf die Frage, ob das LG das fortgeschrittene Alter der Angeklagten im Rahmen der Strafzumessung umfassender hätte berücksichtigen müssen, damit »den Angeklagten die Hoffnung bleibe, ihre Entlassung aus dem Strafvollzug noch erleben zu können«.[2]

Dieser Fall steht beispielhaft für die Frage, ob und in welcher Weise das kalendarische Alter und/oder die mit dem Alter möglicherweise einhergehenden Eigenschaften, wie eine reduzierte Lebenserwartung und altersbedingte körperliche und psychische Einschränkungen, bei der Strafzumessung gegenüber älteren Tätern grundsätzlich berücksichtigt werden müssen.

Zwar spielt das hohe Alter auch in anderen Phasen des strafrechtlichen Verfahrens eine Rolle (vgl. z. B. Fall Honecker (Einstellung des Verfahrens, Verhandlungsunfähigkeit), Verfassungsgerichtshof des Landes Berlin, Beschluss vom 12.1.1993 – 55/92; Vgl. auch Poltrock 2013, S. 112 ff.). Der vorliegende Beitrag beschränkt sich jedoch auf die Phase der Strafzumessung. Diese beinhaltet die fallbezogene konkrete Festsetzung der Rechtsfolgen einer schuldhaften Straftat (Jescheck u. Weigend 1996, S. 871; Lackner u. Kühl 2014, StGB, § 46 Rn. 22). Unter Strafzumessung ist dabei ein Vorgang zu verstehen, der sich in mehrere Etappen gliedern lässt (Schäfer et al. 2012, Rn. 882 ff.; Fischer 2004, StGB, § 46 Rn. 13; Meier 2009, S. 163 ff.). An die Zumessung der Strafe nach Art (z. B. Freiheitsstrafe oder Geldstrafe) und Höhe (z. B. Dauer der Freiheitsstrafe) innerhalb des im Einzelfall anwendbaren Strafrahmens können sich weitere Entscheidungen anschließen, wie z. B. die Entscheidung über die Aussetzung einer Strafe zur Bewährung, das Absehen von Strafe oder andere Strafmodifikationen (vgl. Jescheck u. Weigend 1996, S. 871).

---

1   LG Hagen, Entscheidung vom 10.6.2005 – 44 KLs 600 Js 205/04 (1/05).

2   BGH, Urteil vom 27.4.2006 – 4 StR 572/05.

5.2 Deutschland

5.2.1 Strafzumessung im deutschen Strafgesetzbuch (StGB)

Bei der Strafzumessung sind Richter an bestimmte rechtliche Grundsätze gebunden, sodass die Strafe nicht gänzlich in deren freiem Ermessen steht. Die Grundsätze der Strafzumessung sind in § 46 StGB festgeschrieben. Dabei ist in erster Linie die Schuld des Täters Grundlage für die Zumessung der Strafe (§ 46 I 1 StGB), aber auch die Wirkungen, die von der Strafe für das künftige Leben des Täters in der Gesellschaft zu erwarten sind, sind zu berücksichtigen (§ 46 I 2 StGB). Zudem wägt das Gericht bei der Zumessung die Umstände, die zugunsten und gegen den Täter angeführt werden können, gegeneinander ab und bezieht dabei auch personenbezogene Merkmale sowie die persönlichen Verhältnisse des Täters mit ein (§ 46 II StGB).

Strafe soll in erster Linie Schuld ausgleichen. Repression ist jedoch nicht ihr ausschließlicher Zweck. Das StGB bestimmt die Strafe nicht alleine am Maß des verschuldeten Unrechts, sondern berücksichtigt darüber hinaus auch spezial- und generalpräventive Strafzwecke (Fischer 2004, StGB, § 46 Rn. 2–4; Franck 2000, S. 66 ff.). Zu diesem Zweck dient die vom BGH entwickelte Spielraumtheorie. Die Spielraumtheorie ist eine Strafzumessungstheorie, die sich in der deutschen Rechtsprechung weitgehend durchgesetzt hat (vgl. BGHSt 7, 32; 20, 267; 24, 133; Meier 2009, S. 146). Ausgangspunkt ist die individuelle Schuld des Täters gemäß § 46 I StGB. Die Orientierung an der Schuld des Täters ergibt keine punktgenaue Strafe, sondern einen Spielraum schuldangemessener Strafen, wobei die untere Grenze die »**schon schuldangemessene**« Strafe ist, während die obere Grenze die »**noch schuldangemessene**« Strafe darstellt. Innerhalb dieser Grenzen wird die Strafe im Einzelfall durch spezial- und generalpräventive Überlegungen konkretisiert (Meier 2009, S. 146 ff.; Fischer 2004, StGB, § 46 Rn. 20; Lackner u. Kühl 2014, StGB, § 46 Rn. 24–28; BGHSt 7, 32; 20, 267; 24, 133.).

Das Strafzumessungsverfahren ist in verschiedene Stadien zu unterteilen. Nachdem festgestellt wurde, welcher Straftatbestand verwirklicht wurde, steht der jeweilige gesetzliche Strafrahmen fest (z. B.

bestimmt § 266 I StGB bei schwerer Körperverletzung einen Strafrahmen von »Freiheitsstrafe von einem Jahr bis zu 10 Jahren«). Dabei sind eventuelle Strafrahmenverschiebungen, bei Bejahung eines minder schweren oder eines besonders schweren Falls (für die schwere Körperverletzung sind diese beispielsweise in § 266 II, III StGB geregelt) oder bei Vorliegen besonderer gesetzlicher Milderungsgründe nach § 49 StGB, zu berücksichtigen. In einem zweiten Schritt erfolgt die Einordnung der Tat in diesen Strafrahmen nach den Grundsätzen des gerechten Schuldausgleichs (§ 46 I 1, II StGB). Der dritte Schritt betrifft die Wahl der Strafart (Freiheitsstrafe, Geldstrafe, Strafaussetzung zur Bewährung) und »berücksichtigt vor allem präventive Aspekte« (Schäfer et al. 2012, Rn. 888 ff.).

5.2.2 Die Berücksichtigung des fortgeschrittenen Alters in der Strafzumessung

Das fortgeschrittene Lebensalter wird in den gesetzlichen Strafzumessungsregelungen nicht ausdrücklich genannt. Das Alter wird aber sehr wohl in der rechtswissenschaftlichen Literatur und in der höchstrichterlichen Rechtsprechung thematisiert.

In der deutschen Literatur gibt es Vertreter der Ansicht, dass das hohe Alter bereits bei der Strafrahmenwahl von Bedeutung ist, indem die Möglichkeit den Strafrahmen eines minder schweren Falles aufgrund des Alters anzunehmen, bejaht wird. Dadurch wird die Möglichkeit »der Verhängung einer wesentlich geringeren Strafe eröffnet« und damit der besonderen Härte einer Freiheitsstrafe im Rahmen der Bestrafung Rechnung getragen (Detter 2009, S. 283; vgl. dagegen Streng 2007, S. 272 ff.).

Bejaht wird auch die Möglichkeit, dass sich das hohe Alter, das die Einsichts- und Steuerungsfähigkeit eines Angeklagten beinträchtigen kann, auf die Strafzumessungsschuld auswirkt. So können krankhafte altersbedingte Abbauerscheinungen eine wesentliche Einschränkung verursachen, die die Anwendung des § 21 StGB und die damit verbundene Strafmilderung im Bereich der Strafzumessung gemäß Art. 49 I StGB rechtfertigt (Poltrock 2013, S. 121–122). Im Fall schwerer krankhafter Beeinträchtigungen der Hemmungsfähigkeiten kann auch § 20 StGB anwendbar sein, der die Schuld des Täters und damit die Bestrafung ausschließt (Detter 2009, S. 276 ff.; Poltrock 2013, S. 122).

Neben der Frage der Schuldfähigkeit wird das Alter oder eher die mit Alter einhergehenden Defizite bei der Strafzumessung in der Rechtsprechung und Literatur unter den Stichworten **Strafempfindlichkeit** und **Strafempfänglichkeit** problematisiert. Verortet werden diese Begriffe bei den persönlichen Verhältnissen im Rahmen des § 46 II StGB. Sie sind aber auch im Rahmen der Wirkung der Strafe auf das künftige Leben des Täters (§ 46 I 2 StGB) von Bedeutung (Dalquen 2003, S. 4; zum Unterschied zwischen Strafempfindlichkeit und Strafempfänglichkeit siehe Henkel 1970, S. 179 ff.).

- **Strafempfindlichkeit**

Die Strafempfindlichkeit bezieht sich auf die repressive Auswirkung der Strafe und wirkt sich auf das Maß der schuldausgleichenden Strafe aus. Unter Strafempfindlichkeit versteht man »die Fühlsamkeit des Täters im Hinblick auf das in der Strafe enthaltene Übel« (Henkel 1970, S. 179). Sie drückt aus, wie hart die zu verhängende Strafe den Täter im konkreten Fall trifft und berücksichtigt dabei die individuellen Eigenschaften, Merkmale und persönlichen Verhältnisse des Verurteilten.

Menschen im fortgeschrittenen Lebensalter oder mit einer schweren Krankheit haben nach der Rechtsprechung des BGH bei der Verhängung von Freiheitsstrafen eine besonders hohe Strafempfindlichkeit (vgl. Schäfer et al. 2012, Rn. 720 ff.). Dies ergibt sich zum einen daraus, dass das Leben alter (oder kranker) Menschen in einer Justizvollzugsanstalt (JVA) besonders beschwerlich sein kann (siehe hierzu Schramke 1996; Legat 2009). Zum anderen gewinnt durch die reduzierte Lebenserwartung die Relation der Freiheitsstrafe zur Restlebenszeit an Bedeutung, denn die Chance auf Wiedererlangung der Freiheit vor Lebensende wird stark eingeschränkt.

- **Strafempfänglichkeit**

Im Gegensatz zur Strafempfindlichkeit bezieht sich die Strafempfänglichkeit auf die präventive Auswirkung der Strafe. Sie umfasst »die Bereitschaft eines Straffälligen, die Strafe in ihrer Sinn- und Zweck-

setzung anzunehmen und sie auf sich wirken zu lassen« (Henkel 1970, S. 180). Sie ist bei jeder Präventionsentscheidung zu beachten (z. B. Strafaussetzung zur Bewährung oder ggf. bei der Wahl der Strafart).[3] Die Präventionszugänglichkeit ergibt sich aus täterbezogenen Faktoren. So können die gerade bei älteren Ersttätern unterstellte geringere Wiederholungswahrscheinlichkeit sowie die auch wegen einer zeitlich begrenzten Freiheitsstrafe erheblichen Folgen für ältere Täter in diesem Zusammenhang Bedeutung gewinnen (Poltrock 2013, S. 122–123).

5.2.3 Höchstrichterliche Rechtsprechung

Es wäre durchaus denkbar, das fortgeschrittene Lebensalter aufgrund der vermehrten Lebenserfahrung auch strafschärfend zu berücksichtigen (James 1992, S. 1039). Derzeit besteht in Rechtsprechung (vgl. Stree u. Kinzig 2014, StGB, § 46 Rn. 54; Schäfer et al. 2012, Rn. 720)[4] und Literatur (vgl. Nobis 2006, S. 489; Streng 2007, S. 271; Dalquen 2003, S. 17) jedoch grundsätzlich Einigkeit darüber, dass ein fortgeschrittenes Alter aufgrund der damit verbundenen reduzierten Lebenserwartung des Angeklagten unter dem Gesichtspunkt der Strafempfindlichkeit im Rahmen der Strafzumessung mildernd zu berücksichtigen ist. Eine Strafe im vorgerückten Alter kann den Verurteilten besonders hart treffen. Dieser besonderen Strafschwere ist bei der Strafzumessung Rechnung zu tragen (vgl. Stree u. Kinzig 2014, StGB, § 46 Rn. 54).

Bereits das Reichsgericht[5] berücksichtigte im Jahr 1943 das Lebensalter eines fast 69 Jahre alten Angeklagten strafmildernd. Das Reichsgericht führte in den Entscheidungsgründen aus, einen 69 Jahre alten Angeklagten treffe eine längere Freiheitsstrafe »doppelt so schwer wie einen jungen Menschen«.[6] Seitdem ist der strafmildernde Effekt

---

3   Vgl. z. B. OLG Hamm, Urteil vom 20.4.1967 – 2 Ss 355/67.

4   BGH, Beschluss vom 21.3.1990 – 4 StR 25/90; BGH, Urteil vom 20.1.1999 – 2 StR 137/98.

5   RG, Entscheidung vom 29.1.1943 – 4 C 109/42n in: *Deutsches Recht* (*DR*) 1943, 754 ff.

6   RG, Entscheidung vom 29.1.1943 – 4 C 109/42n in: *Deutsches Recht* (*DR*) 1943, 754 ff.

des hohen Alters eine Konstante in der deutschen Rechtsprechung. So entschied der BGH im Jahr 1990, dass »das verhältnismäßig hohe Alter des Angeklagten [in dem Fall 67 Jahre] und die sich daraus für ihn ergebende besondere Härte bei der Vollziehung von Freiheitsstrafe einen erheblichen Milderungsgrund« darstelle, der bei der Festsetzung der Strafe nicht außer Betracht gelassen werden dürfe.[7] Der BGH stellte darüber hinaus klar, dass das vorgerückte Alter des Angeklagten nicht erst bei der Begründung der Gesamtstrafe, sondern auch bei der Bemessung der Einzelstrafen zu berücksichtigen sei.[8] In einem Urteil von 1991 formulierte der BGH den Leitsatz, dass »das relativ hohe Alter des Angeklagten neben anderen Strafmilderungsgründen bei einer Verurteilung zu einer hohen Freiheitsstrafe (hier: 9 Jahre) ein wesentlicher Strafmilderungsgrund sein [kann].«[9] In einem weiteren Urteil stellte der BGH fest, dass die Vorinstanz richtig strafmildernd aufgrund des Alters des Angeklagten (hier: 73 Jahre) und seiner Erkrankung die erhöhte Strafempfindlichkeit berücksichtigt hat.[10]

Diese Rechtsprechung ergänzte der BGH im Jahr 2006 mit dem sogenannten »Opa-Bande«-Urteil. Der BGH betonte in seinem Urteil, dass das LG Hagen »alle für die Strafzumessung bestimmenden Umstände gesehen und in dem Sinne, dass die Strafen gerechter Schuldausgleich sein müssen, rechtsfehlerfrei gewichtet« hatte. Das LG Hagen hatte sich insbesondere »mit dem fortgeschrittenen Alter der Angeklagten und der Wirkung der Strafen auf ihr zukünftiges Leben auseinander gesetzt«. Das LG Hagen hatte für die drei damals 74, 73 und 64 Jahre alten Angeklagten Strafen festgesetzt, die ihnen »noch die Hoffnung lassen, ihre Entlassung aus dem Strafvollzug erleben zu können«. Allerdings dürfe »es keinen übermäßigen »Altersrabatt« geben, da sonst das »Signal« gegeben werden könnte, im Alter Straftaten zu begehen, weil im Falle der Ergreifung nur eine geringere Strafe drohe«. Der BGH betonte in diesem Urteil, dass es »[e]inen Rechtssatz

des Inhalts, dass jeder Straftäter schon nach dem Maß der verhängten Strafe die Gewissheit haben muss, im Anschluss an die Strafverbüßung in die Freiheit entlassen zu werden,« nicht gibt. Insbesondere »kann sich aus dem hohen Lebensalter eines Angeklagten, etwa unter Berücksichtigung statistischer Erkenntnisse zur Lebenserwartung, keine Strafobergrenze ergeben.« »Allerdings muss [dem Angeklagten] unter Vollstreckungsgesichtspunkten grundsätzlich eine Chance verbleiben, wieder der Freiheit teilhaftig zu werden«.[11]

Eine andere Vorgehensweise hat sich in der Rechtsprechung bezüglich solcher Fälle, in denen der Angeklagte zum ersten Mal mit einem Lebensalter von über 60 Jahren wegen eines Sexualdeliktes straffällig geworden ist, entwickelt (Poltrock 2013, S. 131; Detter 2009, S. 276 ff.). Bezüglich dieser Tätergruppe hat der BGH mehrmals darauf hingewiesen, der Frage näher nachzugehen, »ob aufgrund altersbedingter psychischer Veränderungen eine erheblich verminderte Steuerungsfähigkeit im Sinne des § 21 StGB bei Tatbegehung gegeben war« (Poltrock 2013, S. 131 und die da zitierte Rechtsprechung; vgl. auch Detter 2009, S. 276 ff.). Diese Rechtsprechung, die auch außerhalb des Sexualstrafrechts anwendbar ist (Poltrock 2013, S. 131), setzt voraus, dass Besonderheiten, die in den Tatumständen oder in der Person des Angeklagten liegen, die Frage der Schuldfähigkeit aufdrängen (Detter 2009, S. 280). Der BGH hat allgemein anerkannt, dass »die Fähigkeit eines alternden Menschen, der Einsicht in das Unerlaubte seines Tuns gemäß zu handeln, durch einen Altersabbau beeinträchtigt sein kann, ohne dass Intelligenzausfälle oder das äußere Erscheinungsbild auf ein Schwinden der geistigen und seelischen Kräfte hindeuten«.[12] Nach der Rechtsprechung kann ein bis in das hohe Lebensalter straffreies Leben ein Zeichen dafür sein, das krankhafte altersbedingte Abbauprozesse vorhanden sind, die die Schuldfähigkeit eines Angeklagten beeinträchtigen können. In solchen Fällen ist die Prüfung einer altersbedingten Einschränkung des Hemmungsvermögens durch einen Sachverständigen angebracht, sofern die Tat

---

7 BGH, Beschluss vom 21.3.1990 – 4 StR 25/90.

8 BGH, Beschluss vom 21.3.1990 – 4 StR 25/90; BGH, Urteil vom 03.12.1996 – 5 StR 492/96.

9 BGH, Urteil vom 18.12.1990 – 5 StR 493/90 (Amtlicher Leitsatz).

10 BGH, Urteil vom 20.1.1999 – 2 StR 137/98.

11 BGH, Urteil vom 27.4.2006 – 4 StR 572/05.

12 BGH, Beschluss vom 15.1.2008 – 4 StR 500/07.

oder der Täter Besonderheiten aufweisen (siehe auch Detter 2009, S. 276.).[13]

5.2.4 Zwischenbilanz

Die Konzeption des Alters bei der Strafzumessung ist in der Rechtsprechung nicht einheitlich und scheint stark einzelfallabhängig. Es besteht keine Einigkeit über eine bestimmte Altersgrenze, ab der das Alter Bedeutung in der Strafzumessung gewinnen sollte. In den meisten Entscheidungen wurde eine Altersgrenze um das Renteneintrittsalter, 64–67 Jahre, als Grundlage genommen.[14] Auch die Terminologie ist unterschiedlich. So spricht der BGH von

- »vorgerücktem Alter« (64 Jahre; 70 Jahre)[15],
- »fortgeschrittenen Alter« (58 Jahre; 63 Jahre, 64 Jahre, 73 Jahre, 74 Jahre)[16],
- »verhältnismäßig hohem Alter« (67 Jahre)[17] und
- »hohem Alter« (95 Jahre)[18].

Ein 50-Jähriger ist dem BGH nach in einem Alter, das noch nicht strafmildernd hoch ist (Detter 2009, S. 286; Nobis 2006, S. 489).[19]

Aufgrund der deutschen höchstrichterlichen Rechtsprechung dürfen die Tatgerichte die aufgrund des Lebensalters erhöhte Strafempfindlichkeit des Angeklagten in ihren Strafzumessungserwägungen nicht außer Acht lassen.[20] Die Nichtbeachtung dieser Maßgabe stellt einen berechtigten Anlass zur Strafmaßrevision dar. Allerdings ergibt sich aus dem hohen Lebensalter eines Angeklagten nicht automatisch ein Altersrabatt. Wenn jedoch

die besondere Härte und erhöhte Strafempfindlichkeit aufgrund des Lebensalters im konkreten Fall gegeben ist, wirkt sich das Lebensalter im Zusammenspiel der richterlichen Abwägung unterschiedlicher Strafzumessungsfaktoren, die für und gegen den Täter sprechen, insbesondere auf die Freiheitsstrafe mildernd aus. Dabei gilt, dass die Strafmilderung aufgrund des Lebensalters nicht so stark ausfallen darf, dass der generalpräventive Zweck der Strafe gefährdet werden könnte[21].

Inhaltlich besteht das Bedürfnis, dass die Rechtsprechung klar und unmissverständlich ausspricht, warum sie das fortgeschrittene Alter bei der Strafzumessung in Betracht nimmt, um dem Verdacht von Willkür und Ungleichbehandlung (Verstoß gegen Art. 3 des Grundgesetzes) gegenüber anderen Altersgruppen entgegenzutreten. Das ist auch von Bedeutung, um das richtige Gewicht zu diesem täterbezogenen Faktor bei der Strafzumessung zu gewährleisten. Formulierungen wie z. B. diese, dass eine längere Freiheitsstrafe einen in Kürze 69 Jahre alten Angeklagten »doppelt so schwer wie einen jungen Menschen« trifft[22] oder dass die Vollziehung einer Freiheitsstrafe »besondere Härte«[23] an einem alten Menschen verursacht, sind zu unspezifisch und oft nicht sachlich begründet (vgl. Schaumann 2001, S. 39 ff.).

Aspekte der Menschenwürde und des Schutzes des menschlichen Lebens sind in diesem Zusammenhang relevant. Das menschliche Leben ist einzigartig, nicht wiederholbar und zeitlich begrenzt. Das spielt v. a. bei der Rechtsprechung des Bundesverfassungsgerichts (BVerfG) zu den Themen »lebenslange Freiheitsstrafe« und »Chance auf Freiheit« eine Rolle. Ein humanes und menschenwürdiges Rechtssystem verlangt eine realisierbare Chance auf Wiedererlangung der Freiheit.[24] Aus dem hohen Alter des Angeklagten folgt aber nach Ansicht des BGH (vgl. dagegen Nobis 2006, S. 489 ff.) keine Strafobergrenze und die erwähnte Chance soll lediglich unter Vollstreckungsgesichtspunkten verbleiben.

---

13 OLG Köln, Beschluss vom 3.4.1990 – Ss 123/90.
14 OLG Hamm VRS 33, 344 (64 Jahre); BGH, Beschluss vom 21.3.1990 – 4 StR 25/90 (67 Jahre); RG, Entscheidung vom 29.1.1943 – 4 C 109/42n in: *Deutsches Recht (DR)* 1943, 754 ff. (69 Jahre).
15 BGH, Beschluss vom 12.7.1995 – 5 StR 297/95 bzw. BGH, Urteil vom 25.4.1995 – 5 StR 148/95.
16 BGH. Beschluss vom 22.9.1993 – 2 StR 503/93; BGH, Beschluss vom 24.8.1993 – 4 StR 452/9; BGH – Urteil vom 27.4.2006 – 4 StR 572/05.
17 BGH, Beschluss vom 21.3.1990 – 4 StR 25/90.
18 BGH, Beschluss vom 17.6.2004 – 5 StR 115/03.
19 BGH, Urteil vom 28.3.2001 – 3 StR 463/00.
20 BGH, Urteil vom 20.1.1999 – 2 StR 137/98.

21 BGH, Urteil vom 27.4.2006 – 4 StR 572/05.
22 RG, Entscheidung vom 29.1.1943 – 4 C 109/42n in: *Deutsches Recht (DR)* 1943, 754 ff.
23 BGH, Beschluss vom 21.3.1990 – 4 StR 25/90.
24 BVerfG, Urteil vom 21.6.1977 – Az.: 1 BvL 14/76, Rn. 185 ff.

Darüber hinaus kann das hohe Lebensalter eine wesentliche Rolle in Bezug auf Fragen der Schuldfähigkeit des Angeklagten spielen, die Auswirkungen auf die Strafzumessung haben können.

5.3 England und Wales

5.3.1 Strafzumessung in England und Wales

In England und Wales schlagen sich die rechtlichen Grundlagen der Strafzumessung in den Gesetzen, in einer Reihe von detaillierten Richtlinien (Sentencing Guidelines) und in der Revisionsrechtsprechung der höchsten Gerichte nieder. Die Richtlinien werden vom »Sentencing Council« erarbeitet. Im Council sind neben der Richterschaft auch die Wissenschaft, die Staatsanwaltschaft, die Bewährungshilfe, die Anwaltschaft, die Polizei und Organisationen des Opferschutzes vertreten.

Obwohl der Criminal Justice Act 2003 bezüglich der Strafzumessung gegenüber Erwachsenen eine Vielfalt an Strafzwecken ermöglicht (Criminal Justice Act 2003), ist der gerechte Schuldausgleich (»just deserts« oder »retribution«) der leitende Strafzumessungszweck. Die Schwere der Tat und die Schuld des Täters sind damit die wesentlichen Faktoren für die Bestimmung der Strafhöhe und die Wahl der Strafart. Zur Festlegung der Strafe wird maßgeblich das Prinzip der Proportionalität von Tatschwere und Strafschwere angewendet. Proportionalität ist auch das leitende Prinzip der »Sentencing Guidelines«. An diesen sehr detaillierten und für jede Straftat ausgearbeiteten Richtlinien orientiert sich die Wahl der Strafhöhe und der Strafart.

Das Strafzumessungsverfahren kann in unterschiedliche Phasen unterteilt werden, die sich in der Struktur der Richtlinien widerspiegeln. Die konkret begangene Straftat muss zuerst nach bestimmten Kriterien in die Kategorien »leicht«, »mittel« oder »schwer« eingeordnet werden (»Step one: Determining the offence category«). Anhaltspunkte für diese Entscheidung sind die Schwere der Tat und die Schuld des Täters. Für diese Kategorien werden jeweils ein Ausgangsstrafmaß und ein Strafrahmen

festgesetzt. Der zweite Schritt (»Step two: Starting point and category range«) befasst sich mit strafmildernden oder strafschärfenden Überlegungen. Die »Sentencing Guidelines« beinhalten einen Katalog von entsprechenden Kriterien, wie z. B. die Vorstrafen des Täters und das Bemühen des Täters, den Schaden wiedergutzumachen, anhand dessen der Richter in seinem Ermessen das Strafmaß vom Ausgangspunkt innerhalb des festgesetzten Strafrahmens nach oben oder nach unten verschieben kann. Letztlich kann der Richter für die endgültige Abstimmung der schuldgerechten Strafe auch andere Faktoren wie z. B. ein Geständnis oder die Gefährlichkeit des Täters in Betracht ziehen. Hinweise für die Bewertung der verschiedenen Faktoren finden sich in den »Sentencing Guidelines«.

5.3.2 Die Berücksichtigung des hohen Alters in der Strafzumessung

Im Gegensatz zur deutschen Gesetzeslage gibt es in England und Wales normierte rechtliche Grundlagen bezüglich der Rolle des Alters bei der Strafzumessung. In den Strafzumessungsrichtlinien wird das Alter (»age«) des Angeklagten in der Liste der strafmildernden Faktoren ausdrücklich benannt (Sentencing Guidelines Council (SGC) 2004, S. 7; vgl. auch Sentencing Council 2011, S. 5.). Dieser allgemeine Ausdruck rechtfertigt eine Auslegung, die alle Lebensphasen und Altersstufen, eben auch das hohe Alter, umfasst. Strafmildernd wirkt sich das (hohe) Alter jedoch ausdrücklich nur dann aus, wenn es die Schuldfähigkeit des Angeklagten beeinflusst, z. B. bei psychischen oder körperlichen Beeinträchtigungen.[25]

In solchen oder ähnlichen Fällen, jedenfalls wenn das fortgeschrittene Alter eines Angeklagten dessen Schuldfähigkeit glaubhaft und nachweislich beeinträchtigt hat, ist eine Verschiebung des Strafmaßes vom Ausgangspunkt nach unten gesetzlich vorgesehen und gerechtfertigt.

---

25 »1.25 Factors indicating significantly lower culpability: … Youth or age, where it affects the responsibility of the individual defendant« (Sentencing Guidelines Council [SGC] 2004, S. 7).

5.3.3 Die Rechtsprechung und die Begründungsansätze

Auch in der Rechtsprechung von England und Wales taucht das hohe Lebensalter als Strafmilderungsgrund auf (Walker 1999, S. 135 ff.). Begründet wird dies zum einen durch die verminderte Schuldfähigkeit aufgrund des Altersabbaus, wie es die Strafzumessungsrichtlinien vorsehen. Zum anderen werden jedoch auch weitere Begründungen angeführt, die dem Alter eine zusätzliche Dimension als Strafmilderungsfaktor bei der Strafzumessung zuschreiben. So wird beispielsweise auf eine reduzierte Lebenserwartung, eine (damit verbundene) erhöhte Strafempfindlichkeit, einen schlechten Gesundheitszustand und die Härte der Vollstreckung einer Freiheitsstrafe Bezug genommen. Begründungsansatz ist dabei häufig die Gnade (»mercy«) aufgrund des Zustands des Angeklagten und die Anerkennung der besonderen Auswirkung einer Freiheitsstrafe auf gebrechliche Menschen. Verpflichtend ist eine Strafmilderung aufgrund des hohen Alters für die Gerichtshöfe allerdings nicht. Deswegen ist die Betrachtung des Alters bei der Strafzumessung bezüglich des Ob und des Umfangs des Milderungseffekts stark einzelfallabhängig und in der Regel auf schwere Fälle von alterungsbedingten Beeinträchtigungen begrenzt.

5.3.4 Zwischenbilanz

Das Alter wird in den Strafrechtsgrundlagen von England & Wales in den sog. »Sentencing Guidelines« ausdrücklich als potenzieller Strafmilderungsgrund erwähnt. Speziell das höhere Lebensalter kann eine zweifache Auswirkung im betrachteten Strafzumessungssystem haben. Einerseits kann das Alter, im Einklang mit dem Wortlaut der rechtlichen Grundlagen, ein strafzumessungsrelevanter Faktor sein, der eine Reduzierung des Strafmaßes innerhalb des festgesetzten Strafrahmens rechtfertigt – dann nämlich, wenn dieses sich (z. B. aufgrund von Altersabbauerscheinungen) auf die Schuldfähigkeit des Angeklagten auswirkt.

Andererseits wird das Alter unabhängig von tatschuldbezogenen Umständen als »equity factor« gewertet und bezieht sich hier etwa auf die mit erhöhtem Alter gestiegene Strafempfindlichkeit (vgl. von Hirsch u. Ashworth 2005, S. 165 ff.). Begründet wird dies mit dem Prinzip der gleichen Härte der Strafauswirkung auf den Täter, d. h., Strafen sollen (bei gleicher Straftat) möglichst bei allen Verurteilten das gleiche »Leiden« hervorrufen (Ashworth 2010, S. 183 ff.). Wenn ein Täter aus wesentlichen Gründen mehr als andere leidet, sollte die Strafe dementsprechend reduziert werden. Das fortgeschrittene Lebensalter gilt aus verschiedenen Gründen, etwa aufgrund erhöhter Strafempfindlichkeit infolge einer reduzierten Lebenserwartung oder eines schlechten Gesundheitszustandes, als ein solcher wesentlicher Faktor und kann ergo eine Strafmilderung rechtfertigen. In der Rechtsprechung finden diese gesetzlichen Möglichkeiten jedoch nur in schweren Fällen von altersbedingten Beeinträchtigungen Anwendung. Eine Verpflichtung, das Alter als Strafmilderungsgrund anzuerkennen, besteht für das Gericht nicht (Walker 1999, S. 135 ff.). Zwar wird das Prinzip der Gleichheit der Strafhärte in der Literatur behandelt (Ashworth 2010, S. 183 ff), in der Rechtsprechung stellt es jedoch bislang noch kein allgemein praktiziertes Rechtsprinzip dar. Die Anwendung dieses Prinzips und v. a. die Betrachtung des Alters als »equity factor« ist bisher dem Ermessen der Gerichte überlassen; diese stützen strafmildernde Begründungen bislang eher auf Gnadenerwägungen als auf rechtliche Prinzipien.

5.4 Italien

5.4.1 Strafzumessung im italienischen Strafgesetzbuch (It. StGB)

Im italienischen Recht sind die Grundsätze der Strafzumessung in Art. 132 und Art. 133 des italienischen Strafgesetzbuchs (»Codice Penale«) niedergeschrieben. Auch hier ist die Bemessung der Strafe an rechtliche Grundlagen gebunden, sodass sich das freie Ermessen des Richters an den allgemeinen und speziellen Vorschriften zu orientieren hat. Dabei sind die »Schwere der Tat« (»gravità del reato«) und die »Neigung des Täters zur Begehung von Straftaten« (»capacità a delinquere del colpevole«) entscheidende Kriterien für die Bemessung der

Strafe. Maßgeblich für das Ermessen der Schwere der strafbaren Handlung sind u. a. die Umstände der Tathandlung, die Schwere des Schadens oder der Grad der subjektiven Zurechenbarkeit. Maßgebliche Kriterien für das Ermessen der Neigung des Täters zur Begehung von Straftaten sind u. a. die Beweggründe (»motivi a delinquere«), die Vorstrafen und die persönlichen Verhältnisse des Täters.

Das Kriterium der Tatschwere verfolgt schuldausgleichende Zwecke und führt in das Strafzumessungssystem Elemente der Proportionalität ein. Die Bewertung der Neigung des Täters zur Begehung von Straftaten ist Ausdruck von spezialpräventiven Erwägungen, die in Verbindung mit dem in dem Art. 27 Abs. 3 der italienischen Verfassung festgeschriebenen Resozialisierungszweck der Strafe, sehr stark das italienische Strafzumessungssystem prägen. Des Weiteren wägt das Gericht bei der Bemessung der Strafe gemäß Art. 61, Art. 62 und Art. 62 *bis* des It. StGB die Umstände ab, die für und gegen den Täter sprechen (»circostanze aggravanti e attenuanti«) (Dolcini 1970, S. 4 ff.; Tumminello 2010, S. 93 ff.).

5.4.2 Die strafrechtliche Berücksichtigung des hohen Alters

Im italienischen Strafrecht kann eine Person als »alt« definiert werden, wenn sie das Alter von 70 Jahren erreicht hat. Art. 275 (4) der italienischen Strafprozessordnung (It. StPO – Codice di Procedura Penale) legt fest, dass gegenüber Tatverdächtigen über 70 Jahre keine Untersuchungshaft verhängt werden kann, außer wenn ein sehr starkes Bedürfnis an der Sicherung des Verfahrens (»esigenze cautelari«) wegen Fluchtgefahr, Verdunkelungsgefahr oder Wiederholungsgefahr besteht. Der Gesetzgeber legt dabei eine Unvereinbarkeitsvermutung (»incompatibilità presunta«) zwischen hohem Alter und Untersuchungshaft fest, die ausschließlich vom kalendarischen Lebensalter des Angeklagten abhängt (Orano 2011, S. 3043). Diese Vermutung setzt nicht voraus, dass der Verdächtige z. B. eine erhöhte Strafempfindlichkeit oder einen schlechten Gesundheitszustand aufweist. Nur be-

sondere strafprozessuale Gründe, eine Untersuchungshaft zu verhängen[26], können diese Vermutung widerlegen. Die Vermutung wird begründet durch die Annahme, dass der Alterungsprozess zu einer Reduzierung der Neigung des Täters zur Begehung von Straftaten führt. Es geht hier um eine Einzelfallentscheidung, und es liegt im Ermessen des Richters, diese Unvereinbarkeitsvermutung anhand der Besonderheiten des Einzelfalles zu widerlegen.

Die Rechtsprechung des italienischen höchsten Gerichtshofes (»Corte di Cassazione«) hat eine allgemeine, im italienischen Rechtsystem immanente Unvereinbarkeitsvermutung bezüglich des Verhältnisses zwischen fortgeschrittenem Lebensalter über 70 Jahre und Haft anerkannt.[27] Vorschriften, die sich mit der Vollstreckung von Freiheitsstrafen beschäftigen, sollen so ausgelegt werden, als ob die Durchführung einer freiheitsberaubenden Maßnahme gegenüber Straftätern über 70 Jahren nur in Ausnahmefällen gestattet ist, in denen die Vollstreckung der Maßnahme aufgrund der Umstände und Besonderheiten des konkreten Einzelfalles unumgänglich ist. Dies betrifft die Auslegung von allgemeinen Rechtsvorschriften, die sich mit der Vollstreckung der Freiheitsstrafen beschäftigen, in denen aber keine speziellen Regelungen für über 70-jährige Straftäter vorgesehen sind. Das Prinzip wäre z. B. von Bedeutung in Fällen der Verschiebung der Vollstreckung der Freiheitsstrafe (»rinvio dell'esecuzione della pena«) gemäß Art. 146, 147 und 148 It. StGB[28], die vor der Strafvollstreckungskammer entscheiden werden.

Im Bereich der Vollstreckung der Freiheitsstrafen kennt das italienische Strafrechtsystem eine Reihe von Alternativen zur Freiheitsstrafe (»misure alternative alla detenzione«), die von der zuständigen Strafvollstreckungskammer angewendet werden können, wenn die rechtlichen Voraussetzungen erfüllt sind. Eine davon ist der **Hausarrest** (»detenzione domiciliare«). Das Gesetz Nr. 251 vom 5. Dezember 2005 hat Art. 47*ter* Abs. 01 in

---

26 Vgl. Corte di Cassazione, 1. Strafkammer, 17.1.1996, Nr. 6304, Pacciani RV. 203442.

27 Corte di Cassazione, 1. Strafkammer, 12.2.2001, Passafini, RV. 218640.

28 Corte di Cassazione, 1. Strafkammer, 12.2.2001, Passafini, RV. 218640.

das italienische Vollzugsgesetz (»Ordinamento Penitenziario«) eingeführt, der bestimmt, dass Straftäter, die vor oder während der Vollstreckung der Freiheitsstrafe 70 Jahre oder älter sind, die verhängte Freiheitsstrafe als Hausarrest verbüßen können. Die Möglichkeit der Anwendung des Hausarrests bleibt im Ermessen der Strafvollstreckungskammer. Gemäß Art. 47 *ter,* Abs. 1, Buchstaben c) und d) können Straftäter, die mindestens 60 Jahre alt sind, wenn sie eine Teil- oder Schwerbehinderungen haben und die sonstigen gesetzlichen Voraussetzungen erfüllt sind, Freiheitsstrafen bis zu 4 Jahren ebenfalls als Hausarrest verbüßen.

5.4.3   Das fortgeschrittene Alter in der Strafzumessung

Obwohl das fortgeschrittene Lebensalter eine wichtige Rolle bei der Vollstreckung einer verhängten Freiheitsstrafe spielt, hat das Alter als solches bei der eigentlichen Strafzumessung eine untergeordnete Bedeutung. Um überhaupt einen Strafmilderungseffekt dem Alter zuzuschreiben, sind besondere Umstände notwendig, wie z. B. ein schlechter Gesundheitszustand, Schwerbehinderung oder eine stark reduzierte Lebenserwartung. Darüber hinaus erwarten die Gerichte, wie von allen anderen Straftäter, auch Wiedergutmachungsversuche oder Reue. Im Gegensatz dazu sind die Schwere und die Art der Straftat, sowie die Schäden, die dem Opfer entstanden sind, gewichtige Gründe, die einer Strafmilderungsauswirkung des hohen Alters entgegenstehen. Das fortgeschrittene Lebensalter bedeutet also kein Verbot, Freiheitsstrafen zu verhängen.

Im Bereich der Strafzumessung gewinnt aber das fortgeschrittene Lebensalter der Angeklagten an Bedeutung bei den richterlichen Entscheidungen bezüglich der **Aussetzung der Strafe zur Bewährung** (»sospensione condizionale della pena«). Gegenüber Straftätern über 70 Jahren können Strafen ausnahmsweise zur Bewährung ausgesetzt werden, auch wenn ihre Länge die allgemein geltende gesetzliche Grenze von 2 Jahren überschreitet (Art. 163 Abs. 2 It. StGB). In der Rechtsprechung wird unterstellt, dass das fortgeschrittene Alter die Neigung zur kriminellen Handlung reduziert.

Das hohe Alter könnte in diesen Fällen, auch in Verbindung mit dem dargelegten Unvereinbarkeitsvermutungsprinzip, eines der entscheidenden Kriterien sein, anhand deren sich das Gericht für die Strafaussetzung zur Bewährung entscheidet. Im Bereich der Strafzumessung könnte ferner das fortgeschrittene Lebensalter des Angeklagten auch im Bereich der **Maßnahmen zum Ersatz kürzerer Freiheitsstrafen** (»musure sostitutive alla detenzione breve«) an Bedeutung gewinnen (Art. 58 des Gesetzes Nr. 689 vom 1981 i.V.m. Art 133 It. StGB).

5.4.4   Zwischenbilanz

Im italienischen Strafzumessungssystem kommt dem hohen Alter per se keine größere Bedeutung bei der (schuldausgleichenden) Bemessung der Strafhöhe zu. Das Alter muss mit anderen relevanten Umständen einhergehen, um überhaupt Gewicht im Zumessungsverfahren zu gewinnen. Eine wichtigere Rolle spielt das Alter bei der Wahl der Strafart.

Darüber hinaus weist das italienische Strafrechtssystem aber die Besonderheit auf, mit Erreichen des 70. Lebensjahres eine klare Altersgrenze festgesetzt zu haben. Ab 70 Jahren gilt man dort strafrechtlich als »alt«. Diese Altersgrenze spielt v. a. eine Rolle in Zusammenhang mit der Freiheitsstrafe. Hier haben die Rechtsprechung und der Gesetzgeber eine grundsätzliche Unvereinbarkeitsannahme zwischen Alter und Haft eingeführt, die nur unter besonderen Umständen **nicht** zur Geltung gebracht werden kann.

5.5   Fazit

Die untersuchten Strafzumessungssysteme weisen interessante Unterschiede, Spezifika und Besonderheiten auf.

In England und Wales spielt das Alter schon auf der Ebene der Gesetzgebung eine Rolle. Das Alter ist ausdrücklich als Strafmilderungsfaktor in den Strafzumessungsrichtlinien (»Sentencing Guidelines«) anerkannt. Das Alter taucht aber auch in der Rechtsprechung in Form einer erhöhten Strafempfindlichkeit oder reduzierten Lebenserwartung auf. In der Regel hat das hohe Alter eine mildernde Wirkung, dies jedoch nur bei Vorliegen bestimmter schwerer persönlicher Umstände und einem sehr hohen Lebensalter. Zumeist sind die konkreten Auswirkungen des Alters auf die Strafzumessung stark einzelfallabhängig und werden häufig mit Gnadenerwägungen begründet.

In Italien ist das fortgeschrittene Alter gesetzlich normiert. Der Gesetzgeber hat eine Altersgrenze beim 70. Lebensjahr festgesetzt, die eine Unvereinbarkeitsvermutung zwischen hohem Alter und Haft postuliert, was mit altersbedingten Defiziten, Aspekten der Menschenwürde sowie mit der Unterstellung einer grundsätzlich reduzierten Neigung zu kriminellem Verhalten, die der Alterungsprozess mit sich bringt, begründet wird. Basierend auf dieser Vermutung spielt das hohe Alter in Italien eine sehr wichtige Rolle bei den spezialpräventiven Strafzumessungserwägungen bezüglich der Auswahl der Sanktion. Wenn die gesetzlichen Voraussetzungen erfüllt sind, kann ein fortgeschrittenes Alter den Zugang zur Verbüßung im Hausarrest oder dem Strafvorbehalt eröffnen.

Das in Deutschland entwickelte System stützt sich auf Einzelfallentscheidungen, die nicht auf das kalendarische Alter eines Angeklagten, sondern auf das Vorhandensein altersbedingter Defizite, wie z. B. physische, seelische oder kognitive Beeinträchtigungen, abstellt. Ein genereller »Altersrabatt« bereits allein auf Grund des fortgeschrittenen Alters besteht also nicht.

Die Gerichte sind zwar nicht verpflichtet, das Alter mildernd zu berücksichtigen, aber sie müssen das Alter in ihrer Entscheidung in Betracht nehmen und in der Urteilsbegründung erwähnen. Wird dies versäumt, ist eine Strafmaßrevision begründet. Eine konkrete Altersgrenze wurde bislang zwar weder von Seiten der Gesetzgebung noch von Seiten der Rechtsprechung festgesetzt. Anhand der Rechtsprechung kann man aber eine ungefähre Abgrenzung um den Zeitpunkt des üblichen Renteneintrittsalters erkennen. Insgesamt ist der potenziell strafmildernde Einfluss eines höheren Alters als Strafzumessungsfaktor in der deutschen Rechtsprechung begrenzt. Krankhafte altersbedingte Abbauprozesse sind darüber hinaus im Rahmen der Schuldfähigkeit von Bedeutung. Anhand der Rechtsprechung des BGH begründen diese u. U.

eine nähere Prüfung der Steuerungsfähigkeit durch einen Sachverständigen. Auch hier hat der BGH eine Grenze bei etwa 60 Jahren gezogen.

Das deutsche Strafrecht enthält zudem noch weitere Optionen zur differenzierten Berücksichtigung des fortgeschrittenen Alters von Straftätern. So bieten etwa die §§ 20 und 21 StGB die Möglichkeit, altersbedingte Gesundheitsprobleme bzw. kognitive, seelische oder körperliche Abbauerscheinungen im Rahmen der Erkennung auf Schuldunfähigkeit und verminderter Schuldfähigkeit angemessen zu berücksichtigen. Im Fall einer verminderten Schuldfähigkeit aufgrund des Alters ist eine Strafmilderung gemäß § 49 I StGB bei der Strafzumessung vorgesehen. Darüber hinaus wird einem erhöhten Alter von Verurteilten oder von in Haft gealterten Personen auch unter Vollstreckungsgesichtspunkten versucht, Rechnung zu tragen. Neben mittlerweile mehreren Justizvollzugseinrichtungen, die spezielle Abteilungen für Lebensältere eingerichtet haben, dient beispielsweise die JVA Singen (bei Konstanz in Baden-Württemberg) ausschließlich der Unterbringung älterer Inhaftierter (ab einem Alter von 62 Jahren) und ist in vieler Hinsicht sehr gut auf die Bedürfnisse von Senioren eingestellt.

Im deutschen Justizvollzug hat das Thema »ältere Gefangene« inzwischen Bedeutung erlangt. In der JVA Detmold (NRW) gibt es seit Juli 2007 eine Abteilung für lebensältere Gefangene (in der Regel ab einem Alter von 62 Jahren). Auch die JVA Waldheim (Sachsen) verfügt über eine Abteilung für ältere Straftäter. Im Kornhaus der JVA Schwalmstadt werden männliche Gefangene ab mindestens 55 Jahre untergebracht, die als ruhig, ungefährlich und wenig fluchtgefährdet eingestuft sind. In allen dieser speziellen Abteilungen sind besondere Vollzugsregime entwickelt worden, um den Vollzug an die Besonderheiten des hohen Alters anzupassen. Die Autorin hatte die Möglichkeit, einige der spezialisierten Anstalten zu besichtigen und möchte sich an dieser Stelle vielmals für die Auskunftsbereitschaft vor Ort bedanken. Für einen vollständigen Überblick über Justizvollzugsanstalten mit speziellen Abteilungen für Lebensältere ▸ Kap. 8.

Ferner können Staatsanwaltschaft und Gerichte im Rahmen von Ermittlungen und Strafverhandlungen einen Gutachter bestellen, um den Gesundheitszustand und die Belastbarkeit der Angeklagten zu beurteilen. Auch die §§ 153 und 153a StPO (Absehen von der Verfolgung) und § 206a StPO (Einstellung des Verfahrens) können, z. B. bei

Verhandlungsunfähigkeit eines älteren Menschen, angewendet werden (Detter 2009, S. 289). Die im öffentlichen und wissenschaftlichen Diskurs hin und wieder aufkommende Debatte über die Notwendigkeit der Einführung eines Seniorenstrafrechts (vgl. Detter 2009, S. 289 ff.; Poltrock 2013, S. 156 ff.) in Deutschland verliert an Dringlichkeit, wenn man sich die differenzierten Möglichkeiten des deutschen Strafrechts für die Berücksichtigung des fortgeschrittenen Lebensalters vergegenwärtigt. Das deutsche Strafgesetzbuch und die Strafprozessordnung verfügen über ausreichende rechtliche Instrumente für eine angemessene Beurteilung und Sanktionierung von Straftaten älterer Menschen sowie für einen humanen Strafvollzug.

Literatur

Ashworth A (2010) Sentencing and the criminal justice system, 5. Aufl. Cambridge University Press, Cambridge GB

Dalquen T (2003) Die Strafzumessung bei Angeklagten mit geringer Lebenserwartung. Dissertation Universität Bonn

Detter K (2009) Das Alter und das Strafrecht. In: Strafverteidigung im Rechtsstaat: 25 Jahre Arbeitsgemeinschaft Strafrecht des Deutschen Anwaltvereins – Arbeitsgemeinschaft Strafrecht des Deutschen Anwaltvereins (Hrsg) 1. Aufl. Nomos, Baden-Baden, S 275–292

Dolcini E (1979) La commisurazione della pena. La pena detentiva. CEDAM, Padova

Fischer T (2004) Strafgesetzbuch und Nebengesetze, 52. Aufl. Beck, München

Franck K (2000) Strafverfahren gegen HIV-Infizierte. Duncker & Humblot, Berlin

Henkel H (1970) Strafempfindlichkeit und Strafempfänglichkeit des Angeklagten als Strafzumessungsgründe. In: Kuchinke K (Hrsg) Rechtsbewahrung und Rechtsentwicklung, Festschrift für Heinrich Lange zum 70. Geburtstag. München, S 179–195

Hirsch A von, Ashworth A (2005) Proportionate sentencing: exploring the principles. Oxford University Press, Oxford GB

James MF (1992) The sentencing of elderly criminals. Am Crim Law Rev 29:1025–1044

Jescheck HH, Weigend T (1996) Lehrbuch des Strafrechts, Allgemeiner Teil, 5. vollständig neu bearb. und erw. Aufl. Duncker & Humblot, Berlin

Lackner K, Kühl K (2014) Strafgesetzbuch: Kommentar, 28. Aufl. Beck, München

Legat M-R (2009) Ältere Menschen und Sterbenskranke im Strafvollzug: Eine rechtsstaatliche Analyse des Vollzugsalltags von Gefangenen mit besonderem Pflegebedarf. Lang, Frankfurt/M

Meier B-D (2009) Strafrechtliche Sanktionen, 3. Aufl. Springer, Berlin

Nobis F (2006) Strafobergrenze durch hohes Alter: zugleich Besprechung des Urteils des 4. Strafsenats des BGH vom 27.4.2006 (4 StR 572/05). Neue Z Strafrecht (NStZ) 9:489–492

Orano G (2011) La carcerazione dell'anziano. Giur Mer 12:3043–3051

Poltrock N (2013) Gleichbehandlung oder altersentsprechende Differenzierung. Brauchen wir ein besonderes »Altersstrafrecht«? Forum Verlag Godesberg, Mönchengladbach

Schäfer G, Sander GM, van Gemmeren G (2012) Praxis der Strafzumessung. Beck, München

Schaumann K (2001) Alter, Krankheit und Behinderung im deutschen Strafrecht, insbesondere im Strafzumessungsrecht. Lang, Frankfurt/M

Schramke, Hein-Jürgen (1996), Alte Menschen im Strafvollzug: Empirische Untersuchung und kriminalpolitische Überlegungen. Forum Verlag Godesberg, Mönchengladbach

Stree W, Kinzig J (2014) StGB, § 46. In: Schönke A, Schröder H (Hrsg), Strafgesetzbuch: Kommentar, 29. Aufl. Beck, München

Sentencing Council (2011) Assault definitive guideline. ▶ http://sentencingcouncil.judiciary.gov.uk/guidelines/guidelines-to-download.htm. Zugegriffen: 6. Jan. 2015

Sentencing Guidelines Council (SGC) (2004) Overarching principles: Seriousness. Guideline. ▶ http://sentencingcouncil.judiciary.gov.uk/guidelines/guidelines-to-download.htm. Zugegriffen: 6. Jan. 2015

Streng F (2007) Strafzumessung bei Tätern mit hohem Lebensalter: zugleich Besprechung des Urteils des Bundesgerichtshofs vom 27. April 2006–4 StR 572/05. JR 7:271–275

Tumminello L (2010) Il volto del reo. L'individualizzazione della pena fra legalitÀ ed equità. Giuffrè, Mailand I

Walker N (1999) Aggravation, mitigation and mercy in English criminal justice. Blackstone, London GB

Rechtliche Bewertung von Straftaten ab 60-Jähriger in der Praxis

Christine Lachmund

Dieses Kapitel beruht auf Lachmund (2011): »Der alte Straftäter – Die Bedeutung des Alters für Kriminalitätsentstehung und Strafverfolgung«. Der Abdruck erfolgt mit freundlicher Genehmigung des LIT Verlags, Münster.

F. Kunz, H.-J. Gertz (Hrsg.), *Straffälligkeit älterer Menschen*,
DOI 10.1007/978-3-662-47047-3_6, © Springer-Verlag Berlin Heidelberg 2015

6.1   Einleitung

Angesichts der ansteigenden Kriminalitätsrate älterer Menschen stellt sich die Frage, inwiefern das höhere Lebensalter eines Straftäters im Rahmen der Strafverfolgung Berücksichtigung findet. Eine statistische Erfassung der Verfolgungspraxis der Strafverfolgungsbehörden ist lediglich mittels eines Abgleichs der polizeilich erfassten Kriminalität und der Verurteiltenstatistik möglich. Denn lediglich die polizeiliche Verdächtigung und der Urteilsspruch durch ein Gericht sind in allgemein anerkannten Statistiken erfasst. Vergleicht man die diesbezüglichen Zahlen der Delinquenten im Alter von 60 Jahren und darüber mit denen derjenigen jüngeren Alters, können Aussagen darüber getroffen werden, ob bei den ab 60-jährigen Tatverdächtigen eine Tatverdächtigung ebenso häufig in eine Verurteilung mündet wie bei jüngeren Tatverdächtigen.

Aus einem derartigen Vergleich mittels der diesbezüglichen Daten für das Jahr 2006 ergibt sich, dass im Jahre 2006 4,6 % aller Verurteilten 60 Jahre und älter waren (Statistisches Bundesamt 2006), während es bei den polizeilich erfassten Tatverdächtigen im selben Jahr noch 6,3 % gewesen sind (Polizeiliche Kriminalstatistik 2006, S. 77). Und dies, obgleich die offiziell als Strafverfolgungsstatistik bezeichnete Verurteiltenstatistik im Unterschied zur Polizeilichen Kriminalstatistik (PKS) die Straßenverkehrsdelinquenz enthält und hier die älteren Delinquenten sogar eine besonders hohe Beteiligung aufweisen. Ein ab 60-jähriger Tatverdächtiger wird sonach seltener verurteilt als ein Tatverdächtiger jüngeren Alters.

Aus der verhältnismäßig geringeren Verurteilungsquote der ab 60-Jährigen lässt sich jedoch nicht zwingend schließen, dass die älteren Tatverdächtigen durch den Richterspruch durchweg milder behandelt werden. Ihre geringere Verurteilungsquote kann ebenso darauf zurückzuführen sein, dass die von älteren Tätern verwirklichten Delikte im Schnitt eine deutlich geringere Schwere aufweisen als die der jüngeren Straftäter. Ferner wird weithin konstatiert, dass ältere Straftäter häufiger ohne Vorstrafen und stärker sozial integriert sind als Delinquenten jüngeren Alters. All dies könnte dazu führen, dass häufiger bereits durch die Staatsanwaltschaft von der Erhebung der öffentlichen Klage abgesehen wird (siehe hierzu auch Keßler 2005, S. 356) und es mithin überwiegend gar nicht erst zu einer Hauptverhandlung vor dem Strafrichter kommt. Dies würde sodann bedeuten, dass die älteren Beschuldigten von der Strafjustiz überwiegend nicht milder als jüngere Delinquenten behandelt werden, sondern der Art und Schwere ihrer Deliktsverwirklichung sowie ihren sozialen Begleitumständen entsprechend.

6.2   Untersuchungsmethode

Die PKS sowie die Strafverfolgungsstatistik beinhalten keine Angaben darüber, bei wie vielen Verfahren tatsächlich bereits durch die Staatsanwaltschaft von der weiteren Verfolgung abgesehen wird, d. h., inwiefern etwaige vorgeschobene »Ausfilterungs- und Selektionsvorgänge« stattfinden (Dünkel 1991, S. 350). Eine anerkannte landes- oder bundesweite Statistik über den Abschluss der staatsanwaltschaftlichen Ermittlungsverfahren existiert bisher nicht.

Aus diesem Anlass führte die Verfasserin selbst eine derartige Erhebung bei der Staatsanwaltschaft des Landgerichts Darmstadt durch, die in einer gesonderten Veröffentlichung umfassend dargestellt wird (Lachmund 2011). Die Ergebnisse dieser Erhebung werden nachfolgend in verkürzter Form wiedergegeben.

Für die Untersuchung wurden sämtliche bei der Staatsanwaltschaft Darmstadt elektronisch erfassten Daten (d. h. Alter, Geschlecht, Delikt und Art des Verfahrensausgangs) bezüglich aller dortigen Eingänge aus dem Jahre 2007 mit Beschuldigten im Alter von 60 Jahren und älter ausgewertet. Um die dadurch gewonnenen Daten interpretieren zu können, wurden darüber hinaus ebenso die verfügbaren Datensätze (Alter, Geschlecht, Delikt und Art des Verfahrensausgangs) der im Jahre 2007 bei der Staatsanwaltschaft Darmstadt anhängigen Verfahren gegen unter 60-jährige Beschuldigte als Vergleichsmaterial entsprechend ausgewertet.

◙ Tab. 6.1 Verteilung der staatsanwaltschaftlichen Beendigungsarten/Ausgang des Ermittlungsverfahrens[a]. (Lachmund 2011; mit freundl. Genehmigung des LIT Verlags)

Verfahrensausgang		Alle Jahrgänge		Unter 60-Jährige		60 Jahre und älter	
		Anzahl (63993)	%	Anzahl (59787)	%	Anzahl (4206)	%
Abgabe nach § 43 OWiG[b]		5006	7,82	4361	7,29	645	**15,34**
Anklage		8673	13,55	8386	14,03	287	**6,82**
Einstellung gesamt		29710	46,43	27334	45,72	2376	56,49
Davon	§ 153 I S. 1 u. 2 StPO[c]	5110	7,99	4411	7,38	699	**16,62**
	§ 170 II StPO	22182	34,66	20888	34,94	1294	30,77
	§ 170 II wegen § 20 StGB	103	0,16	84	0,14	19	0,45
	§ 153 a StPO	2315	3,62	1951	3,26	364	**8,65**
Strafbefehl		5101	7,97	4713	7,88	388	9,22
Insgesamt		48490	75,77	44794	74,92	3696	87,87

[a] Die Tabelle enthält nur die relevanten Beendigungsarten. Die Gesamtzahl entspricht sonach nicht der Gesamtzahl der geführten Verfahren.
[b] Abgabe an eine Verwaltungsbehörde zur Weiterverfolgung bei Einstellung der Straftat, aber Vorliegen einer Ordnungswidrigkeit nach § 43 OWiG (Ordnungswidrigkeitengesetz).
[c] Strafprozessordnung

So lange keine anderweitigen vergleichbaren Untersuchungen über das von der Staatsanwaltschaft durchgeführte Ermittlungsverfahren vorliegen, können die bei der vorgenannten Erhebung erlangten Ergebnisse als erste Anhaltspunkte herangezogen werden. Die gewonnenen Erkenntnisse sind insoweit repräsentativ, als es im Jahr 2007 zu keinen außergewöhnlichen Vorkommnissen im Bezirk der Staatsanwaltschaft Darmstadt gekommen ist, die zu einer starken Verzerrung des üblichen Kriminalitätsumfangs der ab 60-Jährigen hätten führen können. Ferner erfolgten weder im Untersuchungszeitraum noch unmittelbar davor oder danach bedeutende strafprozessuale bzw. ermittlungstechnische Veränderungen. Der Landgerichtsbezirk Darmstadt setzt sich aus einer unauffälligen Durchmischung von städtischen und eher ländlichen Gebieten zusammen. Auch liegen keinerlei Hinweise darauf vor, dass die Staatsanwaltschaft Darmstadt ein erheblich von anderen Staatsanwaltschaften abweichendes Ermittlungsvorgehen an den Tag legt.

6.3 Ergebnisse

Für das Jahr 2007 sind bei der Staatsanwaltschaft Darmstadt 4206 Fälle mit Beschuldigten im Alter von 60 Jahren und älter registriert. Insgesamt, d. h. alle Altersgruppen umfassend, waren es 63.993 Ermittlungsverfahren. Somit bezogen sich im Untersuchungszeitraum 6,57 % der Ermittlungsverfahren auf Beschuldigte, die 60 Jahre und älter waren. Dies entspricht auch dem für diesen Zeitraum aus der PKS zu entnehmenden relativen Verhältnis der Altersgruppen.

6.3.1 Verteilung der Beendigungsarten

Wie ◙ Tab. 6.1 zeigt, konnte die These von der geringeren Anklagequote bei betagten Delinquenten durch die durchgeführte Erhebung bestätigt werden. Ältere Menschen werden seltener verurteilt als jüngere Menschen, weil sie von der Staatsanwaltschaft bereits seltener angeklagt werden. Tatverdächtige aus der Untersuchungsgruppe wurden im Untersuchungszeitraum lediglich halb so oft angeklagt wie jüngere Tatverdächtige. Die Beendigungsarten, auf die wesentlich häufiger als bei Tatverdächtigen jüngeren Alters zurückgegriffen wurden, sind die Einstellung des Ermittlungsverfahrens wegen Geringfügigkeit nach § 153 StPO sowie bei Erfüllung von Auflagen und Weisungen nach § 153 a StPO und die Abgabe an eine Verwaltungsbehörde nach § 43 OWiG. Alle 3 Beendigungsmöglichkeiten kommen prozentual mehr als doppelt so häufig vor wie bei den Tatverdächtigen geringeren Alters.

Dass die Staatsanwaltschaft bei den Beschuldigten der älteren Generation wesentlich häufiger die Erfüllung von Auflagen oder Weisungen als Straftatfolge genügen oder auf die Tatbegehung überhaupt keine Konsequenzen folgen lässt, kann auf die vorherrschende Annahme zurückzuführen sein, das Ermittlungsverfahren allein stelle bereits einen ausreichenden Schock für die betagten Straftäter, die häufig Erstdelinquenten sind, dar (auf die Anzahl der Vorstrafen wird im Folgenden noch eingegangen). Überdies erachtet möglicherweise die Staatsanwaltschaft bei einem hinreichend tatverdächtigen betagten Straftäter häufig alle anderen Reaktionsmöglichkeiten für deutlich ungeeigneter.

6.3.2 Deliktsverteilung vor Anklageerhebung

Einen Überblick über die Deliktsverteilung vor Anklageerhebung gegen Beschuldigte im Alter von 60 Jahren und älter im Jahr 2007 bei der Staatsanwaltschaft Darmstadt gibt ◻ Tab. 6.2.

Eine direkte Vergleichbarkeit der in ◻ Tab. 6.2 aufgeführten Daten mit den Daten der PKS ist nicht gegeben, da im Gegensatz zur PKS Gegenstand der vorliegenden Datenerhebung auch Verkehrsdelikte waren. Dies hat zur logischen Konsequenz, dass alle übrigen prozentualen Anteile geringer als in der PKS ausfallen. Gleichwohl weisen Diebstahl, Betrug, Untreue, fahrlässige Körperverletzung und unerlaubtes Entfernen vom Unfallort verhältnismäßig hohe Fallzahlen auf. Bei den vorsätzlichen

Gewaltdelikten wird es sich mutmaßlich mehrheitlich um Konflikttaten im familiären Bereich handeln (Dünkel 1991, S. 353), denn es ist zu vermuten, dass ältere Menschen im Alltag außerhalb ihrer Familie wenig derart enge und aggressive Berührungspunkte mit anderen Menschen haben, dass es gehäuft zu gewalttätigen Auseinandersetzungen kommen könnte.

Im Begutachtungszeitraum wurde kein einziger ab 60-Jähriger beschuldigt, einen Raub begangen zu haben. Zu Beschuldigungen wegen Erpressung und räuberischer Erpressung kam es nur in 6 Fällen. Diebstahl (hierbei handelte es sich in 84,3 % der Diebstahlsfälle um Ladendiebstähle) und Straßenverkehrsdelikte im weitesten Sinne machen im Beobachtungszeitraum deutlich den größten Anteil aus. Zur Delinquenz im Straßenverkehr sind vermutlich auch ein Großteil der rund 12 % an Beschuldigungen wegen fahrlässiger Körperverletzung zu rechnen, da es außerhalb des Straßenverkehrs deutlich seltener zu fahrlässig begangenen Körperverletzungen kommen wird. Recht hoch sind die Fallzahlen beim unerlaubten Entfernen vom Unfallort. Rund 15 % der 4.206 Eingänge entfielen allein auf dieses Delikt. Sprich nahezu jedem 7. Beschuldigten im Alter von 60 Jahren und älter wurde im Begutachtungszeitraum vorgeworfen, sich unerlaubt vom Unfallort entfernt zu haben. Zieht man die Fallzahlen der StGB-Straßenverkehrsdelikte, des unerlaubten Entfernens vom Unfallort sowie, recht konservativ berechnet, zumindest die Hälfte der Fallzahlen der fahrlässigen Körperverletzung zusammen, kommt man auf rund 27 %. Dies bedeutet, dass in nahezu fast jedem 3. Fall die Beschuldigung sich auf eine Tat bezog, die in direktem Zusammenhang mit dem Straßenverkehr stand.

Die geringen Fallzahlen der Raub- und Erpressungsdelikte und das vergleichsweise niedrige Aufkommen im Bereich der vorsätzlichen Körperverletzung verdeutlichen, dass die Kriminalität älterer Menschen selten im Rahmen einer direkten Täter-Opfer-Konfrontation erfolgt. Über die Identität des Unfallopfers macht sich der Verursacher eines Verkehrsunfalls vor dem Unfall in aller Regel keine Gedanken – zumal ein Verkehrsunfall ohnehin selten vorsätzlich herbeigeführt wird. Ein sich unerlaubt vom Unfallort Entfernender möchte gerade die direkte Konfrontation mit dem Unfallopfer

◻ **Tab. 6.2** Deliktsverteilung vor Anklageerhebung, Staatsanwaltschaft Darmstadt 2007, Beschuldigte im Alter von 60 Jahren und älter. (Lachmund 2011; mit freundl. Genehmigung des LIT Verlags)

Missachtetes Gesetz/Vorschrift/Deliktsgruppe	Anzahl	%
§ 6 PflVG (Pflichtversicherungsgesetz)	145	3,45
Arbeits- und Wirtschaftssektor (außerhalb StGB)	100	2,38
§ 12 JuSchG (Jugendschutzgesetz)	1	0,02
StVG und StVO (Straßenverkehrsgesetz, Straßenverkehrsordnung)	173	**4,11**
BtMG (Betäubungsmittelgesetz)	11	0,26
Verstoß gegen WaffG (Waffengesetz)	146	3,47
Straftaten gegen öffentliche Ordnung und demokratischen Rechtsstaat	68	1,62
Verstoß gegen AufenthG/AuslG (Aufenthaltsgesetz, Ausländergesetz)	14	0,33
Geld- und Wertzeichenfälschung	34	0,81
Aussagedelikte	31	0,74
Falsche Verdächtigung	31	0,74
Störung der Totenruhe	1	0,02
Straftaten gegen Personenstand, Ehe und Familie	4	0,10
Straftaten gegen die sexuelle Selbstbestimmung	63	1,50
Beleidigung	177	**4,21**
Lebens- und Geheimnisbereich	4	0,10
Mord und Totschlag (§§ 212, 222 StGB)	11	0,26
Vorsätzliche Körperverletzung	250	5,94
Fahrlässige Körperverletzung	505	**12,01**
Straftaten gegen die persönliche Freiheit	149	3,54
Diebstahl	651	**15,48**
Unterschlagung, § 248b, § 248c StGB	3	0,07
Erpressung und räuberische Erpressung	6	0,14
Begünstigung und Hehlerei	23	0,55
Betrug und Untreue	375	**8,92**
Bestechung	1	0,02
Urkundenfälschung	26	0,62
StGB-Insolvenzstraftaten und InsO (Insolvenzordnung)	51	1,21
Strafbarer Eigennutz	9	0,21
Sachbeschädigung	90	2,14
Brandstiftung	23	0,55
StGB-Straßenverkehrsdelikte	258	**6,13**
Unerlaubtes Entfernen vom Unfallort	622	**14,79**

◨ Tab. 6.2   Fortsetzung

Missachtetes Gesetz/Vorschrift/Deliktsgruppe	Anzahl	%
Unterlassene Hilfeleistung	3	0,07
Umweltstraftaten	19	0,45
Straftaten im Amt	8	0,19
Steuerhinterziehung gem. § 370 AO (Abgabenordnung)	35	0,83
OWiG	6	0,14
Sonstige Nebengesetze	66	1,57
Ohne Deliktsangabe registrierte Verfahren	13	0,31
Insgesamt	**4206**	**100,00**

vermeiden. Beim Ladendiebstahl wird überhaupt kein Kontakt zu einem Opfer in Person hergestellt. Auch in der Vorstellungswelt des Täters erscheint hier das Opfer überwiegend nicht in der Identität einer bestimmten Person. Die Behauptung Dünkels (1991, S. 350), alte Menschen würden v. a. weniger gefährliche und weniger schadensintensive Delikte begehen, kann im Hinblick auf die Häufigkeit von Straßenverkehrsdelikten innerhalb der Untersuchungsgruppe nicht bestätigt werden. Im Rahmen von Straßenverkehrsdelikten kommt es für gewöhnlich zu gefährlichen und schadensintensiven Geschehen. Diese oftmals erheblichen Gefahren und Schäden werden von den alten Tätern jedoch überwiegend, wie üblich bei Straßenverkehrsdelikten, nicht vorsätzlich verwirklicht.

Sicherlich besteht ein enger Zusammenhang zwischen den häufigen Verfahrenseinstellungen gegenüber älteren Tatverdächtigen und denen von dieser Altersgruppe bevorzugt verwirklichten Delikten. Bei Diebstählen besteht gewöhnlich ein geringeres Strafbedürfnis als bei Körperverletzungsdelikten. Das durch den Diebstahl geringwertiger Sachen verwirklichte Unrecht kann bereits durch die Erteilung einer Auflage und/ oder Weisung abgegolten werden, während dies bei Körperverletzungsdelikten überwiegend als nicht ausreichend angesehen wird. Hinzu kommt, dass das Strafbedürfnis beim häufig vorkommenden Ladendiebstahl noch geringer ist als bei einem Einbruchs- oder Straßendiebstahl. Der Ladendiebstahl spielt sich zumeist in einem geringwertigeren Vermö-gensbereich ab. Erschwerende Umstände kommen bei der Tatausführung in der Regel nicht hinzu.

Bei den Straßenverkehrsdelikten ist es wiederum so, dass sie insbesondere bei den Fahrlässigkeitsdelikten eine Sonderstellung gegenüber den übrigen Straftatbeständen einnehmen. Resozialisierungsmaßnahmen in Form einer Kriminalstrafe werden hier, gerade bei einem betagten, fahrlässig handelnden Täter, vermutlich eher nicht in Betracht gezogen. Delinquentes Verhalten betagter Täter im Straßenverkehr kann in der Mehrheit der Fälle auch schlicht als Kriminalität aus Überforderung bezeichnet werden. Darüber hinaus liegt in der Regel gerade bei Straßenverkehrsdelikten die Einstellungsquote in allen Altersgruppen besonders hoch. Die Gründe für die seltenere Anklage können hier möglicherweise in der mitunter schwierigeren Beweislage und der hohen Arbeitsbelastung der Staatsanwaltschaften gefunden werden (siehe hierzu Feltes 1991, S. 81 ff).

6.3.3 Kriminalität nach Alter und Geschlecht im Vergleich

Aus ◨ Tab. 6.3 geht hervor, dass sich von den Ermittlungsverfahren gegen Beschuldigte im Alter von 60 Jahren und älter 3211 (76,34 %) gegen männliche Personen und 995 (23,66 %) gegen weibliche Personen richteten. Bei den Frauen, die in absoluten Zahlen gemessen seltener strafrechtlich in Erscheinung traten, potenzierten sich die soeben

◻ **Tab. 6.3** Deliktsverteilung (ausgewählte Delikte) vor Anklageerhebung, nach Alter und Geschlecht. (Lachmund 2011; mit freundl. Genehmigung des LIT Verlags)

Delikt	Ab 60-Jährige				Unter 60-Jährige				Gesamt			
	Männlich		Weiblich		Männlich		Weiblich		Männlich		Weiblich	
	An-zahl	%	An-zahl	%	An-zahl	%	An-zahl	%	An-zahl	%	An-zahl	%
Beleidigung	134	4,17	43	4,32	860	1,76	343	3,12	994	1,91	386	3,22
Vorsätzliche Körperverletzung	210	6,54	40	4,02	3850	7,89	704	6,41	4060	7,81	744	6,21
Fahrlässige Körperverletzung	363	**11,30**	142	**14,27**	1950	4,00	929	8,45	2313	4,45	1071	8,94
Diebstahl	430	**13,39**	191	**19,20**	5354	10,97	2080	18,93	5784	**11,12**	2271	**18,95**
Betrug und Untreue	311	9,69	64	6,43	13399	**27,46**	2545	**23,16**	13710	**26,36**	2609	**21,77**
Straßenverkehrsdelikte, StGB	210	6,54	48	4,82	3616	7,41	376	3,42	3826	7,36	424	3,54
Unerlaubtes Entfernen vom Unfallort	441	**13,73**	181	**18,19**	1468	3,01	509	4,63	1909	3,67	690	5,76
BtMG	9	0,28	2	0,20	3466	7,10	345	3,14	3475	6,68	347	2,90
StVG	94	2,93	16	1,61	2407	4,93	401	3,65	2501	4,81	417	3,48
Insgesamt	**2202**	**68,6**	**727**	**73,1**	**36370**	**74,5**	**8232**	**74,9**	**38572**	**74,2**	**8959**	**74,8**

genannten Faktoren, weshalb bei ihnen auch konsequenterweise die Anklagequote noch niedriger war. Während 7,32 % der männlichen Beschuldigten der Untersuchungsgruppe angeklagt wurden, folgte bei den Frauen lediglich auf 5,23 % der Tatverdächtigungen eine Anklage. Dies entspricht der im Rahmen der Erhebung festgestellten grundsätzlich geringeren Anklagequote bei weiblichen Beschuldigten, da delinquente Frauen zeitlebens eine Präferenz für den Diebstahl aufweisen. Die Deliktsverteilung bei den Frauen im Alter von 60 Jahren und älter war überdies weniger stark gefächert als bei den Männern derselben Altersgruppe, sodass erstere hauptsächlich in den einstellungsrelevanten Deliktsbereichen wie dem Diebstahl und der Straßenverkehrskriminalität im weiteren Sinne vertreten waren. Die des Ladendiebstahls verdächtigten Frauen waren obendrein nahezu gänzlich ohne Vorstrafen (▶ unten). Dass bei ihnen die Einstellung des Verfahrens noch häufiger als bei den

Männern ohne Erteilung von Auflagen erfolgte, überrascht sonach nicht.

In der Altersgruppe der unter 60-Jährigen war die vorsätzliche Körperverletzung im Untersuchungszeitraum prozentual stärker, die fahrlässige Körperverletzung deutlich seltener als bei den ab 60-Jährigen vertreten. Die prozentualen Angaben für den Diebstahl waren bei den unter 60-Jährigen bei beiden Geschlechtern niedriger als bei den ab 60-Jährigen, bei den Frauen jedoch nur geringfügig. Betrug und Untreue machten hingegen einen deutlich größeren Anteil aus. Der Anteil der Straßenverkehrsdelikte war bei den unter 60-jährigen Männern höher als bei den ab 60-jährigen Männern, bei den ab 60-jährigenn Frauen spielten die Straßenverkehrsdelikte hingegen eine bedeutendere Rolle. Das unerlaubte Entfernen vom Unfallort ist bei beiden Geschlechtern unter den ab 60-Jährigen prozentual erheblich stärker vertreten. Anders als bei den ab 60-jährigen Verdächtigen kommt bei den unter 60-jährigen Verdächtigen, insbesondere bei den männlichen (mit 7,10 %), hingegen die Betäubungsmittelkriminalität relativ häufig vor. All dies untermauert die vorangestellte These, dass ältere Delinquenten häufig Delikte verwirklichen, die über alle Altersgruppen hinweg hohe Einstellungsquoten aufweisen, während jüngere Beschuldigte Straftaten begehen, die regelmäßiger in eine Verurteilung vor dem Strafrichter münden.

Aus ◘ Tab. 6.4 ist zu entnehmen, dass im Untersuchungszeitraum 287 Personen angeklagt wurden, die 60 Jahre und älter waren. Davon waren lediglich rund 18 % Frauen. Die Taten, die am häufigsten angeklagt wurden, waren das unerlaubte Entfernen vom Unfallort, Straßenverkehrsdelikte nach dem Strafgesetzbuch sowie Betrug und Untreue. Auch Straftaten nach dem Straßenverkehrsgesetz sowie die vorsätzliche Körperverletzung kamen häufig vor. Gleiches gilt für Diebstahl und Unterschlagung. Letztere haben jedoch aufgrund der bei ihnen vorliegenden hohen Einstellungsquote nicht mehr dieselbe prozentuale Relevanz wie noch im Ermittlungsverfahren. Im Vergleich mit dem prozentualen Vorkommen im Ermittlungsverfahren fällt auf, dass nicht nur Diebstahl und Unterschlagung geringe Anklagequoten aufweisen, sondern allen voran die fahrlässige Körperverletzung verhältnismäßig deutlich seltener angeklagt wird als andere Delikte. Während die fahrlässige Körperverletzung im Ermittlungsverfahren noch 12,01 % der vorgeworfenen Taten ausmachte, sind es nach Anklageerhebung lediglich 0,35 % der Taten. Von den 503 der fahrlässigen Körperverletzung Beschuldigten wurde letztlich nur eine Person auch tatsächlich wegen fahrlässiger Körperverletzung angeklagt.

6.4   Gesonderte Analyse des Ladendiebstahls

Um die Einstellungspraxis der Staatsanwaltschaft Darmstadt besser nachvollziehen zu können und weiter zu prüfen, ob die verhältnismäßig geringe Anklagequote bei den älteren Tatverdächtigen überwiegend nicht auf einer staatsanwaltschaftlich geübten Milde, sondern vielmehr auf der geringeren Schwere der mutmaßlichen Tatverwirklichun-

gen sowie positiven Sozialfaktoren beruht, wurde neben der vorangehend dargestellten Untersuchung beispielhaft eine ausführlichere und individuelle Betrachtung aller Verfahren wegen Diebstahlsverdacht gegen Beschuldigte der Untersuchungsgruppe durchgeführt. Hierfür wurden 542 Akten selbstständig eingesehen und ausgewertet. Ausgewertet wurden die Angaben hinsichtlich

- Alter,
- Geschlecht,
- Vorstrafen,
- Diebstahlsobjekt (Art und Preis),
- Familienstand,
- erlernter bzw. ausgeübter Beruf und
- Tatmotivation.

Ziel war die Erlangung eines konkreteren Bildes von den Tatumständen, den sozialen Hintergründen und den Tatantrieben der alten Delinquenten. Die deutlich geringeren Fallzahlen wurden mit aller gebotenen Zurückhaltung ausgewertet. Nur eindeutige Tendenzen wurden berücksichtigt, sodass auch hier wieder die Repräsentativität der gewonnenen Erkenntnisse gegeben ist.

Mit 84,32 % machte der Ladendiebstahl im Untersuchungszeitraum deutlich den Schwerpunkt der Diebstähle aus. Bei den Frauen schlug er gar mit 86,44 % zu Buche. Auf dem Ladendiebstahl lag deshalb auch das Hauptaugenmerk der nachfolgend dargelegten Untersuchung. Die Fälle des sonstigen Diebstahls entziehen sich einer vergleichenden Untersuchung. Sie unterscheiden sich in ihrer Entstehungsgeschichte, der Ausführung und dem Ausmaß des verwirklichten Schadens stark voneinander.

6.4.1   Alter der Beschuldigten und Vorstrafen

Das dargestellte Schaubild ◘ Abb. 6.1 verdeutlicht, dass die Delinquenz betreffend Ladendiebstahl mit zunehmendem Lebensalter abzusteigen scheint. Dennoch existieren wohl auch im Alter nochmals Höhepunkte der kriminellen Energie. Während diese bei den Männern im Untersuchungszeitraum mit 64–65 Jahren erreicht wurden, war anschließend das Delinquenzverhalten deutlich ab-

Tab. 6.4 Deliktsverteilung nach Anklageerhebung bei ab 60-Jährigen. (Lachmund 2011; mit freundl. Genehmigung des LIT Verlags)

Missachtetes Gesetz/ Vorschrift	Männlich		Weiblich		Gesamt	
	Anzahl	%	Anzahl	%	Anzahl	%
§ 370 AO (Steuerhinterziehung)	9	3,83	4	7,69	13	4,53
Arbeits- und Wirtschaftssektor (außerhalb StGB)	11	4,68	1	1,92	12	4,18
BtMG	1	0,43	1	1,92	2	0,70
Sonstige Nebengesetze	3	1,28	1	1,92	4	1,39
§ 6 PflVG	0	0,00	1	1,92	1	0,35
Straftaten gegen öffentliche Ordnung und demokratischen Rechtsstaat	3	1,28	0	0,00	3	1,05
Unerlaubtes Entfernen vom Unfallort	31	**13,19**	12	**23,08**	43	**14,98**
Aussagedelikte	7	2,98	1	1,92	8	2,79
Falsche Verdächtigung	2	0,85	0	0,00	2	0,70
Straftaten gegen die sexuelle Selbstbestimmung	10	4,26	0	0,00	10	3,48
Beleidigung	5	2,13	1	1,92	6	2,09
Mord- und Totschlag	2	0,85	0	0,00	2	0,70
Fahrlässige Tötung	1	0,43	1	1,92	2	0,70
Vorsätzliche Körperverletzung	20	**8,51**	3	5,77	23	**8,01**
Fahrlässige Körperverletzung	1	0,43	0	0,00	1	0,35
Straftaten gegen die persönliche Freiheit	8	3,40	1	1,92	9	3,14
Diebstahl und Unterschlagung	18	7,66	5	9,62	23	8,01
Begünstigung und Hehlerei	0	0,00	1	1,92	1	0,35
Betrug und Untreue	37	**15,74**	6	**11,54**	43	**14,98**
Urkundenfälschung	4	1,70	1	1,92	5	1,74
Insolvenzstraftaten	3	1,28	1	1,92	4	1,39
Strafbarer Eigennutz	2	0,85	1	1,92	3	1,05
Sachbeschädigung	2	0,85	1	1,92	3	1,05
Straßenverkehrsdelikte (StGB)	24	**10,21**	9	**17,31**	33	**11,50**
Umweltstraftaten	1	0,43	0	0,00	1	0,35
StVG	22	9,36	0	0,00	22	7,67
Verstoß gegen WaffG	8	3,40	0	0,00	8	2,79
Insgesamt	**235**	**100,00**	**52**	**100,00**	**287**	**100,00**

steigend. Erwartungsgemäß nahm die Anzahl der Beschuldigten ab Erreichen des 80. Lebensjahres rapide ab. Bei den Frauen gab es keinen derartigen Höhepunkt krimineller Betätigung. Dies mag womöglich daran liegen, dass die Mehrheit der männlichen Bevölkerung mit Anfang 60 noch arbeitet

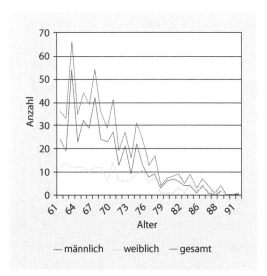

Abb. 6.1 Alter der Beschuldigten nach Geschlecht, Ladendiebstahl (Lachmund 2011; mit freundl. Genehmigung des LIT Verlags)

und während der Berufstätigkeit scheinbar nur ein geringer Anreiz zum Ladendiebstahl besteht. Bei den Frauen der älteren Generation sind hingegen viele nicht bis über das 60. Lebensjahr hinaus berufstätig. Für sie existiert nach dem 60. Lebensjahr keine für alle Frauen gleichsam geltende besondere Altersmarke, die statistisch zu eklatanten Veränderungen im Rechtsverhalten führt. Die Erhebung offenbarte überdies, dass der beschriebene kriminelle Höhepunkt bei den Männern im Alter von 64–65 Jahren lediglich beim Ladendiebstahl und nicht bei den übrigen Delikten existiert. Dies lässt vermuten, dass sich das Erreichen des Renteneintrittsalters lediglich beim Diebstahl stark kriminalitätsfördernd auswirkt.

Von den männlichen des Ladendiebstahls Beschuldigten waren 84,59 % ohne Vorstrafen. Bei den weiblichen Beschuldigten waren 91,50 % ohne Vorstrafen. Innerhalb der Gruppe der Vorbestraften handelte es sich allerdings auch in einigen Fällen um erst nach dem 60. Lebensjahr erlangte Vorstrafen. Dies verdeutlicht die fortwährende Brisanz des Themas »alte Straftäter« – denn die Justiz hat es hier größtenteils mit einer deutlich geringeren kriminellen Vorbelastung als bei jüngeren Beschuldigten zu tun.

6.4.2 Diebstahlsobjekt

Beim Diebstahlsobjekt lag die Präferenz der männlichen Beschuldigten deutlich auf Artikeln des Heimwerkerbedarfs. 31,23 % der von den Männern der Untersuchungsgruppe gestohlenen Objekte wurden im Baumarkt gestohlen und waren klassische Baumarktartikel. Bei den weiblichen Beschuldigten der Untersuchungsgruppe waren die Präferenzen weiter gestreut. Die häufigsten Diebstahlsobjekte waren Toiletten- und Kosmetikartikel (25,50 %), Lebensmittel (15,00 %) und Süßigkeiten (13,50 %). Neben der Deliktpräferenz alter Menschen verdeutlichte insbesondere die Auswahl der Diebstahlslokalitäten mit der weitüberwiegenden Präferenz der Bau- und Supermärkte erneut, dass die Kriminalität älterer Menschen selten im Rahmen einer direkten Täter-Opfer-Konfrontation erfolgt.

Anhand der gestohlenen Güter ließ sich des Weiteren nicht erkennen, dass die Täter in einer relevanten Anzahl von Fällen den Diebstahl zugunsten Dritter, z. B. für den Partner oder die Enkelkinder, begangen haben. So entwendeten die Frauen keine augenscheinlichen Herrenprodukte und umgekehrt. Auch völlig wahlloses Stehlen wird deshalb wohl eher nicht in einer Vielzahl von Fällen vorgelegen haben. Es wurden in keinem Fall Güter gestohlen, die als Diebstahlsobjekte verwundern oder die offensichtlich dem »Diebstahlsrausch« eines psychisch kranken Täters zuzuordnen gewesen wären. Insbesondere bei den Baumarktdiebstählen handelte es sich mehrheitlich um den Diebstahl einer genau definierten Anzahl ganz bestimmter Schrauben oder Werkzeuge. Dies spricht für ein eher egoistisch gelagertes Motiv des Diebstahls. Die Kriterien für die Auswahl des Diebstahlsobjektes waren jedoch wahrscheinlich neben den individuellen Vorlieben auch der Preis, die Verpackungsgröße und das Warenangebot am Tatort. Bedenkt man, dass den männlichen Tatverdächtigten vorgeworfen wurde, am häufigsten Heimwerkerbedarf und den weiblichen Tatverdächtigen, am häufigsten Kosmetik- und Toilettenartikel entwendet zu haben, so standen die Diebstähle vermutlich überwiegend in Zusammenhang mit der Ausübung von gesellschaftlich als typisch männlich und als typisch weiblich deklarierten Verhaltensweisen.

Bei den Männern könnte eine mögliche Erklärung für die extreme Konzentration auf Gegenstände des Heimwerkerbedarfs darin zu finden sein, dass Heimwerkertätigkeiten ein favorisiertes Betätigungsfeld eines Großteils der männlichen Ruheständler darstellen und die hierfür benötigten Materialen auf Dauer kostenintensiv sind. Reimann u. Reimann (1994, S. 140) weisen darüber hinaus darauf hin, dass im Alter die Wohnung »wegen der zunehmenden Einengung des Aktionsraumes durch Berufsaustritt und sonstigen Verlust an sozialen Funktionen, durch Nachlassen der körperlichen Leistungsfähigkeit und der sinnlichen Wahrnehmungskapazität für den Menschen besonders bedeutsam« wird. Die Diebstahlshäufung bei den Männern im Bereich des Renteneintrittsalters und ihre Konzentration auf Produkte des Heimwerkerbedarfs legen ferner den Schluss nahe, dass bei der späten Delinquenz der Männer zumindest mittelbar Beschäftigungsmöglichkeiten eine große Rolle spielen.

Insbesondere bei den weiblichen Tatverdächtigen liegt die Vermutung nahe, dass, neben dem nicht zu unterschätzenden Nervenkitzel als Kriminalitätsfaktor, das »Sich etwas Gönnen« eine bedeutende Rolle spielt (siehe hierzu auch: Albrecht 2005, S. 44). Denn auffällig ist, dass beispielsweise in der Gruppe »Kosmetik und Toilettenartikel« keine Deodorants, Zahnpastatuben oder einfache Fettcremes gestohlen wurden. Diebstahlsobjekte waren stattdessen Schminkprodukte, Parfüms und Antifaltencremes, obwohl mitunter ein hautverträgliches Deodorant teurer sein kann als Schminkartikel aus dem Discounter, die in den Fällen der Untersuchungsgruppe größtenteils dem Niedrigpreissegment entstammten. Dies legt die Interpretation nahe, dass zumindest bei den Frauen der psychische und nicht der wirtschaftliche Vorteil, der sich von der Erlangung und Verwendung des Gutes versprochen wird, im Vordergrund stand. Für ein Produkt, mit dem man einen gewissen Luxus verbindet, fällt möglicherweise auch die Grenzüberschreitung leichter als für einen rein wirtschaftlich lohnenswerten Diebstahl. Bei den Frauen lässt somit die Auswahl der gestohlenen Güter vermuten, dass das Diebstahlsobjekt nicht lediglich Mittel zum Zweck ist, sondern sich von ihm unmittelbar positive Auswirkungen auf das eigene Wohlbefinden versprochen werden.

◨ **Tab. 6.5** Durchschnittswert des Diebstahlsobjekts, Geschlechter im Vergleich. (Lachmund 2011; mit freundl. Genehmigung des LIT Verlags)	
Durchschnittswert des Diebstahlsobjekts	**€**
Ladendiebstahl	**14,20**
Übrige Diebstähle	671,44
Ladendiebstahl/männlich	13,55
Ladendiebstahl/weiblich	16,16
Gesamt	**116,03**

◨ Tab. 6.5 kann entnommen werden, dass der durchschnittliche Gesamtwert der bei einem Diebstahl entwendeten Güter 14,20 Euro betrug und es sich sonach im Schnitt um eine denkbar geringe Schadenshöhe handelte. Im Vergleich zwischen den männlichen und weiblichen Tatverdächtigen ergaben sich keine relevanten Unterschiede.

6.4.3 Familienstand und Beruf

Die statistische Erfassung des Familienstands der Probanden der Untersuchungsgruppe konnte etwaige Vermutungen, ein älterer Straftäter lebe in der Regel ohne feste partnerschaftliche Bindungen, zumindest nicht bestätigen (vgl. hierzu: Bürger-Prinz u. Lewrenz 1961, S. 45). Von den Verdächtigen gaben 41,14 % an, verheiratet zu sein. Nur 4,06 % sagten aus, ledig zu sein. 10,52 % der Tatverdächtigen gaben an, dass ihr Ehegatte bzw. Lebensgefährte in den letzten Jahren verstorben ist. Dieser Prozentsatz ist jedoch altersentsprechend und lässt keine Rückschlüsse auf Witwerschaft als Kriminalitätsanreiz zu. Bürger-Prinz u. Lewrenz (1961) schlossen aus der hohen Anzahl verheirateter männlicher Beschuldigter, »daß selbst die Ehe den Mann über 60 Jahre weniger vor Straffälligkeit schützen kann, als im jüngeren Alter« (ebenso: Amelunxen 1960, S. 45–46).

Die Auswertung der Angaben der Beschuldigten über den erlernten und den ausgeübten Beruf zeigten eine deutliche Tendenz hin zur Schlussfolgerung, dass Kriminalität im Alter in allen Gesellschafts- und Bildungsschichten vorkommt.

Verglichen mit jüngeren Beschuldigten ist hier vermutlich die Anzahl von Berufen, die ein gewisses Bildungsniveau voraussetzen und einen gutes Verdienstniveau zur Folge haben, besonders hoch. Bei den Männern war lediglich die Gruppe der handwerklichen Berufe etwas ausgeprägter vertreten. Hierbei ist jedoch zu berücksichtigen, dass eine Vielzahl der für Männer der älteren Generation gegebenen Berufsmöglichkeiten unter diese Kategorie fällt. Gleiches gilt für die bei den Frauen etwas stärker vertretene Gruppe der Hausfrauen.

6.4.4 Vorgetragene Begründung

Bei beiden Geschlechtern wurden die Begründungen, man könne sich die Tat nicht erklären oder habe noch nicht einmal Erinnerungen an die Tatbegehung sowie man habe schlichtweg vergessen, dass man noch Ware in der Hand oder einer Tasche habe, am häufigsten vorgetragen. Bei den Männern war mit 50,51 % sogar jede zweite Begründung des Inhalts, man habe gänzlich vergessen, dass man noch unbezahlte Ware in der Hand bzw. Tasche habe.

Das demnach der am häufigsten gewählte Vortrag zugleich das Leugnen der Tat darstellt, ist nicht verwunderlich. Bürger-Prinz u. Lewrenz (1961, S. 14) gehen davon aus: »daß es für einen Menschen, der ein straffreies Leben hinter sich hat, besonders schwer sein muß, eine Schuld und ein Unrecht einzugestehen, das seine Daseinsbedingungen zerstört und mit dem er gewissermaßen sein ganzes bisheriges Leben desavouiert«. Die vorgebrachten Begründungen für das Geschehen müssen darüber hinaus unter dem Aspekt betrachtet werden, dass die Verdächtigten in der Regel Behauptungen aufstellen, von denen sie annehmen, dass ihnen vom Gegenüber am ehesten Glauben geschenkt wird. Die betagten Verdächtigen verhalten sich dem gesellschaftlichen Altenbild entsprechend, indem sie sich den vermuteten Erwartungen anpassen. Bei beiden am häufigsten gewählten Ausreden beruft sich der Verdächtige darauf, vergesslich oder nicht mehr Herr seiner Sinne zu sein. Ein jugendlicher Ladendieb würde wohl nicht vortragen, sich an nichts mehr erinnern zu können. Er wüsste darüber hinaus, dass ihm auch die Behauptung, er habe vergessen, dass er noch unbezahlte Ware in der Hand habe, keinesfalls abgenommen werden würde.

Dass mehr weibliche als männliche Verdächtigte konstatierten, zur Tatzeit physische oder psychische Probleme gehabt zu haben, entspricht ebenfalls der These vom Anpassen an den gesellschaftlichen Erwartungshorizont. Einer Frau, insbesondere einer älteren, wird schnell Glauben geschenkt, wenn sie vorträgt, Kreislaufprobleme zu haben. Letztlich lässt diese geschickte Auswahl des Begründungsvortrags zugleich vermuten, dass auch ältere Straftäter noch in der Lage sind, ihr Handeln zu reflektieren. Anhaltspunkte für die Charakterisierung des Ladendiebstahls als Kriminalität des psychischen Abbaus haben sich demnach auch hier nicht ergeben.

6.5   Zusammenfassung der Untersuchung

Die bei der Staatsanwaltschaft Darmstadt durchgeführte Erhebung hat die Annahme bestätigt, dass ältere Menschen deshalb seltener verurteilt werden als jüngere Menschen, weil sie von der Staatsanwaltschaft bereits seltener angeklagt werden. Tatverdächtige aus der Untersuchungsgruppe wurden im Untersuchungszeitraum lediglich halb so oft angeklagt wie jüngere Tatverdächtige.

Folgende mögliche Gründe haben sich nach alledem für die zurückhaltende staatsanwaltschaftliche Vorgehensweise gegenüber betagten Delinquenten herauskristallisiert: Die den ab 60-jährigen Beschuldigten vorgeworfenen Taten sind überwiegend von geringerer Schwere und bewirken kein besonderes Strafbedürfnis. Die Delinquenz betagter Straftäter kann überwiegend als Bagatellkriminalität (Ladendiebstahl) auf der einen und Überforderungskriminalität (Straßenverkehrsdelinquenz) auf der anderen Seite charakterisiert werden. Auch positive Sozialfaktoren wie beispielsweise eine feste partnerschaftliche Bindung wirken sich in der Regel strafmildernd aus. Die betagten Delinquenten verwirklichten mit Straftaten wie Diebstahl und Straßenverkehrsdelinquenz im weiteren Sinne zudem mehrheitlich Straftaten, die auch in anderen Altersgruppen überwiegend die Einstellung des Verfahrens zur Folge haben. Ferner sind insbesondere die des Ladendiebstahls verdächtigten ab 60-Jährigen selten vorbestraft und stehlen weit überwiegend Gegenstände aus dem Niedrigpreissegment.

Ungeachtet der Frage, ob der häufigen Verfahrenseinstellung gegenüber Straftätern, die 60 Jahre oder älter waren, ausreichend Resozialisierungseffekt zugesprochen werden kann, wäre jedwede andersgeartete Handhabung eine kaum tragbare Überlastung des Justizapparates und eine Missachtung des Ultima-ratio-Gedankens der Anklage. Dieser wird mit der Existenz von anderweitigen Beendigungsmöglichkeiten des Ermittlungsverfahrens, wie z. B. der Einstellung unter Auflagen, indiziert. Die Erhöhung der Anklagequote gegenüber ab 60-jährigen Beschuldigten wäre angesichts der häufigen Bagatellkriminalität in dieser Altersgruppe sogar eine Schlechterstellung der älteren gegenüber den jüngeren Beschuldigten. Die Annahme, die Staatsanwaltschaft offenbare mit der geringen Anklagequote bei älteren Menschen eine besondere Milde, konnte durch die hier vorgestellte Untersuchung demnach nicht bestätigt werden.

Literatur

Albrecht H-J (2005) Rechtstatsachenforschung zum Strafverfahren, Empirische Untersuchungen zu Fragestellungen des Strafverfahrens zwischen 1990 und 2003. Luchterhand, Neuwied

Amelunxen C (1960) Alterskriminalität. Kriminalistik, Hamburg

Bürger-Prinz H, Lewrenz H (1961) Die Alterskriminalität. Enke, Stuttgart

Dünkel F (1991) Alte Menschen im Strafvollzug. ZfStrVo 6:350–357

Feltes T (1991) Der staatliche Strafanspruch – Überlegungen zur Struktur, Begründung und Realisierung staatlichen Strafens. Felix, Tübingen

Keßler I (2005) Straffälligkeit im Alter: Erscheinungsformen und Ausmaße. LIT, Münster

Lachmund C (2011) Der alte Straftäter – Die Bedeutung des Alters für Kriminalitätsentstehung und Strafverfolgung. LIT, Münster

Reimann H, Reimann H (1994) Einleitung: Gerontologie: Objektbereich und Trends in: Reimann H u. Reimann H Das Alter: Einführung in die Gerontologie, 3. Aufl. Lucius & Lucius, Stuttgart, S 1–29

Alterskriminalität im Spiegel des Bundeszentralregisters

Straffälligkeit, Sanktionierung und Rückfälligkeit älterer Menschen

Patrick Fresow

Dieser Beitrag wäre in dieser Form nicht entstanden, hätte Frau Dr. Sabine Hohmann-Fricke mir nicht zu jeder Zeit mit ebenso beharrlicher wie stets auch herzlicher Hilfe zur Seite gestanden – dafür bin ich ihr von Herzen dankbar. Ebenso möchte ich Frau Dr. Franziska Kunz dafür danken, dass sie es mir ermöglicht hat, zu diesem Band beizutragen, und dabei ebenso viel Geduld wie Freundlichkeit bewiesen hat. Schließlich gebührt Herrn Prof. Dr. Dr. h.c. Jörg-Martin Jehle ein Dank dafür, dass er mir dieses faszinierende Thema anvertraut und mich in die Lage versetzt hat, mit dem Rückfalldatensatz arbeiten zu können.

F. Kunz, H.-J. Gertz (Hrsg.), *Straffälligkeit älterer Menschen,*
DOI 10.1007/978-3-662-47047-3_7, © Springer-Verlag Berlin Heidelberg 2015

7.1   Einführung

Dass sich der vorliegende Sammelband der Kriminalität älterer Menschen annimmt und sie näher zu ergründen sucht, ist in zweifacher Hinsicht erfreulich: Zum einen lässt der demografische Wandel, den Deutschland erfährt, darauf schließen, dass der bereits heute mit über einem Viertel hohe Bevölkerungsanteil[1] von Menschen mit einem Alter ab 60 Jahren in den kommenden Jahrzehnten einen weiteren beträchtlichen Anstieg erfahren wird.

So die vorliegende Grenze zum »Alter«, indes erschiene u. a. aufgrund der steigenden Lebenserwartung auch eine höhere, bei 65 Jahren liegende, Grenze denkbar (so z. B. auch Schwind 2013, § 3 Rn. 31).
Je nach Annahmemodell werden für das Jahr 2050 Anteile von 37,3–43,0 % vorausgesagt (Statistisches Bundesamt (2009, S. 41 f), Berechnungsvarianten »,relativ junge' Bevölkerung« bzw. »,relativ alte' Bevölkerung«.

Andererseits scheint die Gruppe der Lebensälteren im kriminologischen Diskurs bislang unterrepräsentiert zu sein – woran deren im Vergleich mit anderen Altersgruppen niedrige Kriminalitätsbelastung insoweit nichts ändert, als auch eine geringe durchschnittliche Quote zu beachtlichen Absolutzahlen führen kann, wenn nur die betreffende Personenzahl, wie vorliegend der Fall, groß genug ist. Zu Recht wird daher wiederholt auf weitere Forschung zu verschiedenen Aspekten dieses Phänomens gedrängt (u. a. Dünkel 1991, S. 357; Görgen u. Greve 2005, S. 127; Kreuzer u. Hürlimann 1992, S. 13 ff.; Keßler 2005b, S. 143).

Dieser Beitrag will sich dem Gegenstand dabei auf empirische Weise nähern, indem anhand verschiedener Quellen das Hellfeld der Kriminalität älterer Menschen betrachtet werden soll. Zu Vergleichszwecken werden zunächst die Statistiken der Strafrechtspflege – insbes. die Polizeiliche Kriminalstatistik (PKS) und die Strafverfolgungsstatistik (StVS) – auf ihren Informationsgehalt bzgl. der zu untersuchenden Gruppe überprüft. Daraufhin wird auf Grundlage des der Rückfalluntersuchung

zugrunde liegenden Datensatzes (Jehle et al. 2013), also letztlich mit Daten aus dem Bundeszentralregister (BZR) (▶ Abschn. 7.3.1), untersucht, welchen Anteil die Gruppe der Älteren am Kriminalitätsaufkommen allgemein sowie hinsichtlich bestimmter Delikte ausmacht, wie sich die Sanktionspraxis in Bezug auf ältere Menschen auch im Vergleich zu anderen Altersgruppen ausnimmt und wie hoch ihre Rückfälligkeit ausfällt.

7.2   Statistiken der Strafrechtspflege – PKS und StVS

7.2.1   Die Polizeiliche Kriminalstatistik

Die PKS enthält neben der Gesamtheit polizeilich registrierter rechtswidriger Taten (1. Teil) sowie Informationen zur Aufklärung derlei registrierter Fälle (2. Teil) im 3. Teil Angaben zu den Tatverdächtigen. Als tatverdächtig gilt, wer »nach dem polizeilichen Ermittlungsergebnis aufgrund zureichender tatsächlicher Anhaltspunkte verdächtig ist, rechtswidrig eine (Straf-)Tat begangen zu haben« (BKA 2014a, S. 357). Diese Angaben werden jeweils nach dem begangenen Delikt und verschiedenen persönlichen Merkmalen, so auch dem Alter, unterschieden (BKA 2014b). Dabei bildet die PKS für die Aufteilung nach Delikten diverse Großgruppen, die jeweils eine Vielzahl von Delikten zusammenfassen. Zur besseren Übersichtlichkeit wurden diese in ◻ Abb. 7.1 nochmals weiter – auf nunmehr 8 Deliktsgruppen – verengt:

- Straftaten gegen die sexuelle Selbstbestimmung (13. Abschnitt des Strafgesetzbuchs (StGB),
- Beleidigung (§§ 185–187, 189)
- Straftaten gegen das Leben (16. Abschnitt des StGB),
- Straftaten gegen die körperliche Unversehrtheit (17. Abschnitt des StGB),
- Straftaten gegen die persönliche Freiheit (§§ 232–241a, 316c),
- Eigentums- und Vermögensdelikte (§§ 242–248c, 249–255, 316a, 257–261, 263–266b, 267–281, 283–305a),
- sonstige Straftatbestände,
- Straftaten gem. Betäubungsmittelgesetz (BtMG).

---

1   27,1 % auf Grundlage des Zensus 2011. Statistisches Bundesamt. ▶ https://www.destatis.de/DE/ZahlenFakten/GesellschaftStaat/Bevoelkerung/Bevoelkerungsstand/Tabellen_/lrbev01.html.

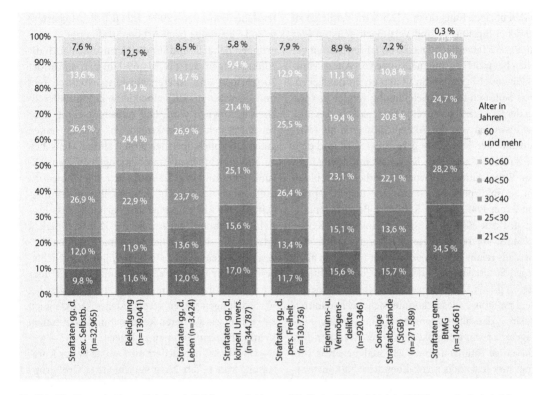

◘ Abb. 7.1 Deutsche Tatverdächtige ab 21 Jahren nach Alter und Delikt im PKS-Berichtsjahr 2007 (prozentuale Anteile). (Eigene Darstellung; Daten: BKA 2008, Tab. 20)

Damit die Vergleichbarkeit mit den Zahlen des Rückfalldatensatzes, der mit 2007 als Bezugsjahr arbeitet, so hoch wie möglich gehalten wird, beziehen sich die Angaben in ◘ Abb. 7.1 nicht auf die aktuelle PKS für 2013, sondern auf die Zahlen für 2007 (für differenzierte Auswertungen anhand aktuellerer PKS-Daten ► Kap. 2 (Jahr 2012) sowie ► Kap. 9 (Jahr 2013).

◘ Abb. 7.1 zeigt für besagte Deliktsgruppen die Absolutzahlen der Tatverdächtigen für 6 verschiedene Altersgruppen ab 21 Jahren. Die PKS zählt eine Person, die mehrerer unterschiedlicher Delikte zugleich tatverdächtig ist, auch in jedem dieser Delikte einmal als Tatverdächtigen, sie wird folglich mehrfach gezählt. Diese Mehrfacherfassung führt dazu, dass die Addition der einzelnen Deliktsgruppen nicht die echte Gesamtzahl von Tatverdächtigen, sondern einen weitaus höheren Wert ergibt. In den einzelnen Säulen lassen sich die Anteile der jeweiligen Altersgruppen am Gesamtaufkommen von Tatverdächtigen für die jeweiligen Straftaten

ablesen. Zu beachten ist dabei, dass die Altersgruppen unterschiedlich weit gefasst sind: Bei den 21- bis 29-Jährigen wurde nochmals unterteilt in die Gruppe der Jungerwachsenen (21 bis einschließlich 24 Jahre) und die 25- bis 29-Jährigen. Die Gruppe der Jungerwachsenen, die lediglich 4 Altersjahre einbezieht, ist also nicht tatsächlich weniger tatverdächtigenbelastet als die 10 Altersjahre einschließende Gruppe der 50- bis 59-Jährigen, sie umfasst lediglich eine weitaus geringere Personenzahl.

Bei Betrachtung von ◘ Abb. 7.1 zeigt sich zunächst, dass die PKS keine weitere Altersdifferenzierung bei Tatverdächtigen ab 60 Jahren vornimmt. Bereits auf den ersten Blick ist deutlich zu erkennen, dass sich die Anteile von Senioren an allen Tatverdächtigen der jeweiligen Deliktsgruppen ab 21 Jahren – in der Abbildung jeweils der oberste Säulenabschnitt – größtenteils bei unter 10 % bewegen. Betrachtet man weiter die Deliktskategorien, fällt auf, dass der Anteil älterer Menschen beim Straftatbestand der Beleidigung deutlich größer ist als in den übrigen Kategorien – 12,5 % im Vergleich zu 8,9 % bei Eigentums- und Vermögensdelikten (der mit 81.667 Tatverdächtigen ab 60 Jahren absolut gesehen bei weitem größten Gruppe von Alterskriminalität) oder 8,5 % bei Straftaten gegen das Leben. Dass Senioren bei der Beleidigung vergleichsweise am derart stärksten vertreten sind, passt in das Bild, das bisweilen von der Alterskriminalität als »Kriminalität der Schwäche« gezeichnet wird und dem die Annahme zugrunde liegt, dass mit dem Altern eine Entwicklung weg von körperlichen Delikten hin zu unkörperlichen stattfindet (Begriff geprägt von Exner 1949, S. 157 f; Kritik am Begriff Göppinger u. Bock 2008, § 24 Rn. 82; eingehend Keßler 2005b, S. 304 ff). Vor diesem Hintergrund muss der ebenfalls relativ hohe Anteil Älterer (8,5 %) an allen wegen Straftaten gegen das Leben Tatverdächtigen allerdings als überraschend bezeichnet werden – die Erwägung, dieser könnte sich auch dadurch erklären, dass ältere Menschen infolge etwaiger geringerer Leistungsfähigkeit im Straßenverkehr dort fahrlässige Tötungen gem. § 222 StGB begehen, verfängt hier jedenfalls nicht: Ebendiese Tatkonstellation ist von der PKS ausgeschlossen (BKA 2014b, Straftatenschlüsselzahl 030000).

Die Betrachtung der Zahlen offenbart mithin, dass der Anteil von Senioren am Kriminalitätsaufkommen in Deutschland zwar vor dem Hintergrund ihrer Masse fraglos als vergleichsweise niedrig einzuschätzen sein mag, sie mit anteilig 6,8 % aller Tatverdächtigen bzw. mit 8,4 % an allen Tatverdächtigen ab 21 Jahren aber dennoch einen durchaus bedeutsamen Teil ausmachen. Damit ist jedoch lediglich eine Aussage über die behördliche Erfassung verdächtigen Verhaltens getroffen – dem soll im Folgenden die Ebene gerichtlicher Entscheidungen gegenübergestellt und geschaut werden, wie Senioren dort vertreten sind.

7.2.2 Strafverfolgungsstatistik

Die Strafverfolgungsstatistik (StVS) als Justizstatistik beinhaltet Daten zu den Abgeurteilten eines bestimmten Jahres und zu deren Teilmenge, den Verurteilten. Eine für den vorliegend zugrunde gelegten Altersbegriff sinnvolle Aufgliederung nach Altersgruppen bietet in der StVS v. a. ▶ Tab. 2.1 (Sta-

tistisches Bundesamt 2009, S. 24 ff.), die die Abgeurteilte und Verurteilte nach Art der Straftat und Altersgruppen darstellt und für die Verurteilten auch die Altersgruppen der 60- bis 69-Jährigen sowie der 70-Jährigen und Älteren aufweist, wodurch hier im Gegensatz zur PKS eine kleine Binnendifferenzierung möglich wird. Die Aufschlüsselung nach verschiedenen Deliktskategorien vermag einen guten Überblick über den Anteil älterer Menschen an strafgerichtlichen Entscheidungen in Deutschland zu vermitteln – die Aussagekraft leidet jedoch hinsichtlich der tatsächlich angefallenen Kriminalität Älterer nicht unerheblich darunter, dass Einstellungen unter dem Aspekt der Zweckmäßigkeit oder solche wegen fehlenden hinreichenden Tatverdachts nicht erfasst sind (ebd., Tab. 2.2.). Nichtsdestoweniger ist die StVS insgesamt geeignet, über die Darstellung des Anteils älterer Menschen bei Verurteilungen wegen verschiedener Delikte auch einen Hinweis auf deren Rolle im bundesdeutschen Kriminalitätsaufkommen zu liefern.

Die StVS untergliedert die Delikte in der Kurzfassung von ▶ Tab. 2.1 in verschiedene Großgruppen. Diese wurden wiederum aus Gründen der Übersichtlichkeit für ◘ Abb. 7.2 nochmals zusammengefasst, wobei 8 der 10 somit entstandenen Kategorien deckungsgleich mit den in ◘ Abb. 7.1 gebildeten Gruppen der PKS sind.

Für ◘ Abb. 7.2 wurden die StVS-Gruppen Straftaten gegen den Staat, die öffentliche Ordnung (o.V.) und im Amt (§§ 80–168, 331–357), sonstige Straftaten gegen die Person (§§ 169–173, 201–206), gemeingefährliche Straftaten (§§ 306–323c, ohne § 316a StGB) und Straftaten gegen die Umwelt (§§ 324–330a) unter sonstige Delikte gefasst; Diebstahl und Unterschlagung (§§ 242–248c), Raub und Erpressung, räuberischer Angriff auf Kraftfahrer (§§ 249–255, 316a), Begünstigung und Hehlerei (§§ 257–261), Betrug und Untreue (§§ 263–266b) und Urkundenfälschung (§§ 267–281) wurden unter Eigentums- und Vermögensdelikte zusammengefasst; die restlichen Kategorien entsprechen der Kurzfassung von ▶ Tab. 2.1 der StVS.

Wie schon bei der PKS, wurde auch hier nicht auf die aktuelle StVS für 2013, sondern auf die Zahlen für 2007 zurückgegriffen, um die Vergleichbarkeit mit dem Rückfalldatensatz (Bezugsjahr 2007) zu maximieren.

◘ Abb. 7.2 weist zunächst von links nach rechts die der PKS nachempfundenen Deliktsgruppen aus, bevor sich rechts des Trennstriches 2 weitere

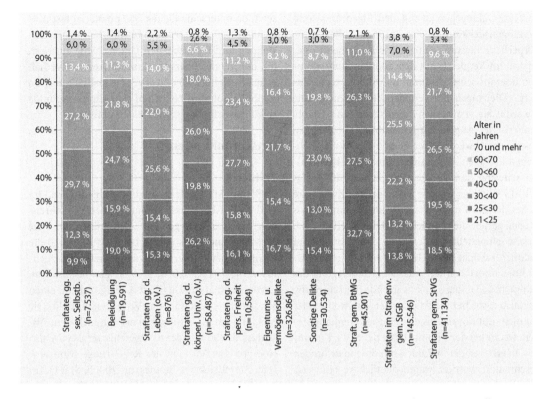

Abb. 7.2 Verurteilungen nach Alter ab 21 Jahren und Delikt im Jahr 2007 (prozentuale Anteile). (Eigene Darstellung; Daten: Statistischen Bundesamt 2009, Tab. 2.1, S. 24)

Kategorien finden, die in der PKS nicht enthalten sind: Straßenverkehrsdelikte gem. StGB und solche gem. Straßenverkehrsgesetz (StVG). Auf den ersten Blick auffallend ist der vergleichsweise sehr hohe Beitrag von Senioren in der der PKS fremden Deliktskategorie der Straftaten im Straßenverkehr gem. StGB: Mit 10,8 % aller Verurteilten war hier annähernd jeder zehnte Verurteilte 60 Jahre alt oder älter. Im Übrigen liegt der Anteil älterer Menschen bei den Deliktsgruppen der Straftaten gegen das Leben (7,7 %, ohne Verkehrsdelikte) sowie bei Straftaten gegen die sexuelle Selbstbestimmung und Beleidigungen (jeweils 7,4 %) am höchsten. Hinsichtlich der Straftaten gegen das Leben kann eine unmittelbare Parallele zu den Zahlen der PKS gezogen werden, wo diese Rubrik ebenfalls mit der zweitgrößten Häufigkeit auftritt. Auch hinsichtlich der Beleidigung kann bei beiden Statistiken ein recht hoher Anteil Älterer festgestellt werden. Eine weitere Parallele zeigt sich hinsichtlich der Straftaten gegen die körperliche Unversehrtheit: Ist der

Anteil älterer Menschen in dieser Kategorie in der PKS mit 5,8 % bereits niedrig gewesen, reduziert er sich in der StVS nochmals auf etwas über die Hälfte (3,4 %). Ebenfalls nur wenig vertreten sind die Älteren bei Verurteilungen zu Eigentums- und Vermögensdelikten, bei denen sie lediglich einen Anteil von 3,8 % ausmachen. Greift man wieder auf den Gedanken der »Kriminalität der Schwäche« zurück, müssen die vorliegenden Zahlen erstaunen: Betrachtet man nämlich die 4 Deliktsgruppen, in denen Senioren hier am stärksten vertreten sind, findet sich dort mit der Beleidigung lediglich **eine**, die im unkörperlichen Gewand daherkommt.

> **Die Zahlen der StVS entsprechen auf den ersten Blick nicht unbedingt dem Bild der »Kriminalität der Schwäche«.**

Straftaten gegen die sexuelle Selbstbestimmung, solche gegen das Leben sowie diejenigen gegen die persönliche Freiheit sind allesamt eher körperlich geprägt. Dahingegen ist mit den Eigentums- und Vermögensdelikten eine zu großen Teilen ohne körperliche Leistungsfähigkeit auskommende Kategorie im Vergleich mit den anderen Altersgruppen überaus schwach durch die Älteren repräsentiert. (Diejenigen Formen der Vermögensdelikte, die wohl als »körperlich« anzusehen sind (Raub, räuberischer Angriff auf Kraftfahrer, Diebstahl in besonders schweren Fällen gem. § 243 Abs. 1, Diebstahl mit Waffen, Wohnungseinbruchsdiebstahl sowie schwerer Bandendiebstahl), haben 2007 lediglich 11,7 % dieser Gruppe ausgemacht). Zwar wäre es bei der StVS noch plausibel anzunehmen, dass es eben gerade die schwächetypischen Delikte sind, welche eingestellt werden und daher in diesem Rahmen schlicht keine Repräsentation finden. Allerdings findet sich die unter Zugrundelegung des Schwächegedankens zu erwartende Verschiebung zugunsten solcher Deliktsgruppen, die wenig oder gar nicht mit Körpereinsatz in Zusammenhang stehen, weder bei der PKS noch bei der StVS. Zumindest in ersterer, deren Zahlen um die Einstellungen geschmälert wurden, wären deutlichere Hinweise zu erwarten gewesen – dies gilt auch dann noch, wenn angenommen wird, das mancherlei mildere Delikte aus Mitleid und wegen geringer Schwere gar nicht zur Kenntnis der Polizei gelangen.

Betrachtet man den Anteil von Senioren an den Verurteilungen bei Erwachsenen ab 21 Jahren über alle Säulen hinweg, ist zu erkennen, dass dieser noch deutlich unter demselben an den Tatverdächtigen liegt – für alle Delikte zusammengenommen beträgt er bei der StVS 5,6 %, bei der PKS noch 8,4 %. Dieses könnte auch darauf zurückzuführen sein, dass Verfahren gegen Senioren häufiger eingestellt werden als solche gegen jüngere Angeklagte. Schließlich sind es genau die Personen, gegen die später eingestellt wird, die als Tatverdächtige in der PKS noch erfasst, in der StVS hingegen nicht mehr aufgenommen werden. Aus diesem Grund soll im Folgenden der Versuch unternommen werden, die Ergebnisse aus PKS und StVS einander gegenüberzustellen.

7.2.3 Verhältnis von Tatverdächtigen zu Verurteilten bei Senioren

Ein Vergleich verschiedener Datenquellen sieht sich freilich stets einigen Einschränkungen ausgesetzt, da unterschiedliches Datenmaterial fast notwendigerweise immer auch hinsichtlich seiner Entstehung und Eigenschaften Unterschiede aufweist, die die Vergleichbarkeit einschränken. So verhält es sich auch bei PKS und StVS, die insbesondere im Hinblick auf ihre zeitlichen Anknüpfungspunkte sowie die Erfassungsmodalitäten differieren.

Einschränkungen

Zeitlich
PKS und StVS setzen an unterschiedlichen, im zeitlichen Ablauf des strafjustiziellen Verfahrens nah aufeinanderfolgenden Zeitpunkten an: Die Meldung eines Falls erfolgt bei der PKS durch die Ermittlungsbehörde, wenn das Ermittlungsergebnis vorliegt (BKA 2008, S. 19 .), also unmittelbar, bevor die Staatsanwaltschaft Anklage erhebt, einen Strafbefehl erlässt oder das Verfahren einstellt. Die Meldung zur StVS hingegen erfolgt nach dem Abschluss des Straf- oder Strafbefehlsverfahrens, also eine gewisse Zeit – in der Regel einige Monate – später (Statistisches Bundesamt 2009b, S. 5 f). Im Jahr 2007 betrug die durchschnittliche Dauer eines mit Urteil abgeschlossenen Strafverfahrens vor dem Amtsgericht ab Eingang bei Gericht 4,2 Monate (Statistisches Bundesamt 2008a, S. 38). Diese zeitliche Divergenz führt zu Schwierigkeiten, will man die beiden Statistiken miteinander in Beziehung setzen: So wird der Fall keine Seltenheit sein, dass ein Straftäter zum Jahresende polizeilich registriert und in der PKS erfasst wird, es aber bis nach dem Jahreswechsel dauert, bis das Strafverfahren abgeschlossen ist, womit die Eintragung in die StVS des Folgejahres erfolgt. Aufgrund dieser Verschiebung des Erfassungszeitraums beziehen sich PKS und StVS eines Jahrgangs folglich nicht gänzlich auf dieselben Personen (siehe auch Statistisches Bundesamt 2009b, S. 9). Da allerdings nicht zu erwarten steht, dass die Zahlen von Tatverdächtigen bzw. Verurteilten binnen eines Jahres wesentlichen Schwankungen unterliegen, wird hier regelmäßig lediglich ein Austausch stattfinden.

Erfassungsmodalitäten
Weitaus problematischer stellen sich dagegen die unterschiedlichen Erfassungsmodalitäten bzgl. der Personenzählweise dar: Die PKS zählt jeden Tatverdächtigen auch dann nur einmal, wenn gegen diesen

binnen eines Jahres mehrfach ermittelt wird (»echte Tatverdächtigenzählung«), wohingegen in der StVS mehrere Aburteilungen gegen dieselbe Person dazu führen, dass diese auch mehrfach gezählt wird (Statistisches Bundesamt StVS 2007/09, S. 13).

Die »echte Tatverdächtigenzählung« in der PKS erfolgt seit 1984, zuvor existierte auch dort die Mehrfachzählung (Statistisches Bundesamt PKS 2007/08, S. 19); eine Mehrfacherfassung im weiteren Sinne existiert in der PKS zwar auch, diese betrifft aber lediglich den Fall, dass ein Tatverdächtiger verschiedener unterschiedlicher Delikte verdächtig ist (▶ Abschn. 7.2.1), was für die Betrachtung einer einzelnen Deliktsgruppe nur geringe Relevanz hat; so könnte eine Mehrfacherfassung innerhalb einer der vorliegenden Deliktsgruppen hier allenfalls dann erfolgen, wenn es sich bei den unterschiedlichen, vermeintlich verwirklichten Delikten um solche handelt, die in der PKS unter unterschiedlichem Schlüssel erfasst werden und hier zu einer Übergruppe zusammengefasst worden sind.

Dies kann freilich zu Verzerrungen führen: Aufgrund der Mehrfacherfassung kann nicht beurteilt werden, wie viele unterschiedliche Personen sich unter den Verurteilten der StVS befinden, während die Zahl der Tatverdächtigen tatsächlich der Zahl unterschiedlicher Menschen entspricht. Das Verhältnis der beiden Zahlen zueinander kann daher nicht zuverlässig interpretiert werden. Insbesondere erscheint problematisch, dass Straftäter bestimmter Deliktsgruppen besonders geneigt sind, innerhalb kürzerer Zeit mehrfach straf- und damit strafrechtspflegestatistisch auffällig zu werden, während diese Quote bei anderen Delikten niedriger ausfällt.

Um die statistischen Verzerrungen zwischen PKS und StVS zu verdeutlichen, könnte in einem exemplarischen Gedankenmodell angenommen werden, dass Eigentums- und Vermögensdelikte theoretisch zu großen Teilen im Rahmen von Beschaffungskriminalität erfolgen und eine von den Delinquenten wahrgenommene Notwendigkeit weiterer Straftaten dazu führt, dass sie in kurzen Zeiträumen wiederholt strafbar werden, während Beleidiger womöglich zumeist aus einem unregelmäßigen Affekt heraus agieren und sich nach Begehung zunächst wieder eine Weile im Griff haben. In diesem Fall würde die Zuverlässigkeit der Verurteiltenzahlen bezüglich der jeweiligen Personenzahl auch unter den verschiedenen Deliktsgruppen schwanken: Im Beispiel würde der Anteil von Verurteilten an den Tatverdächtigen bei Beleidigungsdelikten tatsächlich in etwa der Verurteilungsquote entsprechen, wohingegen für Eigentums- und Vermögensdelikte keine solche Aussage getroffen werden könnte, da

infolge der Mehrfacherfassung von Wiederholungstätern die Zahl der Verurteilten in der StVS höher wäre als es die tatsächliche Zahl verurteilter Personen war. Vor diesem Hintergrund wären die Zahlen der Verurteilten nur in Hinblick auf abgeschlossene Verfahren zuverlässig zu lesen.

Sonstige Einschränkungen

Zu diesen Beschränkungen gesellen sich weitere, kleinere: Zum Beispiel findet durch die Staatsanwaltschaft oder das Gericht womöglich eine Umbewertung des Tatvorwurfs statt, durch welche die Zuordnung von Tat und Täter nunmehr zu einem anderen Delikt erfolgen würde; dadurch würde die Erfassung durch die beiden Statistiken hinsichtlich des verwirklichten Delikts auseinandergehen. Weiterhin muss bedacht werden, dass die PKS im Unterschied zur StVS Straßenverkehrsdelikte unberücksichtigt lässt (Statistisches Bundesamt 2015a, S. 8).

Vergleich

All dies bedeutet indessen nicht, dass die Gegenüberstellung jeglichen Informationsgehalts beraubt wäre. Sie entfaltet auch vor dem Hintergrund besagter Einschränkungen zumindest Indizcharakter und verdient somit, hier in Gestalt von ◘ Abb. 7.3, aufmerksame Betrachtung. In ◘ Abb. 7.1 und ◘ Abb. 7.2 wurden die Anteile älterer Menschen an den Tatverdächtigen bzw. Verurteilten für verschiedene Deliktsgruppen im Vergleich zu anderen Altersgruppen ab 21 Jahren dargestellt. ◘ Abb. 7.3 blendet nun die übrigen Altersgruppen aus und stellt für jede Deliktsgruppe jeweils den Anteil der Senioren an allen Tatverdächtigen neben demjenigen an allen Verurteilten dar. Somit kann ermittelt werden, inwiefern sich dieser Anteil von PKS zu StVS ändert.

Zwar besteht die oben dargelegte Problematik der ungewissen Vergleichbarkeit beider Statistiken weiterhin; über den Rückgriff auf die Anteile aber wird diese insoweit abgeschwächt, als tendenziell alle Altersgruppen gleichermaßen von den Problemen betroffen, im Verhältnis untereinander von daher keine Änderungen zu erwarten sind. Würden nun, wie in obigem Gedankenmodell beispielhaft angenommen, aufgrund von Beschaffungskriminalität bei Eigentums- und Vermögensdelikten besonders häufig mehrere Delikte innerhalb eines

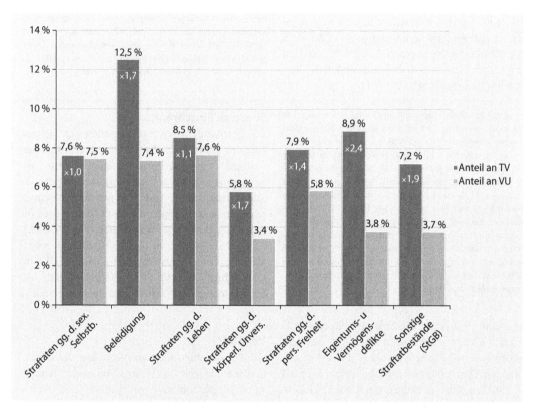

■ **Abb. 7.3**   Anteile von Senioren an Tatverdächtigen (TV) und Verurteilten (VU) ab 21 Jahren in verschiedenen Deliktsgruppen, Jahr 2007. (Eigene Darstellung; Daten: BKA 2008, Tab. 20; Statistisches Bundesamt 2009b, ▶ Tab. 2.1, S. 24)

Jahres begangen und somit in der StVS mehrere Verfahren gezählt werden, so beträfe das grundsätzlich sowohl die 21- bis 24-Jährigen als auch die über 60-Jährigen und alle Gruppen dazwischen. Der Anteil der Altersgruppen an der Gesamtheit der wegen dieser Delikte Verurteilten müsste also konstant bleiben, weil sie alle in gleichem Maße mehrfach gezählt worden wären. Zwar könnte eine Abweichung des Anteils auch hier freilich noch andere Gründe haben (z. B. dass ältere Menschen womöglich weit häufiger zu Beschaffungskriminalität neigen, in dieser Altersgruppe also häufiger als bei jüngeren Gruppen Mehrfachzählungen aufgrund mehrfacher Strafverfahren aufkommen), jedoch ist dieser Unsicherheitsfaktor ungleich kleiner als die beschriebene Problematik des direkten Vergleichs von absoluten Tatverdächtigen- und Verurteiltenzahlen.

■ Abb. 7.3 zeigt also, dieser Konzeption folgend, den Anteil über 60-Jähriger an den Tatverdächtigen (TV) und Verurteilten (VU) ab 21 Jahren für die bereits oben verwendeten Deliktsgruppen. (Aufgrund des sehr geringen Anteils von Senioren an Delikten gegen das BtMG [0,3 % der Tatverdächtigen und Verurteilten] wird hier auf eine Darstellung dieser Deliktsgruppe verzichtet). Darüber hinaus findet sich in den Säulen »Anteil an TV« jeweils der Faktor, um den der Anteil von Senioren an den Tatverdächtigen größer ist als der an den Verurteilten. In keiner Deliktsgruppe nimmt der Anteil der Senioren zu den Verurteilten hin zu; ältere Tatverdächtige werden im Vergleich zu den anderen Altersgruppen also – teils deutlich – seltener verurteilt. Besonders gilt dies für die Eigentums- und Vermögensdelikte, wo eine Abnahme auf weniger als die Hälfte zu verzeichnen ist (8,9 % auf 3,8 %), für die sonstigen Straftatbestände gem. StGB, deren Anteil auf knapp über die Hälfte sinkt (7,2 % auf 3,7 %), für die Straftaten gegen die körperliche Unversehrtheit, bei welchen eine Abnahme auf gut unter zwei Drittel stattfindet (5,8 % auf 3,4 %), sowie für die Beleidigung, die ebenfalls auf unter zwei Drittel des ursprünglichen Wertes zurückgeht (12,5 % auf 7,4 %). Demgegenüber bleiben die Anteile bei den Straftaten gegen die sexuelle Selbstbestimmung (7,6 % auf 7,5 %) und gegen das Leben (8,5 % auf 7,6 %) nahezu unverändert; auch bei den Straftaten gegen die persönliche Freiheit ist die Veränderung vergleichsweise moderat (7,9 % auf 5,8 %).

Auffällig ist, dass diejenigen Deliktsgruppen, bei denen keine oder nur eine geringfügige Abnahme festzustellen ist, mit den Straftaten gegen die sexuelle Selbstbestimmung und jenen gegen das Leben die wohl schwersten darstellen. Demgegenüber sind die größten Unterschiede für die eher milden Deliktsgruppen der Eigentums- und Vermögensdelikte, der sonstigen Straftatbestände sowie der Beleidigung festzustellen, zu welchen sich dann noch die Gruppe der Straftaten gegen die körperliche Unversehrtheit gesellt.

> **Es lässt sich feststellen, dass Senioren bei leichteren Deliktsgruppen im Vergleich zu anderen Altersgruppen seltener verurteilt werden.**

Will man sich einer Erklärung für diese Beobachtung nähern, hilft ein genauerer Blick auf die Schritte, welche im Verfahrensverlauf zwischen Ermittlungsergebnis und Aburteilung liegen: Ist ein strafrechtlich relevanter Sachverhalt ausermittelt, ist es an der Staatsanwaltschaft, darüber zu befinden, wie weiter verfahren werden soll. Im Jahr 2007[2] wurde von den 4.969.157 erledigten Strafverfahren von der Staatsanwaltschaft beim Landgericht sowie der Amtsanwaltschaft über ein Viertel wegen mangelnden Tatverdachts gem. § 170 Abs. 2

StPO eingestellt (1.354.543 = 27 %), ebenfalls etwas über ein Viertel mit einer Einstellung gem. §§ 153 ff. beendet (1.323.397 = 27 %), ein weiteres Achtel mit einem Antrag auf Erlass eines Strafbefehls erledigt (590.018 = 12 %) und lediglich etwa jedes zehnte Verfahren (568.715 = 11 %) gem. § 170 Abs. 1 StPO zur Anklage gebracht (Statistisches Bundesamt 2008b, S. 26). Wird Anklage erhoben, hat das Gericht zu entscheiden, ob die Hauptverhandlung eröffnet werden soll – auch hier wurde 2007 noch einmal etwa ein Viertel aller Verfahren von Amts- und Landgerichten durch Einstellung erledigt (von 858.185 Verfahren insgesamt waren es 218.957 = 26 %); zu einem Urteil kam es hingegen nur in knapp der Hälfte aller Fälle (400.427 = 48 %) (Statistisches Bundesamt 2008a, S. 26 und S. 64).

Für die Frage, warum Tatverdächtige ab 60 Jahren bei leichteren Delikten im Vergleich zu anderen Altersgruppen teils deutlich seltener verurteilt werden, scheinen insbesondere die Einstellungen gem. §§ 153 ff. Strafprozessordnung (StPO) einen plausiblen Erklärungsansatz zu bieten: Zum einen stellen diese noch vor den Einstellungen gem. § 170 Abs. 2 StPO das feinste Sieb auf dem Weg vom Ermittlungsergebnis bzw. der Staatsanwaltschaft zur Verurteilung durch das Gericht dar – hierüber werden die meisten Fälle aussortiert, sodass sie nicht mehr zum Strafrichter gelangen bzw. keine Verurteilung erfolgt. Zum anderen eignen sich die Regelungen – im Gegensatz zur Einstellung wegen mangelnden Tatverdachts – auch inhaltlich, um den Besonderheiten des höheren Lebensalters rechtlich Beachtung zu verleihen. Zwar ist das Alter per se freilich kein Einstellungsgrund, auch sind potenziell sinnvolle Einwirkungsinstrumente wie Sozialtherapie oder Betreuung nicht als Weisungen i. R. d. §§ 153 ff. StPO zur Haftvermeidung verfügbar (eine solche Betreuungsweisung und Sozialtherapie bejahend: Schramke 1996, S. 387 ff.). Doch auch ohne dieses bieten die Regelungen dem Gericht praktisch die Möglichkeit, im Einzelfall das Urteil mit seinen Folgen zu vermeiden und stattdessen, z. B. unter der Auflage, gemeinnützige Leistungen zu erbringen (§ 153a Abs. 1 S. 2 Nr. 3 StPO) oder ein soziales Training zu besuchen (Nr. 6), einzustellen. Es erscheint durchaus denkbar, dass Richter bei Senioren z. B. eher Mitleid empfinden; wenngleich dies juristisch keinerlei Entscheidungsgewicht ha-

---

2   Im Vergleich zur Zahl der Tatverdächtigen aus der PKS sei auch hier darauf hingewiesen, dass ein zeitlicher Abstand zwischen Vorliegen des Ermittlungsergebnisses als maßgeblichem Zeitpunkt für die Eintragung in der PKS und Erledigung durch die Staatsanwaltschaft liegt; die Zahlen sind infolgedessen nicht unmittelbar miteinander in Bezug zu setzen.

ben darf, kann sich auch der Richter als Mensch unterbewusster Empfindungen und deren Einflusses nicht gänzlich erwehren. Zudem mag es auch so sein, dass das Gericht bei älteren Menschen geneigter ist, die für die §§ 153 ff. StPO rechtlich relevante Schuld als gering anzusehen, z. B. weil im Zuge vermuteter oder festgestellter biologischer Abbauprozesse Unrechtseinsicht oder Steuerungsfähigkeit als möglicherweise beeinträchtigt vermutet werden, womit der Schuldvorwurf eingeschränkt würde. Es scheint zudem plausibel, dass bei den schweren Deliktsgruppen der Straftaten gegen die sexuelle Selbstbestimmung und jenen gegen das Leben weit weniger Raum für derlei Nachsicht besteht bzw. höhere Voraussetzungen an die Annahme geringer Schuld gestellt werden, weswegen Senioren hier demnach ähnlich oder gar genauso häufig verurteilt werden wie Tatverdächtige anderen Alters (für weitere Überlegungen hierzu ▸ Kap. 6).

An diese Überlegungen sollen sich nunmehr eigene Auswertungen anschließen, welche sich auf Daten des BZR stützen, im Unterschied zu den bisherigen Ausführungen also nicht auf offizielle Statistiken der Strafrechtspflege zurückgreifen.

7.3 Anlage der eigenen Untersuchung

7.3.1 Datengrundlage: Der Rückfalldatensatz

Als Grundlage für die folgenden Auswertungen dient die Rückfalluntersuchung 2007–2010 (Jehle et al. 2013, S. 16 ff.), die von der Abteilung für Kriminologie der Georg-August-Universität Göttingen (Prof. Dr. Dr. h.c. Jörg-Martin Jehle) sowie dem Max-Planck-Institut für ausländisches und internationales Strafrecht in Freiburg (Prof. Dr. Dr. h.c. Hans-Jörg Albrecht) im Auftrag des Bundesministeriums der Justiz erstellt wurde. Im Rahmen dieser Untersuchung wurde ein sog. Rückfalldatensatz angelegt, der pseudonymisiert alle Menschen erfasst, die im Jahre 2007 in Deutschland eine sog. Bezugsentscheidung erhalten haben. Was als **Bezugsentscheidung** anzusehen ist, wird für jeden Probanden individuell bestimmt und knüpft daran an, wann für die jeweilige Person der sog. Risiko-

zeitraum beginnt (Jehle et al. 2013, S. 13 ff.). Im Falle von Freiheitsstrafe mit Bewährung (ohne Widerruf!), Geldstrafe oder Verwarnung mit Strafvorbehalt beginnt gewissermaßen mit dem Schritt aus dem Gerichtssaal der gewöhnliche Lebensverlauf wieder – und damit auch der **Risikozeitraum**, womit in diesem Fall die Gerichtsentscheidung als Bezugsentscheidung ausgewählt wird. Bei vollstreckten Strafen dagegen wird am Entlassungszeitpunkt angeknüpft. Dem liegt die Perspektive der Rückfallforschung zugrunde: Eine Untersuchung der Rückfälligkeit eines Delinquenten in Haft hätte wenig Gehalt, da sich dort ungleich weniger Gelegenheiten bieten, straffällig zu werden, das ganze Umfeld dort darüber hinaus wesentlich verschieden zur normalen Existenz in Freiheit ist. Demzufolge wird an die Entlassung als maßgeblichen Zeitpunkt angeknüpft, da für diesen spezifischen Probanden erst dort der eigentliche, vergleichbare Risikozeitraum beginnt, in welchem er sich legalbewähren muss.

Findet aus Anlass einer Bezugsentscheidung die Eintragung eines Probanden in den Datensatz statt, werden retrospektiv ebenso alle zu diesem Zeitpunkt für die jeweilige Person im BZR bestehenden Voreintragungen inkludiert (zu Einschränkungen bzgl. der Voreintragungen siehe nachfolgend unter ▸ Abschn. 7.3.2). Prospektiv schließt sich, wie bereits gesehen, ein 3-jähriger Beobachtungszeitraum an, innerhalb dessen jede weitere solche Entscheidung registriert und mit dem Probanden als Rückfall verknüpft wird. So entsteht mit dem Rückfalldatensatz ein numerischer, personenbezogener Datensatz mit insgesamt 1.049.816 Eintragungen. Jeder Eintrag entspricht dabei einer Person, auf die 2007 mindestens eine Entscheidung im o. g. Sinne ergangen ist. (Instruktiv zu Erstellung, Inhalt und Methodik des Rückfalldatensatzes siehe Hohmann-Fricke 2014, S. 50–86).

7.3.2 Einschränkungen und Würdigung des Datensatzes

Neben dem evidenten, die Aussagekraft aber nicht gravierend beeinträchtigenden Problem von Fehl- bzw. unvollständigen Eintragungen (Jehle et al. 2013, S. 19 f.) gibt es weitere Einschränkungen des Aussagegehalts des Datensatzes, die in Teilen bei älteren Menschen verstärkt zutage treten könnten und damit für diese Untersuchung von besonderem Interesse sind:

Ein erstes solches Problem wurde bereits angeschnitten: Ein Straftäter wird erst mit Eintritt in den Risikozeitraum, der jeweils individuell bestimmt wird, erfasst. Dies hat den Nachteil, dass für Betrachtungen der Kriminalität und Sanktionierung eines Jahres nicht die tatsächlich ergangenen Urteile erfasst werden, da ein Verurteilter, der 2 Jahre Freiheitsstrafe ohne Bewährung erhalten hat, erst bei seiner Haftentlassung in 2 Jahren erfasst würde. Da jedoch das Kriminalitätsaufkommen sowie die Sanktionierung über die Jahre im Wesentlichen gleich bleiben, ist die Wahrscheinlichkeit groß, dass für diesen nicht erfassten Verurteilten ein anderer, der vor 2 Jahren dieselbe Sanktion erhalten hat und in diesem Jahr entlassen wird, erfasst wird. Dank dieses Austauschs wird die Aussagekraft nicht wesentlich berührt. Im Übrigen ist im Rahmen dieses Beitrags mit den Freiheitsstrafen ohne Bewährung nur eine solche stationäre Maßnahme von Bedeutung, und dieser kommt, wie zu sehen sein wird, aufgrund niedriger Zahlen keine tragende Bedeutung zu.

Ein weiterer problematischer Aspekt betrifft die Frage, welche justiziellen Reaktionen im BZR eingetragen werden: So wird insbesondere die Einstellung aus Opportunitätsgründen gem. §§ 153 ff. StPO nicht erfasst (Jehle et al. 2013, S. 18 f.). Diese macht allerdings einen bedeutenden Teil der erledigten Verfahren aus (siehe bereits unter ▶ Abschn. 7.2.3, »Vergleich«.). Da gerade bei Senioren zudem die Vermutung nicht fernliegt, dass z. B. aus Mitleid oder auch wegen ihrer anscheinenden geringeren Gefährlichkeit eher eingestellt wird als bei anderen Altersgruppen, könnte hier mitunter über das generelle Defizit hinaus speziell bei älteren Menschen ein überproportionaler Anteil der tatsächlich angefallenen Kriminalität nicht registriert worden sein.

Ein anderer Mangel betrifft die Voreintragungen: Einträge im BZR bleiben – mit bestimmten Ausnahmen, insbes. bei Verurteilungen zu lebenslangen Freiheitsstrafen (sowie bei Anordnungen der Unterbringung in der Sicherungsverwahrung oder in einem psychiatrischen Krankenhaus, § 45 Abs. 3 Bundeszentralregistergesetz [BZRG]) – nicht auf ewig bestehen, sondern unterstehen bestimmten Löschung- und Tilgungsfristen, die gem. § 46 Abs. 1 BZRG mindestens 5 Jahre und je nach Schwere des Delikts bis zu 20 Jahre betragen. (Für eine genauere Darstellung sowie Ausnahmen von dieser Regel siehe Hohmann-Fricke 2014, S. 62–66.) Die Datenlöschung kann dabei durch Tilgung oder Entfernung geschehen (zum Unterschied siehe Harrendorf 2007, S. 88 f.). Im Regelfall kann folglich ein Zeitraum von 5 Jahren vor der Bezugsentscheidung zuverlässig hinsichtlich etwaiger Vorstrafen beobachtet werden – je älter ein Mensch nun ist, desto weniger Gewissheit besteht folglich, dass alle seine Vorstrafen noch im BZR erfasst sind. In einem zugespitzten Beispielsfall könnte ein 70-Jähriger, gegen den 2007 eine Bezugsentscheidung ergangen ist, seit seinem 21. Lebensjahr ohne weiteres 7 Verurteilungen gem. § 46 Abs. 1 Nr. 1 BZRG erhalten haben, ohne dass dies aufgrund der Tilgung nach je 5 Jahren nun noch im BZR und damit im Rückfalldatensatz ersichtlich wäre – er erschiene folglich trotz 7-facher Verurteilung wie ein Ersttäter. Dies ist einem 30-Jährigen denklogisch nicht möglich.

Zuletzt existiert eine statistische Verzerrung, die mit zunehmendem Alter ganz offensichtlich wächst: Die erhöhte Sterblichkeit. Zwar sieht § 24 Abs. 1 BZRG im Falle des Todes eine Entfernung von Eintragungen der betreffenden Personen vor, jedoch geschieht dies erst 3 Jahre nach amtlicher Mitteilung des Todes an die Registerbehörde. In den 3 Jahren bis zur Entfernung gilt die/der Verstorbene im Rückfalldatensatz als Proband ohne Rückfall. Hinzu kommt praktisch das Problem, dass die entsprechende Meldung an die Behörde bisweilen verspätet oder gar nicht ergeht, womit das BZR (zunächst) keine Kenntnis des Todesfalls erlangt. Auf diese Weise erscheint denkbar, dass die Rückfälligkeit mit zunehmendem Probandenalter überproportional abnimmt.

Während der Rückfalldatensatz neben den genannten Einschränkungen noch weitere aufweist (z. B. die Nichterfassung des Dunkelfeldes oder unbekannter Täter, § 170 Abs. 2 StPO) (für eine umfassendere Darstellung siehe Harrendorf 2007, S. 110–127.), stellt er sowohl seines schieren Umfangs hinsichtlich der erfassten Personen als auch der Vielzahl enthaltener Merkmale wegen eine wertvolle Erkenntnisquelle dar, deren Ergebnisse aussagekräftige Hinweise für den kriminologischen Diskurs

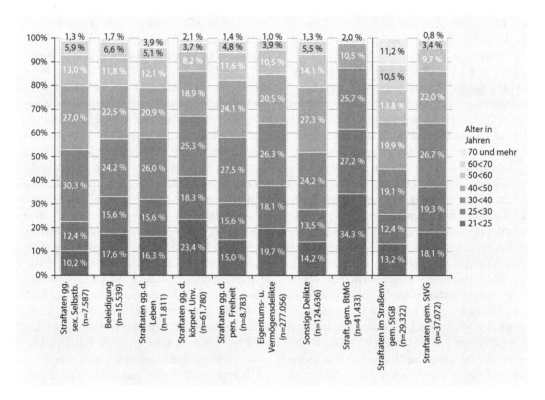

◘ Abb. 7.4   Bezugsentscheidungen nach Alter ab 21 Jahren und Delikt, Jahr 2007, prozentuale Anteile. (Eigene Darstellung; Daten: Rückfalldatensatz; Jehle et al. 2013)

liefern können, sofern man der genannten Limitierungen bei jeder Schlussfolgerung eingedenk ist.

7.4   Auswertungen des Rückfalldatensatzes

7.4.1   Kriminalität älterer Menschen im Bezugsjahr 2007

Die Auswertung des Rückfalldatensatzes soll mit einer Art Bestandsaufnahme beginnen:
― Wie ist die Kriminalität älterer Menschen strukturell beschaffen?
― In welchem Verhältnis steht sie zu jener anderer Altersgruppen?

Diesen Fragen kann sich genähert werden, indem das Merkmal des Alters mit jeweils einem weiteren (Deliktsgruppen, Geschlecht) in Beziehung gesetzt wird.

Deliktsgruppen – Vergleich mit PKS und StVS

Da bei der Darstellung der für die Untersuchungsgruppe der Senioren relevanten Zahlen der PKS sowie der StVS eine Aufteilung nach Deliktsgruppen erfolgte, empfiehlt es sich, auch im Rahmen der Auswertung des Rückfalldatensatzes eine solche Darstellung folgen zu lassen, um anhand dieser einen vergleichenden Überblick gewinnen zu können. Für ◘ Abb. 7.4, die einen Überblick zu den Bezugsentscheidungen nach Alter und Delikt enthält, wurden daher mit den Daten der Rückfalluntersuchung die Alters- und Deliktskategorien der StVS nachgebildet und miteinander gekreuzt.

Im Vergleich des Rückfalldatensatzes mit der StVS muss man jedoch des Umstands gewahr sein, dass sich die beiden Zahlenquellen in Teilen erheblich unterscheiden: Dass die Eintragung in den Rückfalldatensatz für jeden Probanden zeitlich individuell stattfindet, stellt einen deutlichen Unterschied zum fixen Eintragungszeitpunkt der StVS dar. Letztere hat zudem eine andere Zählweise, indem sie keine Personenzählung vornimmt, sondern für jedes Verfahren eines Jahres eine neue Eintragung erfährt (▶ Abschn. 7.2.3, »Erfassungsmodalitäten«); der Rückfalldatensatz hingegen nimmt eine echte Personenzählweise vor – bei mehreren Verurteilungen innerhalb eines Jahres stellt die erste die Bezugsentscheidung, jede weitere einen Rückfall dar (Hohmann-Fricke 2014, S. 68–76.). Schließlich ist die gesonderte Erfassung von Verkehrsdelikten in der StVS eine Eigenschaft, die der Rückfalldatensatz nicht per se teilt, womit es z. B. im Bereich fahrlässiger Tötungen und Körperverletzungen zu deutlichen Unterschieden kommen kann. Dennoch erscheinen diese Unterschiede insbesondere vor dem Hintergrund der zeitlich ganz ähnlichen Anknüpfung beider Datenquellen nicht derart gewichtig, dass ein Vergleich keinen Erkenntnisgewinn verspräche, sofern man nur die besagten Einschränkungen stets mitdenkt.

◨ Abb. 7.4 stellt analog zu ◨ Abb. 7.1 und ◨ Abb. 7.2 für unterschiedliche Deliktsarten die prozentualen Anteile verschiedener Altersgruppen dar, wobei sie sich der Daten des Rückfalldatensatzes als Quelle bedient. Beschaut man die Darstellung mit besonderem Fokus auf die Gruppe der älteren Menschen, ist auf einen Blick erkennbar, dass diese mit großem Abstand anteilig am stärksten an den Straftaten im Straßenverkehr gem. StGB vertreten sind; dort machen sie 21,7 % aller Delinquenten aus. Dies ist mehr als doppelt so viel wie in jeder anderen Deliktsgruppe. Weitere Gruppen, in denen Senioren stark vertreten sind, stellen die Straftaten gegen das Leben (9 %), die Beleidigung (8,3 %), die Straftaten gegen die sexuelle Selbstbestimmung (7,2 %) und, bereits etwas weniger stark, die sonstigen Delikte (6,8 %) sowie die Straftaten gegen die persönliche Freiheit (6,2 %) dar. So gut wie nicht existent sind sie bei den Straftaten gegen das BtMG; besonders schwach vertreten bei den Straftaten gegen das StVG (4,2 %) sowie bei den Eigentums- und Vermögensdelikten (4,9 %). Letztere verdienen dabei besondere Aufmerksamkeit: Sie stellen zwar mit n = 277.056 Probanden die mit Abstand größte Deliktsgruppe der Senioren, allerdings zeigt die Abbildung deutlich, dass ältere Menschen im Verhältnis zu allen Altersgruppen gerade besonders selten zu Eigentums- oder Vermögensdelikten

greifen. Dieses Beispiel verdeutlicht die Wichtigkeit der Relativierung von Zahlen über den Vergleich mit den übrigen Altersgruppen. Altersspezifische Kriminalität, also solche, die überwiegend von Senioren begangen werden würde, ist im Übrigen nicht erkennbar; im Gegenteil sind diese gemessen an ihrem überaus bedeutsamen Bevölkerungsanteil von über einem Viertel durchgehend – zumeist deutlich – unterrepräsentiert. Es existieren nur einige Deliktsgruppen, in denen dies etwas weniger als bei den anderen Kategorien der Fall ist.

Diese Befunde zugrunde legend, kann festgestellt werden, dass der Anteil der Senioren an den verschiedenen Deliktsgruppen bei StVS und Rückfalldatensatz strukturell überaus ähnlich ausfällt. Dies ist auch zu erwarten: Im Unterschied zum Verhältnis von PKS und StVS, bei welchen an 2 zeitlich aufeinanderfolgenden Stellen des Verfahrensablaufs angesetzt wird, erfolgt die Registrierung einer Bezugsentscheidung im Rückfalldatensatz großteils zum gleichen Zeitpunkt wie in der StVS, da für den überwiegenden Teil der durch ihn registrierten Straftäter der Eintritt in den Risikozeitraum und damit die Eintragung in den Datensatz unmittelbar mit der gerichtlichen Entscheidung, also zeitgleich mit dem Erfassungszeitpunkt der StVS, stattfindet – die stationäre Verwahrung, z. B. Freiheitsstrafe ohne Bewährung oder psychiatrisches Krankenhaus, bei der sich dies anders verhalten würde, macht einen vergleichsweise geringen Teil der Sanktionen aus.

Kriminalitätsstruktur – Unterscheidung nach Geschlecht

Dass Frauen weit weniger kriminalitätsbelastet sind als Männer, stellt ein bekanntes Phänomen dar. Wie aber entwickelt sich dies im höheren Alter? Dieser Frage soll sich über ◨ Abb. 7.5 genähert werden. Sie stellt in Form der Säulen zunächst den prozentualen Anteil beider Geschlechter am gesamten Kriminalitätsaufkommen verschiedener Altersgruppen dar; die nicht gerahmte Beschriftung innerhalb der Säulen drückt diesen Anteil nochmals ausgeschrieben aus. Hier lässt sich die beschriebene Abnahme männlicher Kriminalität nachvollziehen: Zunächst sinkt er von den Jungerwachsenen zu den 44- bis 49-Jährigen von 83 % auf 78 %, steigt daraufhin nochmal geringfügig auf

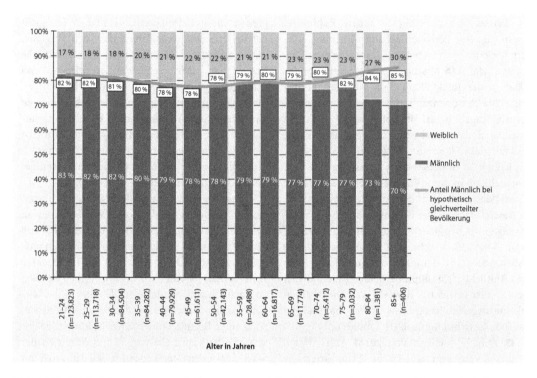

◘ Abb. 7.5   Kriminalitätsaufkommen nach Altersgruppen und Geschlecht sowie der Männeranteil bei hypothetischer Gleichverteilung von Männern und Frauen in der Bevölkerung für die jeweiligen Altersgruppen, Jahr 2007. (Eigene Darstellung; Daten: Rückfalldatensatz; Jehle et al. 2013)

79 % bei den 60–64-Jährigen, bevor er zunächst langsam auf 77 % bei den 75- bis 79-Jährigen, dann rapide auf 70 % bei den über 85-Jährigen sinkt. Lässt die Kriminalität im Alter demnach bei Frauen weniger stark nach als bei Männern? (Es wäre falsch, wegen des wachsenden Anteils davon zu sprechen, dass Frauen im Alter krimineller würden; lediglich der Rückgang könnte weniger groß sein als bei Männern, womit der Anteil einzig relativ zu diesen wachsen würde).

Dass der Anteil der Männer an den absolut begangenen Delikten mit dem Alter sinkt, lässt noch nicht den Schluss zu, dass Frauen im Geschlechtervergleich im Alter stärker zu Kriminalität neigen als in jüngeren Jahren. Frauen leben nämlich durchschnittlich deutlich länger als Männer: Im Jahr 2007 hatte eine 40-jährige Frau durchschnittlich eine Gesamtlebenserwartung von 83,8 Jahren, während ein gleichalter Mann nur mit 78,6 Jahren Lebenszeit rechnen durfte (Statistisches Bundesamt 2015c). Mit dem früheren Sterben der Männer

wächst denklogisch der weibliche Anteil an der Bevölkerung. Diese Entwicklung zeigt ◘ Tab. 7.1.

Hier wird die beschriebene Entwicklung schnell deutlich: Bis etwa zu den 55- bis 59-Jährigen sind die Geschlechter in der Bevölkerung gleich verteilt, von dort an aber entwickelt sich mit zunehmender Dynamik ein weibliches Übergewicht, bis schließlich die doppelte und gar 3-fache Anzahl von Frauen im Vergleich zu Männern erreicht ist. Wenn aber so viel mehr alte Frauen als alte Männer leben, ist es naheliegend, dass ihr Anteil an den verübten Straftaten wächst – bei den über 80-Jährigen müsste für zwei Männer, die eine Straftat begehen, nur eine Frau delinquent werden, um dennoch auf genauso viele oder gar mehr Gesamtstraftaten zu kommen. Dennoch weisen die Männer in ◘ Abb. 7.5 auch in den höheren Altersgruppen eine Mehrheit der absolut verübten Kriminalität auf. Interessant ist also die Frage, wie sich die Kriminalität der Geschlechter darstellen würde, wenn der Anteil an der Bevölkerung normalisiert, also bei beiden gleich und somit

◼ Tab. 7.1 Bevölkerungsanteile von Männern und Frauen absolut und in Prozenten für verschiedene Altersgruppen. (Eigene Darstellung und Berechnungen; Daten: Statistisches Bundesamt 2015b, Tabellen Code 12411-0006)

Alter in Jahren	Männer	Frauen	Anteil Männer	Anteil Frauen
21–24	1.965.776	1.906.793	50,8 %	49,2 %
25–29	2.518.610	2.458.120	50,6 %	49,4 %
30–34	2.384.764	2.318.650	50,7 %	49,3 %
35–39	3.084.167	2.955.766	51,1 %	48,9 %
40–44	3.678.929	3.497.621	51,3 %	48,7 %
45–49	3.411.211	3.296.332	50,9 %	49,1 %
50–54	2.910.376	2.882.426	50,2 %	49,8 %
55–59	2.616.176	2.654.857	49,6 %	50,4 %
60–64	2.088.901	2.162.027	49,1 %	50,9 %
65–69	2.552.272	2.771.752	47,9 %	52,1 %
70–74	1.933.383	2.285.279	45,8 %	54,2 %
75–79	1.281.058	1.767.864	42,0 %	58,0 %
80–84	730.162	1.461.945	33,3 %	66,7 %
85+	983.816	2.430.264	28,8 %	71,2 %

kein Einflussfaktor mehr wäre. Diese Frage beantwortet die horizontal angelegte Linie in ◼ Abb. 7.5: Sie stellt über ihren grafischen Verlauf sowie die eingerahmten Prozentangaben den männlichen Anteil an der Kriminalität für eine hypothetisch gleichverteilte Bevölkerung dar. Anders formuliert lässt sich sagen, dass der Punkt, an dem sie nicht mehr den Treffpunkt der beiden Säulenabschnitte schneidet, gleichzeitig der Punkt ist, an dem die Bevölkerung nicht mehr gleichverteilt ist, wie ein Abgleich mit ◼ Tab. 7.1 bestätigt. Wie der Linie zu entnehmen ist, sind Frauen im Alter im Vergleich zu Männern eindeutig nicht tatgeneigter, als dies bei jüngeren Frauen der Fall ist – im Gegenteil nimmt der hypothetische männliche Anteil noch stetig zu, steigt nach einem zwischenzeitlichen Tief von 78 % bei den 40- bis 49-Jährigen auf bis zuletzt 85 %.

> ❯ Auch und besonders im Alter sind es im Geschlechtervergleich Männer, die zu registrierter Kriminalität neigen; einzig die Abnahme ihres Bevölkerungsanteils suggeriert über das entsprechend nachlassende absolute Kriminalitätsaufkommen ein Absinken.

7.4.2 Sanktionspraxis

Im Folgenden wird anhand des Rückfalldatensatzes der Frage nachgegangen, ob sich hinsichtlich der Sanktionspraxis Unterschiede zwischen älteren und jüngeren Delinquenten ergeben. Diese Frage ist interessant, da eine vermutete Milderbehandlung von Senioren nicht selten in der Literatur diskutiert wird und auch theoretisch nicht fernliegend erscheint (beispielsweise bei Feest 1993, S. 15–17 oder Keßler 2005a, S. 13, 129; für empirische Befunde z. B. Lachmund 2011, S. 120 ff. sowie ▶ Kap. 6.).

Zum einen könnten menschliche Erwägungen zu einer gewissen juristischen Nachsicht und Milde führen (auch Richter sind mitleidsbegabt und -empfänglich), zum anderen ließe sich auch rational vor dem Hintergrund des Strafzwecks der Spezialprävention durchaus argumentieren, dass z. B. eine stationäre Maßnahme nicht angezeigt zu sein scheint, wenn der Straftäter bereits aufgrund seines altersbedingten Erscheinungsbildes ein bestimmtes Maß an Harmlosigkeit ausstrahlt bzw. generell von einer geringen Aussicht auf resozialisierende

Einwirkung auf Lebensältere ausgegangen wird (► Abschn. 7.2.3, »Vergleich«).

Methodik

Sollen verschiedene Personengruppen miteinander verglichen werden, muss insbesondere darauf geachtet werden, dass diese Gruppen überhaupt tatsächlich vergleichbar sind. Würde man vorliegend z. B. die Sanktionierung aller 21- bis 59-Jährigen mit der aller über 60-Jährigen vergleichen, ginge der Aussagegehalt gegen null, da das Kriminalitätsaufkommen der Gruppen komplett unterschiedlich geartet ist – lägen in ersterer Gruppe beispielsweise weitaus mehr Straftaten gegen die körperliche Unversehrtheit vor und würden diese typischerweise besonders häufig mit stationärer Freiheitsstrafe geahndet werden, so ließe sich zwar feststellen, dass diese Gruppe mehr Freiheitsstrafen ohne Bewährung als ihr älteres Pendant erhält – dies hätte allerdings keinerlei Bezug zu der Frage, ob Senioren ihres Alters wegen milder sanktioniert werden. Die Vergleichsgruppen müssen folglich vergleichbar gemacht – »homogenisiert« – werden.

Vorliegend soll dies erfolgen, indem zunächst Delikte mit möglichst großer Häufigkeit gewählt werden, damit auch nach Ausschluss zahlreicher unerwünschter abweichender Tatkonstellationen noch ausreichend große Vergleichsgruppen existieren: Der einfache Diebstahl gem. § 242 Abs. 1 StGB, die einfache Körperverletzung gem. § 223 Abs. 1 StGB sowie der Betrug gem. § 263 Abs. 1 StGB bieten sich hierfür an. Lediglich Probanden, die wegen dieser Delikte sanktioniert wurden, gelangen demnach in die Vergleichsgruppen. Daraufhin werden alle Personen mit Vorstrafen ausgenommen, da diese bei der Bildung des Strafmaßes entscheidenden Einfluss zugunsten härterer Sanktionen nehmen können. Zudem werden Personen mit weiteren Straftaten in Tatmehrheit oder Tateinheit aus dem Datensatz eliminiert, da auch die Verwirklichung mehrerer Straftatbestände stets tendenziell ein höheres Sanktionsmaß begünstigt. Schließlich werden alle weiteren, vom einfachen Diebstahl, der einfachen Körperverletzung oder dem Betrug nach § 263 Abs. 1 StGB abweichenden Tatmodalitäten ausgeschlossen, z. B. Versuch, Rücktritt, Mittäterschaft und Teilnahme, Schuldunfähigkeit oder eingeschränkte Schuldfähigkeit usw. Auf diese Weise

existieren nunmehr 3 unterschiedliche Untergruppen (je eine für einfachen Diebstahl, einfache Körperverletzung und Betrug), die bis auf ein Merkmal jeweils weitgehend homogen sind: das Alter, nach dem im Folgenden unterschieden werden soll.

Die Homogenisierung stößt allerdings auf durch den Datensatz gezogene Grenzen: Aspekte wie Tatmotive, Größe der Rechtsgutverletzung und andere Tatmodalitäten, die Einfluss auf die Sanktionierung nehmen könnten, sind nicht im Datensatz enthalten und können demnach nicht beachtet werden.

Sanktionierung verschiedener Altersgruppen bei einfachem Diebstahl gem. § 242 Abs. 1 StGB

Auf Grundlage dieser Vorgehensweise werden in Bezug auf die solchermaßen homogenisierte Personengesamtheit die Merkmale des Alters und der Hauptsanktion in ◘ Tab. 7.2 in Zusammenhang gebracht. Sie enthält in den Zeilen die bekannten Altersgruppen, wobei aufgrund der geringen Zahlen für die ältesten Gruppen eine Großgruppe »60+« erstellt wurde, um aussagekräftigere Werte zu erhalten. In den Spalten finden sich die 4 verschiedenen Sanktionsformen.

Da der einfache Diebstahl nach § 242 Abs. 1 StGB kein schweres Delikt ist, liegt es nahe, dass Täter ohne weitere verwirklichte Straftatbestände und Vorstrafen nur in den seltensten Fällen direkt eine stationäre Sanktion erhalten werden. Weil auch für die Verwarnung mit Strafvorbehalt regelmäßig kein Anlass bestehen wird, ist es nur folgerichtig, dass die Geldstrafe das Gros der Sanktionen ausmacht. Dementsprechend lassen sich ◘ Tab. 7.2 nur wenig aussagekräftige, bestenfalls als Indizien zu wertende Erkenntnisse in Hinblick auf eine etwaige Ungleichsanktionierung von Jüngeren und Älteren entnehmen. Dennoch ist bereits hier als Tendenz zu beobachten, dass Delinquenten ab 60 Jahren bei der Ahndung von einfachem Diebstahl im Vergleich zu jüngeren Delinquenten seltener stationäre Sanktionen erhielten. Senioren im Alter von 60–69 Jahren wurden zudem häufiger zu einer Geldstrafe verurteilt und erhielten gleichzeitig etwas seltener eine Verwarnung mit Strafvorbehalt; für Senioren ab 70 Jahren verhält es sich genau umgekehrt: Hier erreicht die Geldstrafe von allen Altersgruppen mit 97,8 % ihre niedrigste Quote

◻ Tab. 7.2 Hauptsanktion für verschiedene Altersgruppen bei einfachem Diebstahl (homogenisiert), Jahr 2007 (prozentuale Anteile, *n* Anzahl gültiger Fälle). (Daten: Rückfalldatensatz; Jehle et al. 2013)

Alter in Jahren		Freiheitsstrafe ohne Bewährung	Freiheitsstrafe mit Bewährung	Geldstrafe	Verwarnung mit Strafvorbehalt
21–24 (n = 795)		0,1 %	1,4 %	98,1 %	0,4 %
25–29 (n = 1.022)		0,1 %	0,8 %	98,6 %	0,5 %
30–39 (n = 1.652)		0,1 %	1,0 %	98,1 %	0,7 %
40–49 (n = 1.402)		0,1 %	0,4 %	98,9 %	0,6 %
50–59 (n = 887)		0,0 %	0,2 %	98,9 %	0,9 %
60+ (n = 581)		0,0 %	0,0 %	99,1 %	0,9 %
Darunter:	60–69 (n = 442)	0,0 %	0,0 %	99,5 %	0,5 %
	70+ (n = 139)	0,0 %	0,0 %	97,8 %	2,2 %

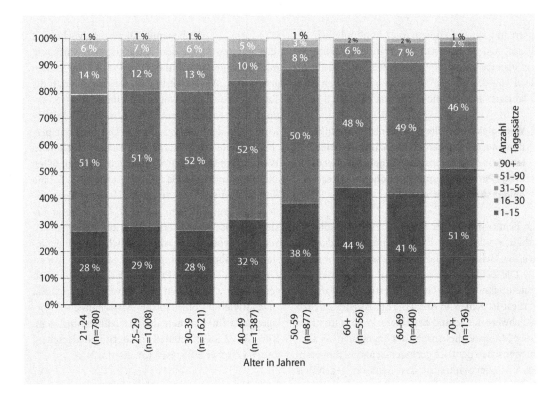

◻ Abb. 7.6 Anzahl von Tagessätzen für verschiedene Altersgruppen nach Begehung eines einfachen Diebstahls (homogenisiert) und Geldstrafensanktion, Jahr 2007. (Daten: Rückfalldatensatz; Jehle et al. 2013)

und die Vorwarnung mit Strafvorbehalt mit 2,2 % ihren höchsten Wert.

Aufschlussreicher ist allerdings ◻ Abb. 7.6, die die verhängten Geldstrafen nach der Anzahl der Tagessätze differenziert für die verschiedenen Altersgruppen darstellt.

Hier zeigen sich nun deutliche Unterschiede: So erhalten die 21- bis 49-Jährigen zu etwa 30 % lediglich 1–15 Tagessätze, während dies bei den 50- bis 59-Jährigen bereits 38 % sind, bei den über 60-Jährigen gar 44 %. Diametral dazu nimmt der Anteil der höheren Tagessatzgruppen ab der Altersgruppe von 40–49

◻ **Tab. 7.3** Hauptsanktion für verschiedene Altersgruppen bei einfacher Körperverletzung (homogenisiert), Jahr 2007 (prozentuale Anteile, *n* Anzahl gültiger Fälle). (Daten: Rückfalldatensatz; Jehle et al. 2013)

Alter in Jahren		Freiheitsstrafe ohne Bewährung	Freiheitsstrafe mit Bewährung	Geldstrafe	Verwarnung mit Strafvorbehalt
21–24 (n = 558)		0,0 %	1,3 %	96,8 %	2,0 %
25–29 (n = 699)		0,1 %	2,3 %	95,1 %	2,4 %
30–39 (n = 1.125)		0,0 %	1,8 %	94,8 %	3,4 %
40–49 (n = 929)		0,1 %	2,0 %	93,8 %	4,1 %
50–59 (n = 400)		0,0 %	1,8 %	93,8 %	4,5 %
60+ (n = 230)		0,0 %	1,3 %	95,7 %	3,0 %
Darunter:	60–69 (n = 172)	0,0 %	1,7 %	94,8 %	3,5 %
	70+ (n = 58)	0,0 %	0,0 %	98,3 %	1,7 %

Jahren mit zunehmendem Alter kontinuierlich ab: Nimmt man die obersten 3 Kategorien zusammen, fragt also nach über 30 Tagessätzen, so sinkt dieser Anteil von den 30- bis 39-Jährigen bis zu den über 60-Jährigen um über die Hälfte von 20 % auf 8 %.

❯ **Wenngleich über die Gründe nichts abschließend ausgesagt werden kann, ist festzustellen, dass eine ansonsten weitgehend gleichartige Personengruppe mit höherem Alter milder sanktioniert wird.**

Zur Beantwortung der Frage, warum sich dies so verhält, erscheint ein Exkurs zum Zustandekommen der Geldstrafe und der Tagessatzanzahl nützlich: Die Zahl der Tagessätze wird im Rahmen der Strafzumessung vom Gericht bestimmt. Maßgabe für diese ist gem. § 46 Abs. 1 S. 1 StGB grundsätzlich die Schwere der Schuld des Täters. Wenn nun unter dieser Maßgabe die Anzahl der Tagessätze bei älteren Menschen deutlich geringer ist als bei jüngeren, bietet sich der Schluss an, dass Senioren gegenüber die Vermutung besteht, dass diese – fernab von Verbotsirrtum gem. § 17 StGB und eingeschränkter Schuldfähigkeit gem. § 21 StGB, die hier über die Homogenisierung ausgeschlossen sind – konstitutionell weniger Schuld mit derselben Tat auf sich laden, als es jüngere Menschen tun. Allerdings ist dies freilich nicht die einzige mögliche Erklärung; trotz der Homogenisierung ist nichts über die Schwere der Tat innerhalb des Rahmens von

§ 242 Abs. 1 StGB bekannt. Diese mag vorliegend durchaus zwischen den Altersgruppen variieren, mit zunehmendem Alter könnten z. B. eher Sachen geringeren Wertes gestohlen werden, womit die Tat nicht so schwer wöge und eine mildere Sanktionierung entsprechend § 46 Abs. 2 StGB (»Auswirkungen der Tat«) v. a. diesem Umstand entsprechen könnte. (Diebstähle von Sachen mit einem Wert von unter 25 Euro, vereinzelt 30 Euro, fallen allerdings unter § 248a StGB [Fischer 2015, § 248a Rn. 3a] und sind hier somit durch die Homogenisierung ausgeschlossen worden). Ein weiterer Erklärungsansatz liegt darin, dass die delinquenten Senioren womöglich wirtschaftlich schlechter gestanden haben als die jüngeren Straftäter. Altersarmut stellt ein reales Problem dar, das theoretisch geeignet ist, Menschen zu Diebstahlskriminalität zu motivieren. Eine solche wirtschaftliche Notlage kann im Rahmen der Strafzumessung gem. § 46 Abs. 2 StGB ebenfalls mildernd Niederschlag finden (Fischer 2015, § 46 Rn. 26 m.w.N).

Sanktionierung verschiedener Altersgruppen bei einfacher Körperverletzung gem. § 223 Abs. 1 StGB

Mit der einfachen Körperverletzung gem. § 223 Abs. 1 StGB soll ein weiteres Delikt auf Grundlage einer homogenisierten Personengruppe auf die Sanktionspraxis hin untersucht werden (◻ Tab. 7.3).

Obschon die einfache Körperverletzung gegenüber dem einfachen Diebstahl im Grundsatz die

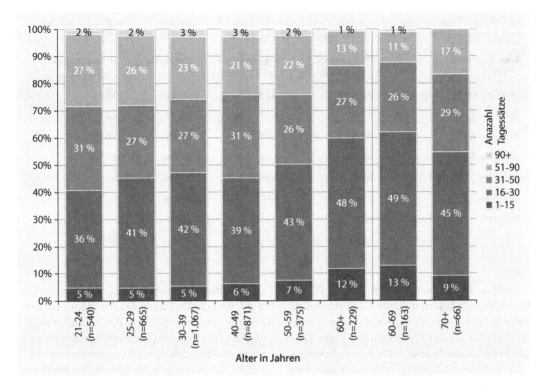

Abb. 7.7 Anzahl von Tagessätzen für verschiedene Altersgruppen nach Begehung einer einfachen Körperverletzung (homogenisiert) und Geldstrafensanktion, Jahr 2007. (Daten: Rückfalldatensatz; Jehle et al. 2013)

größere Eingriffsintensität aufweist, da das betroffene Rechtsgut höherwertig ist, überwiegt auch hier die Sanktion der Geldstrafe ähnlich deutlich. Zwar stellt sich die entsprechende Verhängungsquote nicht ganz so hoch wie beim einfachen Diebstahl dar, jedoch ist auch diesen Zahlen kein belastbarer und somit aufschlussreicher Rückschluss zur Frage einer Ungleichsanktionierung in Abhängigkeit des Alters der Delinquenten entnehmbar. Es bedarf mithin wiederum einer Differenzierung nach der Anzahl der Tagessätze (Abb. 7.7).

Die größere Schwere der Rechtsgutverletzung spiegelt sich in dem im Vergleich zum einfachen Diebstahl überaus geringen Anteil der Gruppe von 1–15 Tagessätzen bzw. in der deutlich häufigeren Verhängung von 31 oder mehr Tagessätzen wider. Neben diesen Unterschieden im Sanktionsniveau zeigt sich allerdings annähernd das gleiche Muster wie beim einfachen Diebstahl: Ab 25–29 Jahren steigt die Wahrscheinlichkeit, eine geringere Zahl von Tagessätzen zu erhalten, mit zunehmendem

Alter kontinuierlich an – wenngleich der größte Sprung diesbezüglich erst bei den 60- bis 69-Jährigen zu verzeichnen ist und nicht bereits bei der um 10 Jahre jüngeren Altersgruppe wie beim einfachen Diebstahl. Dass sich diese Tendenz daraufhin bei den 70-Jährigen und Älteren wieder umzukehren scheint, muss vor dem Hintergrund derer überaus geringen Gesamtzahl von 66 Personen gesehen werden: Bei derart niedrigen Absolutzahlen können bereits wenige (rechnerisch nicht unwahrscheinliche) Ausreißer das Gesamtbild entscheidend verzerren, ohne dass damit tatsächlich etwas über die gesamte Personengruppe ausgesagt wäre. Maßgeblich ist folglich vielmehr die zusammengefasste Gruppe der über 60-Jährigen, für die im Vergleich zu den 50- bis 59-Jährigen ein deutliches Ansteigen der Anteile geringer Tagessatzanzahlen zu verzeichnen ist, während die Verhängung von 51–90 Tagessätzen fast um die Hälfte – von 22 % auf 13 % – abnimmt.

◘ **Tab. 7.4** Hauptsanktion für verschiedene Altersgruppen bei Betrug (homogenisiert), Jahr 2007 (prozentuale Anteile, *n* Anzahl gültiger Fälle. (Daten: Rückfalldatensatz; Jehle et al. 2013)

Alter in Jahren		Freiheitsstrafe ohne Bewährung	Freiheitsstrafe mit Bewährung	Geldstrafe	Verwarnung mit Strafvorbehalt
21–24 (n = 2.602)		0,0 %	0,3 %	97,8 %	1,9 %
25–29 (n = 3.738)		0,0 %	0,7 %	96,9 %	2,4 %
30–39 (n = 6.219)		0,0 %	1,5 %	95,9 %	2,6 %
40–49 (n = 5.491)		0,0 %	1,5 %	95,0 %	3,5 %
50–59 (n = 2.852)		0,0 %	3,3 %	92,5 %	4,2 %
60+ (n = 702)		0,1 %	5,7 %	90,5 %	3,7 %
Darunter:	60–69 (n = 643)	0,2 %	5,9 %	90,4 %	3,6 %
	70+ (n = 59)	0,0 %	3,4 %	91,5 %	5,1 %

Untersucht man anhand von ◘ Abb. 7.7 die Entwicklung der beiden mildesten Geldstrafenkategorien (1–15 und 16–30 Tagessätze), so zeigt sich, dass diese für die 25- bis 49-Jährigen recht konstant bei gemeinsam etwa 46 % liegen, bevor sie in den höheren Altersgruppen deutlich ansteigen (50 % bei 50- bis 59-Jährigen, 60 % bei den über 60-Jährigen). Dass die Kategorie von 16–30 Tagessätzen ab einem Alter von 50 Jahren (im Vergleich zu den jüngeren Altersgruppen) wieder zunimmt (von 43 % für die 50- bis 59-Jährigen auf 48 % für die über 60-Jährigen), geschieht folglich auf Kosten der höheren und höchsten Tagessätze – diese nehmen folgerichtig mit höherem Alter ab (von 24 % bei den 50- bis 59-Jährigen auf 14 % bei den über 60-Jährigen). In der Gesamtschau der einzelnen Befunde bestätigt sich somit auch für die einfache Körperverletzung der bereits beim einfachen Diebstahl festgestellte Trend einer milderen Sanktionierung im höheren Alter, wobei der klar deutlichste Sprung der Sanktionshöhe erst bei 60 Lebensjahren erfolgt.

Sanktionierung verschiedener Altersgruppen bei Betrug gem. § 263 Abs. 1 StGB

Schließlich bietet sich der Betrug gem. § 263 Abs. 1 StGB aufgrund seines häufigen Vorkommens als drittes Delikt an, für das in homogenisierter Form die Sanktionspraxis untersucht werden soll.

Bei Betrachtung von ◘ Tab. 7.4 fällt unmittelbar auf, dass die Verteilung der Sanktionen auf die Altersgruppen im Vergleich zu den Befunden beim einfachen Diebstahl und der einfachen Körperverletzung deutlich differiert: Mit zunehmendem Alter steigt der Anteil von Freiheitsstrafen kontinuierlich, während derjenige von Geldstrafen ebenso konstant abnimmt. Dies läuft der These einer Milderbehandlung älterer Menschen diametral entgegen; im Gegenteil sind es vorliegend die älteren Personen, die anscheinend mit besonderer Schärfe sanktioniert werden. Einzig die Beobachtung, dass die Verwarnung mit Strafvorbehalt ein Sanktionsinstrument ist, das mit steigendem Alter an Popularität gewinnt, lässt sich vorliegend tendenziell bestätigen. Im Übrigen ist ebenfalls bemerkenswert, dass die absolute Anzahl von Senioren im Vergleich zu den anderen Altersgruppen geringer ausfällt als beim einfachen Diebstahl sowie der einfachen Körperverletzung: Dort betrug die Zahl Älterer im Verhältnis zu den Altersgruppen 21–29, 30–39 und 40–49 etwa ein Drittel bzw. ein Fünftel, beim Betrug befindet er sich dahingegen im Bereich von einem Achtel und einem Neuntel. Im Verhältnis zu den 50- bis 59-Jährigen kamen die über 60-Jährigen bei Diebstahl und Körperverletzung auf etwas mehr als deren Hälfte, während sie beim Betrug weniger als ein Viertel ausmachen.

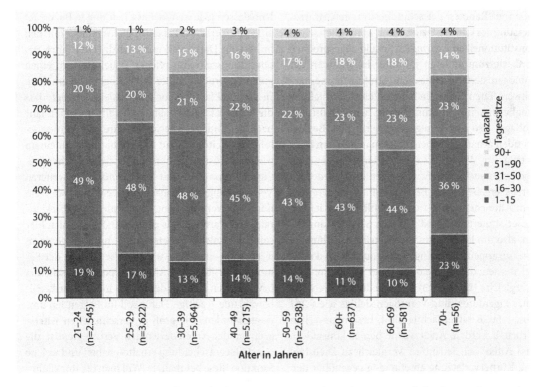

◘ Abb. 7.8   Anzahl von Tagessätzen für verschiedene Altersgruppen nach Begehung eines einfachen Betrugs (homogenisiert) und Geldstrafensanktion, Jahr 2007. (Daten: Rückfalldatensatz; Jehle et al. 2013)

> **Es vermittelt sich der Eindruck, als würden Menschen ab 60 Jahren zwar verhältnismäßig selten aufgrund eines Betrugs verurteilt, – wenn, werden sie allerdings tendenziell härter bestraft als jüngere Straftäter.**

Gerade aufgrund der den bisherigen Erkenntnissen vermeintlich widersprechenden Befunde bedarf es auch hier weiteren Datenmaterials in Form einer Darstellung der Anzahl der Tagessätze bei verschiedenen Altersgruppen (◘ Abb. 7.8). Die Abbildung lässt zugleich erkennen, dass sich die beiden oberen Säulenabschnitte von links nach rechts vergrößern, während die unteren beiden zurückgehen, was bedeutet, dass mit steigendem Alter anteilig häufiger eine höhere Anzahl von Tagessätzen verhängt wird, während mit jüngeren Lebensjahren die Wahrscheinlichkeit im Vergleich zu den übrigen Altersgruppen größer ist, eine kleinere Anzahl von Tagessätzen zu erhalten. Die Gruppe bis zu 30 Tagessätzen sinkt kontinuierlich von den Jungerwachsenen

(68 %) bis zu den Senioren (54 %); ebenso kontinuierlich wächst die Gruppe von 51 und mehr Tagessätzen in dieser Richtung an (von 13 % bis 22 %). Die mittlere Gruppe, 31–50 Tagessätze, bleibt dabei erwartungsgemäß recht konstant bei 20–23 %.

Vor dem Hintergrund der gewonnen Einsichten im Rahmen des einfachen Diebstahls (► Abschn. 7.4.2) sowie der einfachen Körperverletzung (► Abschn. 7.4.2) muss auch dies zunächst verblüffen; die Entwicklung verläuft auch hier, wie schon bei ◘ Tab. 7.3, diametral zu den vorherigen Befunden. Zuvor waren es stets die Älteren, denen die milderen Sanktionen, also die geringere Anzahl von Tagessätzen, anteilig häufiger zuteilwurden. Nun sieht sich dieser Trend nicht nur nicht bestätigt, sondern – wenn auch kleinschrittig – klar erkennbar umgekehrt.

Im Rahmen der Interpretation der Ergebnisse für den einfachen Diebstahl wurden oben (► Abschn. 7.4.2) als mögliche Gründe für die Milderbehandlung älterer Menschen genannt, dass ihnen im Rahmen der schuldbestimmten Strafzumessung des § 46 StGB zum einen womöglich schon konstitutionell eine geringere Schuld zugesprochen wird, sie zum anderen mitunter im Rahmen der homogenisierten, einfachen Strafnorm weniger schwere Taten begangen haben oder sie schließlich möglicherweise aufgrund einer wirtschaftlichen Notlage, also aus weniger verwerflichen Beweggründen gehandelt haben. Folgt man nun den beim Betrug im Wortsinne »verkehrten« Ergebnissen und kehrt auch diese Erwägungen um, würde sich daraus ergeben, dass Betrüger mit fortschreitendem Alter eher weniger wirtschaftliche Not leiden, besser situiert sind und höheren Schaden anrichten, also um höhere Summen betrügen als jüngere Altersgruppen. Allerdings muss auch berücksichtigt werden, dass – wie oben unter ▶ Abschn. 7.2.3, »Vergleich« (◘ Abb. 7.3) festgestellt, Senioren, die eines Eigentums- und Vermögensdelikts wie § 263 Abs. 1 StGB tatverdächtig sind, besonders selten verurteilt werden. Auch wurde bereits konstatiert, dass Ältere bei Betrug im Vergleich zu Diebstahl und Körperverletzung anteilmäßig gegenüber den anderen Altersgruppen deutlich schwächer vertreten sind.

Zusammengenommen lässt sich dem die Vermutung entnehmen, dass gegen Betrüger ab 60 Jahren besonders häufig gem. §§ 153 ff. StPO eingestellt wird – was bedeuten könnte, dass Taten aus wirtschaftlicher Notlage oder nahe dem Bagatellbereich auch hier vorkommen, allerdings gar nicht zu einer Verurteilung führen; und dass in der Tendenz nur diejenigen Senioren verurteilt werden, die derartige Umstände nicht mildernd für sich in Anspruch nehmen können. Es bedarf allerdings weiterer Forschung in diesem Bereich, um diese Erwägungen mit Substanz zu füllen und zu untermauern.

7.4.3 Rückfälligkeit

Kernanliegen des **Rückfalldatensatzes** ist freilich, zu untersuchen, wie häufig Straffällige in einem bestimmten Zeitraum rückfällig werden, mit welchem Delikt dies geschieht und welche justizielle Reaktion daraufhin ergeht. Dies wird möglich durch den sich an das Bezugsjahr 2007 anschließenden 3-jährigen Beobachtungszeitraum, inner-

halb dessen jede weitere Entscheidung in Bezug auf eine 2007 erfasste Person registriert und mit den bisherigen Daten verknüpft wird. (Drei Jahre Beobachtungszeitraum reichen dabei aus, um einen guten Eindruck von der Rückfälligkeit zu erhalten: In der Rückfalluntersuchung hat sich gezeigt, dass die Hälfte aller Rückfalltaten bereits im ersten Jahr nach der Anlasstat begangen wird; die Verdopplung des Zeitraums auf 6 Jahre hat zwar zu einem weiteren Anstieg geführt, dieser fiel aber eher mäßig aus [von 36 % auf 44 %]; mit jeder weiteren Verlängerung des Beobachtungszeitraums wäre ein noch weiterer Rückgang des Anstiegs der Rückfallrate zu erwarten [Jehle et al. 2013, S. 9]). Auch hier soll eine solche Untersuchung nutzbar gemacht werden für die Frage, wie sich die Gruppe der Senioren von jüngeren Altersgruppen unterscheidet bzw. welchen Einfluss das Alter – hier auf die Legalbewährung – zeitigt. Dafür soll im Folgenden umrissen werden, wie groß in verschiedenen Altersgruppen der Anteil derjenigen Verurteilten ist, die eine Folgeentscheidung erhalten haben und welche Sanktion diese beinhaltete. Will man die Rückfälligkeit verschiedener Personengruppen vergleichend untersuchen, bedarf es wiederum der Isolation des maßgeblichen Merkmals – hier des Alters –, also der Homogenisierung der Untersuchungsgruppe. Analog zur Darstellung der Sanktionierung soll auch hier beispielhaft auf den einfachen Diebstahl gem. § 242 Abs. 1 StGB, die einfache Körperverletzung gem. § 223 Abs. 1 StGB sowie den Betrug gem. § 263 Abs. 1 StGB zurückgegriffen werden.

Rückfälligkeit verschiedener Altersgruppen bei einfachem Diebstahl gem. § 242 Abs. 1 StGB

◘ Abb. 7.9 enthält wiederum für jede der unterschiedlichen Altersgruppen eine Säule, die nunmehr unterteilt ist nach Folgeentscheidungen: Der oberste Säulenabschnitt entspricht dem Anteil derjenigen Verurteilten, die in den 3 Jahren nach der Bezugsentscheidung keine weitere Entscheidung (▶ Abschn. 7.3.1) erhalten haben. Unterhalb dieses Abschnitts findet sich jeweils der Anteil der Verurteilten, die in diesem Sinne rückfällig geworden sind, unterteilt in die 3 Kategorien: Geldstrafe, Freiheitsstrafe mit Bewährung und Freiheitsstrafe ohne Bewährung. Wichtig ist, dass die Deliktsart

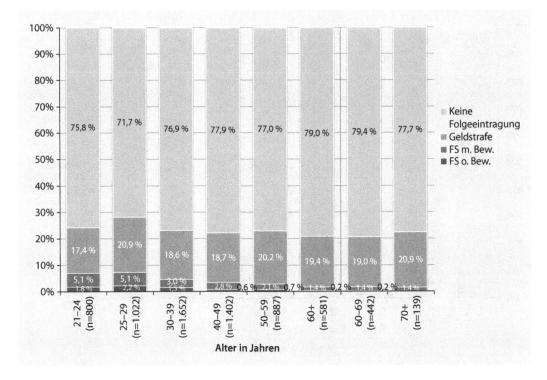

□ Abb. 7.9 Folgeeintragungen innerhalb von 3 Jahren für verschiedene Altersgruppen bei einfachem Diebstahl als Bezugsdelikt, Jahr 2007 (prozentuale Anteile; *FS* Freiheitsstrafe, *m. Bew.* mit Bewährung, *o. Bew.* ohne Bewährung). (Eigene Darstellung; Daten: Rückfalldatensatz; Jehle et al. 2013)

des Rückfalls hier keine Berücksichtigung findet. Die Gruppe der Verurteilten ist dabei dieselbe, die bereits bei der Sanktionierung unter ▸ Abschn. 7.4.2 untersucht wurde, wie auch anhand der identischen Grundgesamtheiten (n, hier in den Klammern unter den Altersangaben befindlich) nachvollzogen werden kann (mit Ausnahme der Jungerwachsenen, bei denen im Rahmen der Sanktionierung 5 Fälle fehlen, die noch nach JGG verurteilt wurden und daher für die Betrachtung oben keine Relevanz hatten).

□ Abb. 7.9 veranschaulicht zunächst, dass der einfache Diebstahl eine sehr gute Chance auf Legalbewährung hat: Mehr als drei Viertel (76,4 %) aller mit einfachem Diebstahl straffällig Gewordenen haben in den folgenden 3 Jahren – der deutlich rückfallgefährdetsten Zeit (Jehle et al. 2013, S. 9) –keine erneute Eintragung erhalten. Des Weiteren wird deutlich, dass der Anteil der gesamten Rückfälligkeit zwischen den Altersgruppen nicht sehr stark variiert und auf den ersten Blick keine deutliche Tendenz aufweist. Erst bei genauerer Be-

trachtung der Prozentangaben ist zu sehen, dass mit steigendem Alter ein ganz leichter Trend hin zur Legalbewährung existiert, indem sich der Wert, allerdings langsam und unter Schwankungen, den 80 % annähert (□ Abb. 7.10).

Deutlicher lässt sich dahingegen die Art der Folgeentscheidung unterscheiden: Während bei den 21- bis 24-Jährigen der Anteil der Geldstrafe an allen Wiederverurteilungen bei 71,6 % liegt, steigt er im Folgenden kontinuierlich an, bis er bei den Über-60-Jährigen klar über 90 % liegt. Dieser Entwicklung steht eine Abnahme mit steigendem Alter von Freiheitsstrafen mit Bewährung (von 21,1 % bei den Jungerwachsenen auf 6,6 % bei den Senioren) sowie von Freiheitsstrafen ohne Bewährung (7,2 % auf 0,8 %). War der Trend zur Legalbewährung mit höherem Lebensalter noch marginal, lässt sich hier deutlich erkennen, dass hinsichtlich der Art der Folgeentscheidung – in Einklang mit den Erkenntnissen aus 4.2.2 – eine klare Tendenz vorliegt. Ob diese indes auf weniger schwere Rück-

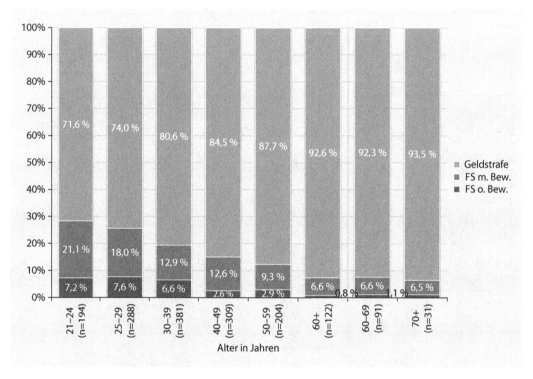

Abb. 7.10 Wiederverurteilungen für verschiedene Altersgruppen bei einfachem Diebstahl innerhalb eines 3-Jahreszeitraums nach Bezugsentscheidung, Jahr 2007 (prozentuale Anteile; *FS* Freiheitsstrafe, *m. Bew.* mit Bewährung, *o. Bew.* ohne Bewährung). (Eigene Darstellung; Daten: Rückfalldatensatz; Jehle et al. 2013)

fälle oder aber eine mildere Sanktionierung Älterer (▶ Abschn. 7.4.2) zurückzuführen ist, kann an dieser Stelle nicht eindeutig beantwortet werden.

Rückfälligkeit verschiedener Altersgruppen bei einfacher Körperverletzung gem. § 223 Abs. 1 StGB

Als zweites Delikt wird an dieser Stelle die einfache Körperverletzung gem. § 223 Abs. 1 StGB als Bezugsentscheidung ausgewählt und von dort ausgehend untersucht, wie es um die Rückfälligkeit der verschiedenen Altersgruppen steht. Dabei leidet die Aussagekraft allerdings darunter, dass die Grundgesamtheiten der älteren Altersgruppen, wie in ▶ Abschn. 7.4.2 bereits gesehen, recht klein werden. Hinzu kommt, dass ein Großteil dieser Gesamtheit keine Folgeentscheidung erhält, womit nur ein geringer Anteil der ohnehin schon eher kleinen Gruppe bleibt, für welchen die Art der Folgeentscheidung betrachtet werden kann. Eine eige-

ne Abbildung für die Sanktionsart der Wiederverurteilung nach dem Vorbild von ◨ Abb. 7.10 entfällt hier demnach.

◨ Abb. 7.11 sind allerdings dennoch durchaus Aussagen über die Legalbewährung an sich zu entnehmen: So lässt sich feststellen, dass diese bei einfacher Körperverletzung sogar noch besser als beim einfachen Diebstahl ausfällt: Von 5 Straffälligen bleiben 4 (81,4 %) in den 3 darauffolgenden Jahren ohne Folgeentscheidung. Deutlicher als beim einfachen Diebstahl ist zu erkennen, dass mit zunehmendem Alter weniger Wiederverurteilungen auftreten. Von einer Legalbewährung von exakt drei Vierteln bei den Jungerwachsenen steigt diese ununterbrochen bis auf über 90 % für die Gruppe der über 60-Jährigen.

> **Dass Straftäter höheren Alters seltener als jüngere Straftäter wiederholt straffällig werden (bzw. zumindest einer erneuten**

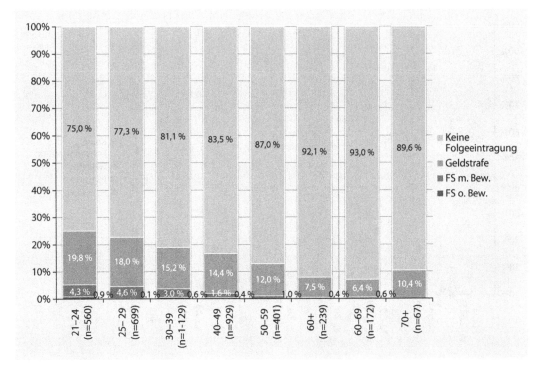

🔳 **Abb. 7.11** Folgeeintragungen innerhalb von 3 Jahren für verschiedene Altersgruppen bei einfacher Körperverletzung als Bezugsdelikt, Jahr 2007 (prozentuale Anteile; *FS* Freiheitsstrafe, *m. Bew.* mit Bewährung, *o. Bew.* ohne Bewährung). (Eigene Darstellung; Daten: Rückfalldatensatz; Jehle et al. 2013)

Verurteilung entgehen), entspricht deren geringen Anteilen an den Tatverdächtigen und Verurteilten.

Rückfälligkeit verschiedener Altersgruppen bei Betrug gem. § 263 Abs. 1 StGB

Abschließend wird die Betrachtung von Legalbewährung und Wiederverurteilungen auch für das Bezugsdelikt des Betrugs gem. § 263 Abs. 1 StGB vorgenommen. Die vergleichsweise großen Grundgesamtheiten aller Altersgruppen lassen dieses Delikt für diesen Zweck überaus geeignet erscheinen (🔳 Abb. 7.12).

Im Vergleich zum einfachen Diebstahl und der einfachen Körperverletzung wird die Legalbewährungsquote nochmals etwas besser: 86,7 % aller wegen Betrugs Verurteilten bleiben in den ersten 3 Jahren des Risikozeitraums ohne Folgeentscheidung. Bei Betrachtung dieser hohen Werte

bei allen Bezugsdelikten muss allerdings stets auch hinzugedacht werden, dass im Zuge der Homogenisierung versucht wurde, jegliche das Gewicht der Tat erschwerende Umstände zu eliminieren (insbes. das Vorliegen von Vorstrafen, Tatmehrheit oder Qualifikationstatbeständen, ▶ Abschn. 7.4.2, »Methodik«). Der Anteil von Verurteilten ohne Folgeeintragung bleibt von 85 % bei den Jungerwachsenen ausgehend zunächst bis zur Gruppe der 30- bis 39-Jährigen recht stabil, bevor er kontinuierlich bis zu den Senioren hin zunimmt, wo er 92 % erreicht.

🔹 **Dem Umstand entsprechend, dass ältere Menschen auch grundsätzlich weniger zu (registrierter) Kriminalität neigen als jüngere Altersgruppen, weisen sie auch nach erfolgtem Rechtsverstoß die beste Legalbewährung auf.**

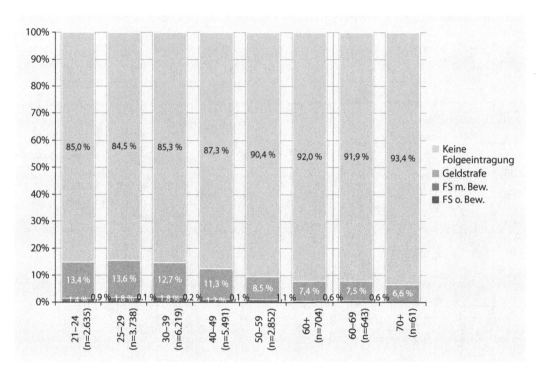

◼ **Abb. 7.12** Folgeeintragungen innerhalb von 3 Jahren für verschiedene Altersgruppen bei Betrug als Bezugsdelikt, Jahr 2007 (prozentuale Anteile; *FS* Freiheitsstrafe, *m. Bew.* mit Bewährung, *o. Bew.* ohne Bewährung). (Eigene Darstellung; Daten: Rückfalldatensatz; Jehle et al. 2013)

Ein Blick auf die Art der Wiederverurteilung (◼ Abb. 7.13) offenbart, dass die Geldstrafe beim Betrug noch eine weitaus höhere Rolle spielt als beim einfachen Diebstahl. Auch lässt sich an dieser Stelle kein einheitlicher Trend bestimmen – zwar weisen die Senioren erwartungsgemäß den höchsten Anteil von Geldstrafen auf, jedoch schwankt dieser zuvor uneinheitlich und keinem erkennbaren System folgend zwischen 86,3 % und 89,2 %. Auffallen mag der vergleichsweise hohe Anteil von Geldstrafen bei den Jungerwachsenen, allerdings fallen Rückschlüsse und Aussagen in Anbetracht des uneinheitlichen Bildes, das sich auch im Anteil von Freiheitsstrafen mit und ohne Bewährung fortsetzt, schwer. Einzig der Umstand, dass Senioren den klar höchsten Anteil von Geldstrafen aufweisen, mag darauf deuten, dass Richter mit dem Alter auch hier zögern, noch zu stationären Sanktionen zu greifen. Letzteres mag überraschen vor dem Hintergrund, dass im Rahmen der Sanktionierung bei Verurteilungen wegen Betruges noch festgestellt wurde, dass mit steigen-

dem Alter eher Freiheitsstrafen verhängt werden (▶ Abschn. 7.4.2). Will man sich einer Erklärung für diesen zunächst unerwarteten Befund nähern, bedarf es allerdings weiterer Untersuchungen, wobei insbesondere auch nach dem Rückfalldelikt differenziert werden müsste.

7.5 Fazit

Mit ähnlicher Geschwindigkeit und Stetigkeit, mit der der Anteil älterer Menschen an unserer Bevölkerung wächst, wird sich voraussichtlich auch die Beachtung des Themas ihrer Kriminalität im kriminologischen Diskurs entwickeln. Dass die Kriminalitätsbelastung von Senioren vergleichsweise gering ist, wird dabei mit dem Wachsen ihrer Zahl immer weniger als Grund für das bisherige Schattendasein in der Fachdebatte taugen. Bereits jetzt ist etwa jeder zwölfte der wegen einer Straftat gegen das Leben Tatverdächtigen über 60 Jahre alt – dieses Beispiel

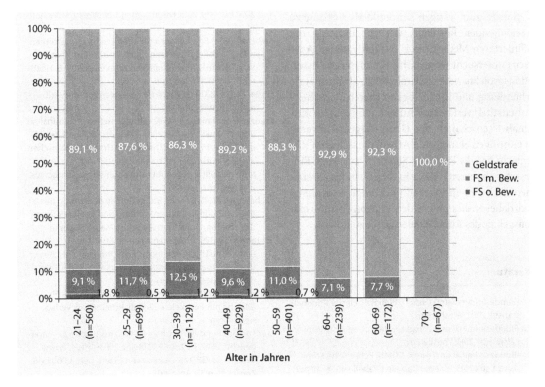

◘ Abb. 7.13 Wiederverurteilungen für verschiedene Altersgruppen bei Betrug innerhalb eines 3-Jahreszeitraums nach Bezugsentscheidung, Jahr 2007 (prozentuale Anteile; *FS* Freiheitsstrafe, *m. Bew.* mit Bewährung, *o. Bew.* ohne Bewährung). (Eigene Darstellung; Daten: Rückfalldatensatz; Jehle et al. 2013)

mag verdeutlichen, dass die Senioren eine Gruppe bilden, die in unserer gegenwärtigen Gesellschaft als zunehmend bedeutsamer Teil der Kriminalitätswirklichkeit Aufmerksamkeit verdient.

Dieser Beitrag strebt an, unter Nutzbarmachung der überaus umfassenden Datenquelle der Rückfalluntersuchung ein wenig mitzuhelfen, den Boden dafür zu bereiten. Viele seiner angestellten Überlegungen und Untersuchungen sind noch nicht am Ende angelangt und nicht alle der gewonnenen Eindrücke bedeuten schon heute einen unmittelbaren Erkenntnisgewinn. Wohl aber kann auch bereits jetzt, wo die Auswertung dieses Datens(ch)atzes spezifisch in Hinblick auf Senioren noch in ihren Kinderschuhen steckt, die eine oder andere Aussage getroffen werden: So wurde festgestellt, dass Senioren vor dem Hintergrund ihres großen Anteils an der Bevölkerung sowohl bei den Tatverdächtigen als auch bei den Verurteilungen grundsätzlich deutlich unterrepräsentiert

sind. Ebenfalls ist aber zu sagen, dass sie jeweils einen bedeutsamen Anteil des absoluten Aufkommens ausmachen. Außerdem ist festzuhalten, dass der Anteil Älterer an allen Verurteilten (genauer: an allen Personen, die eine Bezugsentscheidung erhalten haben) bei Straftaten gegen die sexuelle Selbstbestimmung und solchen gegen das Leben besonders hoch ist, was angesichts der These von der »Kriminalität der Schwäche« zumindest irritiert. Oder dass die Kriminalitätsbelastung älterer Frauen im Vergleich zu Männern nicht sinkt, wie die Absolutzahlen suggerieren. Andere Befunde sind in der Tendenz erkennbar geworden und bedürfen nun näherer empirischer Überprüfung und Erkundung. So z. B. das vorläufige Ergebnis einer milderen Sanktionierung älterer Menschen, dem allerdings die Ergebnisse hinsichtlich der Sanktionierung von Betrug diametral entgegenstehen, oder auch die sich tendenziell abzeichnende bessere Legalbewährung von Senioren.

Solche, zum jetzigen Zeitpunkt als vorläufig zu bezeichnenden Resultate, werden zukünftig mit raffinierteren Methoden (z. B. multivariaten Analysen) untersucht werden: Im Rahmen des Dissertationsprojekts »Alterskriminalität, strafjustizielle Behandlung und Rückfälligkeit älterer Menschen« (Arbeitstitel) verfasst der Autor am Institut für Kriminalwissenschaften der Georg-August-Universität Göttingen aktuell eine Arbeit, die sich zum Ziel gemacht hat, die Rolle von Senioren sowie den Einfluss des (höheren) Alters in den genannten Bereichen statistisch umfassend und valide zu eruieren und dabei insbesondere den ergiebigen Informationsgehalt des Rückfalldatensatzes zu nutzen.

Literatur

BKA (Bundeskriminalamt) (Hrsg) (2008) Polizeiliche Kriminalstatistik 2007. Wiesbaden

BKA (Bundeskriminalamt) (Hrsg) (2014a) Polizeiliche Kriminalstatistik 2013. Wiesbaden

BKA (Bundeskriminalamt) (Hrsg) (2014b) Polizeiliche Kriminalstatistik 2013. Standardtabellen, Tabelle 40. ▶ http://www.bka.de/DE/Publikationen/PolizeilicheKriminalstatistik/2013/2013Standardtabellen/pks2013StandardtabellenTatverdaechtigeUebersicht.html. Zugegriffen: 12. April 2015

Dünkel F (1991) Alte Menschen im Strafvollzug. ZfStrVo:350–357

Exner F (1949) Kriminologie, 3. Aufl. Springer, Berlin

Feest J (1993) Alterskriminalität. In: Kaiser G, Kerner H-J, Sack F, Schellhoss H (Hrsg) Kleines kriminologisches Wörterbuch, 3. Aufl. Müller, Heidelberg, S 14–17

Fischer T (2015) Strafgesetzbuch mit Nebengesetzen. Beck'sche Kurz-Kommentare, Bd 10, 62. Aufl. Beck, München

Göppinger H, Bock M (Hrsg) (2008) Kriminologie, 6. Aufl. Beck, München

Görgen T, Greve W (2005) Alte Menschen in Haft: der Strafvollzug vor den Herausforderungen durch eine wenig beachtete Personengruppe. BewHi:116–130

Harrendorf S (2007) Rückfälligkeit und kriminelle Karrieren von Gewalttätern. Ergebnisse einer bundesweiten Rückfalluntersuchung. Dissertation, Göttinger Studien zu den Kriminalwissenschaften, Bd 1. Universitätsverlag Göttingen, Göttingen

Hohmann-Fricke S (2014) Strafwirkungen und Rückfall – Lässt sich mit Hilfe prozesserzeugter Daten der Strafrechtspflege der sozialpräventive Anspruch des Strafrechts prüfen? Dissertation, Universität Göttingen

Jehle J-M, Albrecht H-J, Hohmann-Fricke S, Tetal C (2013) Legalbewährung nach strafrechtlichen Sanktionen. Eine bundesweite Rückfalluntersuchung 2007 bis 2010 und

2004 bis 2010, 2013. Forum Verlag Godesberg, Mönchengladbach

Keßler I (2005a) Straffälligkeit im Alter: Erscheinungsformen und Ausmaße. Dissertation, Universität Köln, Kölner Schriften zur Kriminologie und Kriminalpolitik, 8. Hochschulschrift. LIT, Münster

Keßler I (2005b) Theoretische Perspektiven zur Alterskriminalität. BewHi:131–148

Kreuzer A, Hürlimann M (1992) Alte Menschen in Kriminalität und Kriminalitätskontrolle – Plädoyer für eine Alterskriminologie. In: Kreuzer, Hürlimann (Hrsg) Alte Menschen als Täter und Opfer. Alterskriminologie und humane Kriminalpolitik gegenüber alten Menschen. Lambertus, Freiburg i. Br., S 13–85

Lachmund C (2011) Der alte Straftäter. Die Bedeutung des Alters für Kriminalitätsentstehung und Strafverfolgung. Dissertation, Universität Frankfurt/Main. LIT, Berlin

Schramke H-J (1996) Alte Menschen im Strafvollzug. Empirische Untersuchungen und kriminalpolitische Überlegungen. Dissertation, Universität Gießen. Forum Verlag Godesberg, Bonn

Schwind (2013) Kriminologie – eine praxisorientierte Einführung mit Beispielen, 22. Aufl. Kriminalistik Verlag, Heidelberg

Statistisches Bundesamt (Hrsg) (2008a) Rechtspflege – Strafgerichte 2007. Fachserie 10, Reihe 2.3. ▶ https://www.destatis.de/GPStatistik/receive/DEHeft_heft_00005545. Zugegriffen: 12. April 2015

Statistisches Bundesamt (Hrsg) (2008b) Rechtspflege – Staatsanwaltschaften 2007. Fachserie 10, Reihe 2.6. ▶ https://www.destatis.de/GPStatistik/receive/DEHeft_heft_00005720. Zugegriffen: 12. April 2015

Statistisches Bundesamt (Hrsg) (2009a) Bevölkerung Deutschlands. Ergebnisse der 12. koordinierten Bevölkerungsvorausberechnung. Wiesbaden. ▶ https://www.destatis.de/DE/Publikationen/Thematisch/Bevoelkerung/VorausberechnungBevoelkerung/BevoelkerungDeutschland2060Presse.html. Zugegriffen: 12. April 2015

Statistisches Bundesamt (Hrsg) (2009b) Rechtspflege – Strafverfolgung 2007. Fachserie 10, Reihe 3. ▶ https://www.destatis.de/GPStatistik/receive/DEHeft_heft_00006008. Zugegriffen: 12. April 2015

Statistisches Bundesamt (Hrsg) (2015a) Rechtspflege – Strafverfolgung 2013. Fachserie 10, Reihe 3. ▶ https://www.destatis.de/DE/Publikationen/Thematisch/Rechtspflege/StrafverfolgungVollzug/Strafverfolgung.html. Zugegriffen: 12. April 2015

Statistisches Bundesamt (Hrsg) (2015b) GENESIS-Online Datenbank. ▶ https://www.genesis.destatis.de/genesis/online/logon. Zugegriffen: 12. April 2015

Statistisches Bundesamt (Hrsg) (2015c) Lebenserwartung in Deutschland. ▶ https://www.destatis.de/DE/ZahlenFakten/GesellschaftStaat/Bevoelkerung/Sterbefaelle/Tabellen/LebenserwartungDeutschland.html. Zugegriffen: 12. April 2015

Strafvollzug an älteren Menschen

Klaus Laubenthal

F. Kunz, H.-J. Gertz (Hrsg.), *Straffälligkeit älterer Menschen*,
DOI 10.1007/978-3-662-47047-3_8, © Springer-Verlag Berlin Heidelberg 2015

Die immer deutlicher zutage tretende Überalterung unserer Gesellschaft und die damit verbundenen Folgen haben den Bereich des Freiheitsentzugs erreicht. Auch wenn Gefangene mit höherem Lebensalter, d. h. 60 Jahre und älter, in absehbarer Zukunft weiterhin eine Minderheit in den jeweiligen Vollzugspopulationen der Strafanstalten darstellen, ist dennoch den besonderen Bedürfnissen alter Menschen in den Einrichtungen gerecht zu werden.

8.1   Die Gruppe lebensälterer Strafgefangener

Nach den Daten der Strafvollzugsstatistik lässt sich in den zurückliegenden Jahren bei den Strafgefangenen (ohne Sicherungsverwahrte) eine allmähliche Verschiebung hin zu älteren Jahrgängen erkennen. Zwar spiegelt die Altersstruktur der eine Freiheitsstrafe verbüßenden Inhaftierten nicht die Altersverteilung in der bundesdeutschen Bevölkerung wider. In der Vollzugspopulation dominieren immer noch jüngere Jahrgänge (vgl. Laubenthal 2011, S. 43). Festzustellen ist jedoch seit dem Jahr 1992 ein fast kontinuierlicher Anstieg der Anteile derjenigen, die das 60. Lebensjahr bereits vollendet haben. Das betrifft nicht nur die absoluten Zahlen, sondern auch den prozentualen Anteil an allen Strafgefangenen. Lag Letzterer im Jahr 1992 noch bei 1,5 %, so vergrößerte sich dieser bis zum Jahr 2013 auf 4,2 %. Die absolute Anzahl älterer Inhaftierter im Freiheitsstrafenvollzug hat sich von 1992–2013 nahezu vervierfacht (◘ Abb. 8.1).

Von den 2118 am 31.3.2013 eine Freiheitsstrafe verbüßenden Inhaftierten der Altersgruppe 60 Jahre und älter besaßen 89,6 % die deutsche Staatsbürgerschaft. 32,8 % waren verheiratet, 20,3 % ledig und 46,9 % verwitwet bzw. geschieden.

Wie bei den Strafgefangenen insgesamt handelt es sich bei den inhaftierten älteren Verurteilten um eine heterogene Gruppe. Wie sich aus ◘ Tab. 8.1 ergibt, betrifft dies bereits die Art der Anlassdelikte, die sich über das gesamte Spektrum der Straftaten erstrecken.

Heterogenität besteht bei den Strafgefangenen ab 60 Jahre auch im Hinblick auf strafrechtliche Vorahndungen (◘ Tab. 8.2) sowie die Hafterfahrung (◘ Tab. 8.3). Waren von den eine Freiheitsstrafe am Stichtag 31.3.2013 verbüßenden Verurteilten insgesamt 73,7 % vorbestraft, lag der Anteil bei der Gefangenengruppe 60 Jahre und älter bei 64,2 %.

Von den Relationen her vergleichbar mit der Gesamtpopulation der eine Freiheitsstrafe verbüßenden Inhaftierten sind die Anteile bezüglich der Art der gerichtlichen Vorahndungen. Hier überwiegen ganz deutlich die Verurteilungen zu stationären Sanktionen, insbesondere zu Jugend- und Freiheitsstrafen (◘ Tab. 8.3).

Von den am 31.3.2013 im Vollzug der Freiheitsstrafe befindlichen vorbestraften 1.359 Inhaftierten der Altersgruppe 60 Jahre und älter war nur ein geringer Teil von 18,2 % lediglich einmal vorbestraft. Wie sich aus ◘ Tab. 8.4 ergibt, hatte immerhin mehr als die Hälfte (50,6 %) 5–20 strafrechtliche Vorahndungen aufzuweisen.

Erneut eine Freiheitsstrafe verbüßen mussten 64,2 % der am 31.1.2013 inhaftierten Strafgefangen im Alter von 60 Jahren und darüber. Von diesen waren 17,7 % schon im ersten Jahr nach der vorangegangenen Entlassung wieder in den Freiheitsstrafenvollzug eingewiesen worden, während dies bei 43,5 % erst nach wenigstens 5 Jahren in Freiheit erforderlich wurde (◘ Tab. 8.5).

8.2   (Re-)Sozialisierungsauftrag auch für alte Inhaftierte

Für alte Menschen im Freiheitsstrafenvollzug gelten die vollzugsgesetzlichen Regelungen prinzipiell gleichermaßen wie für jüngere Inhaftierte. Im Vollzug der Freiheitsstrafe sollen die Strafgefangenen fähig werden, künftig in sozialer Verantwortung ein Leben ohne Straftaten zu führen. Diese Zielvorgabe (dazu Laubenthal 2011, S. 76 ff.) – wie sie im Bundes-Strafvollzugsgesetz sowie in den Landesstrafvollzugsgesetzen von Baden-Württemberg, Bayern, Brandenburg, Bremen, Hamburg, Hessen, Mecklenburg-Vorpommern, Niedersachsen, Nordrhein-Westfalen, Rheinland-Pfalz, Saarland, Sachsen und Thüringen normiert ist – folgt 2 zentralen Verfassungsprinzipien. Aus Art. 1 des Grundgesetzes (GG) i. V. m. Art. 2 Abs. 1 GG ergibt sich für den

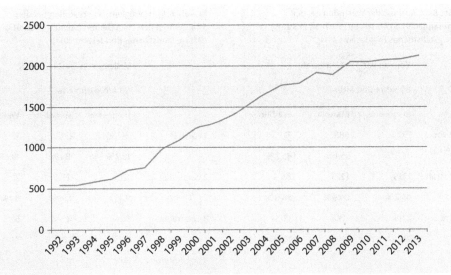

☐ **Abb. 8.1** Entwicklung der Anzahl älterer Gefangener (60+ Jahre) im Vollzug der Freiheitsstrafe, 1992–2013. (Daten: Statistisches Bundesamt 1993–2014)

☐ Tab. 8.1 Anlasstaten der Strafgefangenen ab 60 Jahren (Stichtag 31.3.2013). (Daten: Statistisches Bundesamt 2014)			
Anlasstaten	**Männlich**	**Weiblich**	**Insgesamt**
§§ 80–168 und 331–357 StGB, Straftaten gegen den Staat, die öffentliche Ordnung und im Amt, außer § 142 StGB, §§ 174–184 f. StGB	41	1	42
	2,1%	0,6%	2,0%
§§ 174–184 StGB – Straftaten gegen die sexuelle Selbstbestimmung	327	1	328
	16,7%	0,6%	15,5%
§§ 169–173, 185–241a StGB außer §§ 222, 229 StGB in Verbindung mit (i. V. m.) Verkehrsunfall; andere Straftaten gegen die Personen, außer im Straßenverkehr	547	32	579
	27,9%	20,4%	27,3%
§§ 242–248c StGB – Diebstahl und Unterschlagung	208	37	245
	10,6%	23,6%	11,6%
§§ 249–255, 316a StGB – Raub und Erpressung, räuberischer Angriff auf Kraftfahrer	93	2	95
	4,7%	1,3%	4,5%
§§ 257–305a StGB – andere Vermögens- und Eigentumsdelikte, Urkundendelikte	444	64	508
	22,6%	40,8%	24%
§§ 306–330a StGB, außer §§ 315b, 315c, 316 und 316a, 323a StGB i. V. m. Verkehrsunfall; gemeingefährliche einschließl. Umwelt-Straftaten	17	1	18
	0,9%	0,6%	0,8%
§§ 142, 315b, 315c, 316, 222, 229, 323a StGB i. V. m. Verkehrsunfall, §§ 21, 22, 22a, 22b StVG Straftaten im Straßenverkehr	93	3	96
	4,7%	1,9%	4,5%
Straftaten nach anderen Bundes- und Landesgesetzen (außer StGB und StVG)	191	16	207
	9,7%	10,2%	9,8%
Gesamt	1961	157	2118
	100%	100%	100%

◼ Tab. 8.2 Ausmaß der Vorstrafen bei den Strafgefangenen ab 60 Jahren (Stichtag 31.3.2013). (Daten: Statistisches Bundesamt 2014)

	Vollzug von Freiheitsstrafe		
	60 Jahre und älter		
	Insgesamt	Männlich	Weiblich
Nicht vor- bestraft	759	688	71
	35,8 %	35,1 %	45,2 %
Vorbestraft	1359	1273	86
	64,2 %	64,9 %	54,8 %
Gesamt	2118	1961	157
	100 %	100 %	100 %

◼ Tab. 8.3 Art der Vorstrafen bei den Strafgefangenen ab 60 Jahren (Stichtag 31.3.2013). (Daten: Statistisches Bundesamt 2014)

	Vollzug von Freiheitsstrafe		
	60 Jahre und älter		
	Insgesamt	Männlich	Weiblich
Geldstrafe allein	162	152	10
	11,9 %	11,9 %	11,6 %
Jugend- und/oder Freiheitsstrafe	1130	1055	75
	83,1 %	82,9 %	87,2 %
Sonstige Strafen- verbindungen und freiheitsentzie- hende Maßregeln	67	66	1
	4,9 %	5,2 %	1,2 %
Gesamt	1359	1273	86
	100 %	100 %	100 %

◼ Tab. 8.4 Häufigkeit der Vorstrafen bei den Strafgefangenen ab 60 Jahren (Stichtag 31.3.2013). (Daten: Statistisches Bundesamt 2014)

	Vollzug von Freiheitsstrafe		
	60 Jahre und älter		
	Insgesamt	Männlich	Weiblich
1 Vorstrafe	247	231	16
	18,2 %	18,1 %	18,6 %
2 Vorstrafen	126	119	7
	9,3 %	9,3 %	8,1 %
3 Vorstrafen	80	74	6
	5,9 %	5,8 %	7,0 %
4 Vorstrafen	86	81	5
	6,3 %	6,4 %	5,8 %
5–10 Vorstrafen	351	330	21
	25,8 %	25,9 %	24,4 %
11–20 Vorstrafen	337	315	22
	24,8 %	24,7 %	25,6 %
21 und mehr Vorstrafen	132	123	9
	9,7 %	9,7 %	10,5 %
Gesamt	1359	1273	86
	100 %	100 %	100 %

im Vollzug zur Verfügung zu stellen[2]. Die Lebensbedingungen in den Einrichtungen des Strafvollzugs und die Einwirkungen auf den einzelnen Gefangenen sind danach auszugestalten, dass sie die Chancen einer sozialen Wiedereingliederung verbessern und zur Verwirklichung einer künftigen Lebensführung ohne weitere Straftaten geeignet erscheinen.

Das Vollzugsziel der Befähigung, künftig in sozialer Verantwortung ein Leben ohne Straftaten zu führen, gilt für alle Gefangenen (Laubenthal 2011, S. 81). Selbst bei Langstrafigen ist der Strafvollzug auf eine soziale Wiedereingliederung hin ausgerichtet[3]. Den zu lebenslanger Freiheitsstrafe verurteilten Inhaftierten bleibt der gesetzliche Be-

Verurteilten ein Anspruch auf (Re-)Sozialisierung[1]. Er soll in der Haft befähigt werden, in Zukunft ein Leben ohne weitere Deliktsbegehungen zu gestalten. Art. 20 Abs. 1 und Art. 28 Abs. 1 GG verpflichten zudem den Staat, die notwendigen Ressourcen zur Realisierung der Sozialisationsbemühungen

---

1   Bundesverfassungsgerichtsentscheidung (BVerfGE) Bd. 45, S. 239.

2   BVerfGE Bd. 35, S. 236.
3   BVerfGE Bd. 98, S. 200.

◘ Tab. 8.5 Wiedereinweisung in den Strafvollzug bei den Strafgefangenen ab 60 Jahren (Stichtag 31.3.2013). (Daten: Statistisches Bundesamt 2014)

	Vollzug von Freiheitsstrafe		
	60 Jahre und älter		
	Insgesamt	Männlich	Weiblich
Im 1. Jahr nach der Entlassung	154	146	8
	17,7 %	17,5 %	21,1 %
Im 2. Jahr nach der Entlassung	131	129	2
	15,0 %	15,5 %	5,3 %
Im 3.–5. Jahr nach der Entlassung	208	198	10
	23,9 %	23,7 %	26,3 %
Im 6. Jahr nach der Entlassung und später	379	361	18
	43,5 %	43,3 %	47,4 %
Gesamt	872	834	38
	100 %	100 %	100 %

handlungsauftrag der Vorbereitung auf die Rückkehr in die Freiheit nicht verschlossen. Da dem Lebenszeitgefangenen prinzipiell eine Chance bleibt, seine Freiheit wieder zu erlangen, steht ihm ein Anspruch auf resozialisierende Maßnahmen zu[4] (siehe auch Fiedeler 2003a).

Die für den Vollzug der Lebenszeitstrafe verfassungsrechtlich vorgegebenen Resozialisierungsbemühungen gelten – angesichts der sich zunehmend reduzierenden Lebenszeit in Haft – auch für zahlreiche der zu zeitiger Freiheitsstrafe verurteilten und inhaftierten alten Menschen. Besteht noch eine Perspektive für ein Leben nach einer Entlassung aus der Anstalt, wird der Behandlungsauftrag im Wesentlichen von der Vorbereitung auf ein ohne weitere Normverstöße gelingendes Altern geprägt (Görgen u. Greve 2005, S. 124). Für nicht wenige Alterskriminelle kann aber die Verurteilung zu zeitiger Strafe faktisch einer Lebenszeitstrafe gleichkommen. Das gilt v. a. für Gefangene, bei denen der Vollstreckungsstand eine Strafrestaussetzung zur Bewährung (noch) nicht zulässt. Es betrifft selbst im Alter gefährliche Verurteilte sowie diejenigen,

die für eine eigentlich strafprozessrechtlich zulässige Vollstreckungsunterbrechung wegen schwerer im Strafvollzug nicht behandelbarer Krankheit nicht in Betracht kommen; ferner solche, die keine vorzeitige Entlassung bzw. eine Strafunterbrechung im Gnadenwege erfahren. Eine Entlassung sterbenskranker Häftlinge wegen Haftunfähigkeit findet in der Praxis angesichts des allgemein gestiegenen medizinischen Standards und einer verbesserten medizinischen Versorgung im Strafvollzug allerdings kaum statt (vgl. Fiedeler 2003b, S. 286). Insoweit hat die Leistungsfähigkeit der medizinischen Vollzugseinrichtungen die Schwelle zur Vollzugsuntauglichkeit immer weiter angehoben (dazu Skirl 2003, S. 284). Im Hinblick auf die schon seit Jahren zu beobachtende Zunahme der Zahlen von in Haft versterbenden zu lebenslanger sowie zu zeitiger Freiheitsstrafe Verurteilten (vgl. bereits Fiedeler 2003b, S. 285) stellt sich durchaus auch die Frage nach einer menschenwürdigen Sterbebegleitung im Strafvollzug (dazu Schneeberger Georgescu 2006, S. 8 f.; Skirl 2003, S. 283 ff.; Stieber 2003, S. 287 ff.).

8.3 Besondere Vollzugsgestaltung

Zwar stellen die älteren Strafgefangenen keine homogene Gruppe dar, dennoch bringt die Inhaftierung alter Menschen einige spezifische Erfordernisse für ihre Vollzugsgestaltung mit sich. Diese muss besonderen Bedingungen lebensälterer Menschen angepasst werden.

Der Alltag in den Justizvollzugsanstalten ist den strafvollzugsgesetzlichen Vorgaben gemäß v. a. durch die Einteilung in Arbeitszeit, Freizeit und Ruhezeit geprägt. Strafgefangene unterliegen einer grundsätzlichen Arbeitspflicht. Hiervon sind jedoch lebensältere Inhaftierte ausgenommen. Damit erlangt für sie der Freizeitbereich eine vermehrte Bedeutung. Es müssen insoweit altersgerechte Angebote geschaffen werden, wie sie vergleichbar in Altenheimen erfolgen:

- Anleitungen zur Lebensführung,
- altersgerechte sportliche Aktivitäten,
- Gesprächsgruppen mit seniorenbezogenen Themenstellungen,
- kreativitätsfördernde bzw. -erhaltende Kurse,
- Maßnahmen zum Gedächtnistraining usw.

---

4   BVerfGE Bd. 45, S. 239.

Insoweit sind nicht nur der Allgemeine Vollzugsdienst, Anstaltsgeistliche oder ehrenamtliche Vollzugshelfer besonders gefordert. Die Betreuung und Behandlung der Strafgefangenen verlangt eine zureichende Ausstattung des Vollzugsstabs mit Mitarbeitern des Sozialdienstes. Stellt oberstes Prinzip der Sozialarbeit im Strafvollzug zwar die Hilfe zur Selbsthilfe dar (Laubenthal 2011, S. 161), verändert sich im Hinblick auf ältere Inhaftierte das Tätigkeitsfeld hin zu eher fürsorgerischer Unterstützung.

❯❯ Ältere Strafgefangene bedürfen im Rahmen der Sozialarbeit v. a. fürsorgerischer Maßnahmen.

Schon in der freien Gesellschaft ist das Altern weitgehend geprägt von sozialer Ausgliederung. Hinzu kommt, dass der alte Mensch sich zunehmend an der Spitze der Alterspyramide sieht, das Versterben Gleichaltriger und Nahestehender ihm ein Gefühl des Zurückgebliebenseins und der Vereinsamung vermittelt. Das gilt umso mehr für alte Menschen, die mit ihrem Haftantritt in der Justizvollzugsanstalt eine zusätzliche Ausgliederung aus ihrer gewohnten sozialen Umwelt und den Verlust des bisherigen gesellschaftlichen Status erfahren haben. Eingegliedert in das von der übrigen Gesellschaft partiell abgeschnittene soziale System der Hafteinrichtung sind Betroffene des Altenstrafvollzugs deshalb in besonderem Maße auf die Erhaltung noch bestehender Beziehungen zu Personen in Freiheit angewiesen. Den Kommunikationsmöglichkeiten mit der Außenwelt kommt daher eine besondere Bedeutung zu. Das betrifft die Gewährung von Vollzugslockerungen bzw. vollzugsöffnenden Maßnahmen ebenso wie den Besuchsempfang und die Gestattung privater Telefongespräche.

❯❯ Ältere Strafgefangene sind in hohem Maße auf Kommunikationsmöglichkeiten mit der Außenwelt angewiesen.

Der Rechtsbruch durch alte Menschen gründet nicht selten auf dem sozialen, psychischen und physischen Alterungsprozess (Laubenthal 2005, S. 5 ff). Schon dies macht deutlich, dass der Bereich der Gesundheitsfürsorge für alte Gefangene die Vollzugsbehörden vor besondere Herausforderungen stellt (dazu Görgen u. Greve 2005, S. 120 ff.; Görgen 2007, S. 8 f.). Chronische und alterstypische Erkrankungen treten nach den Ergebnissen ausländischer Studien (siehe Nachweise bei Görgen 2007, S. 8) im Altenstrafvollzug zudem noch früher auf als in der freien Gesellschaft, was auch auf eine vergleichbar höhere Wahrscheinlichkeit vorangegangener ungesunder Lebens- und Verhaltensweisen zurückgeführt wird. Das Ansteigen sowohl des Durchschnittsalters der Strafgefangenen als auch der Schwelle zur Vollzugsuntauglichkeit erfordert die Bereithaltung entsprechend zureichender diagnostischer und therapeutischer Möglichkeiten in den Vollzugseinrichtungen.

Der Strafvollzug muss jedoch nicht nur vermehrt in der Lage sein, kranke, behinderte oder pflegebedürftige ältere Insassen einem der Versorgung der allgemeinen Bevölkerung entsprechenden Standard gemäß zu behandeln. Die besonderen Gesundheitsprobleme stellen darüber hinaus spezifische Anforderungen an die Ausstattung von Haftäumen und die Fortbewegungsmöglichkeiten innerhalb der Anstalt.

❯❯ Eine qualifizierte medizinische Betreuung stellt im Hinblick auf das fortgeschrittene Lebensalter und vielschichtige gesundheitliche Problematiken eine Herausforderung dar.

8.4   Erforderlichkeit abgetrennter Alteneinrichtungen

Die besonderen Betreuungs- und Behandlungsbedürfnisse legen eine Separierung lebensälterer Strafgefangener in gesonderten Abteilungen von Justizvollzugsanstalten oder in eigenen Vollzugseinrichtungen nahe. Es sind darüber hinausgehend die auch im bundesdeutschen Strafvollzug den Strafalltag mitbestimmenden subkulturellen Aktivitäten, die eine derartige Konzentration und Zusammenlegung der Betroffenen als notwendig erscheinen lassen. Zwar wird gegen eine Abtrennung eingewandt, dass dadurch eine Art Ghettobildung drohe (siehe Porada 2007, S. 25). Erfahrungen aus Seniorenheimen weisen auf die Gefahr einer geistigen Verflachung hin, wenn die älteren Personen miteinander leben und es an Kontakten zu jüngeren Menschen fehlt. Es ist aber gerade bei Nichtseparierung das Zusammenleben mit Gefangenen anderer Altersstufen, das für ältere Inhaftierte das Viktimisierungsrisiko nachhaltig erhöht.

- **Viktimisierung älterer Strafgefangener**

Die Gefahr von Gewaltausübung gegen schwächere Mitinhaftierte stellt kein bloßes hypothetisches »worst-case-Szenarium« dar, derartige Befürchtungen gründen nicht lediglich »auf Medienberichten und Erzählungen Dritter, die die Verhältnisse im Regelvollzug mitunter überzogen darstellen und sicher nicht in vollem Umfang der Realität entsprechen« (so aber Schramke 1996, S. 328 f.).

> Älteren Strafgefangen droht im Zusammenleben mit jüngeren eine Viktimisierung durch Gewalttätigkeit.

Gewalttätigkeiten unter Strafgefangenen geschehen in den Vollzugsanstalten weitaus häufiger, als dies im Regelfall der (Medien-)Öffentlichkeit bekannt wird (siehe z. B. für das Bundesland Nordrhein-Westfalen: Werthebach et al. 2007, S. 171 ff.). In der Haftanstalt erlebt ein Inhaftierter einen Verlust an persönlicher Sicherheit, denn er befindet sich in einer andauernden Gemeinschaft mit anderen Menschen, die teilweise ihr bisheriges Leben lang Konflikte mit Gewalt und aggressiven Verhaltensweisen zu lösen suchten. Deshalb herrscht dort ein hohes Angstniveau unter den Insassen (vgl. Kury u. Smartt Gewalt 2002, S. 323 ff.). Dieses trägt nachhaltig zu subkulturellen Aktivitäten (hierzu Laubenthal 2010, S. 34 ff) bei. Denn die Insassen der Vollzugseinrichtungen fühlen, dass während ihrer Inhaftierung die soziale Identität unsicher und aus ihrer Sicht stark bedroht ist. Die Haftsituation wird als eine dauerhafte Bedrohung durch Mitgefangene empfunden. Die Viktimisierungsgefahr durch Unterdrückung und Misshandlung ist gerade bei als »schwach« bezeichneten Insassen besonders hoch.

In der Anstalt findet ein Inhaftierter hierarchische Statusdifferenzen unter seinen Mitgefangenen vor. Dabei stellt ein ganz wesentlicher Aspekt der Statuslegitimation die physische Stärke dar. Wer Durchsetzungsvermögen besitzt, wer in der Lage ist, sich Respekt zu verschaffen, wer sich nichts gefallen lässt, der läuft weniger als andere Inhaftierte Gefahr, Opfer von Misshandlungen durch Mitinhaftierte zu werden (siehe auch Bereswill 2004, S. 103). Gewaltandrohung und -ausübung stellen unter den Insassen von Vollzugsanstalten anerkannte Mittel dar, die Position des Einzelnen in der Statushierarchie zu bestimmen. Deshalb ist die Gesamtdauer der Strafhaft mitgeprägt von fortwährenden Anerkennungsritualen und Positionskämpfen in einer dynamischen Rangordnung. Angesichts des hohen Angstniveaus findet ein andauernder Kampf um Anerkennung und Statuserlangung statt. Präsentiert wird Aggressivität. Es kommt zur Ausübung physischer Gewalt, wobei es nicht nur bei Körperverletzungshandlungen bleibt. Die Gewalttätigkeit unter Inhaftierten erfolgt nicht selten auch sexualbezogen (vgl. Döring 2006, S. 322 ff.).

In einem solchen Klima von Angst, Misstrauen und dem strukturell vorgegebenen Zwang, sich durchsetzen zu müssen, nehmen körperlich Schwächere, denen es an Durchsetzungsvermögen fehlt und die nicht mehr in der Lage sind, Gewalt anzudrohen bzw. auszuüben, eine Opferrolle ein (Werthebach et al. 2007, S. 17). Insoweit besonders gefährdet sind gerade auch alte Strafgefangene, wenn sie in den allgemeinen Vollzugseinrichtungen ihre Strafe verbüßen. Die aufgrund des psychischen und physischen Prozesses des Alterns regelmäßig eintretende schwächere Position gegenüber jüngeren Mitinhaftierten setzt sie einem erhöhten Viktimisierungsrisiko aus, weil sie innerhalb der Gefangenenhierarchie keine bestimmende Position einnehmen können. Ihnen gegenüber verübte Gewalthandlungen dienen dann nicht der Bestimmung eines Platzes in der vollzuglichen »Hackordnung«. Sie bedeuten vielmehr Ausgrenzungsgewalt oder es kommt zu erniedrigenden Vorgehensweisen u. a. aus sadistischer Veranlagung heraus.

8.5 Gegenwärtige Situation des Altenstrafvollzugs

8.5.1 Vorhandene Einrichtungen

Die einzige deutsche Einrichtung für den Altenstrafvollzug befindet sich im baden-württembergischen Singen als Außenstelle der Justizvollzugsanstalt Konstanz (dazu Justizvollzugsanstalt Konstanz 2005; Rennhak 2007, S. 19 ff.; Schramke 1996, S. 315 ff.). In dieser stehen 50 Haftplätze für ältere Strafgefangene zur Verfügung. Momentan sind in Baden-Württemberg etwa 240 Strafgefangene im Alter von 60 Jahren und älter untergebracht. Von diesen befinden sich etwa ein Fünftel in der Außenstelle in Singen.

Um einen Überblick über die gegenwärtige Situation des Altenstrafvollzugs zu erhalten, wurde vom Verfasser eine Anfrage bei den Justizministerien und -senatoren der einzelnen Bundesländer durchgeführt. Rückmeldungen kamen aus allen Bundesländern. Bis auf die bereits genannte Außenstelle Singen in Baden-Württemberg gibt es keine weiteren – der Einrichtung in Singen vergleichbare – speziellen Einrichtungen für den Altenstrafvollzug. Allerdings verfügen einige Länder über spezielle Abteilungen für den Altenstrafvollzug oder sehen derartige Abteilungen für die Zukunft vor.

In Hessen stellt das sog. Kornhaus eine Abteilung für den Strafvollzug an älteren Gefangenen in der Justizvollzugsanstalt Schwalmstadt dar (dazu auch Fennel 2006, S. 270; Porada 2007, S. 23 ff.). In diesem sind insgesamt 39 Gefangene untergebracht, von denen 33 über 60 Jahre alt sind. Auch wenn Nordrhein-Westfalen die Notwendigkeit getrennter Unterbringungsmöglichkeiten verneint, verfügt die Justizvollzugsanstalt Detmold über eine Abteilung mit 22 Haftplätzen für diejenigen älteren Gefangenen, die an einer derartigen Unterbringung interessiert sind. Die Gefangenen sind hier wohngruppenähnlich untergebracht. Ähnliche Abteilungen gibt es z. B. auch im nordrhein-westfälischen Attendorn, in Rheinbach und Bielefeld-Senne. Im Vollzug des Landes Nordrhein-Westfalen waren am Stichtag des 31. März 2013 insgesamt 489 Strafgefangene und 16 Sicherungsverwahrte untergebracht, die das 59. Lebensjahr vollendet hatten. In Sachsen gibt es sowohl in der Justizvollzugsanstalt Chemnitz wie auch in der Justizvollzugsanstalt Waldheim eigene Haftbereiche für ältere Inhaftierte. Während in Waldheim 54 Haftplätze für männliche ältere und hochaltrige Gefangene zur Verfügung stehen, ist in der Justizvollzugsanstalt Chemnitz eine Wohngruppe mit 20 Plätzen für ältere bzw. vollzugslockerungsge-

eignete weibliche Inhaftierte eingerichtet. Von den momentan in dem entsprechenden Haftbereich in Waldheim Untergebrachten wurden nur 17 Gefangene aus anderen Anstalten nach Waldheim verlegt. Etwa 50 % dieser Gefangenen sind älter als 60 Jahre. Die Gefangenen, die unter 60 Jahre alt sind, leiden an erheblichen körperlichen und psychischen Einschränkungen. In einer Wohngruppe in Chemnitz waren am 19. Mai 2014 18 weibliche Inhaftierte untergebracht, 8 von ihnen älter als 50 Jahre.

8.5.2 Unterbringungsvoraussetzungen

Sofern eigenständige Bereiche für den Strafvollzug an älteren Strafgefangenen vorgesehen sind, so gehen diese von unterschiedlichen Unterbringungsvoraussetzungen aus. Dies gilt auch hinsichtlich der vorgesehenen Altersgrenzen. Ab welchem Alter eine getrennte Unterbringung in Frage kommt, wird unterschiedlich beurteilt. Um in der Justizvollzugsanstalt Singen untergebracht zu werden, ist erforderlich, dass der männliche Strafgefangene zum Zeitpunkt seiner Verurteilung das 62. Lebensjahr vollendet hat. Dagegen muss die weibliche Inhaftierte mindestens 50 Jahre alt sein, um in dem eigenen Haftbereich der Justizvollzugsanstalt Chemnitz untergebracht zu werden. In der Abteilung Kornhaus in Hessen sind männliche Verurteilte inhaftiert, die das 55. Lebensjahr vollendet haben. Es erstaunt nicht, dass von unterschiedlichen Altersgrenzen ausgegangen wird. Je nach ihrer körperlichen und geistigen Verfassung treten die lebensälteren Gefangenen den Strafvollzug mit unterschiedlichen Voraussetzungen an. Es handelt sich gerade nicht um eine homogene Gruppe. Gemeinsam ist den genannten Abteilungen jedoch, dass sich die Inhaftierten grundsätzlich für einen gelockerten Vollzug eignen müssen.

8.5.3 Geplante Einrichtungen

Neben den bereits bestehenden Unterbringungsmöglichkeiten sind für die Zukunft sowohl in Baden-Württemberg wie auch in Mecklenburg-Vorpommern und Schleswig-Holstein weitere separate

Abteilungen vorgesehen. So plant Baden-Württemberg z. B. eine gesonderte und wohngruppenähnlich organisierte Abteilung in der Justizvollzugsanstalt Bruchsal, in der 15 Haftplätze für ältere Gefangene vorgesehen sein sollen. In Schleswig-Holstein wurde für das Jahr 2014 die Einrichtung einer Abteilung mit 6 Haftplätzen für männliche, ältere oder gebrechliche Gefangene in der Justizvollzugsanstalt Lübeck vorgesehen. Während sich gegenwärtig in der Justizvollzugsanstalt Lübeck etwa 20 männliche und 6 weibliche ältere Gefangene befinden, sind es in der Justizvollzugsanstalt Neumünster nur etwa 12 über 60-jährige und in der Justizvollzugsanstalt Kiel sogar nur etwa 5 ältere Gefangene.

Die Tatsache, dass nicht alle Länder kurz- oder langfristig spezielle Einrichtungen oder Abteilungen für den Altenstrafvollzug vorsehen, zeigt, dass die Frage, ob ein Bedarf an derartigen Einrichtungen besteht, unterschiedlich beurteilt wird.

> ⊗ Der Großteil der Bundesländer hält die separate Unterbringung älterer Inhaftierter nicht für sinnvoll bzw. notwendig.

Auch wenn keine Einigkeit dahingehend besteht, dass eine separate Unterbringung von älteren Gefangenen erforderlich ist, so besteht doch ein Konsens dahingehend, dass im Strafvollzug auf die besonderen Bedürfnisse und Fähigkeiten älterer Inhaftierter eingegangen werden muss. Dies ist umso mehr von Bedeutung, wenn gerade keine speziellen Einrichtungen oder Abteilungen vorhanden sind. Dementsprechend hängt die Notwendigkeit separater Einrichtungen davon ab, inwieweit bei den im Normalvollzug untergebrachten älteren Strafgefangenen auf deren Bedürfnisse und Fähigkeiten eingegangen wird und eingegangen werden kann.

8.5.4 Beispiele altersgerechter Angebote

Unabhängig davon, ob separate Unterbringungsmöglichkeiten für ältere Strafgefangene vorhanden sind oder nicht, versucht man aber durchwegs den besonderen Anforderungen älterer Inhaftierter gerecht zu werden. Dies geschieht auf unterschiedliche Weise. Allerdings fällt auf, dass die Bundes-

länder dem Umstand Rechnung tragen, dass die Gefangenen mit Vollendung des Rentenalters nicht mehr von der im Strafvollzug jeweils vollzugsgesetzlich vorgegebenen grundsätzlich geltenden Arbeitspflicht umfasst sind. Auf ein verstärktes altersgerechtes Freizeitangebot wird großer Wert gelegt. Die Teilnahme an altersgerechten Freizeitangeboten verhilft dem Inhaftierten zum einen zu täglicher Routine, zum anderen fördert bzw. erhält sie sowohl dessen körperliche wie auch geistige Beweglichkeit. Neben diesem Gesichtspunkt der Freizeitgestaltung wird vermehrt auch auf bauliche Gegebenheiten geachtet, die den älteren Inhaftierten das Leben im Vollzug erleichtern sollen.

Gesonderte Haftbedingungen

Die Außenstelle Singen in Baden-Württemberg folgt der nach innen offenen Vollzugsform. Die Haftäume sind von 7.00 bis 22.00 Uhr geöffnet. Während dieser Zeit können sich die Gefangenen im Haus frei bewegen. Außerdem können sie zu gewissen Zeiten den Hof nutzen, in dem sich z. B. Ruhebänke oder ein kleiner Fischteich befinden. Obgleich der Gefangene in Baden-Württemberg nur bis zur Erreichung des gesetzlichen Rentenalters zur Arbeit verpflichtet ist, sind in Singen auch für ältere Gefangene geeignete altersgerechte Arbeitsplätze vorgesehen. Grundsätzlich ist die Arbeit ein wesentlicher Faktor der Vollzugsgestaltung. Die positiven Auswirkungen – wie etwa Entlohnung, ein strukturierter Tagesablauf und die erfahrene Anerkennung – sollen auch älteren Gefangenen nicht vorenthalten werden. Um körperlich oder geistig stark eingeschränkten Gefangenen gerecht zu werden, werden z. B. 2-mal in der Woche ergotherapeutische Maßnahmen angeboten. Auch im Hinblick auf das Freizeitangebot wird auf altersgerechte Freizeitmaßnahmen geachtet. Gefangene können sich sportlich z. B. beim Faustspiel oder gymnastisch betätigen oder sie können an einem angebotenen Gedächtnistraining teilnehmen. In Singen gibt es zusätzlich Maßnahmen, die den Inhaftierten im Hinblick auf ihre Entlassung dabei helfen sollen, sich auf Alltagssituationen einzustellen. Bei derartigen Maßnahmen werden die Strafgefangenen von Vollzugsbediensteten begleitet. Zu diesem Programm gehört z. B. der regelmäßige Einkauf bei einem Supermarkt außerhalb der

Justizvollzugsanstalt. Die Gefangenen sind dabei zu Fuß unterwegs und müssen die getätigten Einkäufe selbst zurück in die Anstalt tragen. Weiterhin werden Untergebrachte – sofern notwendig – auch im Hinblick auf Körperpflege und die Fähigkeit, Ordnung zu halten, unterstützt. Eine im baden-württembergischen Bruchsal geplante Altenabteilung soll ähnlich den zuvor genannten Gesichtspunkten ausgestaltet werden.

In den Haftbereichen für ältere Gefangene in den Justizvollzugsanstalten Schwalmstadt, Detmold, Chemnitz und Waldheim wird ebenfalls auf ein spezifisches Behandlungsangebot geachtet. Im schwalmstadter Kornhaus beinhalten entsprechende Angebote z. B. Maßnahmen zum Gedächtnistraining und zum Umgang mit neuen Techniken. Ebenso werden Angebote zu Sport, Bewegung und sozialem Training vorgehalten.

Dem in der Lebensälterenabteilung der Justizvollzugsanstalt Detmold Untergebrachten wird im Bereich der Freizeitgestaltung u. a. zu bestimmten Zeiten Aufschluss gewährt. Auch in der nordrheinwestfälischen Justizvollzugsanstalt Willich II gibt es spezielle Sport- und/oder Freizeitangebote für ältere Inhaftierte.

Weibliche Inhaftierte des betroffenen Haftbereichs in Chemnitz können an verschiedenen Maßnahmen teilnehmen. Es werden Angebote vorgehalten, die der Schulung von Merk- und Denkfähigkeit dienen. Darüber hinaus finden sich Maßnahmen des hauswirtschaftlichen und kreativen Bereichs. In Waldheim können die Strafgefangenen u. a. Billard oder Tischtennis spielen. Daneben gibt es verschiedene spezielle Maßnahmen der Ergotherapie mit kommunikations- und mobilitätsfordernden Übungen.

Unterbringung im Normalvollzug

Sofern keine speziellen Abteilungen für alte Strafgefangene vorgesehen sind, werden diese im jeweiligen Bundesland grundsätzlich im Normalvollzug untergebracht.

In Bayern wird darauf geachtet, ältere Inhaftierte in »ruhigeren« Abteilungen unterzubringen, die sich in unteren Stockwerken befinden. Zusätzlich sollen – sofern keine Arbeitspflicht mehr besteht – großzügigere Aufschlusszeiten gewährt werden. Obgleich es in Bayern keine eigenen Einrichtungen oder Abteilungen für ältere Gefangene gibt, erfolgt in Einzelfällen die längere oder dauerhafte Unterbringung von älteren und gesundheitlich angeschlagenen, behinderten oder chronisch kranken Inhaftierten in der Justizvollzugsanstalt Straubing. Eine Befragung, an der 24 lebensältere weibliche in der Justizvollzugsanstalt Aichach untergebrachte Strafgefangene teilgenommen haben, hat ergeben, dass der Großteil der Befragten einer getrennten Unterbringung ablehnend gegenübersteht (E.-M. Sigl 2013, unveröffentlichte Studie). Vielmehr schätzen diese den Kontakt zu jüngeren Strafgefangenen und empfinden die gemeinsame Unterbringung als positiv (ebd.).

Niedersachsen weist darauf hin, dass gerade beim Bau neuer Justizvollzugsanstalten darauf geachtet wird, diese möglichst barrierefrei zu bauen, um so die Belange älterer Menschen zu berücksichtigten. Die Justizvollzugsanstalten in Oldenburg, Rosdorf, Sehnde und Bremervörde sind bereits möglichst barrierefrei ausgestaltet. Hinsichtlich der älteren Justizvollzugsanstalten sollen entsprechende Gesichtspunkte bei künftigen Bauplanungen berücksichtigt werden.

Auch Schleswig-Holstein reagiert auf die Herausforderungen, die sich bei dem Vollzug von Freiheitsstrafen an älteren Inhaftierten ergeben. Wie bereits ausgeführt, wurde für das Jahr 2014 die Einrichtung einer Abteilung für ältere Menschen in der Justizvollzugsanstalt Lübeck geplant. Bereits zum jetzigen Zeitpunkt finden sich jedoch in der Justizvollzugsanstalt Lübeck Vorkehrungen, die den Anforderungen älterer Gefangener Rechnung tragen sollen. So wurden z. B. sowohl im Bereich des Frauenvollzugs wie auch im Bereich des Männervollzugs Maßnahmen getroffen, die den älteren und gegebenenfalls gebrechlichen Inhaftierten das Duschen erleichtern sollen. Entsprechende Räume wurden etwa mit Duschhockern, Duschstühlen und Wandgriffen ausgerüstet. Zusätzlich ist einer der 4 Besuchsräume der Langzeitbesuchseinrichtung senioren- und behindertengerecht eingerichtet. Es gibt außerdem ein spezielles Sportangebot für ältere Inhaftierte, das einmal wöchentlich stattfindet. In der Justizvollzugsanstalt Neumünster wird darauf geachtet, den älteren Inhaftierten das Treppensteigen und lange Wege zu ersparen, indem man sie bevorzugt ebenerdig unterbringt.

Die schleswig-holsteinische Arbeitsgemeinschaft »Sport im Justizvollzug« will spezielle Angebote für lebensältere Gefangene entwerfen, die sportliche sowie gesundheitliche Aspekte, Reha-Maßnahmen und Präventionsmedizin miteinander verbinden sollen. Zu den in Thüringen speziell für ältere Strafgefangene vorgesehenen Maßnahmen gehören z. B. Spaziergänge, tiergestütztes Sozialtraining oder Holz- und Schnitzarbeiten.

Der Strafgefangene als Pflegefall

Zumeist steigt mit dem Lebensalter auch der Bedarf an ärztlicher Betreuung. Die »normale« medizinische Versorgung älterer Strafgefangener ist aufgrund der gesetzlichen Vorgaben zur Gesundheitsfürsorge ausreichend gewährleistet. Problematisch wird es jedoch, sobald ein Gefangener zum Pflegefall wird. Die alltägliche Pflege eines älteren Inhaftierten im Strafvollzug gestaltet sich schwierig. Dafür braucht es vollzugseigene Pflegeeinrichtungen mit entsprechend geschultem Personal.

In Singen ist man in derartigen Fällen auf die Bereitschaft zur Übernahme in das Justizvollzugskrankenhaus Hohenasperg angewiesen. Eine Übernahme erfolgt jedoch nur in Einzelfällen, da sich das Justizvollzugskrankenhaus Hohenasperg als Akutkrankenhaus und nicht als Pflegeeinrichtung versteht. Die Errichtung einer behindertengerechten Pflegeeinrichtung in Singen ist aufgrund fehlender Finanzierbarkeit gescheitert. In dem Haftbereich für ältere Inhaftierte in Waldheim steht für die erhöhte medizinische Betreuung der dortigen Gefangenen ein gesonderter Raum zur Verfügung. Soweit es erforderlich ist, erfolgt eine tägliche Betreuung durch den medizinischen Dienst. Zusätzlich stehen die Vollzugsbediensteten in einem regelmäßigen Kontakt zum medizinischen Dienst und sind im Hinblick auf typische Gesundheitsprobleme alter Strafgefangener geschult. Auch erkrankte Inhaftierte bleiben zunächst auf der Station. Wenn aber weiterführende pflegerische oder medizinische Maßnahmen angezeigt sind, werden sie in das Justizvollzugskrankenhaus Leipzig verlegt. Schleswig-Holstein hat bereits ein Unterrichtsfach der Anwärter-Ausbildung des allgemeinen Vollzugsdienstes um den Gesichtspunkt des Umgangs mit älteren Inhaftierten erweitert. In Nordrhein-Westfalen ist der Justizvollzugsanstalt Hövelhof als einer Einrichtung des offenen Jugendstrafvollzugs eine Pflegeabteilung für erwachsene Strafgefangene angegliedert. Dort werden Inhaftierte aufgenommen, die u. a. aus Altersgründen gesundheitlich erheblich eingeschränkt sind und deshalb zwar nicht ständiger ärztlicher Behandlung, jedoch stationärer pflegerischer Betreuung bedürfen.

8.5.5 Ausblick

Festzuhalten bleibt im Hinblick auf die gegenwärtige Situation des Altenstrafvollzugs in Deutschland, dass sich die einzelnen Bundesländer mit der Thematik der Unterbringung von älteren Gefangenen in den Haftanstalten auseinandersetzen. Bei dem Vollzug von Freiheitsstrafen versucht man den individuellen körperlichen sowie geistigen Bedürfnissen und Fähigkeiten älterer Gefangener gerecht zu werden. Ein Verbesserungsbedarf kann jedoch gerade im Hinblick auf Pflegebedürfnisse nicht geleugnet werden. Darüber hinaus erscheint es angebracht, das Personal der Justizvollzugsanstalten auf den Umgang mit der allmählich wachsenden Gruppe der lebensälteren Gefangenen intensiver vorzubereiten. Angesichts der steigenden Insassenzahlen der 60 Jahre alten und älteren Inhaftierten wird man sich in Zukunft mit den damit verbundenen Erfordernissen vermehrt auseinandersetzen müssen. Das gilt nicht nur für die Vollzugspraxis, auch für die Vollzugswissenschaft besteht hier noch großer Forschungsbedarf.

Literatur

Bereswill M (2004) The society of captives – Formierungen von Männlichkeit im Gefängnis. KrimJ 2:92 ff

Döring N (2006) Sexualität im Gefängnis: Forschungsstand und –perspektiven. Z Sexualforsch 19:315 ff

Fennel K (2006) Gefängnisarchitektur und Strafvollzugsgesetz – Anspruch und Wirklichkeit am Beispiel des hessischen Vollzugs unter Einbeziehung innovativer Ideen aus England und Frankreich. Dissertation, Universität Würzburg

Fiedler SM (2003a) Das verfassungsrechtliche Hoffnungsprinzip im Strafvollzug – ein hoffnungsloser Fall?: Grundlagen, Grenzen und Ausblicke für die Achtung der Menschenwürde bei begrenzter Lebenserwartung eines Gefangenen. Peter Lang, Frankfurt

Fiedeler SM (2003b) Sterben im Strafvollzug – Seismograf
	der Verfassung unseres Rechtsstaats? ZfStrVo 5:285 ff
Görgen T (2007) Ältere und hochaltrige Gefangene – Heraus-
	forderung (und Entwicklungschance) für den Strafvoll-
	zug. KrimPäd 45:5 ff
Görgen T, Greve W (2005) Alte Menschen in Haft: der Straf-
	vollzug vor den Herausforderungen durch eine wenig
	beachtete Personengruppe. BewHi 2:116 ff
Justizvollzugsanstalt Konstanz (Hrsg) (2005) Strafvollzug an
	älteren Menschen. Konstanz
Kury H, Smartt U (2002) Gewalt an Strafgefangenen: Ergeb-
	nisse aus dem angloamerikanischen und deutschen
	Strafvollzug. ZfStrVo 6:323 ff
Laubenthal K (2005) Phänomenologie der Altenkriminalität.
	Forum Kriminalprävention 3:5 ff
Laubenthal K (2010) Gefangenensubkulturen. APuZ 7:34 ff
Laubenthal K (2011) Strafvollzug, 6. Aufl. Springer, Heidelberg
Porada W (2007) Seniorenabteilung: Gemeinsame (alters-
	gerechte) Unterbringung älterer Gefangener oder
	zielgruppenspezifischer Behandlungsvollzug? KrimPäd
	45:23 ff
Rennhak P (2007) Alte Menschen im Justizvollzug – Erfah-
	rungen aus Baden-Württemberg. KrimPäd 45:19 ff
Schneeberger Georgescu R (2006) Senioren in Haft: Über
	60 Jährige im Vollzug. Informationen zum Straf- und
	Massnahmenvollzug 2:3 ff
Schramke HJ (1996) Alte Menschen im Strafvollzug: empiri-
	sche Untersuchung und kriminalpolitische Überlegun-
	gen. Forum Verlag Godesberg, Bonn
Skirl M (2003) In Würde Sterben – auch im Vollzug? ZfStrVo
	5:283 ff
Statistisches Bundesamt (Hrsg) (1993–2014) Rechtspflege.
	Strafvollzug – Demographische und kriminologische
	Merkmale der Strafgefangenen am 31.03. – Fachserie 10
	Reihe 4.1. Wiesbaden
Statistisches Bundesamt (Hrsg) (2014) Rechtspflege.
	Strafvollzug – Demographische und kriminologische
	Merkmale der Strafgefangenen am 31.03. – Fachserie 10
	Reihe 4.1. Wiesbaden
Stieber R (2003) Seelsorgliche Sterbebegleitung im Gefäng-
	nis. ZfStrVo 5:287 ff
Werthebach E, Fluhr H, Koepsel K et al (2007) Gewaltprä-
	vention im Strafvollzug – Ergebnis der Überprüfung
	des Erwachsenenvollzugs in Nordrhein-Westfalen
	(2. Teilbericht). Bonn

Forensisch-psychiatrische Aspekte

Sexualdelinquenz älterer Menschen

Kurt Seikowski, Franziska Kunz

F. Kunz, H.-J. Gertz (Hrsg.), *Straffälligkeit älterer Menschen*,
DOI 10.1007/978-3-662-47047-3_9, © Springer-Verlag Berlin Heidelberg 2015

9.1   Strafgesetzbuch und Begrifflichkeiten

Was in Deutschland unter Sexualdelinquenz zu verstehen ist, wird im 13. Abschnitt des StGB definiert[1]. Als sog. »Straftaten gegen die sexuelle Selbstbestimmung«, im Folgenden auch synonym als Sexualdelikte, -straftaten und -delinquenz bezeichnet, gelten aktuell die in ◘ Tab. 9.1 aufgeführten Delikte.

Das Sexualstrafrecht hat sich – wie andere Rechtsbereiche auch – über die Jahre verändert. Entfallen ist etwa 1994 § 175 StGB, der sexuelle Handlungen unter Männern sowie bis 1969 auch Unzucht mit Tieren unter Strafe stellte. Letztgenanntes Verhalten (Zoophilie) ist im Übrigen seit 2013 erneut verboten; die entsprechende Norm findet sich nun im Tierschutzgesetz (§ 3 Abs. 13 TierSchG). Verstöße gegen die Norm gelten damit nicht als Straftatbestand, sondern als Ordnungswidrigkeit.

Wie beim generellen Begriff der »Alterskriminalität« hat es sich auch im Hinblick speziell auf die Sexualdelinquenz im Alter durchgesetzt, von eben jener ab einem Täteralter von 60 Jahren zu sprechen. Bis in die 1970er Jahre hinein hatte »[d]ie deutsche Kriminologie … bei der Kriminalität alter Menschen … recht einseitig ihr Hauptaugenmerk auf die gewalttätigen Unzuchtsdelikte alter Männer gelegt«. (Ahlf 2099, S. 518). Im Zusammenhang mit dieser Schwerpunktsetzung kursierten lange Zeit stereotype Vorstellungen vom »Lustgreis« (z. B. bei Nass 1954; Amelunxen 1960; Fopp 1969; erwähnt wird der Begriff auch in Schwind 2007, S. 392. Zur Assoziation des »Lustgreises« im Zusammenhang mit einer Demenz im Alter siehe Krafft-Ebing 1912). Insbesondere der sexuelle Missbrauch von Kindern, der »vielfach als die schlechthin ‚spezifische Untat des Alters' angesehen wird« (Feest 1993, S. 16), prägte einseitig das Bild des alten Straftäters in der (mittlerweile überkommenen) Kriminologie, den Medien und der Bevölkerung (für eine ausführlichere Besprechung von Stereotypen im Hinblick auf die Verbindung von Alter und (Sexual-)Delinquenz siehe Keßler 2005, S. 62 ff., m. w. N).

Auch wurden verschiedene andere Begriffe für Sexualdelinquenz im Alter oder bestimmte Teilbereiche derselben geprägt. Wille (1992) und Nedopil et al. (2007) sprechen von »Alterspädophilie« und verstehen darunter sexuelle Handlungen zwischen einer alten Person und Kindern unter 14 Jahren. Dies widerspricht jedoch der heutigen Auffassung von Pädophilie, bei der davon ausgegangen wird, dass eine pädosexuelle Ausrichtung auf Kinder angeboren ist und spätestens in der Pubertät eines Menschen und nicht erst im Alter auftritt (Seikowski 2009). Die Verwirrung besteht darin, dass häufig alle sexuellen Handlungen von Erwachsenen an Kindern als pädophile Straftaten gesehen werden, obwohl der Anteil tatsächlich Pädophiler an diesen Straftätern nur ca. 5 % betrifft. Für die »übrigen« Sexualstraftäter wurde der Begriff der »Ersatztäter« geprägt. Bei diesen handelt es sich häufig um Verwandte oder Personen des sozialen Umfeldes, die keine sexuelle Erfüllung in ihren Beziehungen erreichen und sich dem schwächeren Glied in der Familie zuwenden und diese Art der Beziehungsebene für die Befriedigung eigener sexueller Wünsche missbrauchen (Seikowski 2009). Aus den genannten Gründen sollte der Begriff der »Alterspädophilie« nicht mehr verwendet werden.

Die Sexualdelinquenz speziell von älteren Menschen hat in der Wissenschaft bislang nur unzureichende Beachtung erfahren. Zum einen lassen sich diese Defizite sicher auf die über lange Zeit vorhandene Tabuisierung von Sexualität (und Sexualdelinquenz) im Allgemeinen sowie auf die noch stärker tabuisierte Verbindung von Sexualität (und Sexualdelinquenz) im höheren Lebensalter zurückführen. Letztgenannte hält im Übrigen bis heute weitgehend an. Zum anderen dürfte die Vernachlässigung dieses Themenfeldes auch mit der Seltenheit des Phänomens und der entsprechend als gering eingestuften Dringlichkeit einschlägiger Forschung zu tun haben (zur Verbreitung von Sexualstraftaten unter Älteren ▶ Abschn. 9.3).

Im Unterschied zum Aspekt der sexuellen Viktimisierung älterer Menschen, der anhand von 2 umfangreichen Studien mittlerweile recht gut untersucht ist (Bilsky et al. 1993; Wetzels et al. 1994, 1995; Görgen et al. 2005, 2006), liegen bis heute jedenfalls kaum methodologisch fundierte, aussagekräftige Studien zur sexualitätsbezogenen

---

1   Siehe ▶ http://www.gesetze-im-internet.de/bundesrecht/ stgb/gesamt.pdf (Überblick S. 12 f.).

◻ Tab. 9.1 Straftaten gegen die sexuelle Selbstbestimmung gemäß StGB

Paragraf	Inhalt
§ 174	Sexueller Missbrauch von Schutzbefohlenen
§ 174a	Sexueller Missbrauch von Gefangenen, behördlich Verwahrten oder Kranken und Hilfsbedürftigen in Einrichtungen
§ 174b	Sexueller Missbrauch unter Ausnutzung einer Amtsstellung
§ 174c	Sexueller Missbrauch unter Ausnutzung eines Beratungs-, Behandlungs- oder Betreuungsverhältnisses
§ 176	Sexueller Missbrauch von Kindern
§ 176a	Schwerer sexueller Missbrauch von Kindern
§ 176b	Sexueller Missbrauch von Kindern mit Todesfolge
§ 177	Sexuelle Nötigung; Vergewaltigung
§ 178	Sexuelle Nötigung und Vergewaltigung mit Todesfolge
§ 179	Sexueller Missbrauch widerstandsunfähiger Personen
§ 180	Förderung sexueller Handlungen Minderjähriger
§ 180a	Ausbeutung von Prostituierten
§ 181a	Zuhälterei
§ 182	Sexueller Missbrauch von Jugendlichen
§ 183	Exhibitionistische Handlungen
§ 183a	Erregung öffentlichen Ärgernisses
§ 184	Verbreitung pornografischer Schriften
§ 184a	Verbreitung gewalt- oder tierpornografischer Schriften
§ 184b	Verbreitung, Erwerb und Besitz kinderpornografischer Schriften
§ 184c	Verbreitung, Erwerb und Besitz jugendpornografischer Schriften
§184d	Verbreitung pornografischer Darbietungen durch Rundfunk, Medien- oder Teledienste
§ 184e	Ausübung der verbotenen Prostitution
§ 184f	Jugendgefährdende Prostitution

Täterschaft von Senioren vor. Von den deutschsprachigen Publikationen, die sich ausschließlich mit der Sexualdelinquenz von Senioren befassen, ist trotz der mittlerweile fehlenden Aktualität und trotz der Einschränkung auf Sexualdelikte an Minderjährigen noch immer die umfangreiche und differenziert dokumentierte Studie von Körner (1977) hervorzuheben. Dessen Untersuchung basiert auf der Analyse von Gerichtsakten des Landgerichtsbezirks Frankfurt/ Main aus den Jahren 1960–1966 zu 483 Ermittlungsverfahren, die sich wegen Sexualentgleisungen im Umgang mit Minderjährigen

gegen Beschuldigte ab 55 Jahren richten. Zu den einschlägigen Veröffentlichungen vergleichsweise jüngeren Datums zählen u. a. ein knapp gehaltener Aufsatz von Wille (1992) sowie die etwas detailliertere, aber ebenfalls auf deskriptivem Niveau verbleibende Auseinandersetzung mit der Thematik auf der Basis von Kriminalitätsstatistiken bei Keßler (2005, S. 62 ff.). Ansonsten wird die Sexualdelinquenz älterer Menschen zumeist im Rahmen übergeordneter Themen (z. B. Alterskriminalität oder Sexualkriminalität im Allgemeinen) lediglich am Rande mit erwähnt und kurz abgehandelt (z. B.

bei Göppinger 1973, S. 357 ff., Laue 2009; Ahlf 2009, S. 518 f.)

Verstöße gegen geltende Strafrechtsvorschriften nehmen in der Regel ab einem Alter von etwa 21–25 Jahren ab. Unabhängig von den verwendeten Daten ist bei aggregierten Alters(gruppen)verteilungen von Kriminalität im Querschnitt (!) gemeinhin ein »Anstieg der Kriminalitätsbelastung bis zum Kulminationspunkt bei Heranwachsenden und Jungerwachsenen, dem ein zunächst steiler, dann flacher werdender Abfall folgt«, zu beobachten (Göppinger 1973, S. 331; ähnl. Schwind 2007, S. 61, u. v. a). Dieses auch als »Alters-Kriminalitätskurve« bezeichnete Phänomen lässt sich unabhängig von der historischen Zeit sowie in verschiedenen Gesellschaften und Kulturen reproduzieren und zählt daher zu den »brute facts in criminology« (Hirschi u. Gottfredson 1983, S. 552).

Vgl. hierzu auch das Geleitwort von Hans-Jörg Albrecht. Für einen differenzierten Abriss zum Zusammenhang zwischen Alter und Kriminalität, der zentrale Aspekte der sog. »age-crime debate« bespricht und neben der querschnittlichen auch längsschnittliche Beobachtungen einbezieht, siehe Kunz 2014, S. 33 ff. Dass zudem aus dem typischen Muster aggregierter Kriminalitätsdaten nicht gefolgert werden kann, dass auch individuelle Kriminalitätsverläufe mehrheitlich diesem Muster folgen, sondern dass kriminelle Karrieren vielmehr äußerst vielfältig und daher nur schwer überhaupt typisierbar sind, zeigt ferner die Analyse von Grundies 2013.

Auch im Hinblick auf Sexualstraftaten kommt es im Allgemeinen mit zunehmendem Alter zu einer Abnahme kriminellen Handelns, wobei zumeist davon ausgegangen wird, dass es sich bei den Sexualdelinquenten um Wiederholungstäter handelt, deren sexuelle Aktivität mit zunehmendem Alter abnimmt und damit auch erneute Sexualstraftaten immer seltener werden (Göppinger 1973, S. 357, Kreuzer u. Hürlimann 1992; Dahle 2005). Eine Sonderstellung nehmen hier Personen ein, die im Alter erstmalig mit dem Begehen von Sexualstraftaten in Erscheinung treten. Das Phänomen der erstmaligen Sexualdelinquenz im Alter wird bei Nedopil et al. (2007) etwa unter dem Begriff der Altersdelinquenz und von Laue (2009) unter »Spätkriminalität« subsumiert. Unter »**Spätkriminalität**« wird gemeinhin – unabhängig von Sexualdelikten – die generelle erstmalige Straffälligkeit älterer Menschen diskutiert (vgl. Schwind 2007, S. 75; Ahlf

2009, S. 515). Ebenso wie zur Sexualdelinquenz älterer Menschen insgesamt, gibt es auch zu diesem speziellen Teilbereich bislang nur wenig Literatur. Keßler (2005, S. 70; vgl. auch Henniger 1939, zitiert nach Keßler 2005, S. 70) zufolge sind »ältere Sexualstraftäter in den meisten Fällen Ersttäter …«.

Die Aussagekraft solcher Feststellungen ist jedoch – ebenso wie die in der Literatur im Hinblick auf die gesamte Alterskriminalität immer wieder anzutreffende Herausstellung eines besonders hohen Ersttäteranteils unter älteren Straftätern – aus mehreren Gründen fragwürdig und daher – ebenso wie der Begriff »Ersttäter« – mit Vorsicht zu behandeln (z. B. bei Keßler 2005, S. 9 ff., 132; Laubenthal 2008, S. 502, 505; Schützel 2011. Verschiedene Autoren schätzen den Anteil erstmalig Auffälliger unter mindestens 60-jährigen Angeklagten auf 50–82 %; für Hinweise zu den Studien sowie die einzelnen Anteilswerte siehe Kunz 2014, S. 23). Unbedingt zu beachten ist, dass die Zuschreibung einer »Erstauffälligkeit« im Alter (unabhängig davon, ob im Hinblick auf Sexualstraftaten oder generell) mit gravierenden Unsicherheiten behaftet ist. Sie basiert auf der Feststellung bislang fehlender einschlägiger Verurteilungen bzw. fehlender Einträge im Bundeszentralregister (BZR) und/oder auf den Selbstauskünften der »Ersttäter«. Da diese Quellen – insbesondere die erstgenannte – hierfür unzuverlässig sind und es hundertprozentig valide Alternativen zur zweifelsfreien Feststellung einer nicht vorhandenen Sexualdelinquenz vor dem Seniorenalter nicht gibt, »ist die Klassifizierung eines Straffälligen als Ersttäter für eine kriminologische Betrachtung von geringem Aussagewert« (Göppinger 1973, S. 319).

Ersttäterschaft aus dem Fehlen von Einträgen im BZR abzuleiten, ist aufgrund der Straftilgung (gemeint ist damit die vorgeschriebene Löschung von Einträgen nach Ablauf bestimmter Fristen, siehe hierzu BZRG §§ 45 ff.) mit erheblicher Unzuverlässigkeit behaftet, die zudem mit fortschreitendem Alter zunimmt (▶ Kap. 7). Hinzu kommt, dass, selbst wenn die Dokumentation von Legalbiografien lückenlos wäre, diese letztlich nichts darüber aussagen könnte, ob Personen im bisherigen Lebensverlauf u. U. bereits unentdeckt straffällig wurden.

Wenngleich sexualstraftatenbezogene Erstauffälligkeit im Alter freilich möglich ist und in der Realität zweifelsfrei vorkommt, sollte einer entsprechenden

»Diagnose« aufgrund der dargestellten Probleme grundsätzlich mit Skepsis begegnet werden.

9.2 Sexualdelinquenz im Hellfeld – ein allgemeiner Überblick

Die in den §§ 174–184f, Abs. 13 StGB definierten Straftaten gegen die sexuelle Selbstbestimmung beinhalten zahlreiche verschiedene Straftatbestände, die jeweils einzeln in der PKS (anhand von Straftatenschlüsseln) erfasst und ausgewiesen werden.

> Das Hellfeld der Sexualdelikte ist im Vergleich zu anderen Straftaten bzw. Straftatengruppen sehr klein und umfasst über die letzten Jahre recht stabil je weniger als 1 % aller pro Berichtsjahr in der PKS dokumentierten Straftaten.

Im Jahr 2013 lag der entsprechende Anteil an der Gesamtkriminalität mit insgesamt 46.793 ermittelten Sexualstraftaten (von 5.961.662 Straftaten insgesamt) bei 0,8 % – ebenso in den Jahren davor bis einschließlich 2009. Auch im Jahr 2006 lag der Anteil der Sexualstraftaten an allen Straftaten bei 0,8 %, in den Jahren 2008, 2007 und 2005 fiel er mit 0,9 % nur unwesentlich höher aus (siehe die Polizeilichen Kriminalstatistiken der jeweiligen Jahre).

Aus der relativ geringen Zahl bekannt gewordener Verstöße gegen die sexuelle Selbstbestimmung kann jedoch nicht geschlossen werden, dass Sexualdelikte tatsächlich selten vorkommen. Neben den üblichen Einschränkungen der Aussagekraft der PKS[2] muss hier insbesondere beachtet werden, dass die Meldebereitschaft bei Sexualstraftaten sehr gering ist und das Dunkelfeld entsprechend hoch ausfällt (Schwind 2007, S. 392). Göppinger (1973, S. 307) ermittelte unter Tübinger Studentinnen eine reale Anzeigequote von 6 %, Kutschinsky (1972) fand unter männlichen Opfern von Sexualstraftaten eine Anzeigerate in Höhe von 6 % und

unter weiblichen Opfern in Höhe von 19 %. Neuere Untersuchungen deuten darauf hin, dass insgesamt nur »in etwa 10 bis 15 % der Fälle Meldung gemacht« wird (Bullens u. Egg 2003, S. 277).

Bei den meisten Sexualdelikten handelt es sich um »Beziehungstaten im sozialen Nahbereich«, d. h. in den meisten registrierten Fällen waren Opfer und Täter zuvor flüchtig oder enger miteinander bekannt oder verwandt (siehe auch: BMI u. BMJ 2006, S. 84, Schaubild 3.1-10 zur Täter-Opfer-Beziehung bei Vergewaltigung und schwerer sexueller Nötigung).

Eine gewisse Sonderstellung nimmt der **sexuelle Kindesmissbrauch** ein. Bis 2001 war bei diesem Delikt das Hellfeld einschlägiger Vorfälle noch mehrheitlich dadurch gekennzeichnet, dass keine Vorbeziehung zwischen Opfer(n) und Täter(n) bestand. Seit etwa 2002 überwiegen (mit zunehmender Tendenz) zwar nun auch hier die Fälle, bei denen vor der Tat eine (lose oder engere) Bekanntschaft oder Verwandtschaft zwischen (kindlichen) Opfer(n) und Täter(n) bestand (BMI u. BMJ 2006, Schaubild 3.1-14, S. 101). Allerdings fällt der entsprechende Anteil immer noch geringer aus als bei anderen Sexualdelikten, insbesondere bei Vergewaltigung und sexueller Nötigung.

Wie sich in den Jahren 2012 und 2013 die Gesamtzahl aller registrierten Sexualstraftaten auf einzelne (ausgewählte) Deliktsformen verteilt, welche Veränderungen sich ergeben haben und wie hoch die Aufklärungsquoten ausfallen, zeigt ◻ Tab. 9.2. Daraus geht zunächst generell hervor, dass Sexualstraftaten in unterschiedlicher Form und Häufigkeit auftreten, wobei der sexuelle Missbrauch von Kindern in den beiden betrachteten Jahren die mit Abstand höchsten Fallzahlen aufweist (Anteil an allen Sexualstraftaten in 2013 = 26,6 %). Ebenfalls vergleichsweise häufig werden Fälle exhibitionistischer Handlungen oder öffentlichen Ärgernisses sowie Vergewaltigung und sexuelle Nötigung (letztere in schweren Fällen) erfasst. Vergleichsweise selten tritt dagegen sexueller Missbrauch von Schutzbefohlenen auf (Anteil an allen Sexualstraftaten in 2013 = 1,3 %).

Gegenüber dem Vorjahr (2012) haben die Straftaten gegen die sexuelle Selbstbestimmung insgesamt leicht (um 2,1 %) zugenommen. Der stärkste und auch absolut gesehen ein starker Zuwachs ist

---

2 Siehe hierzu die »allgemeinen Hinweise zur PKS – Bedeutung, Inhalt, Aussagekraft« des BKA (▶ http://www.bka.de/nn_193232/DE/Publikationen/PolizeilicheKriminalstatistik/AllgemeineHinweise/allgemeineHinweise_node.html?__nnn=true); mit weiteren Quellen vgl. auch ▶ Kap. 2 sowie ▶ Kap. 3.

◘ **Tab. 9.2**   Ausgewählte Straftaten gegen die sexuelle Selbstbestimmung: Fallentwicklung und Aufklärung 2012/2013 (Quelle: Polizeiliche Kriminalstatistik Jahrbuch 2013, BKA 2014a, 7.2-T01, S. 131)

Ausgewählte Straftaten/-gruppen	Erfasste Fälle		Veränderung		Aufklärungsquote	
	2013	2012	Absolut	In %	2013	2012
Straftaten gegen die sexuelle Selbstbestimmung	46.793	45.824	969	2,1	79,5	78,6
Darunter:						
Vergewaltigung und sexuelle Nötigung (§§ 177 Abs. 2,3 und 4, 178 StGB)	7.408	8.031	–623	–7,8	82,0	80,7
Sonstige sexuelle Nötigung (§ 177 Abs. 1 und 5 StGB)	4.868	165	4.703	2.850,3	79,8	38,2
Sexueller Missbrauch von Schutzbefohlenen pp. unter Ausnutzung einer Amtsstellung oder eines Vertrauensverhältnisses	621	343	278	81,0	96,1	63,6
Sexueller Missbrauch von Kindern (§§ 176, 176a, 176b StGB)	12.437	12.623	–186	–1,5	84,3	84,7
Exhibitionistische Handlungen und Erregung öffentlichen Ärgernisses	7.521	7.510	11	0,1	53,0	53,6
Besitz/Verschaffung von Kinderpornografie (§ 178b Abs. 2 und 4 StGB)	4.144	3.239	905	27,9	91,4	91,8

bei leichten Fällen sexueller Nötigung zu verzeichnen. Während 2012 lediglich 165 derartige Fälle registriert wurden, waren es im Jahr 2013 bereits 4.868 (entspricht einem Anstieg um 2850,3 %). Ebenfalls deutlich zugenommen haben Fälle des sexuellen Missbrauchs von Schutzbefohlenen (Anstieg um 81 %, allerdings bei geringer Basisrate) sowie der Besitz/die Verschaffung von Kinderpornografie (Anstieg um 27,9 %). Nahezu konstant blieb die Zahl exhibitionistischer Handlungen, leicht zurückgegangen sind Fälle von Vergewaltigung und (schwerer) sexueller Nötigung (-7,8 %) und des sexuellen Kindesmissbrauchs (-1,5 %).

Trotz der (immer noch) dominierenden Stellung des sexuellen Kindesmissbrauchs unter allen Sexualdelikten muss auch darauf hingewiesen werden, dass sich einschlägige Fälle in der Langfrist-Rückschau (hier: ab 1955 – siehe ◘ Abb. 9.1) als stark rückläufig erweisen. »Sowohl die Fallzahlen als auch die bevölkerungsrelativierten Häufigkeitszahlen (HZ; Anm. der Verf.) des sexuellen Missbrauchs von Kindern sind seit den 1950er Jahren deutlich zurückgegangen« (BMI u. BMJ 2006,

S. 98). In ◘ Abb. 9.1 ist seit Anfang der 1990er Jahre (bis 2005) eine Stagnation der HZ auf einem im Vergleich zum Peak-Jahr 1961 (HZ = 33) nahezu halbierten Niveau (in Höhe einer HZ von etwa 16–19) zu beobachten. Dieser Trend ist recht stabil und dauert aktuell an (die HZ im Jahr 2013 liegt bei 15,2) (eigene Berechnung anhand der Gesamtzahl erfasster Fälle sexuellen Kindesmissbrauchs in 2013 (12.437 Fälle; siehe BKA 2014h) und der Wohnbevölkerung insgesamt 2013 vor Zensus (82.020.578; siehe BKA 2014g).

Im Jahr 2013 wurden insgesamt 33057 Personen wegen Sexualdelikten als tatverdächtig ermittelt. Sexualstraftaten werden generell vorwiegend von Männern begangen. Von allen in 2013 einschlägig Tatverdächtigen handelt es sich lediglich bei 6,7 % um Frauen, die übergroße Mehrheit (93,3 %) sind Männer (Polizeiliche Kriminalstatistik Jahrbuch 2013, BKA 2014a, 7.2-T03, S. 133). Ähnliche Geschlechterbeteiligungen zeigen sich auch in den Vorjahren. Was die einzelnen, in ◘ Tab. 9.2 ausgewiesenen Sexualdelikte betrifft, schwankt der Anteil weiblicher Tatverdächtiger zwischen 1,2 % und

Datenquelle: Polizeiliche Kriminalstatistik; bis 1991: früheres Bundesgebiet einschl. Berlin-West; 1991 bis 1992: früheres Bundesgebiet einschl. Gesamtnerlin: seit 1993: Deutschland.

☐ **Abb. 9.1** Polizeilich registrierte Fälle sexuellen Kindesmissbrauchs je 100.000 Einwohner (Häufigkeitsziffer; HZ) im Zeitraum 1955–2005. (Aus BMI u. BMJ 2006, Schaubild 3.1-13, S. 97)

7,9 %. Sehr selten nur werden Frauen registriert bei Vergewaltigung, (schwerer und leichter) sexueller Nötigung sowie bei exhibitionistischen Handlungen (1,2–2,1 %). Vergleichsweise hoch hingegen fällt die Frauenquote bei Besitz/Verschaffung von Kinderpornografie (7,9 %), sexuellem Missbrauch von Schutzbefohlenen (5,7 %) oder Kindern (4,5 %) aus (für die Angaben zur Geschlechterverteilung der Tatverdächtigen in 2013 siehe Polizeiliche Kriminalstatistik Jahrbuch 2013, BKA 2014a, 7.2-T03, S. 133).

9.3 Sexualdelinquenz im Hellfeld nach Altersgruppen und bei Senioren

☐ Tab. 9.3 gibt einen Überblick über die Altersstruktur der wegen Sexualdelikten Tatverdächtigen im Jahr 2013. Daraus wird zunächst ersichtlich, dass von allen (33057) ermittelten Tatverdächtigen 7,1 % in die Altersgruppe 60+ Jahre fallen (entspricht 2337 Personen). Damit sind Senioren in diesem Straftatenbereich im Jahr 2013 gemessen an ihrem Anteil an der Gesamtkriminalität (7,4 %) minimal unterrepräsentiert.

Bei der Interpretation der PKS-basierten Auswertungen ist zu beachten, dass dabei Straftaten von Senioren, die in Alters- und Pflegeheimen leben, nicht repräsentativ erfasst sind. Bei sexuellen Übergriffen institutionalisierter älterer Menschen handelt es sich erfahrungsgemäß um exhibitionistische Handlungen und Formen der Erregung öffentlichen Ärgernisses im Rahmen hirnorganischer Abbauprozesse, bei denen die Steuerungsfähigkeit und die Einsichtsfähigkeit des eigenen Handelns i. S. einer Impulskontrollstörung nicht mehr gewährleistet sind. Solche Vorfälle werden als krankheitsbedingt verstanden und vom betreuenden Fachpersonal auch so bewertet. Die Wahrscheinlichkeit, dass diese Handlungen zur Anzeige gebracht werden, ist eher gering.

Im soeben beschriebenen Sinne überrepräsentiert sind Lebensältere mit Anteilen an allen Tatverdächtigen in Höhe von 10,2 %, 11,2 % und 11,9 % im Jahr 2013 hingegen (☐ Tab. 9.3)

- beim sexuellen Missbrauch von Schutzbefohlenen (bei diesem Delikt wurden in 2013 allerdings insgesamt nur wenige Tatverdächtige ermittelt (558 Personen), sodass der Anteil der 60+-Jährigen hier aufgrund des geringen Basiswertes statistisch nicht sehr belastbar ist),
- bei exhibitionistischen Handlungen,
- beim Besitz/bei der Verschaffung von Kinderpornografie

Tab. 9.3 Altersstruktur der wegen Sexualdelikten Tatverdächtigen im Jahr 2013 (Quelle: Polizeiliche Kriminalstatistik Jahrbuch 2013, BKA 2014a, 7.2-T04, S. 133)

Ausgewählte Straftaten/-gruppen	Altersstruktur der Tatverdächtigen in %					Darunter	
	Insgesamt	Kinder	Jugendliche	Heranwach-sende	Erwachsene insgesamt	Jungerw.	Erwachs.
	100 %	< 14 Jahre	14 < 18 Jahre	18 < 21 Jahre	Ab 21 Jahre	21 < 25 Jahre	Ab 60 Jahre
Straftaten gegen die sexuelle Selbstbestimmung	33.057	3,5	12,4	7,9	76,1	9,7	7,1
Darunter:							
Vergewaltigung und sexuelle Nötigung (§§ 177 Abs. 2, 3 und 4, 178 StGB)	6.277	1,3	10,8	11,4	76,5	14,8	2,8
Sonstige sexuelle Nötigung (§ 177 Abs. 1 und 5 StGB)	3.924	2,8	12,6	9,5	75,1	11,7	6,8
Sexueller Missbrauch von Schutzbefohlenen pp. unter Ausnutzung einer Amtsstellung oder eines Vertrauensverhältnisses	558	0,0	0,4	1,3	98,4	1,8	10,2
Sexueller Missbrauch von Kindern (§§ 176, 176a, 176b StGB)	9.232	7,6	18,2	8,1	66,1	6,9	7,1
Exhibitionistische Handlungen und Erregung öffentlichen Ärgernisses	3.228	0,4	5,0	5,5	89,1	8,7	11,2
Besitz/Verschaffung von Kinderpornografie (§ 178b Abs. 2 und 4 StGB)	3.958	1,5	5,3	3,5	89,7	6,2	11,9

Während Senioren beim sexuellen Missbrauch von Kindern noch im Vorjahr 2012 mit einem Anteil an allen Tatverdächtigen in Höhe von 7,8 % im Verhältnis zu ihrem damaligen Anteil an der Gesamtkriminalität (7,3 %) überproportional vertreten waren (▶ Tab. 4, ▶ Kap. 2), fällt der entsprechende Anteil in 2013 mit 7,1 % zum einen absolut gesehen geringer und zum anderen diesmal unterproportional aus (gegenüber 7,4 %). (Im Jahr 1999 betrug der Anteil der Tatverdächtigen im Alter von 60+ Jahren an allen einschlägigen Tatverdächtigen beim sexuellen Kindesmissbrauch 8,1 %, im Jahr 2005 8,6 %; siehe BMI u. BMJ 2006, Tab. 3.1-25, S. 101.) Vergewaltigung und (schwere) sexuelle Nötigung wird nur sehr selten von Senioren begangen – bei diesen Delikten fällt ihr Anteil an allen einschlägigen Tatverdächtigen mit 2,8 % am geringsten aus. (Im Jahr 1999 betrug der Anteil der Tatverdächtigen im Alter von 60+ Jahren an allen einschlägigen Tatverdächtigen bei diesen Delikten 2,1 %, im Jahr 2005 2,8 %; siehe BMI u. BMJ 2006, Tab. 3.1–9, S. 81.)

Sämtliche Straftaten gegen die sexuelle Selbstbestimmung werden mehrheitlich von Erwachsenen (ab 21 Jahren) begangen. Allerdings schwankt der Anteil der Erwachsenen an allen Tatverdächtigen mit Werten von minimal 66,1 % (bei sexuellem Kindesmissbrauch) und maximal 98,4 % (bei sexuellem Missbrauch von Schutzbefohlenen) im Jahr 2013 recht erheblich. Während etwa der sexuelle Missbrauch von Schutzbefohlenen – v. a. auch qua definitionem – fast ausschließlich von Erwachsenen begangen wird, sind die Tatverdächtigen beim sexuellen Kindesmissbrauch zu etwa einem Drittel (33,9 %) jüngeren Alters; mit 53,7 % handelt es sich dabei mehrheitlich um Jugendliche. Hanslmaier u. Baier (▶ Kap. 2) weisen zudem darauf hin, dass Jugendliche bzw. Heranwachsende im Jahr 2012 bei Straftaten gegen die sexuelle Selbstbestimmung insgesamt, bei Vergewaltigung und sexueller Nötigung im Verhältnis zu ihrem jeweils durchschnittlichen Anteil an allen Tatverdächtigen desselben Jahres, überrepräsentiert sind. Diese Verteilung ist zwar nicht ganz neu, erscheint jedoch erklärungsbedürftig. »Da sich erst in den letzten Jahren die Erkenntnis durchgesetzt hat, dass Kinder, Jugendliche und Heranwachsende nicht nur Opfer, sondern auch Täter von Sexualdelikten

sind«[3], dürfte dies auch in der breiteren Öffentlichkeit nach wie vor weitgehend unbekannt sein.

Auf die vergleichsweise hohe und zunehmende Zahl insbesondere jugendlicher Tatverdächtiger beim sexuellen Kindesmissbrauch und den deshalb erhöhten Bedarf weiterer klärender Forschung weist bereits der Zweite Periodische Sicherheitsbericht hin (BMI u. BMJ 2006, S. 102). Dieser stellt für den Zeitraum 1999–2005 fest, dass auch der relative Anteil der Jugendlichen und Heranwachsenden an den Tatverdächtigen der sexuellen Gewaltdelikte (dazu zählen Vergewaltigung und schwere sexuelle Nötigung) gestiegen ist (S. 82) und mahnt daher eine »vermehrt[e] Aufmerksamkeit in Wissenschaft und Praxis« (S. 83) an. Zu den aktuelleren empirisch fundierten Veröffentlichungen zur Thematik zählen die Arbeiten von Egg (2004), Elz (2003), Quenzer (2010) und Briken et al (2010).

Auskunft über die Entwicklung der Zusammensetzung von Sexualstraftatenverdächtigen nach Altersgruppen in den letzten Jahren gibt ◘ Abb. 9.2. Wie anhand dieser Abbildung auf den ersten Blick zu erkennen ist, haben sich seit 2009 keine bedeutsamen Veränderungen in den altersgruppenspezifischen Tatverdächtigenanteilen im Hinblick auf Sexualstraftaten vollzogen. Was speziell die Entwicklung der Tatverdächtigenzahlen bei sexuellen Straftaten an Kindern betrifft (hier nicht dargestellt), ist erneut darauf hinzuweisen, dass diese in der langfristigen Rückschau stark rückläufig sind (▶ Abschn. 9.2, ▶ Abb. 1) und dieser Trend auch die oberen Altersgruppen einschließt. Laut Nedopil et al. (2007) wurden 1954 noch 20 von 100.000 der über 50-jährigen Männer wegen sexuellen Missbrauchs an Kindern angeklagt, 1988 waren es nur noch 3 von 100000. Ein nahezu kontinuierlicher, aber mit 5 Prozentpunkten Differenz lediglich schwacher Rückgang (von 63,5 % in 2009 auf 58,5 % in 2013) ist bei den Erwachsenen mittleren Alters zu verzeichnen. Der Anteil der Kinder an allen einschlägigen Tatverdächtigen ist im betrachteten Zeitraum – abgesehen von kleinen Schwankungen – insgesamt fast unverändert geblieben. Minimale Anstiegstrends zwischen 2009 und 2013 verzeichnen neben den Senioren (+ 1,3 Prozentpunkte) auch die 3 übrigen Altersgruppen, also

---

3   Siehe Kriminologische Zentralstelle, Stichwort »Junge Sexualstraftäter« unter: ▶ http://www.krimz.de/sexjung. html.

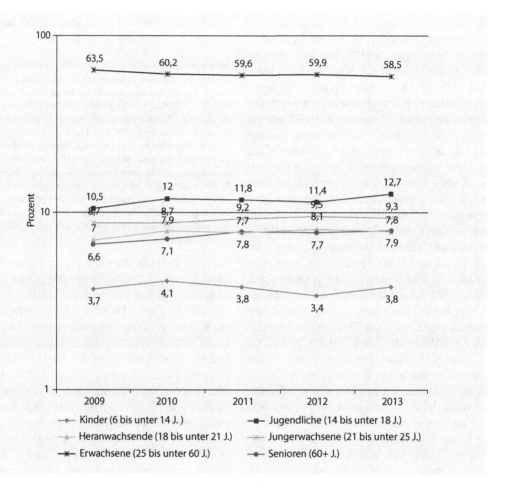

● **Abb. 9.2**   Anteile deutscher Tatverdächtiger (TV) bei Straftaten gegen die sexuelle Selbstbestimmung insges. an allen einschlägigen TV nach Altersgruppen im Zeitraum 2009–2013 (in %; y-Achse logarithmisch skaliert (Basis 10). (Daten: BKA 2014c; PKS-Zeitreihen 1987–2013; Tab. 40 »Aufgliederung der deutschen Tatverdächtigen – insgesamt – nach Alter ab 1987«, S. 6; z. T. eigene Berechnungen)

Jugendliche (+ 2,2 Prozentpunkte), Heranwachsende (+ 0,8 Prozentpunkte) und junge Erwachsene (+ 0,6 Prozentpunkte).

Da das Bundeskriminalamt Tatverdächtigenbelastungszahlen nur für deutsche (nicht für nichtdeutsche) Tatverdächtige ausweist (zur Begründung siehe Bundeskriminalamt 2014, S. 103), beinhalten ● Abb. 9.1 und ● Abb. 9.2 lediglich Angaben zu deutschen Staatsangehörigen.
Die Darstellungen in ● Abb. 9.1 und ● Abb. 9.2 begrenzen sich auf die Zeit ab 2009, da aufgrund der Einführung der »echten Tatverdächtigenzählung auf Bundesebene« in diesem Jahr ein Vergleich sowohl der Tatverdächtigenanzahl (● Abb. 9.2) als auch der TVBZ (● Abb. 9.3) mit den Vorjahren, die Überzählungen auf Bundesebene aufweisen, nicht

unmittelbar möglich ist[4]. Zwar sollten die Überschätzungen in den Jahren vor 2009 zumindest für Senioren nicht allzu groß ausfallen (siehe die Argumentation dazu bei Hanslmaier u. Baier ► Kap. 2, Fußnote 1), für die anderen Altersgruppen ist dies jedoch ungewiss.

Zwar stellen, wie gezeigt wurde, (deutsche) Senioren mit 7,1 % (7,9 %) in 2013 keinen allzu unbedeu-

---

4   Siehe BKA »Hinweise zu den Zeitreihen«, S. 8. ► http:// www.bka.de/DE/Publikationen/PolizeilicheKriminalstatistik/pks_node.html; sowie BKA »Allgemeine Hinweise zur PKS«: ► http://www.bka.de/nn_193232/DE/Publikationen/PolizeilicheKriminalstatistik/AllgemeineHinweise/ allgemeineHinweise_node.html?_nnn=true).

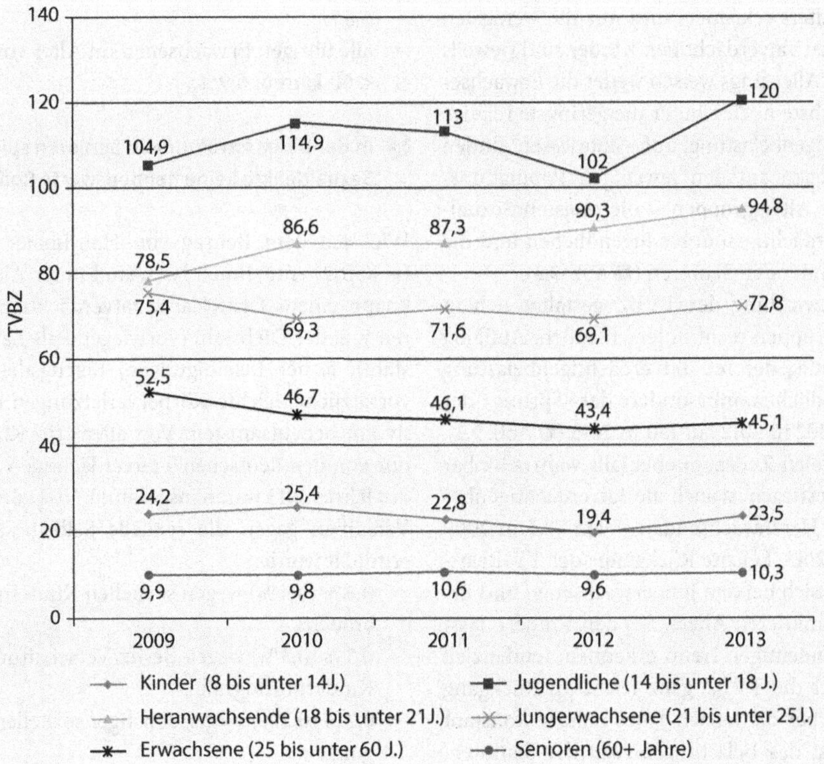

Abb. 9.3 Tatverdächtigenbelastungszahl (TVBZ) deutscher Tatverdächtiger bei Straftaten gegen die sexuelle Selbstbestimmung insges. nach Altersgruppen im Zeitraum 2009–2013. (Daten: BKA 2014d; PKS-Zeitreihen 1987–2013; Tab. 40 »Deutsche Tatverdächtigenbelastungszahl (TVBZ) – insgesamt – ab 8 Jahre«, S. 7; z. T. eigene Berechnungen)

tenden Anteil an allen einschlägig Tatverdächtigen. Zu beachten ist jedoch auch die relative Belastung der verschiedenen Altersgruppen, also die TVBZ. Wie hoch diese für deutsche Staatsbürger der bislang betrachteten Altersgruppen im Jahr 2013 sowie in den Vorjahren ausfiel, kann Abb. 9.3 entnommen werden. Für das Jahr 2013 sind die TVBZ basierend auf der Bevölkerungszahl der Fortschreibung vor Zensus 2011 angegeben, da dies Vergleiche mit den Vorjahreswerten uneingeschränkt ermöglicht (siehe Hinweis BKA 2014d, S. 1).

Die Grafik zeigt eine recht klare Abstufung der relativen Belastung mit Sexualstraftätern über die verschiedenen Altersgruppen. Demnach ist der Anteil an Sexualstraftätern unter deutschen Jugendlichen mit 102–120 entsprechenden Tatverdächtigen auf 100.000 dieser Bevölkerungsgruppe über den betrachteten Zeitraum am höchsten, gefolgt von den Heranwachsenden und Jungerwachsenen (lediglich im Jahr 2009 liegen Heranwachsende und Jungerwachsene mit TVBZ von 78,5 bzw. 75,4 noch recht dicht beieinander). Erst dann folgen die Erwachsenen mittleren Alters mit TVBZ von 52,5–45,1 und mit nochmals deutlichem Abstand Kinder von 8–13 Jahren (TVBZ 19,4–25,4).

Am geringsten fällt die relative Belastung mit wegen Sexualdelikten Tatverdächtigen unter den Senioren aus. Mit TVBZ von 9,8–10,2 sind die entsprechenden Täteranteile auch absolut gesehen als sehr gering zu bewerten.

Insgesamt kann damit vorläufig festgehalten werden, dass sich zwar die deutliche Mehrzahl der

Sexualstraftäter aus der Gruppe der Erwachsenen mittleren Alters rekrutiert und nur die wenigsten einschlägigen Tatverdächtigen Kinder sind (jeweils ◘ Abb. 9.2). Allerdings weisen weder die Erwachsenen die höchste noch Kinder die geringste relative Tatverdächtigenbelastung auf. Stattdessen finden sich – bezogen auf den jeweiligen Populationsumfang der Altersgruppen – die meisten Sexualstraftatenverdächtigen unter Jugendlichen und die wenigsten unter den Senioren (◘ Abb. 9.3).

Die Entwicklung der TVBZ gestaltet sich in den Altersgruppen recht unterschiedlich. Auffällig ist der Anstieg der rel. Tatverdächtigenbelastung unter Jugendlichen, inbesondere der »Sprung« der TVBZ von 102 in 2012 auf 120 in 2013 (◘ Abb. 9.3). Im betrachteten Zeitraum ebenfalls wahrnehmbar und stetig gestiegen ist auch die Tatverdächtigenbelastung der Heranwachsenden – von 78,5 in 2009 auf 94,8 in 2013. Leichte Rückgänge der TV-Belastung zeigen sich bei den Jungerwachsenen und Erwachsenen mittleren Alters. Bei den Kindern lässt sich kein eindeutiger Trend erkennen; tendenziell ist auch hier die TVBZ ganz leicht im Rückgang begriffen. Über die letzten Jahre nahezu konstant geblieben ist das Belastungsniveau der Senioren. Aufschluss über die Entwicklung der Anzahl der Tatverdächtigen und der TVBZ von Senioren von 1995–2012 für Straftaten gegen die sexuelle Selbstbestimmung insges., für sexuellen Missbrauch insges. sowie speziell für sexuellen Missbrauch von Kindern gibt ferner ▶ Tab. 6, ▶ Kap. 2.

Was die Verteilung von Sexualstraftaten auf ältere Männer und Frauen betrifft, lässt sich sehr klar feststellen: Auch im höheren Alter werden Sexualstraftaten mehrheitlich von Männern begangen. Die Frauenquote unter den einschlägig Tatverdächtigen fällt mit nurmehr 3,2 % (entspricht 75 weiblichen Tatverdächtigen; 2013) sogar noch einmal deutlich geringer aus als bei jüngeren Altersgruppen und im Hinblick auf alle als tatverdächtig ermittelten Personen, unabhängig vom Alter (siehe oben: Frauenquote 6,7 %). Anteil weiblicher Tatverdächtiger (Daten siehe BKA 2014b, S. 2; eigene Berechnungen):

- Kinder von 6 bis < 14 Jahren: 14,4 %;
- Jugendliche von 14 bis < 18 Jahren: 7,4 %;
- Heranwachsende von 18 bis < 21 Jahren: 4,4 %;

- junge Erwachsene von 21 bis < 25 Jahren: 6,8 %;
- alle übrigen Erwachsenen im Alter von 25 bis < 60 Jahren: 6,9 %.

> ❯ **In der Deliktsstruktur von Senioren spielen Sexualdelikte keine nennenswerte Rolle.**

Wie sich dem Beitrag von Hanslmaier u. Baier (▶ Kap. 2) entnehmen lässt, sind unter Älteren mit knapp einem Drittel aller tatverdächtigen Senioren v. a. der Diebstahl (vorwiegend als Ladendiebstahl), ferner Beleidigungen, Betrugsdelikte und vorsätzliche, leichte Körperverletzungen quantitativ am bedeutsamsten. Von allen[5] (in Klammern: nur von den deutschen[6]) tatverdächtigen Senioren des Jahres 2013 waren insgesamt 1,5 % (1,6 %) wegen Verstößen gegen die sexuelle Selbstbestimmung ermittelt worden:

- 0,4 % (0,4 %) wegen sexuellen Kindesmissbrauchs,
- 0,3 % (0,3 %) wegen Besitz/Verschaffung von Kinderpornografie,
- 0,2 % (0,2 %) wegen sonstiger sexueller Nötigung,
- 0,2 % (0,2 %) wegen exhibitionistischer Handlungen/Erregung öffentlichen Ärgernisses,
- 0,04 % (0,04 %) wegen sexuellen Missbrauchs Schutzbefohlener.

Anders ausgedrückt: Mit absolut gesehen geringfügigen Unterschieden sind demnach unter straffälligen Senioren von allen Sexualstraftaten v. a. der sexuelle Kindesmissbrauch, der Besitz/die Verschaffung von Kinderpornografie, sonstige sexuelle Nötigung sowie exhibitionistische Handlungen/Erregung öffentlichen Ärgernisses am weitesten verbreitet.

Diese Befunde widersprechen den Behauptungen von Wille (1992), wonach neben der »Alterspädophilie« (gemeint sind damit strafbare sexuelle Handlungen mit Kindern unter 14 Jahren) nur noch der Inzest für Sexualstraftaten im Alter

---

5   Tatverdächtigenzahlen siehe BKA 2014b, %-Anteile eigene Berechnungen.

6   Tatverdächtigenzahlen siehe BKA 2014c, %-Anteile eigene Berechnungen.

bedeutsam ist und alle anderen Formen der Sexualdelinquenz bei Personen über 60 Jahren keine Rolle mehr spielen.

Die in der überkommenen Kriminologie, in massenmedialen Beiträgen aber auch gegenwärtig noch hin und wieder auftauchende These vom »Lustgreis« stellt sich angesichts der PKS-Daten – zumindest für das Hellfeld – in mehrfacher Hinsicht als Mythos ohne empirische Fundierung heraus. Zwar sind lebensältere tatverdächtige Sexualstraftäter fast ausschließlich männlich (der Frauenanteil ist mit knapp 4 % kleiner als in jeder anderen Altersgruppe und absolut gesehen sehr gering). Allerdings ist sowohl der Anteil männlicher Sexualstraftatverdächtiger an allen wegen Sexualdelikten Tatverdächtigen mit 6,3 % eher unauffällig als auch deren TVBZ gering: Auf 100.000 ältere Männer (60+ Jahre) kamen in 2013 (vor Zensus) 22,7 Tatverdächtige (siehe BKA 2014e, S. 7). Zudem rangieren Sexualstraftaten in der Deliktsstruktur betagter Delinquenten auf abgelegenen Plätzen.

Mit anderen Worten: Sexualstraftäter sind unter Senioren sehr selten. Von allen deutschen Männern ab 60 Jahren (= 9.193.832 Personen)[7], wurden in 2013 2.087 als Tatverdächtige (siehe BKA 2014 f, S. 6) im Sexualstraftatenbereich ermittelt. Damit befinden sich gerade einmal 0,02 % (potenzielle) Sexualstraftäter unter deutschen Senioren. Die Wahrscheinlichkeit, dass es sich bei älteren Herren um lüsterne, sexuell motivierte und/oder übergriffige Menschen handelt, ist demnach äußerst gering.

9.4 Ursachen der Sexualdelinquenz im Alter, insbesondere bei »Ersttäterschaft«

Es kann an dieser Stelle freilich nicht auf alle gängigen Theorien zur Entstehung straffälligen Handelns eingegangen werden (dazu vergl. im Überblick Kury u. Obergfell-Fuchs 2012 sowie jedes Kriminologie-Lehrbuch). Für das erstmalige Auftreten

von Sexualstraftaten im höheren Alter gibt es jedoch diverse sehr unterschiedliche Auffassungen, die an dieser Stelle diskutiert werden. Hierzu ist es sinnvoll, zunächst darüber zu reflektieren, ob späte Sexualität sich von jener in früheren Lebensjahren unterscheidet und evtl. Besonderheiten aufweist, auf die nicht jede älter werdende Person vorbereitet ist:

9.4.1 Veränderungen in der Sexualität

Für Schultz-Zehden (2013) können folgende **Veränderungen in der Sexualität** mit zunehmendem Alter irritieren:

- Versandungen in langandauernden Paarbeziehungen,
- internalisierte gesellschaftliche Vorurteile gegenüber der Sexualität alternder Menschen,
- Befangenheit durch den körperlichen Alterungsprozess,
- Scham und sexueller Rückzug wegen des Vergleichs mit dem gesellschaftlichen Schönheitsideal des jungen, sexuell attraktiven Menschen,
- funktionelle Sexualstörungen beim Partner bzw. der Partnerin (Libidoverlust, Erektionsstörungen, Orgasmusstörungen u. a.) aus psychischen Gründen und/oder aufgrund von altersbedingten chronischen Erkrankungen,
- Abnahme der Verfügbarkeit eines Partners bei Witwenschaft,
- Libidoverlust im Zusammenhang mit Altersdepressionen,
- hormonelle Veränderungen, die zu einer Abnahme des biologischen Triebes führen.

Bei all diesen Veränderungen scheint es wichtig, sich mit dem Partner – sofern vorhanden – darüber auszutauschen, um den dadurch hervorgerufenen Leidensdruck zu mindern. Ein solcher Austausch schützt auch vor Situationen – etwa beim Körperkontakt mit einem Enkel – bei denen sich der sexuelle Trieb plötzlich unvorbereitet bemerkbar macht. Redet man nicht miteinander, verdrängt man eigene, nicht erwünschte, Veränderungen in der Sexualität, dann ist zumindest in solchen Situationen eine Irritation die Folge, die mögliche Sexualstraftaten nach sich ziehen könnte, da dann

---

7   Errechnet anhand der TVBZ deutscher Männer 60+ für Straftaten gegen die sexuelle Selbstbestimmung insges. in 2013 (siehe BKA 2014e, S. 7) sowie über die entsprechende Anzahl ermittelter männlicher Tatverdächtiger 60+ im selben Jahr (siehe BKA 2014f, S. 6).

eine adäquate Einordnung dieser Körperreaktionen erschwert scheint.

9.4.2 Hypothesen zur Entstehung von Altersdelinquenz

Folgende Ursachen für jegliche Altersdelinquenz diskutiert Laue (2009), die auch für die späte Sexualdelinquenz von Bedeutung sein können:

Kriminalität der Schwäche   Unter der »Kriminalität der Schwäche« versteht er, dass mit zunehmendem Alter viele körperliche und psychische Funktionen nachlassen, so auch die Sexualfunktion. Sexueller Missbrauch an Kindern wird in diesem Sinne so verstanden, dass der »normale« sexuelle Kontakt mit Erwachsenen nicht mehr so möglich ist wie früher und der Missbrauch an Kindern eine Art Ersatzhandlung für frühere sexuelle Beziehungen mit Erwachsenen in Frage kommen könnte.

Kontrolltheoretische Ansätze   Bei den »kontrolltheoretischen Ansätzen« wird u. a. davon ausgegangen, dass mit zunehmendem Alter Intelligenzabbau und Persönlichkeitsveränderungen ursächlich für Kontrollverluste seien, sodass die Normverinnerlichungen für strafbares Handeln nicht mehr adäquat funktionieren.

Interaktionistische Theorien   Hinsichtlich der »interaktionistischen Theorien« zur Einordnung von Alterskriminalität wird angenommen, dass Polizei und Strafverfolgungsbehörden Straftaten von Älteren nicht ganz so ernst nehmen, weil deren geringere Intensität gesellschaftlich nicht als so bedrohlich angesehen wird.

Spezifischere Vorstellungen zu den Ursachen der Sexualdelinquenz im Alter beinhalten folgende Hypothesen, die mit den bisher genannten allgemeineren theoretischen Ansätzen jedoch vereinbar sind:

Single-Hypothese   Bei der Single-Hypothese (alleinstehende Senioren) werden Enkelkinder aus dem familiären Umfeld als sexuelle Ersatzpartner diskutiert (Wille 1992). Das entspricht der »Kriminalität der Schwäche«.

Sexualphysiologische Hypothese   Die Abnahme des Testosterons mit zunehmendem Alter steht im Mittelpunkt der sexualphysiologischen Hypothese (Nedopil et al. 2007; Seikowski 2009; Wille 1992) was zum Teil mit den »kontrolltheoretischen Ansätzen« und der »Kriminalität der Schwäche« kompatibel ist. Damit ist – auf Männer bezogen – gemeint, dass Spontanerektionen, die Masturbation mit erigiertem Penis sowie die Durchführung des Geschlechtsverkehrs immer seltener werden und für den betroffenen Mann der Eindruck entsteht, dass befriedigende Sexualität nun bald der Vergangenheit angehören wird. Viele Männer sind jedoch nicht darauf vorbereitet, dass andere Szenarien auch sexuelle Lust erzeugen können. Kinder suchen die Nähe von Erwachsenen, streicheln diese Personen auch einmal – z. B. im Gesicht oder an den Händen. Die betroffenen älteren Menschen erleben körperliche Wärme und Zärtlichkeit, die sie aus der bisherigen Partnerschaft vielleicht schon lange nicht mehr gewöhnt sind. Wenn diese Gefühle nicht eingeordnet werden können, vielleicht sogar schon viele Jahre vermisst wurden oder in dieser Form gar unbekannt waren, kann es im Einzelfall zum sexuellen Übergriff kommen. »Sexualphysiologische Hypothese« meint in diesem Zusammenhang, dass viele Menschen Sexualität dem biologischen Trieb zuschreiben, aber über komplexere Formen der Sexualität bisher nicht reflektierten und durch deren Auftreten im Alter irritiert sind.

Medizinische Hypothese   Unter der medizinischen Hypothese verstehen Elster et al. (1998) den Umstand, dass die Menschen immer älter werden, dadurch aber auch altersbedingte Krankheiten eine immer größere Rolle spielen, bei denen die Steuerbarkeit körperlicher und psychischer Funktionen sowie die Einsichtsfähigkeit eigener Handlungen immer geringer wird. Sie nennen in diesem Zusammenhang geistige Störungen, Schädigungen des Gehirns, Epilepsie, senile Demenz. Diese Hypothese lässt sich wiederum in die »kontrolltheoretischen Ansätze« einordnen.

Viktimisierungshypothese   Bei der Viktimisierungshypothese, die ursprünglich nicht allein für ältere Sexualstraftäter formuliert wurde, wird davon ausgegangen, dass früher sexuell missbrauchte

Personen später selbst zu Sexualstraftätern werden können (Amann u. Wipplinger 2013; Dudeck et al. 2012; Nedopil 2013). In einer europaweiten Studie konnten Dudeck et al. (2013) zeigen, dass Personen mit einem sexuellen Missbrauch innerhalb der Familie gegenüber anderen Tätern ohne sexuellen Missbrauchshintergrund ein 4-fach erhöhtes Risiko haben, später selber einmal zum Sexualstraftäter zu werden. Es wird davon ausgegangen, dass dies am ehesten unbewusst im Rahmen einer Reinszenierung geschieht, in welcher der ursprünglich als Kind sexuell Missbrauchte durch den sexuellen Missbrauch an Kindern in der Rolle des Erwachsenen für sich ein psychisches Gleichgewicht für selbst erfahrenes Leid wiederherstellt. Vermutlich geschehen solche Reinszenierungen meist vor dem 60. Lebensjahr, doch ausgeschlossen ist es nicht, dass dies auch erstmals im späten Alter zu Sexualstraftaten führen kann.

9.4.3 Klinische Beobachtungen

In seinem Buch »Liebe und Sexualität in der zweiten Lebenshälfte« beschreibt von Schumann (1990) unabhängig von verschiedenen Hypothesen bzw. Theorien seine klinischen Beobachtungen zu Ursachen für Sexualdelinquenz im Alter. Bei den Männern spricht er bei exhibitionistischen Handlungen von einem Rückfall in kindliche Zeigelust im Sinne einer infantilen Regression. Bei sexuellen Kontakten zu Kindern bleibe es beim Berühren von Genitalien ohne Einführungsversuche, weil ältere Männer eine »verminderte Entschluss- und Durchsetzungskraft« hätten. Ihre Handlungen seien gewaltlos.

Der **Inzest** würde aus Peinlichkeitsgründen seltener zur Anzeige kommen. Auch habe er beobachtet, dass ältere Männer Sexualdelikte meist in Zufallssituationen begehen, ohne diese zu planen.

Von Schumann (1990) äußert sich auch zu den Gründen von Sexualdelikten älterer Frauen, beschränkt sich dabei aber ausschließlich auf die Kleptomanie, die bei einer älteren Frau beim Diebstahl ein orgasmusähnliches Gefühl hervorrufen kann. Dies gelte für Frauen, deren männliche Partner impotent seien und der Diebstahl einen Ersatz für fehlende partnerschaftliche Sexualität darstelle.

9.4.4 Studienergebnisse

Im Hinblick auf die Ursachen und Hintergründe sexueller Altersdelinquenz stellt Körner (1977) anhand der bereits oben erwähnten umfangreichen Analyse zahlreicher Ermittlungsakten gegenüber ab 55-jährigen Beschuldigten in Fällen sexueller Übergriffe im Umgang mit Minderjährigen fest, dass es keinen einzelnen oder dominierenden Erklärungsfaktor für Sexualentgleisungen älterer Männer gibt, sondern dass vielmehr eine große Vielfalt an Faktoren – oft auch im Zusammenspiel – zum einschlägigen Verhalten beiträgt und insofern von kausaler Relevanz ist. Zu den aus den Akten entnommenen Faktoren, die laut Körner (1977, S. 126, 182) auch bereits von Bürger-Prinz u. Lewrenz (1963, S. 218 f.) sowie von Schorsch (1971, S. 177–184) erwähnt werden, zählen etwa (Körner 1977, S. 182): ... »ethische Depravation, partieller ethischer Defekt, Sehnsucht nach der Kindheit, Ausdruck allgemeiner Altersschwäche, Haltungsreste eines früheren Aufgabenbereichs in der Großfamilie, Umschichtung der Vitalstruktur, sexuelle Kapitulation nach abruptem Rollenwechsel, Missverhältnis von erhaltener Libido und schwindender Potenz, Rückkehr in frühpuberale Entwicklungsstufe, Wandel der erotisch-sexuellen Erlebnissphäre, symptomatische Widerstandsschwäche«. Zu diesen seitens der Beschuldigten vorgebrachten und/oder extern zugeschriebenen Gründen und Rechtfertigungen vermerkt Körner (1977, S. 126): »Sicherlich waren all diese Erklärungsversuche im Einzelfall von erheblicher Bedeutung, als einzige Begründung erwiesen sie sich jedoch als untauglich bzw. unzureichend."

Feststellungen früherer Arbeiten, wonach ältere Sexualtäter nur sehr selten gestörte Familienstrukturen, aber häufig Zugehörigkeit zur sozialen Unterschicht aufweisen (z. B. bei Bürger-Prinz u. Lewrenz 1961, S. 45; Schorsch 1971, S. 180.) oder wonach sich keine Akademiker unter älteren Sexualstraftätern befinden (z. B. Nass 1973, S. 189), bestätigten sich anhand des empirischen Materials von Körner 1977 (S. 126) nicht. In Übereinstimmung mit der kriminologischen Ubiquitätsthese (hierzu Schwind 2007, S. 146) findet er stattdessen alle Bevölkerungsschichten unter den Beschuldigten vertreten (Körner 1977, S. 126).

Intelligente, wohlhabende bzw. den mittleren und oberen sozialen Schichten angehörige Personen »… verstanden es lediglich besser, sich vor der Strafverfolgung zu schützen und der Verurteilung zu entgehen (Körner 1977, S 126)«. Neben physiologischen und pathologischen Altersveränderungen fallen Körner (1977, S. 126) bei den meisten Tätern – unabhängig von der sozialen Herkunft, dem Bildungsgrad und dem (Nicht-)Vorhandensein von Vorstrafen – belastende Sozialfaktoren wie Vereinsamung, eheliche Zerrüttung, beruflicher Abstieg und gesellschaftliche Vernachlässigung auf. Er schließt daraus, »… daß sozial stark vernachlässigte und isolierte Menschen die Altersveränderungen ihrer Persönlichkeit, die Veränderungen des Lebens nach Erreichen des Rentenalters und die Diskriminierung des Alters in unserer Gesellschaft besonders schlecht überwinden konnten und deshalb in besonderem Maße auch der Gefahr ausgesetzt waren, sexuell zu entgleisen". Bei den allermeisten alten Sexualtätern handelt es sich nach der Einschätzung von Körner um »Schwächetypen" oder »passive Täter", die nach Ansicht des Autors »mehr Opfer ihrer Lebensumstände als Täter" (S. 127) seien. Denn »… zumeist fielen sie ohne vitale Aktivitäten und ohne Widerstandskraft … hilflos einer Versuchungssituation zum Opfer … Sie schlitterten in ein Sexualgeschehen, das oft mehr einer Selbstbefriedigung ähnelte als einem Sexualkontakt oder einer sexuellen Aggression" (S. 127). Sowohl Kinder als auch alte Menschen stellen (zur damaligen Zeit) laut Körner (1977) soziale Randgruppen dar, die von der Bevölkerung vernachlässigt werden und denen »ein altersgemäßer Anspruch auf Sexualbefriedigung verwehrt" (S. 126) wird. Auf diese Umstände, d. h. u. a. auf eine defizitäre Sozialpolitik und mangelhafte Altenbetreuung, führt er eine wesentliche gesellschaftliche Mitverantwortung an der Sexualdelinquenz älterer Menschen zurück, mahnt entsprechende Änderungen an und kritisiert die einseitige vorhandene Praxis der Kriminalisierung älterer Sexualstraftäter als falschen Weg im Umgang mit diesem Phänomen (S. 127, 187).

9.4.5 Sexueller Missbrauch an Schutzbefohlenen

Besondere Erwähnung soll im vorliegenden Beitrag schließlich die empirische Beobachtung finden, dass laut Polizeilicher Kriminalstatistik der sexuelle Missbrauch an Schutzbefohlenen von 2012 zu 2013 insgesamt bei allen Tatverdächtigen um 81 % zugenommen hat. Zwar ist diese enorme Steigerung vermutlich überwiegend dem Umstand geschuldet, dass die mediale Diskussion zum Missbrauch in Kinder- und Jugendlicheneinrichtungen (u. a. solcher in Trägerschaft der katholischen Kirche), aber auch der Hinweis auf ärztliche Einrichtungen (z. B. Missbrauch von Patientinnen durch ältere Gynäkologen) die gesellschaftliche Aufmerksamkeit für diesen Tatbestand gesteigert hat und ergo vermehrt entsprechende Anzeigen aufgegeben wurden. Ein Teil der registrierten Zunahme von Fällen sexuellen Missbrauchs an Schutzbefohlenen dürfte gleichwohl nicht aus der Verschiebung vom Dunkel- ins Hellfeld resultieren, sondern tatsächlich vermehrt stattgefunden haben.

Von allen wegen dieses Delikts Tatverdächtigen stellen die über 60-Jährigen einen Anteil von immerhin 10,2 % (PKS 2013). Damit stellt sich die Frage, wie es möglich ist, dass in diesem Alter vermutlich doch erfahrene Betreuer von Schutzbefohlenen in einschlägige Gesetzeskonflikte geraten können. Tschan (2002) spricht in diesem Zusammenhang von »Grooming«. Der aus dem Englischen stammende Begriff bedeutet auf Deutsch »(ein Pferd) striegeln, pflegen, jemanden auf etwas vorbereiten« und meint, dass Personen durch bestimmte Verhaltensweisen, wie z. B. emotionale Zuwendung, Aufmerksamkeit, Geschenke etc., bewusst vertrauensvollen Kontakt zu Minderjährigen (oder Schutzbefohlenen) aufbauen (wollen) mit dem Ziel der späteren leichteren Verübung sexueller Handlungen mit/an diesen Minderjährigen und/oder Schutzbefohlenen. »Wer selbst reitet, kann unschwer nachvollziehen, dass Striegeln als vorbereitende Handlung einem erlaubt, sich auf das Pferd einzustimmen« (Tschan 2002, S. 68). Speziell im Hinblick auf den Missbrauch von Schutzbefohlenen bedeutet »Grooming« gezieltes Ausnutzen des

Umstands, dass man als Fachmann bzw. als Fürsorge- und Obhutverantwortlicher gilt, wodurch sich quasi »natürlich« Beeinflussungsmöglichkeiten ergeben, deren Folgen das potenzielle Opfer nicht immer voraussehen kann. Unter dem Deckmantel des Vertrauens und Vertrauenswürdigen kann es zu Sexualstraftaten kommen – eben auch durch älteren Personen, die meist als sehr erfahren gelten, aber sich kaum noch in eigene Supervision begeben, wo deren aktuelle sexuelle Defizite ggf. möglicherweise vorbeugend noch erkannt werden könnten.

9.5 Psychodiagnostik

Für die Diagnostik und Begutachtung älterer Sexualstraftäter sind keine speziellen Standards erforderlich (Hill et al. 2005). Vom Bundesgerichthof wurde derartiges einmal angedacht, da der Zusammenhang mit Erkrankungen im Alter als wahrscheinlich angenommen wurde, wodurch die §§ 20 und 21 des Strafgesetzbuches in Erwägung zu ziehen seien und bei den über 60-Jährigen unbedingt Gutachten erstellt werden sollten (Lachmund 2011). Das wurde jedoch verworfen, indem auf die Individualität einer jeden Straftat verwiesen wurde und das Alter – auch aus Gründen potenzieller Diskriminierung – nicht per se mit Störungen, Fehlfunktionen und Krankheiten assoziiert werden sollte.

Neben gängigen Anamneseempfehlungen für die Exploration von älteren Sexualstraftätern hat sich besonders das »Modul Sexualdelinquenz im Forensisch-psychiatrischen Dokumentations-System (FPDS)« bewährt (Ahlers et al. 2004). Dieses Dokumentationssystem erfasst 4 Themenbereiche:

- Themenbereich 1: sexuelle Entwicklung: Fragen zur primären familiären Situation (Einstellung zur Sexualität, Erfahrungen mit Nacktheit, Fragen der Aufklärung u. a.).
- Themenbereich 2: sexuelle Aktivität und paraphile (sexuell normabweichende) Muster.
- Themenbereich 3: Tatmerkmale aller bisherigen sexuellen Übergriffe (Fragen zu Opfern, der Beziehung des Täters zum Opfer, Tatbegehung u. a.).
- Themenbereich 4: sexuelle Funktionsstörungen.

9.6 Aus der therapeutischen Praxis – selbstberichtete erstmalige Sexualstraftaten

An dieser Stelle werden ältere Patienten mit einem sexualstrafrechtlich relevanten Hintergrund beschrieben, die in der jüngeren Vergangenheit in der Sexualsprechstunde des Universitätsklinikums Leipzig vorstellig wurden. Alle 3 Fallbeispiele (selbstberichtet) lassen sich den oben erwähnten Hypothesen zu den Ursachen der Sexualdelinquenz im Alter zuordnen und illustrieren diese realitätsnah.

Spezielle Therapieformen für Erstsexualstraftäter im Alter wurden bisher nicht entwickelt, sodass sich die bisherige Therapie an anerkannten Standards hinsichtlich verschiedener medikamentöser und psychotherapeutischer Vorgehensweisen orientiert (Berner et al. 2007; Franqué et al. 2013).

- **Fallbeispiel 1**

Herr P. (62) ist alleinstehender Grundschullehrer. Er ist bei den Kindern beliebt und war selten in seinem bisherigen Leben krank. Zum Zeitpunkt einer sexuellen Handlung an einer seiner Schülerinnen ist er seit ca. 8 Wochen nach einer Prostatakrebs-Operation und einer sich anschließenden Herzoperation krankgeschrieben. Am Tattag klingelt eine seiner Schülerinnen (9 Jahre), die im gleichen Haus wohnt wie er, an seiner Wohnungstür und bittet ihren Klassenlehrer, ob er ihr bei den Mathematikaufgaben helfen könne. Dieser berichtet mir, dass er an diesem Tage 2 Gläser Weißwein getrunken habe, was nicht seine Gewohnheit sei, er aber damit zu kämpfen habe, dass er nach der Herzoperation keine Erektionen mehr habe. Er trinke sonst gar nicht, doch helfe ihm der Alkohol etwas, diese veränderte Eigensexualität zu verkraften. Das Mädchen habe sich dann auf seinen Schoß gesetzt, was ihn irritiert habe, da sich bei ihm etwas »regte«, was er nicht mehr gewohnt war. Er habe dann begonnen, das Mädchen beim Vermitteln der Mathematikaufgaben auszuziehen – und als er begonnen habe, sie am Genitale zu berühren, sei das Mädchen weggelaufen.

Im Verlauf der Therapie stellt sich heraus, dass Herr P. seit seiner Pubertät auf Mädchen bezogen pädophil war und auch seinen Beruf als Grundschullehrer gewählt hatte, weil er der Überzeugung war, sehr gut mit Kindern zurechtzukommen. In diesem Glauben, dabei seine sexuellen Gefühle Kindern gegenüber unter Kontrolle haben zu können, beteuerte er, dass ihm das bis zu dem erwähnten Ereignis auch gelungen sei.

Er wurde auf Bewährung verurteilt. Gleichzeitig wurde er auch fristlos entlassen, und es wurden ihm auch alle Beamtenansprüche als Lehrer aberkannt. Aufgrund der Straftat, die auch durch die *Bild-Zeitung* publik gemacht wurde, blieb ihm nichts weiter übrig, als seinen Wohnsitz in eine Umgebung zu verlegen, wo ihn niemand kannte.

▪ **Fallbeispiel 2**

Herr K. ist 69 Jahre alt und lebt mit seiner Frau in einem Haus in einer Kleinstadt. Im Alter von 67 Jahren wird er erstmalig am Herzen operiert. Es folgen einige weitere Operationen. Laut der zur Verfügung stehenden Befundberichte handelte es sich um sehr dramatische Ereignisse, wobei nicht immer klar war, ob der Patient die entsprechenden Therapien noch überleben würde.

Im Sommer 2013 bitten die ebenfalls sich bereits im Rentenalter befindlichen Nachbarn, deren Enkelin (6 Jahre) die K.'s oft betreuten und die auch oft bei ihnen übernachtete, ob das Ehepaar K. einmal auf das Kind aufpassen könnte. Das taten sie dann auch mehrfach. Eines Tages sei er mit diesem 6-jährigen Mädchen allein gewesen. Das Mädchen sei sehr anhänglich gewesen, hätte sich an ihn – wie schon zuvor, als auch noch andere Personen mit anwesend waren – gekuschelt. Dieses Kuscheln habe er als sehr angenehm in Erinnerung. Das habe bei ihm Gefühle geweckt, die er noch nie empfunden habe. In seiner Kindheit und in seiner – von ihm als glücklich eingeschätzten – Ehe habe es »Kuscheln« nicht gegeben. Er habe es auch nie vermisst. Doch dann habe es bei ihm »ausgesetzt«, als sich das Mädchen auf seinen Schoß setzte. Er habe 10 Minuten lang versucht, seinen Penis in das Mädchen einzuführen, was aber nicht gegangen sei.

In der Therapie wird schnell klar, dass es sich bei Herrn K. um eine stark introvertierte Person handelt, die nie gelernt hatte, Probleme zu thematisieren. Problemlösungen wurden der Ehefrau

überlassen, die trotz des Ereignisses nach wie vor zu ihrem Mann hielt. Die Sexualität mit seiner Frau sei immer in Ordnung gewesen. In sexueller Hinsicht habe er sich als den »Macher« verstanden. Seit den Herzoperationen habe es jedoch keine Sexualität mehr gegeben. Das habe ihn sehr belastet, denn früher als junger Mann habe er sich mit seinen Kumpels mal gesagt, wenn das nicht mehr klappen würde, sei das Leben am Ende und nicht mehr lebenswert. Vermutlich sei er deshalb bei dem Mädchen »durchgedreht«, weil er da wieder etwas empfunden habe.

Wegen dieser einmaligen Handlung wurde Herr K. Ende 2013 zu 5 Jahren Haft verurteilt. Die Richterin begründete diese hohe Haftstrafe für eine einmalige Handlung damit, dass er sehr lange – 10 Minuten – dem Kind Schaden zugefügt habe. Herr K. ging wegen dieser sehr hohen Haftstrafe in Revision, verstarb jedoch einige Tage vor der angesetzten Revisionsverhandlung.

▪ **Fallbeispiel 3**

Herr S. ist 67 Jahre alt und lebt seit vielen Jahren glücklich mit seiner Ehefrau zusammen. Sie haben 4 Kinder und 5 Enkel. Das eine Enkelkind – ein Junge (8) – wird von ihnen häufiger mitbetreut als die anderen Enkel. Er sei gern mit seinem Enkel, der bei ihnen auch relativ oft übernachtete, zusammen gewesen. Eines Tages sei es nach Aussagen von Herrn S. dazu gekommen, dass das Kind beim »Gute-Nacht-Gehen« seine Hand genommen und zu seinem (des Kindes) Penis geführt habe. Er habe dann leider nicht konsequent reagiert, um diesen Prozess zu stoppen, das Kind habe ihm dann auch noch signalisiert, dass das doch schön sei.

Im Verlauf der Psychotherapie stellt sich heraus, dass er und sein um ein Jahr älterer Bruder in der Kindheit sehr viel allein waren – und wenn die Mutter (einen Vater gab es nicht) da war, sie viele Schläge bekamen. Sie hätten sich nachts als Kinder oft aneinander gekuschelt – eigentlich mehr, um die Angst vor der Mutter zu reduzieren – und dabei sei es auch zu sexuellen Handlungen gekommen, die beide als sehr angenehm in Erinnerung hätten. Für ihn sei das Handeln seines Enkels dann eine Irritation gewesen, die ihn an seine eigene Kindheit erinnerte.

Er habe das dann seinem Sohn erzählt, was mit dem Enkel vorgefallen sei. Er habe vom Sohn Verständnis erwartet, doch dieser habe ihn angezeigt. Er komme damit nur sehr schlecht zurecht, wobei er glaube, immer sehr viel für seine Kinder und Enkel getan zu haben, damit es ihnen nicht so ergehe, wie er es mal erlebt habe. Das juristische Verfahren ist in diesem Fall noch nicht abgeschlossen.

9.7 Fazit

Über Sexualdelinquenz im Alter ist noch wenig bekannt. Aussagen können bislang fast ausschließlich zum Hellfeld getroffen werden – etwa wie hier auf der Basis von Daten der PKS. Während für jüngere Menschen auch Untersuchungen zum Dunkelfeld bei Verstößen gegen die sexuelle Selbstbestimmung vorliegen (z. B. Elz 2010), wurden vergleichbare Studien zur Erfassung älterer Sexualstraftäter und ihrer Taten bislang nicht durchgeführt.

Selbstberichtsstudien, die auch die Begehung von Sexualstraftaten erfassen, sind generell rar. Dies liegt zum einen daran, dass sich Selbstberichtsstudien grundsätzlich wenig zur Erfassung stark sozial tabuisierter Verhaltensweisen bzw. Straftaten eignen, da hier von einer äußerst geringen Auskunftsbereitschaft der Respondenten ausgegangen werden kann (Kunz 2011, S. 257). Zum anderen wird befürchtet, dass derartige Fragen verstörend oder abschreckend auf die Angeschriebenen wirken und so zu einer insgesamt geringeren Befragungsteilnahme führen könnten (Lüdemann 2002, S. 130).

Befragungen zur sexuellen (und anderweitigen) Viktimisierung älterer Menschen – die wie bereits vorn erwähnt durchaus vorhanden sind – führen hier nicht weiter, da die erhobenen Daten nichts über das Alter (und weitere relevante Merkmale) der Täter der berichteten Sexualdelikte aussagen. Vorsichtige Schätzungen zumindest zur Quantifizierung des Dunkelfelds von Sexualdelinquenz älterer Männer im Umgang mit Minderjährigen können bislang lediglich einer Untersuchung der hypothetischen Anzeigebereitschaft der Bevölkerung (bei 7 einschlägigen Fallvariationen) von Körner (1977, S. 215 ff.) entnommen werden.

Körner führte hierzu im Jahr 1973 eine deutschlandweite, anonyme postalische Befragung der Gesamtbevölkerung ab 16 Jahren durch. Grundlage war eine nach verschiedenen sozialen Merkmalen quotierte Stichprobe (N =1000 Personen), die zudem diverse Spezialpopulationen (z. B. Gefängnisinsassen) einbezog. Mit 619 retournierten verwertbaren Fragebögen erzielte die Befragung eine gute, aber für die damalige Zeit durchaus übliche Beteiligungsrate.

Dieser ermittelt eine durchschnittliche hypothetische Anzeigebereitschaft in Höhe von 33 %, die s. E. einer realen Anzeigebereitschaft von 15 % entspricht (Körner 1977, S. 229, 234). Körner zufolge (1977, S. 220) fallen diese Werte sowohl insgesamt als auch für Männer und Frauen separat betrachtet geringer aus als entsprechende Werte anderer Studien zur (hypothetischen und realen) Anzeigebereitschaft bei Sexualdelikten jüngerer Täter. Insgesamt legen die Ergebnisse nahe, dass etwa 85 % aller von Männern an Minderjährigen begangenen Sexualdelikte im Dunkelfeld verbleiben. Abgesehen von diversen Begrenzungen dieser Studie sowie dem grundsätzlich unsicheren Schluss von der hypothetischen auf die reale Anzeigebereitschaft, dürfte die Aussagekraft der Ergebnisse auch durch die verhältnismäßig kleine Auswahl möglicher Fallkonstellationen und den mittlerweile weit zurückliegenden Zeitpunkt der Befragung (1973) deutlich eingeschränkt sein.

Grundsätzlich ist für Senioren – ebenso wie für junge Menschen und Erwachsene mittleren Alters – von einem hohen Dunkelfeld im Bereich der Sexualstraftaten auszugehen. Ob das sexualdeliktsspezifische Dunkelfeld älterer Täter – etwa aufgrund einer geringeren sozialen Kontrolle, Verdächtigung oder Anzeigebereitschaft – höher als in jüngeren Altersgruppen ausfällt, wie dies etwa die Ergebnisse von Körner (1977, S. 220) nahelegen und einige Autoren für Alterskriminalität insgesamt vermuten (z. B. Feest 1993, S. 15), kann hier in Ermangelung aktueller Studien nicht zweifelsfrei geklärt werden. Dieser Aspekt bedarf, ebenso wie die Untersuchung des Dunkelfelds generell sowie der Ursachen und des Ausmaßes einschlägiger Ersttäterschaft bzw. Spätkriminalität, zukünftig weiterer Forschungsanstrengungen.

Im Hellfeld zählen die sog. Delikte gegen die sexuelle Selbstbestimmung zu den vergleichsweise sehr seltenen Straftaten; sie tragen sowohl generell als auch in jeder denkbaren Altersgruppe nur in sehr kleinem Umfang zur (jeweiligen) Gesamtkriminalität bei.

Registrierte Sexualdelinquenz älterer Menschen

- 7,1 % aller wegen Sexualdelikten insges. ermittelten TV im Jahr 2013 waren 60 Jahre oder älter,
  Senioren waren damit minimal unterrepräsentiert (Anteil alle TV 60+ an allen TV 2013 =7,4 %).
  - Bei sexuellem Missbrauch von Schutzbefohlenen (10,2 %), bei exhibitionistischen Handlungen (11,2 %) und bei Besitz/Verschaffung von Kinderpornografie (11,9 %) sind Senioren überrepräsentiert.
  - Bei sexuellem Missbrauch von Kindern sind Senioren minimal unterrepräsentiert (7,1 %).
  - Bei Vergewaltigung und schwerer sexueller Nötigung sind Senioren mit 2,8 % stark unterrepräsentiert.
- Der Anteil der deutschen wegen Sexualstraftaten tatverdächtigen Senioren an allen entsprechend Tatverdächtigen ist seit 2009 nur unwesentlich gestiegen (+ 1,3 Prozentpunkte),
  gleicher Trend bei Jugendlichen, Heranwachsenden und jungen Erwachsenen.
- Die relative Belastung mit wegen Sexualstraftaten Verdächtigen ist unter deutschen Senioren sehr gering (TVBZ = 10,3; d. h. auf 100.000 deutsche Senioren wurden ca. 10 einschlägige TV ermittelt) und im Vergleich zu den anderen Altersgruppen mit Abstand am geringsten.
- Die TVBZ deutscher Senioren bei Straftaten gegen die sexuelle Selbstbestimmung insges. ist seit 2009 nahezu konstant, die TVBZ bei Jugendlichen und Heranwachsenden ist steigend, bei Kindern, Jungerwachsenen und Erwachsenen mittleren Alters leicht rückläufig.
- Ältere Sexualstraftäter sind fast ausschließlich Männer (nur 3,2 % Frauen), der Frauenanteil unter Senioren ist deutlich geringer als bei Sexualstraftätern jüngerer Altersgruppen.
- In der Deliktsstruktur tatverdächtiger Senioren sind Sexualstraftaten marginal, von allen deutschen tatverdächtigen Senioren sind nur 1,5 % wegen Straftaten gegen die sexuelle Selbstbestimmung tatverdächtig.
- Am verbreitetsten sind dabei unter tatverdächtigen Senioren der sexuelle Kindesmissbrauch (0,4 %), Besitz/Verschaffung von Kinderpornografie (0,3 %), sonstige sexuelle Nötigung und exhibitionistische Handlungen/Erregung öffentlichen Ärgernisses (je 0,2 %).

Was die Ersttäterschaft verbotener sexueller Handlungen im höheren Alter betrifft, lässt sich festhalten, dass diese durchaus ein Thema ist, aber relativ selten vorkommt. Hier spielen vermutlich insbesondere altersspezifische Ursachen, aber auch Verharmlosungen eine Rolle. Das betrifft eine defizitäre Veränderung altersbedingter sexueller Wahrnehmungen, die mit Schwächen der Alterssexualität und neuer, bisher nicht erlebter Sexualität im Zusammenhang stehen. Für die zukünftige Betreuung dieser Personen bedeutet das aber auch, altersspezifische Behandlungskonzepte zu entwickeln, die diese Besonderheiten berücksichtigen. Präventiv wäre jedoch hinsichtlich der Verhinderung von Alterssexualstraftaten eine adäquatere Vorbereitung auf das Alter wünschenswert. Sexualität im Alter scheint immer noch ein Tabu zu sein. Wenn darüber jedoch nicht gesprochen wird, sind verhängnisvolle Verläufe für alle Betroffenen durch Sexualstraftaten eher wahrscheinlich.

Literatur

Ahlers CJ, Schaefer GA, Wille R, Beier KM (2004) Das Modul Sexualdelinquenz im Forensisch-psychiatrischen Dokumentationssystem (FPDS). Sexuologie 11:1–23

Ahlf E-H (2009): Seniorenkriminalität und -viktimität: Alte Menschen als Täter und Opfer. In: Schneider H-J (Hrsg) Internationales Handbuch der Kriminologie. Besondere Probleme der Kriminologie. De Gruyter, Berlin, S 509–550

Albrecht H-J, Dünkel F (1981): Die vergessene Minderheit – alte Menschen als Straftäter. Z Gerontol 14:259–273

Amann G, Wipplinger R (2013) Körperliche Gewalt und sexueller Missbrauch. Risikofaktoren für die Entstehung sexueller Störungen. Psychotherapie im Dialog. Thieme, Stuttgart, S 61–67

Amelunxen C (1960) Alterskriminalität. Kriminalistik Verlag, Hamburg

Berner W, Briken P, Hill A (2007) Sexualstraftäter behandeln. Deutscher Ärzte-Verlag, Köln

Bilsky W, Mecklenburg E, Pfeiffer C, Wetzels P (1993): Kriminalitätsfurcht und Opfererfahrungen im Leben älterer Menschen in den alten und neuen Bundesländern. Zwischenbericht zur KFN-Opferbefragung 1992. KFN-Forschungsbericht. KFN Niedersachen, Hannover

Briken P, Spehr A, Romer G, Berner W (Hrsg) (2010) Sexuell grenzverletzende Kinder und Jugendliche. Pabst Science Publisher, Lengerich

Bullens R, Egg R (2003): Therapiemotivation bei Missbrauchstätern. Bewährungshilfe 50 (3):273–286

Bundeskriminalamt Wiesbaden (2014a) Polizeiliche Kriminalstatistik. Jahrbuch 2013. ► http://www.bka.de/DE/Publikationen/PolizeilicheKriminalstatistik/pks_node.html. Zugegriffen: 20. März 2015

Bundeskriminalamt Wiesbaden (2014b) Polizeiliche Kriminalstatistik. Jahrbuch 2013 – Standardtabellen. Tab 20: Tatverdächtige insgesamt nach Alter und Geschlecht. ► http://www.bka.de/DE/Publikationen/PolizeilicheKriminalstatistik/2013/2013Standardtabellen/pks2013StandardtabellenTatverdaechtigeUebersicht.html. Zugegriffen: 20. März 2015

Bundeskriminalamt Wiesbaden (2014c) PKS-Zeitreihen 1987–2013; Tab 40 »Deutsche Tatverdächtige insgesamt ab 1987«. ► http://www.bka.de/DE/Publikationen/PolizeilicheKriminalstatistik/pks_node.html. Zugegriffen: 20. März 2015

Bundeskriminalamt Wiesbaden (2014d) PKS-Zeitreihen 1987–2013; Tab 40 »Tatverdächtigenbelastung Deutsche insgesamt ab 1987«. ► http://www.bka.de/DE/Publikationen/PolizeilicheKriminalstatistik/pks_node.html. Zugegriffen: 20. März 2015

Bundeskriminalamt Wiesbaden (2014e) PKS-Zeitreihen 1987–2013; Tab 40 »Tatverdächtigenbelastung Deutsche männlich ab 1987«. ► http://www.bka.de/DE/Publikationen/PolizeilicheKriminalstatistik/pks_node.html. Zugegriffen: 20. März 2015

Bundeskriminalamt Wiesbaden (2014f) PKS-Zeitreihen 1987–2013; Tab 40 »Deutsche Tatverdächtige männlich ab 1987«. ► http://www.bka.de/DE/Publikationen/PolizeilicheKriminalstatistik/2013/2013Zeitreihen/pks2013ZeitreihenTatverdaechtigeUebersicht.html. Zugegriffen: 20. März 2015

Bundeskriminalamt Wiesbaden (2014g) PKS-Zeitreihen 2000–2013; Tab »Wohnbevölkerung insgesamt nach Alter«. ► http://www.bka.de/nn_193490/DE/Publikationen/PolizeilicheKriminalstatistik/pks_node.html?_nnn=true. Zugegriffen: 20. März 2015

Bundeskriminalamt Wiesbaden (2014h) Polizeiliche Kriminalstatistik. Jahrbuch 2013–Standardtabellen. Fälle. Tab 1: Grundtabelle. ► http://www.bka.de/DE/Publikationen/PolizeilicheKriminalstatistik/2013/2013Standardtabellen/pks2013StandardtabellenFaelleUebersicht.html. Zugegriffen: 20. März 2015

BMI u BMJ (Bundesministerium des Innern und Bundesministerium der Justiz) (Hrsg) (2006) Zweiter Periodischer Sicherheitsbericht. Deutsche Langfassung. Gesamtausgabe. ► http://www.bka.de/nn_224082/DE/Publikationen/JahresberichteUndLagebilder/PeriodischerSicherheitsbericht/psb_node.html?_nnn=true. Zugegriffen: 20. März 2015

Bürger-Prinz H, Lewrenz H (1961) Die Alterskriminalität. Forum der Psychiatrie, Heft 3, Enke, Stuttgart

Bürger-Prinz H, Lewrenz H (1963) Alterskriminalität. In: Bauer F Sexualität und Verbrechen. Fischer, Frankfurt/Main, S 218 ff

Dahle KP (2005) Delinquenzverläufe über die Lebensspanne: Anwendungsperspektiven einer entwicklungsorientierten Sichtweise. Hogrefe, Göttingen, S 79–91

Dudeck M, Drenkhahn K, Spitzer C et al (2012) Gibt es eine Assoziation zwischen familiärem sexuellen Missbrauch und späteren Sexualstraftaten? Psychiat Prax 39:217–221

Egg R (2004) Junge Sexualstraftäter: Rückfälligkeit und Gefährlichkeitsprognose: In Kammeier H, Michalke R (Hrsg) Streben nach Gerechtigkeit. Festschrift für Prof. Dr. Günter Tondorf zum 70. Geburtstag am 8. Juli 2004, LIT, Münster, S 15–28

Elster A, Lingemann H, Sieverts R (1998) Handwörterbuch der Kriminologie. Nachtrags- und Registerband, Bd 5. Walter de Gruyter, Berlin

Elz J (2003) Sexuell deviante Jugendliche und Heranwachsende. (Kriminologie und Praxis; Bd 41). Kriminologische Zentralstelle, Wiesbaden

Elz J (2010) Zur Häufigkeit sexuell grenzverletzenden Verhaltens junger Menschen im Dunkel- und Hellfeld. In: Briken P, Spehr A, Romer G, Berner W (Hrsg): Sexuell grenzverletzende Kinder und Jugendliche. Pabst Science Publisher, Lengerich, S 71–82

Feest J (1993) Alterskriminalität. In: Kaiser G, Kerner H-J, Sack F, Schellhoss H (Hrsg) Kleines kriminologisches Wörterbuch. Müller, Jurist. Verlag, Heidelberg, S 14–17

Fopp E (1969) Die Straftaten des alten Menschen. Lang & Cie, Bern

Franqué F von, Berner W, Briken P (2013) Sexualdelinquenz und Therapie. In: Briken P, Berner W (Hrsg) Praxisbuch Sexuelle Störungen. Stuttgart, Thieme, S 250–256

Göppinger H (1973) Kriminologie. Eine Einführung. Beck, München

Görgen T, Newig A, Nägele B, Herbst S (2005) »Jetzt bin ich so alt und das hört nicht auf«. Sexuelle Viktimisierung im Alter. KFN-Forschungsberichte Nr. 95. Hannover

Görgen T, Herbst S, Rabold S (2006) Kriminalitäts- und Gewaltgefährdungen im höheren Lebensalter und in der häuslichen Pflege. Zwischenergebnisse der Studie »Kriminalität und Gewalt im Leben alter Menschen.« KFN-Forschungsberichte Nr. 98. Hannover

Grundies V (2013): Gibt es typische kriminelle Karrieren? In: Dölling D, Jehle M (Hrsg) Täter, Taten, Opfer. Grundlagenfragen und aktuelle Probleme der Kriminalität und ihrer Kontrolle. Neue Kriminologische Schriftenreihe der Kriminologischen Gesellschaft. Forum-Verlag Godesberg, Mönchengladbach, S 36–52

Hill A, Briken P, Lietz K, Berner W (2005) Standards der Diagnostik, Behandlung und Prognose von Sexualstraftätern. In: Schläfke D, Häßler F, Fegert JM (Hrsg) Sexualstraftaten. Forensische Begutachtung, Diagnostik und Therapie. Schattauer, Stuttgart, S 77–98

Hirschi T, Gottfredson M (1983) Age and the explanation of crime. Am J Sociol 89(3):552–584

Keßler I (2005) Straffälligkeit im Alter: Erscheinungsformen und Ausmaße. Kölner Schriften zur Kriminologie und Kriminalpolitik, Bd 8. Münster.

Körner HH (1977): Sexualkriminalität im Alter. Enke, Stuttgart

Krafft-Ebing R (1912) Psychopathia Sexualis,14 Aufl. Enke, Stuttgart

Kreuzer A, Hürlimann M (1992) Alte Menschen in Kriminalität und Kriminalitätskontrolle – Plädoyer für eine Alterskriminologie. In: Kreuzer A, Hürlimann M (Hrsg) Alte Menschen als Täter und Opfer. Alterskriminologie und humane Kriminalpolitik gegenüber alten Menschen. Lambertus, Freiburg, S 13–85

Kunz K-L (2011) Kriminologie. Haupt, Bern

Kunz F (2014) Kriminalität älterer Menschen. Beschreibung und Erklärung auf der Basis von Selbstberichtsdaten. Duncker & Humblot, Berlin

Kury H, Obergfell-Fuchs J (2012) Rechtspsychologie. Forensische Grundlagen und Begutachtung. Ein Lehrbuch für Studium und Praxis. Kohlhammer, Stuttgart

Kutschinsky B (1972) Pornographie und Sexualverbrechen. Kiepenheuer & Witsch, Köln

Lachmund C (2011) Der alte Straftäter. Die Bedeutung des Alters für Kriminalitätsentstehung und Strafverfolgung. LIT, Berlin

Laubenthal K (2008) Alterskriminalität und Altenstrafvollzug. In: Schneider H, Kahlo M, Klesczewski D, Schumann H (Hrsg) Festschrift für Manfred Seebode zum 70. Geburtstag am 15. September 2008. De Gruyter Recht, Berlin, S 499–512

Laue C (2009) Strukturen der Alterskriminalität. Forens Psychiatr Psychol Kriminol 3:179–188

Lüdemann C (2002) Massendelikte, Moral und Sanktionswahrscheinlichkeit. Eine Analyse mit Daten des ALLBUS 2000. Soziale Probleme 13:128–155

Nass G (1954) Unzucht mit Kindern – das Sexualdelikt unserer Zeit. Ursachen und Bekämpfung. MschrKrim 37:69–82

Nass G (1973) Die Ursachen der Kriminalität. Heymanns, Köln

Nedopil N (2013) Vom Opfer zum Täter – welchen Wert hat die Viktimisierungshypothese bei Tätern mit sexuellem Kindesmissbrauch? In: Stompe T, Laubichler W, Schanda H (Hrsg) Sexueller Kindesmissbrauch und Pädophilie. MwV, Berlin, S 35–43

Nedopil N unter Mitarbeit von Dittmann V, Freisleder FJ, Haller R (2007) Forensische Psychiatrie. Klinik, Begutachtung und Behandlung zwischen Psychiatrie und Recht. Thieme, Stuttgart

Quenzer C (2010) Jugendliche und heranwachsende Sexualstraftäter. Eine empirische Studie über Rückfälligkeit und Risikofaktoren im Vergleich mit Gewaltstraftätern. Duncker & Humblot, Berlin

Schorsch E (1971) Sexualstraftäter. Enke, Stuttgart

Schützel A (2011) Spätkriminalität und Alterskriminalität. Ursachen, Auswirkungen und Handlungsbedarf. Kriminalistik 65(7):435–441

Schultz-Zehden B (2013) Sexualität und Älterwerden. Zwischen Vorurteil, Tabu und Realität. Psychotherapie im Dialog. Stuttgart, Thieme, S 56–60

Schumann HJ von (1990) Liebe & Sexualität in der zweiten Lebenshälfte. Springer, Basel

Schwind H-D (2007) Kriminologie. Eine praxisorientierte Einführung mit Beispielen. Kriminalistik, Heidelberg

Seikowski K (2009) Pädophilie – psychisch krank? Ein unangenehmes Thema in der heutigen Zeit. In: Greuel L, Petermann A (Hrsg) Macht – Familie – Gewalt (?)/ Intervention und Prävention bei (sexueller) Gewalt im sozialen Nahraum. Lengerich, Pabst Science Publishers, Berlin, S 139–153

Tschan W (2002) Sexuelle Missbräuche durch Fachleute im Gesundheitswesen. Forensische Psychiatrie und Psychotherapie 9(2):61–81.

Wetzels P, Mecklenburg E, Bilsky W, Pfeiffer C (1994) Persönliches Sicherheitsgefühl, Angst vor Kriminalität und Gewalt, Opfererfahrung älterer Menschen. Deskriptive Analysen krimineller Opfererfahrungen (Teil III): Opfererfahrungen in engen sozialen Beziehungen. KFN-Opferbefragung 1992, KFN-Forschungsbericht Nr. 21. Hannover

Wetzels P, Greve W, Mecklenburg E et al (1995) Kriminalität im Leben alter Menschen: Eine altersvergleichende Untersuchung von Opfererfahrungen, persönlichem Sicherheitsgefühl und Kriminalitätsfurcht. Ergebnisse der KFN-Opferbefragung 1992 (Schriftenreihe des Bundesministeriums für Familie, Senioren, Frauen und Jugend, Bd 105). Kohlhammer, Stuttgart

Wille R (1992) Sexualdelinquenz im Alter. In: Kreuzer A, Hürlimann M (Hrsg) Alte Menschen als Täter und Opfer. Alterskriminologie und humane Kriminalpolitik gegenüber alten Menschen. Lambertus, Freiburg, S 94–100

Demenz, Wahn und bloßes Altsein: Regeln und Besonderheiten der Schuldfähigkeitsbegutachtung älterer Straftäter

Hermann-Josef Gertz

F. Kunz, H.-J. Gertz (Hrsg.), *Straffälligkeit älterer Menschen*,
DOI 10.1007/978-3-662-47047-3_10, © Springer-Verlag Berlin Heidelberg 2015

10.1   Einleitung

Die Psychiatrie als klinisch-praktische und wissenschaftliche Disziplin hat mit dem Strafrecht nur wenige Berührungspunkte. Ein solcher Berührungspunkt ist die Beurteilung von verminderter bzw. aufgehobener Schuldfähigkeit im Strafverfahren, für welche das Gericht sich durch einen psychiatrischen Sachverständigen unterstützen lassen kann.

Die einschlägigen Paragrafen des Strafgesetzbuches, die §§ 20 und 21 StGB, bedienen sich einer Sprache, die der zeitgenössischen Psychiatrie fremd ist. Begriffe wie »seelische Abartigkeit« oder »Schwachsinn« stammen aus dem Vokabular der Psychiatrie der ersten Hälfte des 20. Jahrhunderts und werden aus dem Munde eines Nervenarztes in der Gegenwart als herabwürdigend und menschenverachtend angesehen. Dennoch sind sie Teil des Gesetzestextes und ihre Verwendung ist im gutachterlichen Kontext nicht zu umgehen. Die Begriffe haben für den forensisch tätigen Psychiater Implikationen, die er genau kennen und verstehen muss. Die Gesetzestexte sind durch höchstrichterliche Rechtsprechung inhaltlich ergänzt und erläutert worden, deren Durchdringung gleichfalls zum Rüstzeug des erfahrenen Gutachters gehört, nicht zuletzt, um die Verständigung mit dem Gericht zu erleichtern.

Andererseits ist die eigentliche Kompetenz des psychiatrischen Sachverständigen natürlich seine spezifische Fachkenntnis: die Kenntnis der Symptome, Syndrome und Krankheiten.

So muss dieser Aufsatz juristische und medizinische Aspekte in einiger Ausführlichkeit behandeln. Er stellt zunächst die Grundlagen der gesetzlichen Regelungen vor. Es folgt dann eine ausführliche, allerdings selektive, Darstellung der psychiatrischen Krankheitsbilder, die bei älteren Menschen beobachtet werden, sowie möglicher Veränderungen von Verhalten und Persönlichkeit, die nicht krankheitswertig auch bei gesunden alten Menschen vorkommen. Letzteres ist insbesondere auch deshalb nötig, um die besonderen Schwierigkeiten der Abgrenzung des gesunden vom pathologischen Altwerden zu verdeutlichen. Abschließend werden in einem praxisorientiertem Teil rechtliche und psychiatrische Aspekte zusammengeführt, wobei erläuternd auch höchstrichterliche Rechtsprechung hinzugezogen wird.

10.2   Grundlagen der Schuldfähigkeitsbegutachtung

Grundlage der Verständigung zwischen gutachterlich tätigen Psychiatern und dem Gericht über die Schuldfähigkeit eines Angeklagten sind die Vorschriften der §§ 20 und 21 StGB. Diese lauten in ihrer aktuellen Fassung:

§ 20 Schuldunfähigkeit wegen seelischer Störungen   Ohne Schuld handelt, wer bei Begehung der Tat wegen einer krankhaften seelischen Störung, wegen einer tiefgreifenden Bewusstseinsstörung oder wegen Schwachsinns oder einer schweren anderen seelischen Abartigkeit unfähig ist, das Unrecht der Tat einzusehen oder nach dieser Einsicht zu handeln.

§ 21 Verminderte Schuldfähigkeit   Ist die Fähigkeit des Täters, das Unrecht der Tat einzusehen oder nach dieser Einsicht zu handeln, aus einem der in § 20 bezeichneten Gründe bei Begehung der Tat erheblich vermindert, so kann die Strafe nach § 49 Abs. 1 gemildert werden.

Die Schuldfähigkeit wird also vom Gesetzgeber negativ definiert. In den zitierten Paragrafen werden Ausnahmen angeführt, in denen der Regelfall, nämlich die Verantwortlichkeit und damit die Schuldfähigkeit, nicht gelten.

Den Bestimmungen der §§ 20 und 21 StGB gemäß hat der Nachweis dieser Ausnahme von der Verantwortlichkeit in einem zweistufigen Verfahren zu erfolgen, das auch als »psychisch-normative« Methode bezeichnet worden ist (Rasch 1984). In der ersten Stufe werden in aller Regel mit psychopathologischen Symptom- und Syndrombegriffen psychische Zustände beschrieben, die zu einer Diagnose führen. In einer zweiten, der normativen Stufe wird geprüft, inwieweit sich die seelischen Zustände auf die Fähigkeit auswirken, das Unrecht einer Tat einzusehen oder nach dieser Einsicht zu handeln. Von juristischer Seite wird auf das »oder« an dieser Stelle allergrößter Wert gelegt.

Diese psychischen Zustände bzw. die Diagnosen werden den sog. **Eingangsmerkmalen** zugeordnet. Diese lauten:

- krankhafte seelische Störung,
- tiefgreifende Bewusstseinsstörung,
- Schwachsinn,
- andere schwere seelische Abartigkeiten.

Die Eingangskriterien sind im historischen juristisch-psychiatrischen Dialog entstanden als Begriffe, die in der gutachterlichen Praxis bestimmte Diagnosegruppen zusammenfassen. Für die Alterspsychiatrie ist insbesondere das Eingangskriterium der **krankhaften seelischen Störung** relevant. Dieses geht auf den psychiatrischen Krankheitsbegriff von Kurt Schneider zurück, der als Krankheiten nur solche Störungen akzeptierte, die eine gesicherte oder hypothetisierte organische Ursache haben. Dazu gehörten in seinem Verständnis Psychosen wie Schizophrenie, schwere Depression oder Manie sowie Delirien und Demenzen als akute bzw. chronische organische Psychosyndrome im Sinne des ICD-10.

Die **tiefgreifende Bewusstseinsstörung** findet in den sog. Affektdelikten ihre wichtigste Anwendung. Der »**Schwachsinn**« fasst angeborene, medizinisch nicht weiter diagnostizierbare Störungen intellektueller Fähigkeiten mit Verhaltensauffälligkeiten zusammen, dem Begriff der anderen schweren »**seelischen Abartigkeit**« werden Persönlichkeitsstörungen und »Neurosen« subsumiert, denen nach Kurt Schneiders Definition kein Krankheitswert im Sinne einer organischen Verursachung beigemessen wurde, eine Bewertung, die allerdings heute kaum mehr aufrechterhalten werden kann.

- **Kriterien nach ICD-10 und DSM-5**

Vom psychiatrischen Sachverständigen wird erwartet, dass er seine Beobachtungen in Form von psychopathologischen Symptomen über die Zusammenfassung in Syndrome als klinische Diagnose formuliert. Gültig in Deutschland ist die ICD-10-Klassifikation der WHO (deutsche Fassung: Dilling et al. 1999). Gelegentlich wird auch die US-amerikanische Klassifikation nach DSM-IV (deutsche Fassung: Saß et al. 1998) bzw. DSM-5 (deutsche Fassung: Falkai et al. 2014) verwendet.

Zu Recht wird mit Blick auf die Diagnosegruppe der Persönlichkeitsstörungen darauf hingewiesen, dass sich die Diagnosen entsprechend ICD-10 oder DSM-5 nicht eignen für eine direkte Transponierung in Rechtsangelegenheiten. Die Tatsache, dass eine Person eine bestimmte Diagnose erhält, lässt nicht ohne Weiteres darauf schließen, dass diese einem der Eingangsmerkmale zugeordnet werden kann bzw. dass dadurch die Einsichts- oder Steuerungsfähigkeit beeinträchtigt ist.

10.3 Alter und psychiatrische Erkrankungen

Im Folgenden werden psychiatrische Krankheitsbilder dargestellt, die sich in der Regel in fortgeschrittenem Alter erstmalig manifestieren und die daher unter dem Aspekt einer möglicherweise krankheitsbedingten Erstkriminalität im Alter besonders wichtig erscheinen. Dazu gehören Demenzerkrankungen und bestimmte Wahnsyndrome. Weil gerade die Ursachen von Demenzsyndromen im Alter vielfältig und unterschiedlich sind, ist hier eine strenge Auswahl paradigmatischer Krankheitsbilder getroffen worden, und es wird kein Anspruch auf Vollständigkeit erhoben. Forensisch-alterspsychiatrisch häufiger relevant als Demenzen sind psychiatrische Erkrankungen, die im Erwachsenenalter beginnen und die bis ins hohe Alter fortbestehen.

10.3.1 Das Alter selbst

Altern ohne Demenz ist bis in die 10. Dekade die Regel, nicht die Ausnahme. Gleichwohl finden im Alter verschiedene Veränderungen sowohl der intellektuellen Leistungsfähigkeit als auch des Verhaltens und der Emotionen statt. Sehr gut untersucht ist die Entwicklung verschiedener Intelligenzkomponenten. Im hierarchischen Intelligenzmodell nach Cattell (1963) wird zwischen **fluider** und **kristalliner Intelligenz** unterschieden. Die fluide Komponente soll weitgehend unabhängig von kulturellen und gesellschaftlichen Einflüssen sein. Smith u. Baltes (2010) vergleichen die fluide

»Mechanik« mit der Hardware und die kristalline »Pragmatik« mit der Software. Dabei umfasst der fluide Anteil die Komponenten Denkfähigkeit, sensorisches und motorisches Gedächtnis (Merkfähigkeit), Wahrnehmungsgeschwindigkeit sowie Sprachverarbeitung, der kristalline Anteil dagegen wird durch Fähigkeiten in den Bereichen deklarativen und prozeduralen Wissens und durch die Wortflüssigkeit charakterisiert.

Grundsätzlich wird keine Gedächtnisfunktion mit zunehmendem Alter besser. Allerdings ist der Funktionsverlust selektiv und in manchen Leistungsbereichen ausgeprägter als in anderen (Smith u. Baltes 2010). Nach dem »Defizitmodell der Intelligenz« kommt es im Erwachsenenalter eher zu einer Abnahme der fluiden als der kristallinen Intelligenz. Im Bereich der fluiden Intelligenz ist ab dem 40. bis 60. Lebensjahr ein kontinuierlicher Abfall der Leistungen des Kurzzeitgedächtnisses und der Wahrnehmungsgeschwindigkeit zu verzeichnen. Dieser Abbauprozess ist besonders deutlich anhand der Reduktion der Informationserarbeitungsgeschwindigkeit zu erkennen, die bei alten Menschen durchschnittlich 1,5- bis 2-mal langsamer ist als bei jungen Erwachsenen. Am deutlichsten ist daher im Alter das Nachlassen der Gedächtnisleistungen bei solchen Funktionen, die geschwindigkeitsabhängig sind, d. h. die unter Zeitdruck bewältigt werden müssen. Beispiele für solche geschwindigkeitsabhängigen Funktionen sind das Produzieren von Wörtern unter einer bestimmten Zeitvorgabe oder das Lernen eines neuen Computerprogramms bei möglichen Ablenkreizen (Fleischmann 1989; Markowitsch u. Calabrese 2003). Aufgaben, die ein hohes Maß an Abstraktionsfähigkeit wie z. B. räumliche Orientierung sowie die schnelle Erfassung von Zusammenhängen erfordern (fluide Fähigkeiten), bereiten den Menschen im höheren Alter Schwierigkeiten. Im Alter nehmen auch solche Leistungen ab, die ein hohes Maß an Eigeninitiative voraussetzen. Kurzzeitgedächtnis, Bildergedächtnis, divergentes Denken, Problemlösen sowie Quellengedächtnisleistungen verlieren im Alter besonders deutlich (Markowitsch u. Calabrese 2003). Im Gegensatz dazu setzt die altersabhängige Leistungsminderung im Bereich der kristallinen Intelligenz später

und in einem geringeren Ausmaß ein (Smith u. Baltes 2010). Dabei weist der Faktor Wortverständnis, der insbesondere durch Wortschatztests, wie z. B. den Mehrfachwahl-Wortschatztest (MWT-A) ermittelt wird, die höchste Altersstabilität auf (Binkau et al. 2014).

Im höheren Alter kommt es zu einer Verschmelzung vorher unabhängiger Gedächtnisteilleistungen. So zeigten zahlreiche Querschnittuntersuchungen, dass im sehr hohen Alter kognitive und sensorische bzw. sensomotorische Prozesse stärker zusammenhängen als in früheren Lebensjahren. Fleischmann (1989) konnte ab dem 90. Lebensjahr eine weitere Dedifferenzierung in Richtung eines eindimensionalen Intelligenzmodells durch Verschmelzung von fluiden und kristallinen Komponenten zeigen.

Trotz dieser offensichtlichen Leistungseinbußen nehmen alte Menschen ihr Leben positiver wahr als junge. Die »sozioemotionale Selektivitätstheorie« geht davon aus, dass auf Grund des Wissens um die begrenzte Lebenserwartung die Regulierung des emotionalen Wohlbefindens eine hohe Priorität gegenüber anderen Zielen hat. Negative Emotionen werden weniger intensiv wahrgenommen als positive (Kunzmann et al. 2014). Alte Menschen sind sich der Begrenztheit der ihnen verbleibenden Zeit sehr wohl bewusst. Dieser Umstand hat grundlegende Auswirkungen auf ihre Motivation (Carstensen 2006), ein Befund, der auch von forensischem Interesse sein könnte.

Ob es im Alter unabhängig von Krankheiten zu Persönlichkeitsveränderungen kommt, ist strittig. Manche Autoren gehen von einer Stabilität von Persönlichkeitsmerkmalen im Alter aus (Costa u. McCrae 1994), andere finden einen negativen Trend für Persönlichkeitsvariablen wie Extraversion und Offenheit, während die Variable Neurotizismus keinen Veränderungen unterlag (Smith u. Baltes 2010). In klinische Syndrombegriffe lassen sich diese psychologischen Parameter allerdings nicht übersetzen. In älteren Lehrbüchern mitgeteilte anekdotische Evidenzen für die Akzentuierung vorbestehender Persönlichkeitszüge (der Sparsame wird geizig, der Großzügige haltlos etc.) lassen sich in der empirischen Literatur nicht finden, sind aber in Einzelfällen offensichtlich.

10.3.2 Erkrankungen, die im (jungen) Erwachsenenalter beginnen

Für die Schuldfähigkeitsbegutachtung älterer Menschen spielen Erkrankungen, die bereits im Erwachsenenalter auftreten und bis ins Alter fortbestehen können, die dominierende Rolle. Während in einer schwedischen Studie von 210 begutachteten Straftätern, die über 60 Jahre alt waren, nur 7 % eine Demenz hatten, wurden bei 32 % Psychosen, bei 8 % depressive Erkrankungen oder Angststörungen, bei 15 % einen Missbrauch oder eine Abhängigkeit von Substanzen und bei 20 % Persönlichkeitsstörungen diagnostiziert (Fazel u. Grann 2002). Diese Erkrankungen werden hinsichtlich Symptomatik, Verlauf und Begutachtungsaspekten in vielen Lehr- und Handbüchern dargestellt, sodass an dieser Stelle von einer ausführlichen Darstellung abgesehen werden kann. Die Modifikation der Symptomatik durch das Alter ist ein interessanter Aspekt, der für einige dieser Störungen wie die depressiven Syndrome sehr gut untersucht ist (Linden et al. 1998). Für andere wie die Persönlichkeitsstörungen sind unsere Kenntnisse besonders bezüglich der Hochbetagten unvollständig (Bronisch 2003).

Grundsätzlich besteht kein Unterschied in der Schuldfähigkeitsbegutachtung zwischen jüngeren und älteren Menschen mit diesen Diagnosen. Komorbidität mit neurodegenerativen Erkrankungen, die im Alter hinzutreten, sind möglich.

10.3.3 Psychiatrische Erkrankungen, die im Alter beginnen

Demenzen

Die wichtigsten psychiatrischen Erkrankungen, die sich zum ersten Mal im Alter manifestieren, sind die Demenzerkrankungen. Grundsätzlich können alle Erkrankungen und Läsionen, die eine ein kritisches quantitatives Maß überschreitende Hirnschädigung bewirken, eine Demenz verursachen. Die Hirnschädigungen können dabei morphologisch sichtbare Substanzverluste sein, sie können im Untergang spezifischer Nervenzellpopulationen bestehen, sie können auch bestimmte Transmittersysteme betreffen oder auf Stoffwechselstörungen beruhen.

Die häufigsten Erkrankungen, die bei alten Menschen zu einer Demenz führen, sind die sog. neurodegenerativen Erkrankungen. Wichtige Beispiele sind die Alzheimer-Krankheit sowie die frontotemporale Demenz (FTD). Demenzen bei älteren Menschen können auch durch Störungen der Hirndurchblutung verursacht sein und werden dann zusammenfassend als vaskuläre kognitive Störung bzw. als vaskuläre Demenzen (VAD) bezeichnet. Die symptomatische Ausgestaltung der Demenzsyndrome kann sehr unterschiedlich sein. Sie hängt nicht so sehr von der Art der Gewebsveränderungen ab, sondern vielmehr von deren Lokalisation und topografischen Verteilung.

Die Alzheimer-Krankheit kann, insbesondere in ihren frühen Stadien, als eine Erkrankung des medialen Temporallappens verstanden werden (hippokampale Demenz) und führt den Funktionen dieser Region entsprechend zu Störungen des Behaltens und Erinnerns sowie zu anderen Denkstörungen. Die frontotemporale Demenz hebt bereits in ihrer Bezeichnung auf die Topografie der Veränderungen ab. Bei der frontotemporalen Demenz stehen die forensisch besonders wichtigen Symptome des sog. Frontalhirnsyndroms (organische Persönlichkeitsstörung) im Vordergrund wie Apathie, Desinteresse, Initiativlosigkeit einerseits und Enthemmung, Störungen der Impulskontrolle andererseits.

Trotz dieser topografischen Schwerpunkte bestimmter Demenzerkrankungen in ihren Anfangsstadien verwischt sich die Trennung im Laufe des Fortschreitens der Erkrankung. Dennoch eignen sich die Alzheimer-Krankheit sowie die frontotemporale Demenz in besonderer Weise, die Unterschiede zwischen einer überwiegend kognitiven Demenzform gegenüber einer primär durch Verhaltensstörung geprägten Demenzform herauszuarbeiten. Andere im Alter sich manifestierende Demenzerkrankungen können mit gewissen Modifikationen diesen beiden Prägnanztypen zugeordnet werden. Sie werden daher nur kurz ohne Anspruch auf Vollständigkeit skizziert. Grundsätzlich lassen sich aber bei praktisch allen Demenzerkrankungen in unterschiedlichem Umfang Verhaltensstörun-

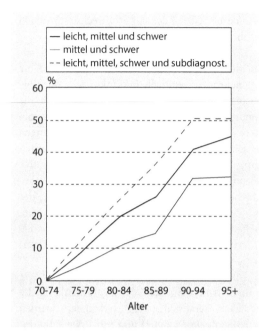

gen und kognitive Störungen nachweisen. Beide Symptomkomplexe sind hinsichtlich gutachterlicher Fragestellungen gleichermaßen wichtig. Zur Häufigkeit des Demenzsyndroms in Abhängigkeit vom Alter ◨ Abb. 10.1.

Die Alzheimer-Krankheit

Die Alzheimer-Krankheit ist die häufigste Erkrankung, die zur Demenz führt. Ihre Diagnose bzw. die damit verbundene Nomenklatur ist im Umbruch. Im deutschen Sprachraum nach wie vor verbindlich sind die diagnostischen Kriterien und Bezeichnungen nach der ICD-10 der WHO von 1992 (Dilling et al. 1999). Seither haben verschiedene, z. T. unabhängig voneinander arbeitende Konsensusgruppen neue Kriterien entwickelt und vorgeschlagen (Albert et al. 2011; McKhann 2011; Dubois et al. 2014). 2013 ist die DSM-5 erschienen, die den Begriff »Demenz« grundsätzlich nicht mehr führt, sondern ihn durch den Begriff »schwere neurokognitive Störung« ersetzt hat (Falkai et al. 2014; Maier u. Barnikol 2014).

Die wesentliche inhaltliche Neuerung der letzten Jahre besteht darin, dass die Diagnose Alzheimer-Krankheit nicht wie noch im ICD-10 auf die Demenz bei Alzheimer-Krankheit beschränkt ist, sondern auch bei leichteren kognitiven Störungen bereits von einer Verursachung durch die Alzheimer-Krankheit gesprochen werden kann, wenn entsprechende biologische Indikatoren vorliegen. Dies wird zu einer erheblichen Ausweitung der Diagnose Alzheimer-Krankheit führen, ohne dass dadurch zwangsläufig alle Patienten mit dieser Diagnose bereits an einer Demenz, d. h. an einer fortgeschrittenen kognitiven Störung leiden. Die klinische Manifestation der Alzheimer-Krankheit beginnt als »leichte kognitive Beeinträchtigung bei Alzheimer-Krankheit« und schreitet als »Demenz bei Alzheimer-Krankheit« fort (Albert et al. 2011; McKhann 2011).

Leichte kognitive Störung bei Alzheimer-Krankheit

In der Definition der leichten kognitiven Störung bei Alzheimer-Krankheit spielen klinische, kognitive und funktionelle Aspekte eine Rolle. Die folgenden Kriterien werden international verwendet.

> **Kriterien der leichten kognitiven Störung bei Alzheimer-Krankheit (Petersen 2004, vereinfacht)**
> ▬ Hinweise auf Veränderungen der Kognition gegenüber den früheren Leistungen des betreffenden Patienten.
>   Die Hinweise können vom Patienten selbst stammen, von Angehörigen oder auch von professionellem Personal, sofern dieses die Möglichkeit hat, den Patienten zu beobachten.
> ▬ Störungen von einer oder mehreren kognitiven Domänen.
>   Die Störungen der kognitiven Domänen sollten über das hinausgehen, was vom Patienten aufgrund seines Alters und seiner Ausbildung erwartet werden kann. Folgende Domänen sind von Bedeutung:
>   – Gedächtnis, insbesondere das episodische Gedächtnis,
>   – exekutive Funktionen,

- Aufmerksamkeit,
- Sprache,
- visuell-räumliches Denken
- Der Patient ist in der Lage, ein selbstständiges unabhängiges Leben zu führen. Dazu gehören z. B. die Fähigkeiten, Rechnungen zu bezahlen, Essen zuzubereiten und Einkaufen zu gehen. Es ist möglich, dass der Patient für diese Tätigkeiten mehr Zeit braucht oder dass er mehr Fehler macht als früher in seinem Leben.
- Die Kriterien einer Demenz sind **nicht** erfüllt.

Die Frühstadien der Alzheimer-Krankheit sind klinisch-diagnostisch ausschließlich anhand von kognitiven Symptomen definiert. Nichtkognitive Veränderungen, also solche von Stimmung und emotionaler Kontrolle, kommen gleichwohl vor. Sie werden nicht ganz passend als **Verhaltensstörungen** bezeichnet und sind vieldeutig und schwer zu beschreiben. Häufige Verhaltensstörungen bei leichter kognitiver Beeinträchtigung und damit initiale Verhaltensstörungen der Alzheimer-Krankheit sind Irritierbarkeit (28 %), Agitation und Depression (jeweils 19 %), Apathie (14 %) sowie Enthemmung (8 %) (Wadsworth et al. 2012). Die Häufigkeit der Verhaltensstörungen bei leichter kognitiver Beeinträchtigung liegt zwischen der von kognitiv gesunden alten Menschen und der bei Demenz bei Alzheimer-Krankheit (Peters et al. 2012).

Neben den leichten kognitiven Beeinträchtigungen, die der Alzheimer-Krankheit zugeordnet werden könnten, bleibt eine Gruppe von ursächlich unklaren Fällen, die in der Regel keine ausgeprägte Neigung zur Progression zeigen (Wolf u. Gertz 2006)

Demenz bei Alzheimer-Krankheit

Es hat immer wieder Versuche gegeben, das Demenzsyndrom übergreifend, allgemein und unabhängig von den vielen möglichen Ursachen zu beschreiben und zu definieren. Letztlich sind alle Definitionen des Demenzsyndroms in hohem Maße an der Demenz bei Alzheimer-Krankheit orientiert und von dieser abgeleitet.

Kriterien der Demenz (McKhann et al. 2011, vereinfacht)

1. Die Störungen beeinträchtigen die Fähigkeit, mit den gewöhnlichen Tätigkeiten im Alltag zurechtzukommen.
2. Die Störungen stellen eine Verschlechterung gegenüber dem Ausgangsniveau des jeweiligen Patienten dar.
3. Die Störungen werden nicht durch ein Delir oder andere schwere psychiatrische Erkrankungen erklärt.
4. Die kognitive Störung wird nachgewiesen durch eine Kombination von Anamneseerhebung mit dem Patienten oder einen gut informierten Angehörigen sowie durch eine objektive Messung der kognitiven Leistungen entweder durch einfache Fragen oder durch eine ausführliche neuropsychologische Testung. Eine neuropsychologische Testung sollte nur dann durchgeführt werden, wenn sich durch Anamneseerhebung und einfache kognitive Untersuchung keine zuverlässige Diagnose stellen lässt.
5. Die kognitiven Störungen und die Verhaltensstörungen betreffen mindestens zwei der folgenden Domänen:
   a. Störung der Fähigkeit, neue Informationen aufzunehmen und zu behalten
   b. Störung bei der Durchführung komplexer Aufgaben und Störung der Urteilsfähigkeit
   c. Störung der räumlich-visuelle Fähigkeiten
   d. Störung der Sprachfunktionen
   e. Veränderung der Persönlichkeit, Agitation, herabgesetzte Motivation und Initiative, Apathie, Störungen des Antriebs, sozialer Rückzug, vermindertes Interesse an früheren Aktivitäten, Verlust von Empathie, zwanghaftes Verhalten, sozial inakzeptables Verhalten

Patienten mit Demenz bei Alzheimer-Krankheit können körperlich sehr gesund sein.

- **Verhaltensstörungen**

Verhaltensstörungen sind bei Demenz bei Alzheimer-Krankheit häufig: Irritierbarkeit (37 %), Apathie (34 %), Depression (34 %), Agitation (25 %) Enthemmung (18 %), Wahn (10 %) Halluzinationen (5 %) (Wadsworth et al. 2012). Die Verhaltensstörungen sind im Verlauf der Erkrankung nicht stabil, häufig treten sie vorübergehend auf, um dann auch ohne Intervention wieder zu verschwinden und durch andere z. T. ganz gegensätzliche Auffälligkeiten abgelöst zu werden.

- **Diagnostik**

■ ■ **Quantifizierung kognitiver Störungen**

Eine Reihe von Verfahren steht zur Verfügung, um kognitive Störungen, Verhaltensstörungen sowie die Alltagskompetenz in den verschiedenen Stadien der Alzheimer-Krankheit von der leichten kognitiven Beeinträchtigung bis zur schweren Demenz darzustellen bzw. zu messen. Es ist grundsätzlich darauf zu achten, dass Verfahren verwendet werden, deren Ergebnisse zu einer Diagnose führen können bzw. diese mit begründen. Eine Übersicht gibt Tab. 10.1. Die Testung isolierter Einzelleistungen ist nicht hilfreich.

Es gibt kurze Tests, deren Durchführung einfach ist und die bereits gute orientierende Informationen über die kognitive Leistungsfähigkeit in verschiedenen Bereichen geben. Diese können leicht ausgewertet werden, ohne dass es eines spezialisierten Neuropsychologen bedarf. Besteht eine Notwendigkeit zu einer ausführlicheren neuropsychologischen Testung, sind im deutschen Sprachraum besonders der CERAD (Morris et al. 1989; Berres et al. 2000) und der SIDAM (Zaudig u. Hiller 1996) etabliert, deren Durchführung allerdings bis zu einer Stunde dauert. Alltagsfähigkeiten bzw. Defizite in der Alltagskompetenz lassen sich sehr gut mit der Bayer-ADL Skala beschreiben (Erzigkeit et al. 2001). Das CDR (Hughes et al. 1982) und die Reisberg-Skalen (Ihl u. Frölich 1991) beschreiben die Defizite in ihrer ganzen Breite. Für die Darstellung und Messung von Verhaltensstörungen bei Alzheimer-Krankheit stehen gleichfalls verschiedene Instrumente zur Verfügung wie das NPI (Cummings et al. 1994) oder die Behave-AD-FW (Monteiro et al. 2001). Für eine Reihe dieser Verfahren ist eine Fremdanamnese notwendig. Für die Messung der prämorbiden Intelligenz wird in Deutschland häufig der MWT (Lehrl 1999) verwendet, dessen Verwendbarkeit bei Fortschreiten der kognitiven Defizite eingeschränkt ist. Verlässlichere Aussagen über die prämorbide Intelligenz lassen sich aus Ausbildung und Beruf des Probanden ableiten (Binkau et al. 2014).

■ ■ **Apparative Diagnostik und Biomarker in der Diagnose der Alzheimer-Krankheit**

Entsprechend den inzwischen mehr als 2 Jahrzehnte alten, aber immer noch gültigen Kriterien der ICD-10 (Dilling et al. 1999) gilt die Diagnose »Demenz bei Alzheimer-Krankheit« als Ausschlussdiagnose. Sie wird gestellt, indem andere Ursachen einer Demenz ausgeschlossen werden. Inzwischen haben sich Untersuchungsverfahren etabliert, die positive Hinweise auf das Vorliegen einer Alzheimer-Krankheit beisteuern. Dazu gehört als praktisch wichtigstes die strukturelle Bildgebung durch die Computertomografie (CT) oder die Kernspintomografie (MRT) des Kopfes. Eine relativ hohe Spezifität hat die Bestimmung von pathologischen Proteinen wie Tau oder Beta-Amyloid im Liquor und in neuerer Zeit auch die PET-Untersuchung des Gehirns mit Beta-Amyloid bindenden Liganden (Barthel et al. 2011). Die Diagnose AK lässt sich somit inzwischen positiv beweisen und zwar unabhängig vom klinischen Schweregrad. Es kann sowohl die Diagnose Demenz bei Alzheimer-Krankheit gestellt werden als auch die Diagnose leichte kognitive Beeinträchtigung bei Alzheimer-Krankheit (Gertz u. Kurz 2011; Visser et al. 2013). Die Konnotation der Diagnose Alzheimer-Krankheit hat sich damit grundlegend gewandelt.

- **Verlauf**

Die Alzheimer-Krankheit verläuft progredient. Die kognitiven Störungen nehmen zu, die Verhaltensstörungen unterliegen einem z. T. erheblichen Wechsel in Art und Ausprägung. Die Progressionsgeschwindigkeit ist sehr variabel. Plateaubildungen über mehrere Jahre sind auch in relativ fortgeschrittenen Krankheitsphasen möglich (Storandt et al. 2002).

◼ Tab. 10.1 Neuropsychologische Testverfahren und strukturierte Interviews in der Demenzdiagnostik

Testverfahren	Durchführungsdauer
Kurze Tests, vom Gutachter selbst durchführbar	
MMSE Mini-Mental State Examination (Folstein et al. 1975)	10 min
DemTecT Demenz-Detektion zur Unterstützung der Demenz-Diagnostik (Kessler et al. 2000)	10 min
Ausführliche neuropsychologische Tests	
CERAD Consortium to Establish a Registry for Alzheimer's Disease (Morris et al. 1989; Berres et al. 2000)	ca. 35–40 min
SIDAM Strukturiertes Interview zur Diagnose von Demenzen: Alzheimer-Typ, Multiinfarktdemenz und Demenzen anderer Ätiologie (Zaudig et al. 1996)	30 min
Verfahren zur Messung der Alltagsaktivitäten (ADL)	
Bayer-ADL Skala zur Erfassung von Beeinträchtigungen der Alltagskompetenz bei älteren Patienten mit Einbußen der kognitiven Leistungsfähigkeit (Erzigkeit et al. 2001)	ca. 10–15 min
Verfahren zu Verhaltensstörungen (Fremdanamese erforderlich!)	
NPI Neuropsychiatrisches Inventar (Cummings et al. 1994)	15 min
Behave-AD-FW Behavioral Pathology in Alzheimer's Disease Rating Scale (Monteiro et al. 2001)	10 min
Prämorbide Intelligenz	
MWT Mehrfachwahl-Wortschatz-Intelligenztest (Lehrl 1999)	ca. 5 min
Beschreibende Skalen	
CDR Clinical Dementia Rating (Hughes et al. 1982)	ca. 1 h
Reisberg-Skalen Brief Cognitive Rating Scale (BCRS) Global Deterioration Scale (GDS) Functional Assessment Staging (FAST) (Ihl u. Frölich 1991)	Jeweils ca. 15 min

Frontotemporale Demenz

In der ICD-10 findet sich die Diagnose frontotemporale Demenz (FTD) noch unter dem Begriff der »Demenz bei Pick-Krankheit« (F02.0). Arnold Pick hatte bereits Ende des 19. Jahrhunderts fokale Atrophien der Großhirnrinde beschrieben, die er zu Recht für ätiologisch unspezifisch hielt. Die moderne Nomenklatur greift die Beobachtung von Pick wieder auf und beschränkt sich auf die Nennung der Atrophieareale frontal und temporal, unabhängig von den zugrundeliegenden Gewebsveränderungen, die unterschiedlich sein können. Seit der letzten Auflage der ICD-10 sind mindestens 4 z. T. aufeinander aufbauende diagnostische Leitlinien zum Thema frontotemporale Demenz erschienen. Aktuell wird die FTD als Subtyp der

frontotemporalen lobären Degeneration angesehen. Die folgenden Ausführungen beschränken sich auf die FTD, die durch Verhaltensstörungen charakterisiert ist. Auch wenn die FTD den Demenzbegriff im Namen trägt, entspricht das klinische Syndrom in den Anfangsstadien nicht dem allgemeinen Demenzbegriff, wie er bei der Diagnose der Alzheimer-Krankheit beschrieben ist. Die Patienten mit FTD können über den Zeitraum von mehreren Jahren ausschließlich Verhaltensstörungen zeigen bei relativ intakten Funktionen von Gedächtnis, Sprache und Perzeption.

- **Häufigkeit**

Insgesamt ist die FTD eine seltene Erkrankung. Ihre Häufigkeit entspricht bei den unter 65-Jährigen derjenigen der Alzheimer-Krankheit. Bis zum 65. Lebensjahr sind etwa 15 von 100 000 Personen an FTD erkrankt, Männer ebenso häufig wie Frauen (Ratnavalli et al. 2002). Die Lebenserwartung wird mit 3–10 Jahren angegeben (Riedl et al. 2014).

Symptome und diagnostische Kriterien der FTD (Rascovsky et al. 2011, vereinfacht)

Fortschreitende Störung des Verhaltens und/oder des Denkens:

a. Unangemessenes Verhalten, Verlust von Anstand und Schicklichkeit, unüberlegtes Verhalten, Impulsivität
b. Apathie, Trägheit
c. Verlust von Einfühlungsvermögen, verminderte Reaktion auf Bedürfnisse und Gefühle anderer, Verlust von sozialen Interessen
d. Einfache, sich wiederholende Bewegungen (Stereotypien), zwanghaftes, ritualisiertes Verhalten, Sprachstereotypien
e. Verändertes Essverhalten, Zunahme von Alkohol- oder Zigarettenkonsum, orales Explorieren (Patienten wollen alles in den Mund stecken)
f. Defizite im exekutiven Denken (zielgerichtetes Planen, Aufmerksamkeitssteuerung), relativ gutes Erhaltensein der episodischen Gedächtnisleistung, relativ gutes Erhaltensein des visuell-räumlichen Denkens

---

Die Symptome, die unter a, b und c genannt sind, sollen früh im Verlauf der Erkrankung, d. h. in den ersten 3 Jahren auftreten. Die Latenz zwischen den meist retrospektiv erhobenen ersten Symptomen und der Diagnosestellung liegt bei 4 Jahren (Diehl-Schmid et al. 2007). Bereits aus dieser Latenz wird deutlich, wie schwer die Erkrankung anfangs aufgrund der relativ unspezifischen Frühsymptome zu erkennen ist. Störungen des Essverhaltens sowie Verhaltensstereotypien treten im späteren Krankheitsstadium auf und charakterisieren die fortgeschrittene FTD. In späten Stadien können die Patienten durch expansives, lautes und sozial kaum tolerierbares Verhalten auffallen, schließlich kann es zu einem völligen Verstummen der Patienten kommen. Die Symptomkonstellationen sind im Verlauf der Erkrankung nicht stabil, sondern können einem erheblichen Wandel unterliegen (Gertz 1999). Die therapeutischen Möglichkeiten sind gering und beschränken sich auf vorübergehende symptomatische Behandlungsversuche. Wie bei der Alzheimer-Krankheit sind Patienten mit frontotemporaler Demenz oft sehr rüstig und körperlich zunächst nicht beeinträchtigt.

- **Diagnostik**

- - **Apparative und laborchemische Diagnostik**

Die strukturelle Bildgebung zeigt Atrophien des frontalen und temporalen Großhirns. Deutlich sind diese in fortgeschrittenen Stadien. In sehr frühen Phasen der Erkrankung, wenn die Diagnosestellung auch klinisch noch besondere Schwierigkeiten macht, können auch die morphologischen Hirnveränderungen fehlen oder CT oder MRT können nur sehr diskrete, schwer interpretierbare Befunde zeigen (Riedl et al. 2014). Die Atrophie des Hippocampus differenziert nicht zuverlässig zwischen der frontotemporalen Demenz und der Alzheimer-Krankheit (Barnes et al. 2006). Liquorbefunde, die spezifisch für die FTD sind, sind bisher nicht bekannt. Frontotemporal betonte Atrophien können auch bei der Alzheimer-Krankheit vorkommen mit den dann entsprechend pathologischen Liquoreiweißbefunden.

▪▪ Quantifizierung der Verhaltensstörungen

Die Verhaltensstörungen bei FTD sind quantifizierbar auf der Basis ihrer Beobachtung durch Angehörige oder Professionelle. Verschiedene standardisierte Erhebungsinstrumente stehen zur Verfügung. Einige sind speziell für die FTD entwickelt worden wie der »Frontal-Behavioural Inventory« (Kertesz et al. 1997), die »Frontal Assessment Battery at bedside« FAB (Dubois et al. 2000) oder die »Frontal Systems Behavioral Scale« (Grace u. Malloy 2001). Das NPI (Cummings et al. 1994) wird häufig bei Patienten mit Alzheimer-Krankheit eingesetzt, deckt aber gleichfalls die typischen Symptome der frontalen Störungen ab.

Die grundsätzliche diagnostische Schwierigkeit bei der FTD besteht darin, die relativ unspezifischen frühen Verhaltensstörungen, die an depressive oder schizophrene Syndrome erinnern können, der progredienten Erkrankung des Frontalhirns zuzuordnen. Dafür unverzichtbar ist die Information von Angehörigen oder anderen Personen, die den Patienten seit längerer Zeit gut kennen und beobachten können. Im klinischen Alltag wird man mit der Diagnose in den Frühstadien zurückhaltend sein und den Verlauf abwarten, bevor man sich festlegt.

Andere Demenzen

Unter den anderen Ursachen für Demenzsyndrome im Alter sind die vaskuläre Demenz und die Parkinsonkrankheit mit Demenz bzw. die Lewy-Körperchen-Demenz die wichtigsten. Patienten mit diesen Erkrankungen sind häufig körperlich stark beeinträchtigt. Sie spielen unter forensischen Aspekten eine untergeordnete Rolle.

Vaskuläre Demenz (VaD)

Unter vaskulärer Demenz werden ischämisch-hypoxisch bedingte Funktionsstörungen oder Läsionen des Hirngewebes verstanden (»Durchblutungsstörungen«), die ein Demenzsyndrom verursachen. Ebenso wie Ätiologie und Pathogenese sind auch die Ausgestaltungen des klinischen Syndroms sehr vielfältig. Für die Ausbildung der klinischen Symptomatik sind die Größe, die Anzahl und die Lokalisation der Gewebsschädigungen von Bedeutung. Das klinische Syndrom kann zum einen durch sensomotorische Defizite und aphasische Symptome bestimmt sein, zum anderen durch kognitive Symptome (dysexekutives Syndrom und Gedächtnisstörungen) und psychopathologische Symptome wie Depressivität, Persönlichkeitsveränderungen, Affektlabilität, Verlangsamung. Im Gegensatz zur Alzheimer-Krankheit kann es bei der vaskulären Demenz zu einem plötzlichen Beginn und zu einer schrittweisen Verschlechterung kommen, mit einer Neigung zur Verbesserung der Symptomatik innerhalb des ersten Jahres nach ihrem Auftreten. Der Verlauf kann fluktuierend sein und ist nicht regelhaft progredient. Pathologische Hirnveränderungen, die der vaskulären Demenz zugeordnet werden können, kommen häufig gleichzeitig mit Veränderungen vor, die für die Alzheimer-Krankheit typisch sind. Eine Differenzierung und Gewichtung beider Pathologien kann außerordentlich schwierig sein. Aus diesem Grunde schwanken die Häufigkeitsangaben erheblich. Die Mortalität ist aufgrund der regelhaft bestehenden Risikofaktoren des Herz-Kreislauf-Systems wahrscheinlich höher als bei der Alzheimer-Krankheit (Gertz et al. 2002; Meguro et al. 2011).

Parkinsonkrankheit mit Demenz und Lewy-Körperchen-Demenz

Parkinsonkrankheit mit Demenz und Lewy-Körperchen-Demenz hängen eng mit der Alzheimer-Krankheit zusammen. Das klinisch-neurologische Erscheinungsbild der **Parkinsonkrankheit** ist durch die Bewegungsstörungen Rigor, Tremor und Hypokinese charakterisiert. Im Verlauf der Erkrankung kann sich eine Demenz entwickeln. Entwickelt sich die Demenz jedoch gleichzeitig oder sogar vor der spezifischen Bewegungsstörung, spricht man von einer **Lewy-Körperchen-Demenz**. Ob es sinnvoll und möglich ist, diese beiden Verlaufsformen klinisch voneinander scharf abzugrenzen, ist fraglich. Das psychopathologische Erscheinungsbild der Demenz bei Parkinsonkrankheit ist u. a. charakterisiert durch Verlangsamung des Denkens. In fortgeschrittenen Fällen ist das Demenzsyndrom von dem bei der Alzheimer-Krankheit nicht sicher zu unterscheiden. Bei der Demenz mit Lewy-Körperchen wird von Schwierigkeiten berichtet, Gedächtnisinhalte abzurufen. Charakteristisch sollen neben herabgesetzter Wortflüssigkeit auch Störungen von exekutiven

Funktionen und Problemlösen sein. Darüber hinaus wird von einem fluktuierenden Verlauf der kognitiven Störungen, aber auch der Aufmerksamkeit und Wachheit berichtet. Obgleich Halluzinationen in verschiedenen Modalitäten vorkommen, sind optische Halluzinationen am häufigsten und charakteristisch. Sie werden selten wahnhaft verarbeitet (Gertz 1999).

Wahnsyndrome

Die Definition des Wahns als klinisches Syndrom geht auch heute noch auf die Überlegungen von Karl Jaspers von 1905 zurück, der folgende Kriterien vorschlug:

- »unvergleichliche« subjektive Gewissheit,
- Unbeeinflussbarkeit durch Erfahrungen und zwingende Schlüsse,
- Unmöglichkeit des Inhalts.

Neben dieser mehr formalen Definition forderte Jaspers für die Diagnose des Wahns zusätzlich »hinter« den beschreibbaren Wahnkriterien ein für den Untersucher nicht mehr nachvollziehbares, nicht weiter reduzierbares, letztlich unverständliches und somit radikal fremdes Erleben (Berner u. Naske 1973).

Wahngedanken sind ätiologisch unspezifisch und kommen bei sehr verschiedenen Störungen vor. Diagnostische Hinweise ergeben sich häufig aus dem Inhalt bzw. den Themen des Wahns. Bei affektiven Störungen wie depressiven Episoden oder Manien findet sich in der Regel ein sog. synthymer Wahn: Die Inhalte des Wahns stehen mit dem Stimmungszustand des Kranken in einem gewissen Einklang. So berichten Patienten mit schweren depressiven Episoden typischerweise über Schuld- oder Verarmungswahn, Patienten mit Manie über Größenwahn.

Spätschizophrenie und Paraphrenie

In einer Bevölkerungsstichprobe von Nichtdemenzkranken, die über 64 Jahre alt waren, fanden sich Wahn, Halluzinationen oder Misidentifikationssyndrome bei 13 % (Köhler et al. 2013). Die ICD-10 teilt die Gruppe der Wahnerkrankungen ein in schizophrene Störungen (F 20) und in anhaltende wahnhafte Störungen (F 22). Beide Erkrankungen können auch in höherem Alter beginnen.

Spätschizophrenie

Schizophrene Störungen sind durch grundlegende und charakteristische Störungen von Denken und Wahrnehmungen geprägt sowie durch eine verflachte, inadäquate Affektivität. Im Verlauf können sich kognitive Defizite herausbilden. Mit dem Begriff Spätschizophrenie waren ursprünglich Ersterkrankungen gemeint, die zwischen dem 40. und 60. Lebensjahr beginnen. Schizophrene Ersterkrankungen nach dem 60. Lebensjahr sind sehr selten. In einer Mannheimer Studie, die an einer Klinikpopulation durchgeführt wurde, betrug der Anteil der Patienten mit der Diagnose Schizophrenie, die erstmals nach dem 60. Lebensjahr erkrankt waren 3 % (Riecher-Rössler 2003). Kürzlich wurde der Fall einer 100-jährigen Inderin publiziert, die in diesem Alter erstmals an einer Schizophrenie erkrankt war. Allerdings fanden sich zusätzliche Hinweise auf eine beginnende Demenz (Gupta et al. 2014).

■ Symptomatik

Die klinische Symptomatik der Spätschizophrenie unterscheidet sich nicht wesentlich von der in jüngeren Jahren erkrankter Patienten. Unter den Spätschizophrenen scheint eine paranoide Symptomatik in Form von Verfolgungswahn und Beeinträchtigungswahn besonders häufig zu sein. Neben den für die frühe Manifestation der Schizophrenie so charakteristischen akustischen Halluzinationen kommen bei älteren Ersterkrankten häufig auch optische, olfaktorische oder taktile Halluzinationen vor. Affektive Störungen im Sinne einer Negativsymptomatik sollen seltener sein (Pearlson et al. 1989).

Späte Paraphrenie – anhaltende wahnhafte Störung

Bei der anhaltenden wahnhaften Störung ist der Wahn das einzige psychopathologische Phänomen, während Affekt und Persönlichkeit unbeeinträchtigt bleiben. Typischerweise handelt es sich um Verfolgungs- und Beeinträchtigungswahn. Es kommen aber auch Querulantenwahn, Eifersuchtswahn oder hypochondrischer Wahn vor. Akustische Halluzinationen können vorkommen, selten handelt es sich dabei aber um das Hören von Stimmen, sondern häufig von Geräuschen, die mit bestimmten Tätigkeiten verbunden sein sollen. Olfaktorische

Halluzinationen, wie die Wahrnehmung von unangenehmen oder als gefährlich interpretierten Gerüchen oder taktilen Halluzinationen als das Gefühl, bestrahlt zu werden, sind nicht selten. Wahnideen sind in der Regel aus der unmittelbaren Lebensumgebung des Patienten abgeleitet, oft beziehen sie sich auf Nachbarn, die im gleichen Haus wohnen. Die wahnhaft gedeutete Störung kommt oft von der anderen Seite der Wohnungswand (Herbert u. Jacobson 1967). Die Bedeutung der unmittelbaren Umgebung für die Wahnentwicklung wird auch daraus ersichtlich, dass die Wahngedanken häufig zumindest vorübergehend entaktualisiert werden, wenn die Patienten aus der häuslichen Umgebung herausgenommen werden (Post 1966). Die Kranken sind häufig schon vor Beginn des Wahns sozial isoliert. Auch wenn die Diagnose der anhaltenden wahnhaften Störung im Sinne der ICD-10 organische Krankheitsursachen ausschließt, finden sich bei vielen älteren Patienten mit Paraphrenie (und auch mit Spätschizophrenie) in einem gewissen Umfang kognitive Störungen, sodass eine organische Mitverursachung immer zu diskutieren bleibt (Almeida et al. 1995).

Wahn und Halluzinationen bei Demenzen

Wahn kommt bei Demenzen verschiedenster Ursachen vor. Wahngedanken werden häufig von Halluzinationen begleitet bzw. stützen sich auf diese. Angaben zur Häufigkeit schwanken erheblich; Wahngedanken sollen bei 16–70 %, Halluzinationen bei 4–41 % der Fälle von Demenz bei AK vorkommen. Der Wahn, verfolgt oder beeinträchtigt zu sein, ist am häufigsten. Unter den wahnkranken Dementen wähnen 15 %, bestohlen zu werden, 9 % beziehen Figuren aus dem Fernseher auf sich. Von optische Halluzinationen berichten 16 % der Dementen, von akustischen 10 %, von Geruchshalluzinationen 2 %, von haptischen 3 %, nur 1 % geben Geschmackshalluzinationen an (Cohen-Mansfield et al. 2013). Es ist interessant, dass diese relativ hohen Prävalenzraten nur erreicht werden, wenn nahe Angehörige befragt werden. Versucht professionelles Pflegepersonal, Wahn und Halluzinationen zu explorieren, liegen die gefundenen Häufigkeiten deutlich niedriger. Bei als heikel empfundenen Themen wie Untreue eines Partners werden den Professionellen gegenüber überhaupt keine Angaben gemacht,

während sie den Angehörigen gegenüber in 5 % berichtet werden (Cohen-Mansfield et al. 2013). Wahngedanken sind häufiger bei schwerer Demenz und möglicherweise mit erhöhter Aggressivität verbunden (Rockwood et al. 2014).

Unter forensischen Aspekten gibt es noch eine Reihe zwar seltener, aber dennoch wichtiger und charakteristischer Wahnsyndrome bei kognitiven Störungen unterschiedlicher Schwere.

Das **Capgras-Syndrom** ist ein bei bis zu 10 % der AK auftretendes Syndrom (Harwood et al. 1999). Es kommt auch bei Demenzen anderer Ursache vor. Die Betroffenen glauben, dass ihnen nahestehende Personen, z. B. Ehepartner, durch identisch aussehende Doppelgänger ersetzt worden sind (Capgras u. Reboul-Lachaux 1923). 11 % der AK Patienten mit Capgras-Syndrom zeigten gewalttätiges Verhalten (Mizrahi et al. 2006)

Eifersuchtswahn wird auch **Othellosyndrom** genannt, ohne auf Männer beschränkt zu sein. Soyka et al. (1992) fanden, dass Eifersuchtwahn bei Frauen und Männern gleich häufig vorkommt. Tötungsdelikte in Zusammenhang mit dieser Störung werden allerdings von Männern sehr viel häufiger begangen als von Frauen.

10.4 Besondere Straftaten bei bestimmten Erkrankungen?

Es wäre eine interessante Herausforderung zu untersuchen, ob bestimmte psychiatrische Erkrankungen im Alter gehäuft bestimmte kriminelle Delikte nach sich ziehen. Ein solcher Nachweis ist allerdings kaum zu erbringen. Die verfügbare Literatur ist anekdotisch. Was mitgeteilt wird, entspricht den Interessen der jeweiligen Autoren, ohne dass daraus eine allgemeine Bedeutsamkeit abgeleitet werden kann. Die meisten Texte teilen Beobachtungen von begutachteten Straftätern mit, die naturgemäß einer hohen Selektivität unterliegen. Nicht immer wird zwischen Ersttätern und Wiederholungstätern differenziert. Alte Menschen haben verglichen mit jungen Erwachsenen häufig bereits erheblich reduzierte physische Möglichkeiten, was die Begehung von Straftaten, die großen körperlichen Einsatz erfordern, eher erschwert (Fazel u. Grann 2002).

Die bereits erwähnte Arbeit von Fazel u. Grann (2002) zeichnet sich vor allen anderen dadurch aus, dass alle psychiatrischen Sachverständigengutachten, die in Schweden von 1988–2000 durchgeführt wurden, berücksichtigt wurden. Insgesamt gingen 7.297 Fälle in die Untersuchung ein. Natürlich obliegt es auch in Schweden dem Gericht, eine psychiatrische Begutachtung zu veranlassen, ohne dass dafür allgemeine und transparente Regeln gelten. Immerhin sind in der Fallsammlung 94 % aller Tötungsdelikte, 73 % aller verurteilten Sexualstraftäter und 87 % aller verurteilten Brandstiftungen aus dem genannten Zeitraum berücksichtigt. Fälle mit einem Demenzsyndrom waren bei über 65-Jährigen mit 9 % sehr viel häufiger als bei unter 60-Jährigen (0,3 %), aber doch insgesamt erstaunlich selten. Auch in der Altersgruppe der über 65-Jährigen führten Psychosen, Persönlichkeitsstörungen und Alkoholabhängigkeit die Liste der häufigsten Erkrankungen an. Es ist der Studie leider nicht zu entnehmen, in welchem Umfang es sich um Ersttäter fortgeschrittenen Lebensalters handelt. Die Konnotation der Diagnosen ist nicht immer nachvollziehbar. Auch sind die verschiedenen Straftaten lediglich in Abhängigkeit vom Alter aufgeführt, nicht in Abhängigkeit von den verschiedenen Diagnosen.

Barak et al. (1995) untersuchte in der Region Tel Aviv alle in den Jahren 1987–1992 über 65-jährigen Angeklagten. 43 % der Vergehen waren Finanzdelikte, 11 % Gewaltdelikte. Die Hälfte der untersuchten Fälle litt an neuropsychiatrischen Erkrankungen einschließlich Demenz und Persönlichkeitsstörungen. Die Autoren leiteten daraus die Hypothese ab, dass neuropsychiatrische Erkrankungen für die Ersttäterschaft in hohem Alter eine bedeutsame Rolle spielen.

Diehl et al. (2006) fanden, dass Patienten mit der Diagnose einer frontotemporalen Demenz sehr viel häufiger straffällig wurden als Patienten mit einer Alzheimer-Krankheit. Die häufigsten Delikte waren Diebstahl, Beschädigung fremden Eigentums, Einbruch, körperlicher Angriff und das öffentliche Zurschaustellen des eigenen Körpers.

Pillmann u. Marneros (1998) berichten von »habituellem Ladendiebstahl« bei einem 59-jährigen Mann mit einer vaskulären Demenz. Die Infarktgebiete lagen frontotemporal beidseits unter Einbeziehung inferolateraler und dorsolateraler Frontalhirnabschnitte sowie temporookzipital links.

Lewis et al. (2006) relativierten die Bedeutung der Demenz für die Ersttäterschaft. Sie untersuchten bei über 60-jährigen Straftätern Prädiktoren für gewalttätiges Verhalten. Dabei spielten neben einer Demenz auch Alkoholabhängigkeit und eine antisoziale Persönlichkeitsstörung eine wichtige Rolle. Allerdings waren 81 % Wiederholungstäter.

Ebenso fanden Heinik et al. (1994) keinen signifikanten Unterschied in der Begehung von Gewaltdelikten zwischen Angeklagten mit Demenz und Persönlichkeitsstörungen bei über 60-Jährigen. Sexualdelikte waren häufig bei Dementen (29 %), seltener bei Persönlichkeitsgestörten (12 %). Schizophrenie und Wahnsyndrome scheinen in allen Altersgruppen insbesondere bei Gewaltdelikten eine große Rolle zu spielen (Lindqvist u. Allebeck 1990; Modestin u. Amman 1996; Lewis et al. 2006). Auch Heinik et al. (1994) fanden Gewaltdelikte bei über 60-jährigen Wahnkranken häufiger (79 %) als bei Patienten mit Demenz oder Persönlichkeitsstörungen. Sexualdelikte wurden in dieser Studie bei Wahnsyndromen nicht berichtet.

10.5   Beurteilung der Schuldfähigkeit

10.5.1   Einsichts- und Steuerungsfähigkeit

Dem Gesetzestext der §§ 20 bzw. 21 StGB folgend ist vom Gutachter zu prüfen, ob die Einsichtsfähigkeit **oder** die Steuerungsfähigkeit gestört sind. Der BGH hat dieses »oder« mehrfach angemahnt (z. B. BGH Urteil vom 17.11.1994, 4 StR 441/94). Dies war allerdings nicht immer so. Noch in einem Urteil von 1965 spricht der BGH, damals bezogen auf den § 51 StGB. in Zusammenhang mit den Auswirkungen einer arteriosklerotischen Demenz von »Einsichts- **und** Hemmungsvermögen« (BGH, Urteil vom 25. Mai 1965, 1 StR 155/65). Einsichts- und Steuerungsfähigkeit zu trennen und ihre Störung als sich ausschließende Sachverhalte zu sehen, ist aus psychiatrischer Sicht nicht unmittelbar einleuchtend. Das kommentierte Aschaffenburg bereits 1934: »Die intellektuelle und die zum Handeln führende affektive Beurteilung der Tat (sind) keine getrennten Seelenvorgänge« (Aschaffenburg 1934). Später hat Janzarik (1991) auf die Schwierigkeiten hingewiesen, Einsichts- und Steuerungsfähigkeit zu separieren. Er schlug aus diesem Grunde den Begriff der »Einsichtssteuerung« vor und führte anschaulich aus, wie eng Einsicht und Steuerung verwoben sind. Erfahrungswissenschaftlich ist die Vorstellung, dass jeder Handlung eine Einsicht vorausgeht, nicht zu halten. Es mag sogar das Gegenteil zutreffen: Haidt (2007) hat anhand von evolutionspsychologischen und experimentellen Befunden dargelegt, dass »moralisches Denken, wenn es sich einstellt, gewöhnlich ein post-hoc Vorgang ist, in welchem wir nach Evidenz suchen, um unsere intial intuitive Reaktion zu begründen« (Übersetzung HJG).

Einsichtsfähigkeit

Unter Einsichtsfähigkeit wird das Wissen verstanden um das, was verboten ist. Folgt man Kröber (2007), dann ist die Einsichtsfähigkeit » vorhanden oder nicht vorhanden«, sie kann daher nicht erheblich vermindert, sondern allenfalls aufgehoben sein. Andere haben hier weitere Differenzierungen vorgenommen:

» Verminderte Einsichtsfähigkeit allein genügt nicht zur Anwendung des Paragraphen 21 StGB. Es kommt darauf an, ob der Täter trotz verminderter Einsichtsfähigkeit das Unrecht seines Tuns erkannt hat oder nicht …, denn die Schuld desjenigen, der ungeachtet seiner geistigen Verfassung das Unrecht tatsächlich eingesehen hat, wird nicht vermindert (BGH, Beschluss vom 4. September 1987, 3 StR 389/87).

» Fehlt dem Täter die Einsicht … aus einem in § 20 StGB bezeichneten Grund, ohne dass ihm dies zum Vorwurf gemacht werden kann, so ist nicht Paragraph 21 StGB, sondern Paragraph 20 StGB anzuwenden. Die Vorschrift des Paragraphen 21 kann in den Fällen verminderter Einsichtsfähigkeit nur dann angewendet werden, wenn die Einsicht gefehlt hat, dies aber dem Täter vorzuwerfen ist (BGH, Beschluss vom 5. März 1985, 4 StR 80/85).

Schüler-Springorum (1998) hat auf der Basis dieser Rechtsprechung eine Systematisierung vorgenommen: Ist Einsichtsfähigkeit gegeben (und die Steuerungsfähigkeit nicht erheblich gestört oder aufgehoben), besteht Schuldfähigkeit. Ist die Einsichtsfähigkeit aufgehoben, besteht Schuldunfähigkeit, die Frage einer gestörten Steuerungsfähigkeit stellt sich dann nicht mehr. Erheblich verminderte Einsichtsfähigkeit ergibt in Verbindung mit »aktuell«, d. h. zum Tatzeitpunkt vorhandener Einsicht, eine volle Schuldfähigkeit. Erheblich verminderte Einsichtsfähigkeit ergibt in Verbindung mit »aktuell« fehlender Einsicht als unverschuldetem Zustand die Anwendung des § 20, als vorwerfbarem Zustand die Anwendung des § 21 StGB (Schüler-Springorum, 1998). Ob sich diese interessanten Übungen in klassischer Logik in die Gutachtenpraxis übersetzen lassen, kann bezweifelt werden, v. a. wenn man sich konkret die Frage nach der Explorierbarkeit solcher Differenzierungen stellt. Besonders die Konstruktion einer erheblich verminderten Einsichtsfähigkeit in Kombination mit einer zum Tatzeitpunkt vorhanden Einsicht ist aus klinischer Perspektive nicht wirklich vorstellbar. Ob es gestörte Einsichtsfähigkeit bei älteren Ersttätern überhaupt geben kann, erscheint fraglich. Lammel (2010) hat dies sogar für Menschen mit angeborenem »Schwachsinn« bezweifelt. Es ist schlecht vorstellbar, dass ein über 60-Jähriger, der ein Leben lang mit dem Gesetz nicht in Konflikt geraten ist, über gesellschaftliche Regeln, Normen und Verbote nicht Bescheid wissen soll. Die fehlende Bereitschaft, (neue) Normen zu akzeptieren – bei alten Menschen nicht selten – hat nichts mit Störungen der Einsichtsfähigkeit im juristischen Sinne zu tun. Die Kenntnis von Normen und Regeln ist eine Funktion der kristallinen Intelligenz, die besonders tief gespeichert sein dürfte und auch fortgeschrittene Degenerationsprozesse überstehen kann. Es ist daher wenig überzeugend, wenn Habermeyer u. Hoff (2004) ausführen, dass Hindernisse der Einsichtsfähigkeit auf der Symptomebene »unter anderem … Gedächtniseinbußen, Orientierungsstörungen … Störungen der Informationsbearbeitung …« sein können. Das könnte so verstanden werden, dass Menschen mit Demenz bei Alzheimer-Krankheit, bei der wie gezeigt kognitive Störungen ganz im Vordergrund stehen, grundsätzlich Kandidaten für eine gestörte Einsichtsfähigkeit wären. Zugleich verwundert es, dass der BGH bei einem Kranken, der an einer »Degeneration des Kleinhirns und des Rückenmarks leidet« und bei dem eine »leichte hirnorganische Funktionsstörung« besteht, die nicht die Schwere einer »Demenz« erreicht hat, keine Einwände gegen die Feststellung hat, dass durch diese »leichte hirnorganische Funktionsstörung« die Einsichtsfähigkeit erheblich vermindert sei (BGH Beschluss vom 25.8.1993, 5 StR 500/93).

Steuerungsfähigkeit

Mit der Steuerungsfähigkeit tun sich Sachverständige und Richter leichter, obschon ihre Konzeptualisierung keinesfalls einfacher ist als die der Einsichtsfähigkeit. Soll es sich bei der Einsichtsfähigkeit im Wesentlichen um eine kognitive Fähigkeit handeln, sind der Steuerungsfähigkeit Begriffe wie Willen, Freiheit, Determinismus und andere zugehörig, die sowohl in der experimentellen Psychologie als auch in der Philosophie diskutiert werden. Für die Praxis der forensischen Psychiatrie wird immer wieder auf die Ausführungen von Janzarik (2000) zurückgegriffen. Er geht davon aus, dass die Bereitschaft zum Handeln bei einem Individuum einer relativen Konstanz unterliegt. Diese Bereitschaft zu handeln wird durch vitale Bedürfnisse und soziale Interaktionen modifiziert. Die sich selbsttätig aktualisierenden Wünsche (»Bereitschaften«) werden durch die von ihm so genannte Desaktualisierung begrenzt und falls notwendig unterdrückt. Dieses Desaktualisierungs- oder Hemmungsvermögen regelt das normgerechte Verhalten. Kriminelles Verhalten entsteht im Wesentlichen durch Schwächung oder Wegfall dieses Hemmungsvermögens (Janzarik 1991, 2000).

Gerade für Erstkriminalität bei älteren Menschen ist es einleuchtend, dass Normen und Verbote seit Jahrzehnten als persönliche Strukturmerkmale gefestigt sind. Es ist weniger davon auszugehen, dass neue, nie dagewesene Intentionen entstehen. Vielmehr ist eine Störung oder der Wegfall von Hemmung und Kontrollfähigkeit gewissermaßen grundsätzlich als Ursache von kriminellen Ersthandlungen in fortgeschrittenem Alter anzunehmen.

Enthemmung ist (auch) ein psychopathologischer Begriff, der eng mit dem Frontalhirnsyndrom (organische Persönlichkeitsstörung) verknüpft ist. Enthemmung als Symptom kommt bei frontotemporaler Demenz häufig vor. Die frontotemporale Demenz ist daher von besonderem Interesse für die Beobachtung gestörter Steuerungsfähigkeit, weil hier wie bei kaum einer anderen Erkrankung der sukzessive Wegfall von Hemmungen aufgezeigt werden kann. Allerdings findet sich auch bei der Alzheimer-Krankheit in einem gewissen, allerdings geringeren Umfang eine Pathologie des Frontalhirns.

Einiges spricht dafür, dass es Wegfall von Hemmung oder erfolgreiche Verdrängung auch in einem subklinischen Bereich gibt (Kuwert et al. 2010; Mittal et al. 2001). Straftaten zuvor unbescholtener älterer Menschen könnten so erklärt werden. Helmchen (2006) hat darauf hingewiesen, dass das mit Krankheit verbundene »Nichtkönnen ... bei schwerer Ausprägung evident« sei, Probleme seien aber bei leichten und fraglichen Störungen zu erwarten. In der Regel stehen daher Gutachter ebenso wie Richter und Anwälte bei älteren Ersttätern gleichermaßen ratlos da und sind verwundert, dass sich trotz schwer nachvollziehbarer Fehlhandlungen eine Krankheit nicht nachweisen lässt.

10.5.2 Besonderheiten der Begutachtung

Fremdanamnestische Informationen

Die Fremdanamnese ist ein integraler Bestandteil jeder gerontopsychiatrischen Diagnostik. Dies hat seine Ursache auch darin, dass besonders Patienten mit Demenzerkrankungen, aber auch solche mit Wahnsyndromen, ihre Defizite häufig nicht wahrnehmen oder aktiv leugnen, sodass man als Arzt ohne die Informationen Dritter erheblichen Fehlerquellen ausgesetzt sein kann. Außerdem können sich Demente, wie bei ihrer Krankheit zu erwarten ist, an wichtige Ereignisse der Vergangenheit oft nicht zuverlässig erinnern. In der psychiatrischen Praxis ist man für die Durchführung einer Fremdanamnese lediglich auf das Einverständnis des Patienten angewiesen. In der Gutachtensituation ist die Lage komplizierter. Die Erhebung einer

Fremdanamnese kann durch das Zeugnisverweigerungsrecht naher Angehöriger u. U. blockiert sein. Familienangehörige können durch den Gutachter auf das Zeugnisverweigerungsrecht hingewiesen werden, eine rechtliche Belehrung kann nur durch den Richter erfolgen. Eine formal einwandfreie Lösung wäre die Belehrung des Angehörigen durch den Richter vor der Exploration durch den Sachverständigen. Die Möglichkeit, dem Gericht zu empfehlen, einen für die Fremdanamnese evtl. relevanten Angehörigen als Zeugen zu laden, dürfte juristisch zu bevorzugen sein, die Explorationstiefe und -genauigkeit wird dadurch allerdings leiden. Letzten Endes besteht aber auch die Möglichkeit, eine Fremdanamnese durchzuführen und ggf. ein Verwertungsverbot in Kauf zu nehmen, wie dies für andere Sachverhalte (z. B. Widerruf einer Schweigepflichtsentbindung der behandelnden Ärzte) jederzeit üblich ist.

Alte Menschen

Es gäbe aus psychiatrischer Sicht eigentlich keinen Grund, einen Absatz über die Schuldfähigkeitsbegutachtung bei alten Menschen, die nicht psychiatrisch krank sind, zu schreiben, hätte nicht der BGH mehrfach zu diesem Thema Stellung genommen. Der BGH hat in mehreren Urteilen entschieden, dass bei älteren Ersttätern grundsätzlich Zweifel an der Schuldfähigkeit angebracht sein können. Bei den in diesem Zusammenhang wichtigen Urteilen geht es meist um erstmalige Sexualdelinquenz in fortgeschrittenem Alter.

» Zwar besteht nach der Rechtsprechung nicht bei jedem Täter, der jenseits einer bestimmten Altersgrenze erstmals Sexualstraftaten begeht, Anlaß, der Frage einer erheblich verminderten Schuldfähigkeit nachzugehen. Jedoch ist deren Erörterung jedenfalls dann veranlaßt, wenn neben der erstmaligen Sexualdelinquenz in hohem Alter weitere Besonderheiten in der Person des Täters bestehen, die geeignet sind, auf die Möglichkeit einer durch Altersabbau bedingten Enthemmtheit hinzudeuten ... Nach den bisherigen Feststellungen hat der zur Tatzeit nicht vorbestrafte 71-jährige Angeklagte bis zur Begehung der abgeurteilten Sexualdelikte sozial eingeordnet gelebt. Hinzu

kommen im Urteil näher dargelegte gesundheitliche Beeinträchtigungen (Morbus Crohn). (BGH, Beschluss vom 11.1.2005, 3 StR 450/04)

Die »weiteren Besonderheiten« werden aus psychiatrischer Sicht auch in anderen Urteilen des BGH eher großzügig gesehen. So entschied der BGH bei einem 63 Jahre alten Angeklagten:

» Hinzu kommt, daß das Tatgeschehen und die persönlichen Umstände des Angeklagten die Frage nahe legen, ob bei dem Angeklagten ein Altersabbau vorliegt, der bereits ein Stadium erreicht hat, in dem auch schon für sich genommen eine allgemeine Beeinträchtigung der Schuldfähigkeit anzunehmen oder jedenfalls nicht mehr auszuschließen ist ... [Daß der] intellektuell sehr einfach strukturierte Angeklagte erstmals in fortgeschrittenem Alter straffällig geworden ist, er unter gesundheitlichen Problemen und Einsamkeit zu leiden hat und sich in diesem Zustand an einem fünfjährigen Mädchen sexuell vergangen hat, sind Umstände, die zu einer ausdrücklichen Prüfung dieser Frage drängten. (BGH, Beschluss vom 24.8.1993, 4 StR 452/93)

Bei einem 71-jährigen Angeklagten kam der BGH zu folgender Entscheidung:

» Der bis zur Begehung der Straftat zum Nachteil des Kindes S. nicht vorbestrafte, gesundheitlich geschwächte, insbesondere an Diabetes, möglicherweise auch an »Vergeßlichkeit« leidende Angeklagte, der sich zudem auch vereinsamt fühlte, war zu Beginn der Tatzeit schon über 70 Jahre, nämlich fast 71 Jahre alt. Die Tatsache, daß der Angeklagte erstmals in fortgeschrittenem Alter straffällig wurde, hätte – jedenfalls in Verbindung mit den weiteren, vorstehend angeführten Umständen – zu der ausdrücklichen Prüfung drängen müssen, ob bei ihm der Altersabbau bereits ein Stadium erreicht haben könnte, in dem eine erhebliche Verminderung der Schuldfähigkeit jedenfalls nicht mehr ausgeschlossen werden kann. (BGH, Beschluss vom 6.11.1992, 2 StR 480/92)

In einem weiteren Urteil heißt es (ähnlich formuliert auch im BGH Beschluss vom 8.11.1988, 5 StR 499/88):

> » ... drängt sich die Frage auf, ob möglicherweise eine altersbedingte Rückbildung der geistigen Kräfte zu einer Verminderung der Hemmungsfähigkeit geführt hat. Dabei ist zu bedenken, daß ein sexueller Übergriff gegenüber einem Kind bei den »absolut bestehenden Moralvorstellungen" des Angeklagten nicht ohne weiteres erklärbar ist. Das Fehlen der Voraussetzungen des § 21 StGB ist nicht bereits durch den Hinweis des Landgerichts beantwortet, es habe beim Angeklagten keine Anhaltspunkte für geistige oder psychische Störungen festgestellt. Denn die Fähigkeit des Menschen, der Einsicht in das Unerlaubte seines Tuns gemäß zu handeln, kann durch Altersabbau vermindert sein, ohne daß Intelligenzausfälle oder das äußere Erscheinungsbild darauf hindeuten. (BGH, Beschluss vom 25.11.1988, 4 StR 523/88)

Der BGH rät gewissermaßen zu grundsätzlicher Vorsicht bezüglich der Annahme einer vollen Schuldfähigkeit bei alten Menschen. Formulierungen wie, »gesundheitlich geschwächt«, »gesundheitliche Beeinträchtigungen (Morbus Crohn), gesundheitliche Probleme und Einsamkeit«, »der möglicherweise auch an ‚Vergeßlichkeit' leidende Angeklagte« lassen den Gutachter allerdings nicht unbedingt an psychiatrische Syndrome denken, die geeignet sind, Voraussetzungen für eine Beeinträchtigung der Schuldfähigkeit zu schaffen.

> **Das Alter selbst ist weder ein klinisches Symptom noch eine Krankheit. Kognitive Einbußen und Veränderungen im Verhalten können gleichwohl vorkommen.**

Die Grenzen zwischen normalem und pathologischem Alter können auf der Verhaltensebene unscharf sein und sind oft schwer zu ziehen. Für die Begutachtung relevant ist, ob evtl. vorhandenen Verhaltensänderungen klinischer Symptomcharakter zukommt und ob sie gegebenenfalls eine klinische Diagnose verdienen. Alter ist der Risikofaktor für degenerative und zerebrovaskuläre Erkrankungen des Gehirns. Gerade in ihren Frühstadien sind diese Störungen oft schwer zu erkennen. Die Erfassung leichter kognitiver Einbußen mit geeigneten neuropsychologischen Leistungstests sollte ggf. versucht werden. Dazu sollen Verfahren zum Einsatz kommen, die verschiedene Module kognitiver Fähigkeiten erfassen. Defizite in Einzelleistungen sind nicht geeignet, Hinweise auf krankheitsrelevante Veränderungen zu geben (Vollmann et al. 2004, am Beispiel der Einwilligungsfähigkeit). Normale kognitive Befunde und nicht krankheitswertige Verhaltensänderungen im Alter sind keine Indikation für weitergehende apparative oder biochemische Diagnostik. Mit pathologischen Biomarkern lässt sich keine verminderte oder aufgehobene Schuldfähigkeit begründen, wenn diese nicht durch psychopathologische Symptome belegt ist. Bildgebende Untersuchungen des Gehirns können auch bei gesunden alten Menschen pathologische Befunde ergeben, die bspw. für eine Alzheimer-Krankheit sprechen, ohne dass bereits klinische Symptome vorhanden sind (Vos et al. 2013). Am klinischen Phänotyp ändern diese morphologischen Befunde allerdings nichts. Mit zunehmendem Alter sind auf der Basis von Hirnatrophien kognitiv gestörte von kognitiv gesunden alten Menschen nicht mehr sicher zu unterscheiden.

> **Morphologische Veränderungen sind für die Begutachtung bei altersentsprechendem klinischem Befund nicht relevant.**

Dass es im Alter doch zu einer Einbuße von »Hemmungsvermögen« kommen kann, zeigen aus einer ganz anderen Perspektive Berichte über Vergewaltigungsopfer aus der Endphase des 2. Weltkriegs. Diese sind inzwischen sehr betagt und haben ein meist unauffälliges, jedenfalls nicht von psychiatrischen Erkrankungen gestörtes »normales« Leben geführt. Im hohen Alter und möglicherweise begleitet von diskreten kognitiven Störungen entwickeln sie erstmalig die Symptome einer posttraumatischen Belastungsstörung (Kuwert et al. 2010). Dies kann als Wegfall von Hemmungs- oder Verdrängungsmechanismen interpretiert werden (Mittal et al. 2001). Trauer, Wut, Demütigung konnten jahrzehntelang erfolgreich unterdrückt werden. Analog könnten auch Hemmungen von zuvor unterdrückten, ggf. nicht legitimen Bedürfnissen wegfallen, die bis dahin gut kontrolliert waren. Die Ursache mögen organische Hirnveränderungen sein und/oder biografische Umbrüche mit Zeiten langen Alleinseins. Verdrängung und Hemmung sind hochentwickelte, komplexe Hirnfunktionen, die bei sehr diskreten organischen Störungen beeinträchtigt sein können. Der Empfehlung des BGH für solche Begutachtungsfragen geeignete Sachverständige hinzuzuziehen, kann uneingeschränkt zugestimmt werden:

» »Für einen Nichtmediziner ist die Frage altersbedingter Rückbildung der geistigen Kräfte aus eigener Sachkunde nur schwer zu beurteilen. Deshalb hätte hier … Anlaß bestanden, einen Sachverständigen mit besonderer Erfahrung auf dem Gebiet der Alterskriminalität hinzuzuziehen. (BGH, Beschluss vom 24.8.1993, 4 StR 452/93)

Alzheimer-Krankheit

- **Diagnostik**

■■ **Exploration**
In aller Regel beginnt die gutachterliche Untersuchung mit Exploration des Angeklagten. Nicht immer stehen zu früheren Zeitpunkten erhobene klinische oder neuropsychologische Befunde aus ärztlicher Praxis oder Klinik zur Verfügung. Es sollte möglichst früh in der Exploration geprüft werden, ob der Patient explorierbar ist in dem Sinne, dass von ihm über den psychopathologischen Befund hinaus verwertbare Informationen zu erhalten sind. Auch in frühen Stadien der Alzheimer-Krankheit nehmen die Patienten ihre eigenen Defizite oft nicht wahr und halten sich nicht für krank (Leicht et al. 2010). Gerade Patienten mit Alzheimer-Krankheit verfügen trotz schwerer kognitiver Defizite oft über die Fähigkeit, eine kompetent wirkende oberflächliche Konversation zu führen. Hinter dieser »Fassade« fallen die Defizite nicht ohne Weiteres auf, wenn nicht gezielt danach gefragt wird.

■■ **Neuropsychologische Testung**
Im praktischen Vorgehen ist es sinnvoll, nach einer orientierenden freien Exploration ein kurzes Messverfahren anzuwenden, z. B. den MMSE (Folstein et al. 1975), den Uhrentest oder den DemTect (Kessler et al. 2000). Erst wenn sich Hinweise auf pathologische Leistungen, insbesondere im Grenzbereich zur leichten Demenz ergeben, können komplexe neuropsychologische Testungen sinnvoll sein.

Neuropsychologische Testungen sind in der Gutachtensituation kein Selbstzweck. Sie sollen so angewandt werden, dass sie geeignet sind, die an den Gutachter gestellten Fragen zu beantworten. Defizite in speziellen isolierten Einzelleistungen zu belegen, ist nicht zielführend. Für die neuropsychologische Untersuchung von Angeklagten im Strafverfahren sollten besonders breit angelegte Instrumente angewendet werden, die auch zu einer Diagnose führen können, wie der SIDAM (Zaudig u. Hiller 1996) oder der CERAD (Morris et al. 1989; Berres et al. 2000). Hilfreich und für die Kommunikation mit dem Gericht besonders brauchbar sind auch beschreibende Befundsysteme wie der CDR (Hughes et al. 1982), die Reisberg-Skalen und andere. Diese geben auch dem psychiatrischen Laien einen anschaulichen Eindruck von den Fähigkeiten und Unfähigkeiten des Patienten. In frühen Erkrankungsphasen oder auch bei relativ ausgestanzten Defiziten ist es wichtig, die prämorbiden Leistungen zu kennen und mit den aktuellen Befunden vergleichen zu können. Dies gilt ebenso für die kognitive Störung wie für das Verhalten. Hierzu sind die wichtigen Informationen aufgrund von Vorbefunden oder durch die Befragung von Angehörigen oder des Pflegepersonals zu erhalten. Der für die prämorbide Intelligenz häufig verwendete Mehrfachwahl-Wortschatztest verliert mit Fortschreiten der kognitiven Defizite seine Anwendbarkeit (Binkau et al. 2014).

■■ **Apparative Befunde und Biomarker**
Apparative Befunde und Biomarker können gegebenenfalls die Ursache einer kognitiven Störung klären. Zum psychopathologischen Befund, der einzigen und eigentlichen Grundlage der Begutachtung, tragen sie nichts bei. Was immer eine apparative Untersuchung ergibt, ein Rückschluss auf mögliche psychopathologische Veränderungen

wird nicht möglich sein. Allerdings könnte z. B. eine ausgeprägte Hirnatrophie bei kognitiv altersentsprechender Leistung eine plausible Basis für eine reduzierte Kompensationsfähigkeit beispielsweise in Form von Auftreten eines vorübergehenden Verwirrtheitszustandes (Delir) sein.

Durch die Weiterentwicklung der diagnostischen Möglichkeiten der Alzheimer-Krankheit wird die Diagnose »leichte kognitive Störung bei Alzheimer-Krankheit« oder »leichte Demenz bei Alzheimer-Krankheit« in Zukunft vermehrt auch in Gutachten auftauchen.

Die Zuordnung einer Störung zur Alzheimer-Krankheit ist für die gutachterliche Beurteilung letzten Endes bedeutungslos. Sie wird aber bei Laien, für die die Alzheimer-Krankheit stets eine schwere, zu völliger Unselbstständigkeit führende Hirnstörung ist, die Konnotation der leichten kognitiven Störung verändern.

 Grundsätzlich ist eine leichte kognitive Beeinträchtigung nicht deswegen schwerer, weil sie ätiologisch der Alzheimer-Krankheit zugeordnet werden kann.

Die eigentliche Schwierigkeit bei der Begutachtung von leichten kognitiven Störungen und Demenz bei Alzheimer-Krankheit ist nicht die Beschreibung oder Messung der Befunde, sondern die Grenzziehung. ◘ Tab. 10.2 gibt einen Eindruck von möglichen Tätigkeiten und Fähigkeiten in Abhängigkeit von der Schwere der Störung. Als grobes Raster kann Folgendes gelten (Rösler 2000):

- Die leichte kognitive Beeinträchtigung, auch wenn sie durch eine Alzheimer-Krankheit bedingt ist, ist nicht geeignet, um die Schuldfähigkeit zu mindern.
- Bei einer leichten Demenz bei Alzheimer-Krankheit ist von einer erheblichen Verminderung der Schuldfähigkeit auszugehen.
- Bei mittelschweren und schweren Demenzen ist die Schuldfähigkeit in der Regel aufgehoben.

Im Übrigen sind Referenzsysteme hier wenig elaboriert. Interessant ist es daher, Parallelen zu anderen Zuständen von Intelligenzminderung mit Verhaltensauffälligkeiten zu suchen – denn nichts

anderes ist eine Demenz – und hier eine Vergleichbarkeit herzustellen. Infrage kommen die Störungen, die dem Eingangskriterium des Schwachsinns zugeordnet werden. Es ist möglich, aus den Ergebnissen der Module neuropsychologischer Tests, wie sie im CERAD zusammengestellt sind, einen Intelligenzquotienten (IQ) zu berechnen. ◘ Abb. 10.2 gibt typische Leistungsprofile von Patienten mit Alzheimer-Krankheit wieder, die einen aus dem CERAD berechneten IQ von < 70 bzw. von < 50 hatten. Dies sind die in der ICD-10 festgeschriebenen Schwellenwerten:

- leichte Intelligenzminderung: IQ < 70; ICD-10: F70; dazugehörige Begriffe: Debilität, Schwachsinn, leichte Oligophrenie;
- mittelgradige Intelligenzminderung: IQ < 50; ICD-10: F71; dazugehörige Begriffe: Imbezillität, mittelgradige Oligophrenie.

Legt man die CDR Schwellenwerte zugrunde (Perneczky et al. 2006), dann ergibt sich eine gute Übereinstimmung zwischen leichter Demenz und leichter Intelligenzminderung sowie zwischen mittelschwerer Demenz und mittelgradiger Intelligenzminderung, sodass entsprechende Orientierungspunkte aus diesem Bereich mitgenutzt werden können, solange berücksichtigt wird, dass die Vorgeschichte von Demenzkranken alten Menschen eine sehr andere ist als die von primär Intelligenzgeminderten (◘ Abb. 10.2).

Es ist interessant, dass Mende u. Rossnagl bereits 1989 feststellten:

❯❯ »… in der Schuldfähigkeitsbeurteilung spielt heute die Quantifizierung des festgestellten Psychosyndroms eine entscheidende Rolle. Aber diese Quantifizierungsbemühungen stecken gegenwärtig noch in den Anfängen. Die Abschätzung des Ausprägungsgrades von Psychosyndromen erfolgt vorläufig noch weiterhin intuitiv (Mende u. Rossnagl 1989).

Die Erwartungen Mendes haben sich bezüglich der Entwicklung geeigneter Quantifizierungsverfahren zwar in mancher Hinsicht erfüllt, aber nur bedingt Eingang in die forensisch-psychiatrische Literatur gefunden. Die Verwendung von Skalen trivialisiert in den Augen mancher traditioneller

□ Tab. 10.2 Klinische Demenzeinschätzung (Clinical Dementia Rating). (Adapt. nach Hughes et al. 1982 und Förstl et al. 2003)

	Leichte kognitive Beeinträchtigung	Leichte Demenz	Mittelschwere Demenz	Schwere Demenz
Gedächtnis	Leichte, relativ stabile Vergesslichkeit	Mittelschwerer Gedächtnisverlust, v. a für kürzlich stattgefundene Ereignisse	Schwerer Gedächtnisverlust	Schwerer Gedächtnisverlust,
	Teilweise Erinnerung an Geschehnisse	Defizite führen zu Beeinträchtigungen im Alltag	Lediglich »überlernte« Inhalte abrufbar, Neues wird schnell vergessen	Nur Erinnerungsfragmente erhalten
Orientierung	Meist erhalten	Schwierigkeiten mit dem Zeitgitter, orientiert zu Ort und Person, geografische Desorientierung möglich	Gewöhnlich desorientiert zur Zeit, häufig zum Ort	Nur noch zur Person orientiert
Urteilsvermögen und Problem-lösen	Lediglich fragliche Beeinträchtigung beim Lösen von Problemen, v. a. bei abstrakten Aufgaben wie Ähnlichkeiten und Unterschieden	Mäßige Schwierigkeiten beim Lösen komplexer Probleme	Schwer beeinträchtigt beim Lösen von Ähnlichkeits- oder Unterschieds-aufgaben	Unfähig, Entscheidungen zu treffen oder Probleme zu lösen
	Soziale Urteilsfähigkeit nicht beeinträchtigt	Soziale Urteilsfähigkeit gewöhnlich erhalten	Soziale Urteilsfähigkeit gewöhnlich beeinträchtigt	Keine soziale Urteilsfähigkeit vorhanden
Gesell-schaftliche Aktivitäten	Nur fragliche oder leichte Beeinträchtigung bei diesen Aktivitäten	Unfähig, diese Aktivitäten selbstständig wahr-zunehmen, Beteiligung ist jedoch immer noch möglich	Aktivitäten können nicht mehr selbstständig außerhalb des häuslichen Umfelds ausgeführt werden	Kaum Aktivitäten möglich
	Kann bei oberflächlicher Betrachtung noch normal erscheinen	Kann bei oberflächlicher Betrachtung noch normal erscheinen	Kann gelegentlich noch zu Anlässen außerhalb der eigenen Wohnung mitgenommen werden	Kann nicht mehr zu Anlässen außerhalb des Hauses mitgenommen werden
Heim und Hobbys	Leichte Beeinträchtigung der häuslichen Funktionen	Leichte Beeinträchtigung der häuslichen Funktionen	Nur leichte Aufgaben werden bewältigt	Keine nennenswerte Funktionsfähigkeit im Haus außerhalb des eigenen Zimmers
	Hobbys und intellektuelle Interessen leicht beeinträchtigt	Schwierige Aufgaben werden abgegeben	Interessen stark eingeschränkt	Keine Eigeninitiative
Körper-pflege	Nicht beeinträchtigt	Muss aufgefordert werden	Benötigt Unterstützung bei Anziehen, Hygiene, Ordnung	Benötigt viel Hilfe bei der Körperpflege; häufig inkontinent

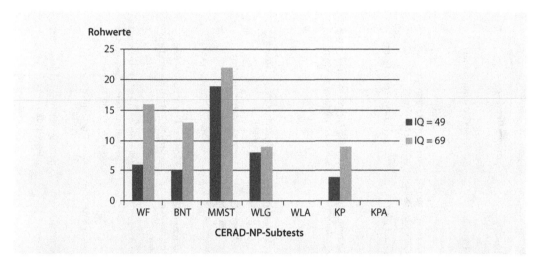

◻ Abb. 10.2   Beispielhafte Darstellung von CERAD-Rohwertprofilen bei 2 Patienten mit Demenz bei Alzheimer-Krankheit mit unterschiedlichen krankheitsbedingten Intelligenzquotienten (IQ). Der CERAD-IQ beträgt 49 (79 Jahre, 10 Bildungsjahre, männlich) bzw. 69 (77 Jahre, 10 Bildungsjahre, männlich). *IQ* im Vergleich mit Normstichprobe im Alter von 70–79 Jahren und < 12 Bildungsjahren, *CERAD-NP* Consortium to Establish a Registry for Alzheimer`s Disease; Neuropsychological Testbattery: *WF* Wortflüssigkeit, *BNT* Boston-Naming-Test, *MMST* Mini-Mental-State-Test, *WLG* Wortliste Gedächtnis, *WLA* Wortliste Abrufen, *KP* Konstruktive Praxis, *KPA* Konstruktive Praxis Abrufen. (Berwig u. Gertz 2014, eigene unveröffentliche Daten)

Forensiker den Begutachtungsprozess. Die Transparenz, Vergleichbarkeit und Nachvollziehbarkeit erhöht sie dennoch unzweifelhaft. Versuche von Quantifizierung und Operationalisierung haben bei einer anderen psychiatrisch festzustellenden Fähigkeit, der **Einwilligungsfähigkeit in medizinische Maßnahmen**, eine größere Bedeutung erlangt. Eine Reihe von Autoren haben Skalen entwickelt, die geeignet sein sollen, die Einwilligungsfähigkeit zu überprüfen (z. B. Okonkwo et al. 2008). Die Einwilligungsfähigkeit in medizinische Maßnahmen hat mit der Schuldfähigkeitsbeurteilung insofern eine Gemeinsamkeit, als es weder eine generelle Schuldunfähigkeit noch eine generelle Einwilligungsunfähigkeit gibt, sondern diese jeweils auf einen Zeitpunkt und eine bestimmte Tat bzw. einen bestimmten medizinischen Eingriff bezogen sein müssen. Vollmann et al. (2004) haben eine empirische Untersuchung vorgelegt, in der sie mit psychometrischem Instrumentarium die Einwilligungsfähigkeit einzugrenzen versuchen. Zur Nennung eines Schwellenwerts konnten sie sich allerdings nicht durchringen.

Frontotemporale Demenz

Verhaltensstörungen sind sehr viel schwerer quantitativ darzustellen und von normalen Befunden abzugrenzen als kognitive Störungen. Es ist nicht möglich, Verhaltensstörungen mit Testverfahren direkt zu messen, vielmehr ist man zu ihrer Einschätzung – auch zu ihrer Quantifizierung – immer auf Beobachtungen angewiesen. Dies kann meist nur durch die Erhebung von fremdanamnestischen Daten erfolgen, sei es von Angehörigen oder von medizinischem Personal. Für die Dokumentation können entsprechend strukturierte Symptomskalen verwendet werden. Versuche, die Kranken selbst über Veränderungen ihres Wesens oder ihres Verhaltens zu befragen, sind nicht erfolgversprechend, weil die Patienten ihre Symptome und ihre Erkrankung in der Regel nicht selbst wahrnehmen oder vehement bestreiten (Anosognosie) (Leicht et al. 2010).

Veränderungen sollten in verschiedenen Verhaltensbereichen gesucht werden. Für die Begründung der Diagnose kann es wichtig sein, dass die Verhaltensstörungen über das deliktische Verhalten hinausgehen und auch andere Bereiche betreffen.

Bei dem Verdacht auf pathologische Verhaltensveränderungen müssen auch mögliche kognitive Störungen besonders sorgfältig untersucht und gemessen werden. Begleiten kognitive Störungen Verhaltensauffälligkeiten, kann dies ein Hinweis auf die krankhafte Verursachung auch der Verhaltensstörungen sein. Fehlende kognitive Störungen schließen krankheitsbedingte Verhaltensveränderungen allerdings nicht aus.

In der Gutachtensituation muss die Diagnose zu einem bestimmten Zeitpunkt gestellt werden. Es kann sich um eine Erstuntersuchung handeln bei völligem Fehlen von medizinischen Vorbefunden. Dies ist eine besondere diagnostische Herausforderung, weil in aller Regel Verlaufsaspekte mit in die Diagnostik einbezogen werden. Man wird im klinischen Alltag mit der Diagnosestellung äußerst zurückhaltend sein und den Verlauf, d. h. z. B. eine zukünftige Verschlechterung, abwarten wollen, bevor man die Diagnose stellt und diese auch den Patienten und den Angehörigen mitteilt. In der Gutachtensituation ist dieses Abwarten nicht möglich.

Die Schwelle zwischen normalem, aber möglicherweise schon etwas akzentuiertem, zumindest verändertem, Verhalten gegenüber pathologischem krankhaften Verhalten ist nicht allgemein festzulegen. Referenzsysteme sind hier wenig entwickelt. Auch hier besteht ähnlich wie bei der Alzheimer-Krankheit die Gefahr, dass nachweisbare morphologische oder funktionelle Hirnveränderungen durch MRT oder PET die Konnotation diskreter psychopathologischer Befunde verzerren.

Mendez (2010) hat an mehreren Kasuistiken anschaulich dargelegt, dass bei früher FTD bei noch fehlenden kognitiven Störungen die Einsicht in das Unrecht des Getanen beim Patienten durchaus erhalten sein kann, dass die Patienten aber nicht in der Lage sind, ihr Verhalten entsprechend zu steuern.

> ❯ **Die frontotemporale Demenz kann als neuro-biologisches Paradigma einer primären Störung der Steuerungsfähigkeit angesehen werden.**

Wahnsyndrome

In der Schuldfähigkeitsbegutachtung ist eine Wahnerkrankung in der Regel die Grundlage für eine Ex-kulpierung. Voraussetzung dafür ist allerdings, dass die Tat sich unmittelbar aus den falschen krankhaften Gedankeninhalten ableiten lässt, z. B. bei Gewalt gegen einen Ehepartner im Rahmen eines Eifersuchtswahns. Parallelen finden sich hier zur Begutachtung von Schizophrenen. Anders als bei Schizophrenen findet man bei älteren Menschen mit anhaltender wahnhafter Störung relativ häufig eine gut erhaltene Persönlichkeit. Isolierte Wahngedanken können schwer explorierbar sein. Patienten möchten sie verschweigen, weil sie das Fremdartige irgendwie erkennen, aber dennoch von den Inhalten ihrer Gedanken unkorrigierbar überzeugt sind. Eine Fremdanamnese kann hier weiterführen, weil Wahnkranke gegenüber nahestehenden Personen leichter und offener über ihre Gedanken sprechen als gegenüber professionellen Explorateuren (Cohen-Mansfield et al. 2013)

Bei Demenzkranken begünstigt die Wahnbildung Gewaltkriminalität (Häfner u. Böker 1973). Die Opfer von Schizophrenen sind in aller Regel Verwandte oder Personen aus der engsten Umgebung. Dies trifft wahrscheinlich auch für wahnkranke alte Menschen zu, wenngleich systematische Erhebungen hierzu fehlen. Wahngedanken im Kontext von kognitiven Störungen bis hin zur Demenz können das führende Symptom bei der Schuldfähigkeitsbewertung sein. Die Unsicherheit und Irritation, die durch gegebenenfalls fortgeschrittene kognitive Störungen entstehen, müssen gleichwohl berücksichtigt werden.

10.6 Zusammenfassung und Ausblick

Es ist dies wohl der erste umfassende deutschsprachige Aufsatz, der die Besonderheiten psychiatrischer Schuldfähigkeitsbegutachtung ausschließlich unter dem Aspekt des fortgeschrittenen Lebensalters darstellt. Wichtig ist die Einführung der aktuellen diagnostischen Kriterien der Alzheimer-Krankheit in die deutschsprachige forensisch-psychiatrische Literatur. Eine neue Bewertung des Krankheitsbegriffs der Alzheimer-Krankheit ist erforderlich. Die schon von Mende vor 25 Jahren angemahnte Verwendung von validierten Instrumentarien in die Schuldfähigkeitsbegutachtung wurde aufgegriffen (Mende u. Rossnagl 1989). Sie erhielten einen breiten Raum in der Darstellung. Ihre tatsächliche Implementierung in gutachterliche Routine steht allerdings weiterhin aus. Aus psychiatrischer Sicht erwähnenswert ist die vom Bundesgerichtshof mehrfach formulierte Sorge, dass bei alten Menschen, die nicht ganz offensichtlich psychiatrisch krank sind, Gründe der verminderten Schuldfähigkeit übersehen werden könnten.

Nicht gelingen konnte die durchgehende weitere Differenzierung der über 60-Jährigen unter dem Aspekt des Alters. Inzwischen werden zunehmend auch über 80-Jährige in Strafprozesse verwickelt, sodass es in Zukunft notwendig sein dürfte, die Kohorte dieser Höchstbetagten gesondert zu werten. Außen vor blieben die Maßregeln, wenn sie gegen ältere Menschen oder Hochbetagte verhängt werden. Diese bedürfen dringend einer systematischen Beobachtung und Analyse.

Literatur

Albert MS, DeKosky ST, Dickson D et al (2011) The diagnosis of mild cognitive impairment due to Alzheimer's disease: recommendations from the National Institute on Aging-Alzheimer's Association workgroups on diagnostic guidelines for Alzheimer's disease. Alzheimers Dement (7):270–279

Almeida OP, Howard RJ, Levy R et al (1995) Clinical and cognitive diversity of psychotic states arising in late life (late paraphrenia). Psychol Med 25:699–714

Aschaffenburg G (1934) Strafrecht und Strafprozess. In: Hoche A (Hrsg) Handbuch der Gerichtlichen Psychiatrie, 3. Aufl. Springer, Berlin, S 1–154

Barak Y, Perry T, Elizur A (1995) Elderly criminals: a study of the first criminal offence in old age. Int J Geriatr Psychiatry (10):511–516

Barnes J, Whitwell JL, Frost C et al (2006) Measurements of the amygdala and hippocampus in pathologically confirmed Alzheimer disease and frontotemporal lobar degeneration. Arch Neurol 63:1434–1439

Barthel H, Gertz HJ, Dresel S et al (2011) Florbetaben Study Group. Cerebral amyloid-β PET with florbetaben (18F) in patients with Alzheimer's disease and healthy controls: a multicentre phase 2 diagnostic study. Lancet Neurol 10:424–435

Berner P, Naske R (1973) Wahn. In: Müller Ch (Hrsg) Lexikon der Psychiatrie. Springer, Berlin, S 565–582

Berres M, Monsch AU, Bernasconi F et al (2000) Normal ranges of neuropsychological tests for the diagnosis of Alzheimer's disease. Stud Health Technol Inform 77:195–199

Binkau S, Berwig M, Jänichen J, Gertz H J (2014) Is the MWT-A suitable for the estimation of premorbid intelligence level? Testing on a consecutive sample from a specialized outpatient clinic for dementia. Gero Psych 27:33–39

Bronisch Th (2003) Persönlichkeitsstörungen. In: Förstl H (Hrsg) Lehrbuch der Gerontopsychiatrie und –psychotherapie, 2. Aufl. Thieme, Stuttgart, S 476–483

Capgras J, Reboul-Lachaux J (1923) Illusion des sosies dans un délire systematisé chronique. Bull Soc Clin Méd Ment 11:6–16

Carstensen LL (2006) The influence of a sense of time on human development. Science 312(5782):1913–1915

Cattel RB (1963) Theory of fluid and crystallized intelligence: a critical experiment. J Educ Psychol 54:1–22

Cohen-Mansfield J, Golander H, Heinik J (2013) Delusions and hallucinations in persons with dementia: a comparison of the perceptions of formal and informal caregivers. J Geriatr Psychiatry Neurol 4:251–258

Costa PT Jr., McCrae RR (1994) Set like plaster? Evidence for the stability of adult personality. In: Heatherton TF, Weinberger JL (Hrsg) Can personality change? American Psychological Association, Washington DC, S 21–40

Cummings JL, Meg M, Gray K et al (1994) The Neuropsychiatric Inventory: Comprehensive assessment of psychopathology in dementia. Neurology 1994 44:2308–2314

Diehl J, Ernst J, Krapp S et al (2006) Frontotemporale Demenz und deliquentes Verhalten. Fortschr Neurol Psychiat 74:203–210

Diehl-Schmid J, Pohl C, Perneczky R et al (2007) Frühsymptome, Überlebenszeit und Todesursachen – Beobachtungen an 115 Patienten mit Demenz auf der Grundlage frontotemporaler lobärer Degenerationen. Fortschr Neurol Psychiatr 75:708–713

Dilling H, Mombour W, Schmidt MH (Hrsg) (1999) ICD-10. Internationale Klassifikation psychischer Störungen. Klinisch diagnostische Leitlinien, Kap V (F). Huber, Bern

Dubois B, Slachevsky A, Litvan I et al (2000) The FAD: a Frontal Assessment Battery at bedside. Neurology (55):1621–1626

Dubois B, Feldmann HH, Jacova C et al (2014) Advancing research diagnostic criteria for Alzheimer's disease: the IWG-2 criteria. Lancet Neurol 13:614–629

Erzigkeit H, Lehfeld H, Pena-Casanova J et al (2001) The Bayer-Activities of Daily Living Scale (B-ADL): results from a validation study in three European countries. Dement Geriatr Cogn Disord 12:348–358

Falkai P, Wittchen, H-U, Döpfner M et al (Hrsg) (2014) Diagnostisches und Statistisches Manual Psychischer Störungen DSM-5. Hogrefe, Göttingen (American Psychiatric Association 2013)

Fazel S, Grann M (2002) Older criminals: a descriptive study of psychiatrically examined offenders in Sweden. Int J Geriatr Psychiatry 17:907–913

Fleischmann, U (1989) Gedächtnis und Alter: Multivariate Analysen zum Gedächtnis alter Menschen. Huber, Bern

Folstein MF, Folstein SE, McHugh PR (1975) Mini-Mental State (a practical Method for grading the state of patients for the clinician). J Psychiatr Res 12:189–198

Förstl H, Burns A, Zerfass R (2003) Alzheimer-Demenz: Diagnose, Symptome und Verlauf. In: Förstl H (Hrsg) Lehrbuch der Gerontopsychiatrie und –psychotherapie, 2. Aufl. Thieme, Stuttgart, S 324–345

Gertz HJ (1999) Demenzen bei anderen Hirnkrankheiten. In: Helmchen H, Henn F, Lauter H, Sartorius N (Hrsg) Psychiatrie der Gegenwart. Psychische Störungen bei somatischen Krankheiten, 4. Aufl. Springer, Berlin, S 205–223

Gertz HJ, Wolf H, Arendt T (2002) Vaskuläre Demenz. Nervenarzt 73:393–404

Gertz HJ, Kurz A (2011) Diagnose ohne Therapie: Frühdiagnose der Alzheimer Krankheit im Stadium der leichten kognitiven Beeinträchtigung. Nervenarzt 82:1151–1159

Grace J, Malloy P (2001) Frontal Systems Behavior Scale: Professional Manual. Psychological Assessment Resources

Gupta SK, Jiloha RC, Yadav A (2014) Onset of schizophrenia at 100 years of age. Indian J Psychiatry 56:82–83

Habermeyer E, Hoff P (2004) Zur forensischen Anwendung des Begriffs Einsichtsfähigkeit. Fortschr Neurol Psychiat 72:615–620

Häfner H, Böker W (1973) Geistesgestörte Gewalttäter. Dt med Wochenschr 98:2005–2001

Haidt J (2007) The new synthesis in moral psychology. Science 316:998–1002

Harwood DG, Barker WW, Ownby RL et al (1999) Prevalence and correlates of Capgras syndrome in Alzheimer's disease. Int J Geriatr Psychiatry 14:415–420

Heinik J, Kimhi R, Hes JPh (1994) Dementia and crime: A forensic psychiatry unit study in Israel. Int J Geriatr Psychiatry 9:491–494

Helmchen H (2006) Zum Krankheitsbegriff in der Psychiatrie. Nervenarzt 77:271–275

Herbert ME, Jacobson S (1967) Late parphrenia. Br J Psychiatry (113):461–469

Hughes CP, Berg L, Danziger WL et al (1982). A new clinical scale fort he staging of dementia. Br J Psychiatry 140:566–572

Ihl R, Frölich L (1991) Die Reisberg-Skalen (GDS, BCRS, FAST) (dt). Beltz, Weinheim

Janzarik W (1991) Grundlagen der Einsicht und das Verhältnis von Einsicht und Steuerung. Nervenarzt 62:423–427

Janzarik W (2000) Handlungsanalyse und forensische Bewertung seelischer Devianz. Nervenarzt 71:181–187

Kertesz A, Davidson W, Fox H (1997) Frontal behavioral inventory: diagnostic criteria for frontal lobe dementia. Can J Neurol Sci 24:29–36

Kessler J, Calabrese P, Kalbe E, Berger F (2000) Ein neues Screening – Verfahren zur Unterstützung der Demenzdiagnostik. Psycho 26:343–347

Köhler S, Allardyce J, Verhey FR et al (2013) Cognitive decline and dementia risk in older adults with psychotic symptoms: a prospective cohort study. Am J Geriatr Psychiatry 21:119–128

Kröber HL (2007) Steuerungsfähigkeit und Willensfreiheit aus psychiatrischer Sicht. In: Kröber HL, Dölling D, Leygraf N, Sass H (Hrsg) Handbuch der Forensischen Psychiatrie, Bd 1: Strafrechtliche Grundlagen der Forensischen Psychiatrie. Steinkopff, Darmstadt, S 159–219

Kunzmann U, Kappes C, Wrosch C (2014) Emotional aging: a discrete emotions perspective. Front Psychol 5, Article 380:1–5

Kuwert P, Klauer T, Eichhorn S et al (2010) Trauma and current posttraumatic stress symptoms in elderly German women who experienced wartime rapes in 1945. J Nerv Ment Dis 198:450–451

Lammel M (2010) Schuldfähigkeit bei Intelligenzminderung (»Schwachsinn«). In: Kröber HL, Dölling D, Leygraf N, Sass H (Hrsg) Handbuch der Forensischen Psychiatrie, Bd 2: Psychopathologische Grundlagen und Praxis der Forensischen Psychiatrie im Strafrecht. Springer, Berlin, S 372–442

Lehrl S (1999): Der Mehrfachwahl-Wortschatz-Intelligenztest (MWT-B). Hogrefe, Göttingen

Leicht H, Berwig M, Gertz HJ (2010) Anosognosia in Alzheimer's disease: the role of impairment levels in assessment of insight across domains. J Int Neuropsychol Soc 3:463–473

Lewis CF, Fields C, Rainey E (2006) A study of geriatric forensic evaluees: Who are the violent elderly? Am Acad Psych Law 34:324–332

Linden M, Kurtz G, Baltes MM et al (1998) Depression bei Hochbetagten. Ergebnisse der Berliner Altersstudie. Nervenarzt 69:27–37

Lindqvist P, Allebeck P (1990) Schizophrenia and crime. A longitudinal follow-up of 644 schizophrencis in Stockholm. Br J Psychiatry 157:345–350

Maier W, Barnikol UB (2014) Neurokognitive Störungen im DSM-5. Durchgreifende Änderungen in der Demenzdiagnostik. Nervenarzt 85:564–570

Markowitsch HJ, Calabrese P (2003) Neuropsychologie des Gedächtnisses. In: Förstl H (Hrsg) Lehrbuch der Gerontopsychiatrie und -psychotherapie. Thieme, Stuttgart, S 75–86

McKhann GM, Knopman DS, Chertkow H et al (2011) The diagnosis of dementia due to Alzheimer's disease: recommendations from the National Institute on Aging-Alzheimer's Association workgroups on diagnostic guidelines for Alzheimer's disease. Alzheimers Dement 7:263–269

Meguro K, Akanuma K, Meguro M et al (2012) Prognosis of vascular mild cognitive impairment includes vascular dementia onset and death by cardiovascular disease: reanalysis from the Osaki-Tajiri project. J Stroke Cerebrovasc Dis 21:607–611

Mende W, Rossnagl G (1989) Forensische Psychiatrie. In: Platt D (Hrsg) Handbuch der Gerontologie Bd 5. Fischer, Stuttgart, S 453–460

Mendez MF (2010) The unique predisposition to criminal violations in frontotemporal dementia. J Am Acad Psychiatry Law 38(3):318–323

Mittal D, Torres R, Abashidze A, Jimerson N (2001) Worsening of post-traumatic stress disorder symptoms with cognitive decline: case series. J Geriatr Psychiatry Neurol 14:17–20

Mizrahi R, Starkstein SE, Jorge R et al (2006) Phenomenology and clinical correlates of delusions in Alzheimer disease. Am J Geriatr Psychiatry 14:573–581

Modestin J, Ammann R (1996) Mental disorder and criminality: male schizophrenia. Schizophr Bull 22:69–82

Monteiro IM, Boksay I, Auer SR et al (2001) Addition of a frequency-weighted score to the Behavioral Pathology in Alzheimer's Disease Rating Scale: the BEHAVE-AD-FW: methodology and reliability. Eur Psychiatry 16:5–24

Morris JC, Heymann A, Mohs RC et al (1989) The Consotium to Establish a Registry for Alzheimer's Disease (CERAD). Part I. Clinical and neuropsychological assessment of Alzheimer's disease. Neurology 39:1159–1165

Okonkwo OC, Griffith HR, Copeland JN et al (2008) Medical decision-making capacity in mild cognitive impairment: a 3-year longitudinal study. Neurology 71:1474–1480

Pearlson GD, Kreger L, Rabins PV et al (1989) A chart review study of late-onset and early-onset schizophrenia. Am J Psychiat 146:1568–1574

Perneczky R, Wagenpfeil S, Komossa A et al (2006) Mapping scores onto stages: mini-mental state examination and clinical dementia rating. Am J Geriatr Psychiatry 14:139–144

Peters ME, Rosenberg PB, Steinberg M et al (2012) Prevalence of neuropsychiatric symptoms in CIND and its subtypes: the Cache County Study. Am J Geriatr Psychiatry 20:416–424

Petersen RC (2004) Mild cognitive impairment. J Int Med 256:183–194

Pillmann F, Marneros A (1998) Habitueller Ladendiebstahl bei Multiinfarktsyndrom. Arch Kriminol 202:65–68

Post F (1966) Persistent persecutory states of the elderly. Pergamon Press, Oxford GB

Rasch W (1983) Die Zurechnung der psychiatrisch-psychologischen Diagnosen zu den vier psychischen Merkmalen der § 20/21 StGB. Psychiatrische Praxis:170–176

Rascovsky K, Hodges J R, Knopman D et al (2011) Sensitivity of revised diagnostic criteria for the behavioural variant of frontotemporal dementia. Brain 134:2456–2477

Ratnavalli E, Brayne C, Dawson K et al (2002) The prevalence of frontotemporal dementia. Neurology 58:1615–1621

Reischies FM, Geiselmann B, Geßner R et al (1997) Demenz bei Hochbetagten. Ergebnisse der Berliner Altersstudie. Nervenarzt 68:719–729

Riecher-Rössler A (2003) Spät beginnende schizophrene und paranoide Psychosen. In: Förstl H (Hrsg) Lehrbuch der Gerontopsychiatrie und –psychotherapie, 2. Aufl. Thieme, Stuttgart, S 414–423

Riedl L, Mackenzie IR, Förstl H et al (2014) Frontotemporal lobar degeneration: current perspectives. Neuropsychiatr Dis Treat 10:297–310

Rockwood K, Mitnitski A, Richard M et al (2014) Neuropsychiatric symptom clusters targeted for treatment at earlier versus later stages of dementia. Int J Geriatr Psychiatry 5:1–11

Rösler M (2000) Die hirnorganischen Störungen (einschließlich Anfallsleiden). In: Venzlaff U, Foerster K (Hrsg) Psychiatrische Begutachtung. Ein praktisches Handbuch für Ärzte und Juristen, 3. Aufl. Urban & Fischer, München, S 137–161

Saß H, Wittchen H-U, Zaudig M (Hrsg) (1998) Diagnostisches und Statistisches Manual Psychischer Störungen (DSM-IV). Hogrefe, Göttingen

Schüler-Springorum H (1998) Verminderte Einsichtsfähigkeit allein genügt nicht. In: Schwind HD, Kube E, Kühne HH (Hrsg) Kriminologie an der Schwelle zum 21. Jahrhundert. Festschrift für Hans Joachim Schneider. de Gruyter, Berlin, S 927–941

Smith J, Baltes PB (2010) Altern aus psychologischer Perspektive: Trends und Profile im hohen Alter. In: Lindenberger U, Smith J, Mayer KU, Baltes PB (Hrsg) Die Berliner Altersstudie, 3. Aufl. Akademie Verlag, Berlin, S 246–274

Soyka M et al (1992) Delusional jealousy in psychiatric disorders of later life. Int J Geriatr Psychiatry 7:539–542

Storandt M, Grant EA, Miller JPh (2002) Rates of progression in mild cognitive impairment and early Alzheimer's disease. Neurology 59:1034–1041

Visser PJ, Wolf H, Risoni G, Gertz HJ (2013) Disclosure of Alzheimer's disease biomarker status in subjects with mild cognitive impairment. Biomark Med 6:365–368

Vollmann J, Kühl KP, Tilmann A et al (2004) Einwilligungsfähigkeit und neuropsychologische Einschränkungen bei dementen Patienten. Nervenarzt 75:29–35

Vos SJ, Xiong C, Visser PJ et al (2013) Preclinical Alzheimer's disease and its outcome a longitudinal cohort study. Lancet Neurol 10:957–965

Wadsworth LP, Lorius N, Donovan NJ et al (2012) Neuropsychiatric symptoms and global functional impairment along the Alzheimer's continuum. Dement Geriatr Cogn Disord 34:96–111

Wolf H, Gertz HJ (2006) Studies in Leipzig Memory Clinic: Contribution to the concept of mild cognitive impairment. In: Tuokko HA, Hultsch DF (Hrsg) Mild cognitive impairment. Int Perspec:181–213

Zaudig M, Hiller W (1996) Sidam-Handbuch; strukturiertes Interview für die Diagnose einer Demenz vom Alzheimer Typ, der Multiinfarkt- (oder vaskulärer) Demenz und Demenzen anderer Ätiologie nach DSM-III-R, DSM-IV und ICD-10. Huber, Bern

Serviceteil

F. Kunz, H.-J. Gertz (Hrsg.), *Straffälligkeit älterer Menschen*,
DOI 10.1007/978-3-662-47047-3, © Springer-Verlag Berlin Heidelberg 2015

Stichwortverzeichnis

Serviceteil

F. Kunz, H.-J. Gertz (Hrsg.), *Straffälligkeit älterer Menschen*,
DOI 10.1007/978-3-662-47047-3, © Springer-Verlag Berlin Heidelberg 2015

Stichwortverzeichnis

Printed in the United States
By Bookmasters